PROTEÇÃO DE DADOS PESSOAIS
DIREITOS DO TITULAR

O GEN | Grupo Editorial Nacional – maior plataforma editorial brasileira no segmento científico, técnico e profissional – publica conteúdos nas áreas de concursos, ciências jurídicas, humanas, exatas, da saúde e sociais aplicadas, além de prover serviços direcionados à educação continuada.

As editoras que integram o GEN, das mais respeitadas no mercado editorial, construíram catálogos inigualáveis, com obras decisivas para a formação acadêmica e o aperfeiçoamento de várias gerações de profissionais e estudantes, tendo se tornado sinônimo de qualidade e seriedade.

A missão do GEN e dos núcleos de conteúdo que o compõem é prover a melhor informação científica e distribuí-la de maneira flexível e conveniente, a preços justos, gerando benefícios e servindo a autores, docentes, livreiros, funcionários, colaboradores e acionistas.

Nosso comportamento ético incondicional e nossa responsabilidade social e ambiental são reforçados pela natureza educacional de nossa atividade e dão sustentabilidade ao crescimento contínuo e à rentabilidade do grupo.

VICTOR HUGO PEREIRA GONÇALVES

PROTEÇÃO DE DADOS PESSOAIS
DIREITOS DO TITULAR

- O autor deste livro e a editora empenharam seus melhores esforços para assegurar que as informações e os procedimentos apresentados no texto estejam em acordo com os padrões aceitos à época da publicação, e todos os dados foram atualizados pelo autor até a data de fechamento do livro. Entretanto, tendo em conta a evolução das ciências, as atualizações legislativas, as mudanças regulamentares governamentais e o constante fluxo de novas informações sobre os temas que constam do livro, recomendamos enfaticamente que os leitores consultem sempre outras fontes fidedignas, de modo a se certificarem de que as informações contidas no texto estão corretas e de que não houve alterações nas recomendações ou na legislação regulamentadora.

- Fechamento desta edição: *14.04.2022*

- O Autor e a editora se empenharam para citar adequadamente e dar o devido crédito a todos os detentores de direitos autorais de qualquer material utilizado neste livro, dispondo-se a possíveis acertos posteriores caso, inadvertida e involuntariamente, a identificação de algum deles tenha sido omitida.

- **Atendimento ao cliente: (11) 5080-0751 | faleconosco@grupogen.com.br**

- Direitos exclusivos para a língua portuguesa
  Copyright © 2022 by
  Editora Forense Ltda.
  Uma editora integrante do GEN | Grupo Editorial Nacional
  Travessa do Ouvidor, 11 – Térreo e 6º andar
  Rio de Janeiro – RJ – 20040-040
  www.grupogen.com.br

- Reservados todos os direitos. É proibida a duplicação ou reprodução deste volume, no todo ou em parte, em quaisquer formas ou por quaisquer meios (eletrônico, mecânico, gravação, fotocópia, distribuição pela Internet ou outros), sem permissão, por escrito, da Editora Forense Ltda.

- Capa: Fabricio Vale

- **CIP – BRASIL. CATALOGAÇÃO NA FONTE.**
  SINDICATO NACIONAL DOS EDITORES DE LIVROS, RJ.

Gonçalves, Victor Hugo Pereira
Proteção de dados pessoais: direitos do titular / Victor Hugo Gonçalves. Rio de Janeiro: Forense, 2022.

Inclui bibliografia e índice
ISBN 978-65-5964-581-7

1. Brasil. [Lei geral de proteção de dados pessoais (2018)]. 2. Proteção de dados – Legislação – Brasil. 3. Internet – Legislação – Brasil. 4. Direito à privacidade. I. Título.

22-77232   CDU: 343.45:004.738.5(81)

Meri Gleice Rodrigues de Souza – Bibliotecária – CRB-7/6439

À minha mãe, Ana Maria Pereira Gonçalves,
a quem, em meus pensamentos, cada dia vive mais;
o amor pelos livros e pela vida me inspirou a não
desistir jamais dos meus objetivos, mesmos nos
momentos mais difíceis.

*O homem é uma invenção cuja recente data a
arqueologia de nosso pensamento mostra facilmente. E
talvez o fim próximo.*

Michel Foucault

SOBRE O AUTOR

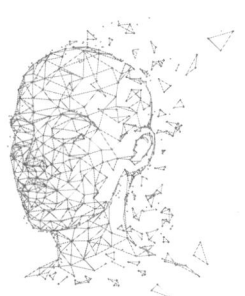

VICTOR HUGO PEREIRA GONÇALVES

Bacharel em Direito pela Pontifícia Universidade Católica de São Paulo – PUC-SP (2000), e em História pela Universidade de São Paulo – USP (2005). Professor da FATEC Carapicuíba em Direito Empresarial (2006-2008) e Segurança Empresarial. Pesquisador do Grupo de Perícia Forense em Sistemas Informatizados do CNPq. Vice-Presidente da Comissão de Responsabilidade Social da OAB/SP (2006-2008). Professor do INFI FEBRABAN (2015-2019). Perito do Instituto Brasileiro de Árbitros e Peritos em Propriedade Intelectual – IBRAPPI. Presidente do Instituto Brasileiro de Defesa da Proteção dos Dados Pessoais, *Compliance* e Segurança da Informação. Mestre em Direitos Humanos pela Faculdade de Direito da Universidade de São Paulo (USP). Doutor em Direito Comercial pela Faculdade de Direito da Universidade de São Paulo (USP). Publicou, entre outros livros, o livro *Marco Civil da Internet Comentado*, Editora Atlas.

AGRADECIMENTOS

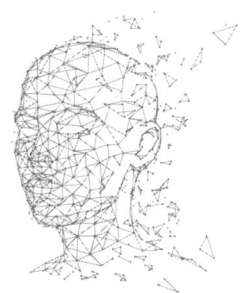

Nada se constrói na vida sozinho. Nunca acreditei nisso e pretendo seguir dessa forma, como princípio e força para viver. A conclusão deste livro, como de todos os outros que escrevi, são fruto dessa energia coletiva que introjeta força e alegria para seguir desenvolvendo o meu percurso acadêmico, profissional e pessoal.

Aproveito para agradecer às críticas, sugestões e comentários realizados pelos Professores Doutores Danilo Doneda, Juliano Maranhão, Renata Mota Maciel, Roberto Pfeiffer e Leonardo Parentoni, que participaram da minha banca de doutorado. Aos Professores Roberto e Renata, gostaria de agradecer a compreensão das agruras da vida acadêmica e das turbulências profissionais e pessoais inerentes à construção de um doutorado. Os seus direcionamentos e críticas foram decisivos na conclusão deste livro e me guiaram para enxergar os caminhos que precisava seguir. Muito obrigado. Ao Professor Danilo Doneda, que sempre acompanhei a trajetória acadêmica, agradeço pelos brilhantes apontamentos que foram incorporados sem questionamentos neste trabalho. Ao Professor Leonardo Parentoni, cuja trajetória acadêmica estelar acompanho de perto com alegria e grande satisfação, foi essencial para o esclarecimento de vários pontos a serem melhorados no livro. Agradeço a amizade que me foi concedida durante todos esses anos. Ao Professor Juliano Maranhão, cujo trabalho admiro e acompanho de perto, orientou a investigação que fiz na área de inteligência artificial e sua confluência no direito.

Como o direito precisa das pessoas para ser relevante como ciência, eu também não prescindo daqueles que acompanharam as minhas agruras, percalços e alegrias nesse processo de desenvolvimento acadêmico e profissional. Gostaria de agradecer primeiramente ao Professor Doutor Newton De Lucca, pelo carinho imenso com que sempre abraçou as minhas ideias e sonhos. A sua amizade inestimável, o rigor técnico e acadêmico e a motivação infindável, recheados de ternura e de alegria, inspiram cada linha deste trabalho e da minha vida pessoal. Da mesma época em que iniciei os estudos com o Dr. Newton, tive a primeira oportunidade de publicar um texto na *Revista Consultor Jurídico* com a mediação do meu amigo Omar Kaminski, a quem devo agradecer sempre pelos anos de convivência, o respeito profissional, os conselhos e as trocas, quase que diárias, de conhecimento que guiaram o meu percurso pessoal e profissional.

Aproveito o ensejo para agradecer a todos os que participaram desse período acadêmico e profissional, principalmente, a Gustavo Rabay, Bernardo Grossi, Des. José Eduardo "Pepe" Chaves, Fabrício da Mota Alves, Henderson Fürst, Georghio Tomelin, Luciane Gomes, Renato Grau, Thiago Bordini, Gustavo Abú, Rodrigo Raher, Aislan Vargas Basílio, entre outros que não conseguirei nomear neste breve espaço. Saibam que todos os nomeados e os não nomeados são parte deste livro.

Quero agradecer também às pessoas que, a despeito de toda a solidão que cerca a pesquisa acadêmica, nunca deixaram, mesmo a distância, de ser presentes na minha vida, principalmente à Jasmina Audič, pelo apoio incondicional antes, durante e depois do doutorado concluído. Nos momentos mais escuros que passei fui guiado à luz por suas mãos, ensinamentos, rezas, carinho e amor. Não há meios para retribuir tudo o que me foi dado. Sou eternamente grato por tudo.

Aproveito para estender o carinho e os agradecimentos aos meus tios Sérgio Gonçalves Leonel e Wilma Veridiana dos Santos Gonçalves, que sempre me apoiaram incondicionalmente e me acolheram com muito amor nos momentos de dificuldades. Jamais esquecerei. São muitas pessoas a agradecer e sei que vou esquecer de várias, espero não desagradar a muita gente: Sikiru Salami King, Sérgio Gonçalves Leonel Filho, Carmen Sylvia Gonçalves Leonel, Victoria Allen Hope, Carla Donadeli, Theo Hotz, Rubens Menezes, Felipe Alves de Carvalho, Antonio Levi Mendes, Victor Giotto, Maria Daniela dos Santos, Camila Janssen, Claudineia da Penha e Jennifer Tairyne da Penha Chagas. Muito obrigado a todos. Sou e serei eternamente grato a todos vocês.

O Autor

APRESENTAÇÃO

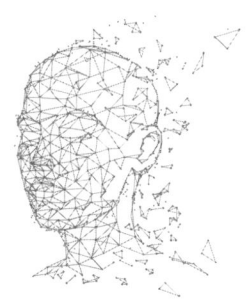

Este livro é fruto de um trabalho de mais de três anos de pesquisas e de estudos. O tema inicial foi deslocado de uma perspectiva mais historiográfica, em que escreveria sobre direito à memória, ao esquecimento e à verdade, para um encontro mais significativo com o direito e uma construção de sujeito. As duas perspectivas se uniram e apontaram que, ao final de todo o processo jurídico tecnológico que vivemos atualmente, existe um sujeito totalmente diferente e novo no direito: o titular de dados.

O titular de dados, sujeito de direito criado com a Lei Geral de Proteção de Dados, tal como um vírus, contamina transversalmente todo o direito e suas práticas, ressignificando-os profundamente. A existência do titular de dados impõe reinterpretações legais mais complexas e multidisciplinares, torna ultrapassada jurisprudência já consolidada e revolve instituições jurídicas centenárias. Todo um arcabouço jurídico está sendo remodelado e refundado para procedimentos legais e tecnológicos que são disruptivos e que têm como visão e direcionamento o *titularcentrismo*.

Percebi nesse trajeto que muitas obras relacionadas a direito digital, a proteção de dados ou a segurança jurídica da informação, na maioria das vezes, sempre focam ferramentas tecnológicas e se afastam da perspectiva do direito. Nesse percurso, o direito torna-se um penduricalho de outras práticas que acabam por lhe retirar a preponderância, resgatando-o somente como instrumento de poder que deve certificar que as transformações ocorrem fora dele, e não com ele. A retirada dessa essência do direito como ciência de transformação social foi um processo de longo prazo e que envolve inúmeras outras questões e práticas, que se consolidaram no atual estágio socioeconômico.

A minha visão acadêmica e profissional do direito é totalmente diversa da noção de que o direito deve ser instrumentalizado para organizar como devem funcionar o capital, a ciência e a tecnologia. O direito, ao contrário, é instrumento de luta contra a opressão e a injustiça. Essa é a história do direito, da jurisprudência de nossas cortes e das doutrinas clássica e moderna e é pela influência deles todos que guio os meus estudos e coerência acadêmica e profissional.

O principal elemento da perda do protagonismo do direito e de sua importância como instrumento de luta relaciona-se com a sua dissociação do humano. O direito de uma ciência que prescreve comportamentos passou a ser ciência da organização, do gerenciamento e da mitigação de riscos. Novos termos e linguagens foram colonizando o direito e passaram a ditar o cotidiano de seus operadores, sem, contudo, serem contextualizadas ou formatadas para um campo do conhecimento altamente distinto e com outros valores e sentidos, os quais deveriam ser mais direcionados para o humano.

Aliás, e para a minha preocupação, a área da proteção de dados pessoais está caminhando para uma procedimentalização que esquece do humano. Muitos operadores e estudiosos do direito estão, equivocadamente, querendo ser gerenciadores de riscos e de dados, olvidando-se por completo dos direitos dos titulares. E quando são instados a responderem às requisições ou quaisquer outros pedidos criam inúmeros obstáculos, dificultam o acesso, as respostas não são completas, enfim, limitam os direitos dos titulares ao não considerarem os ditames legais. Não raro, vi advogados de controladores reclamando em responder requisições ou pedidos dos titulares. Alguns deles fizeram questão de pessoalmente me perseguir nas redes sociais e em *bureau* de crédito para encontrarem não sei o quê. Tudo isso porque cometi o crime de requerer os meus dados pessoais.

No mesmo contexto, vejo estudiosos de proteção de dados com ojeriza da simples possibilidade da discussão salutar da proteção de dados no Poder Judiciário, o que é garantido pela Constituição Federal, por meio do direito de petição. Esses estudiosos acreditam que a Autoridade Nacional de Proteção de Dados (ANPD), recém-constituída, será capaz de analisar todos os pedidos dos titulares, auditar os controladores do País todo e fornecer parâmetros estritamente técnicos e imparciais, sem quaisquer freios ou contrapesos.

O que será que esses estudiosos esperam da inércia dos titulares? Que ela gere mudanças profundas nas práticas dos controladores? Que os controladores, sem quaisquer provocações ou questionamentos, sintam-se responsabilizados pelos dados dos titulares? A história e a prática do tratamento de dados no Brasil demonstram que os controladores não possuem essa consciência social para com os titulares. Infelizmente, o titular de dados é apenas um detalhe nos recentes trabalhos que tenho lido. Parece que a privacidade é dos controladores e não das pessoas. E é por essas e outras que muitos engenheiros e técnicos de telecomunicações estão assumindo postos que deveriam ser de operadores do direito.

A metodologia aplicada à obra não se contentou somente com os estudos publicados no Brasil e na América Latina, que ainda são exíguos e incompletos. Tornou-se imprescindível desvendar se efetivamente as práticas tecnológicas existentes sustentavam as teorias construídas ou se, de fato, havia algo diferente na relação entre o titular e seus dados. A partir do enfoque mais prático, por meio de uma análise sobre quem efetivamente trata, coleta e manuseia os dados dos titulares, ou seja, o controlador, percebeu-se uma ampliação considerável do campo de conhecimento e do que seria a moldura jurídica do titular. Possibilidades diversas e cada vez mais desafiadoras foram se desvelando e implodindo concepções anteriormente consolidadas, mas distantes da realidade.

Foi nesse processo de desconstrução que a obra foi concebida, desenvolvida e finalizada. Desconstrução de teses acadêmicas enraizadas e do próprio autor que adentrou em labirintos e em encruzilhadas pessoais, profissionais e acadêmicas, as quais espero ainda estejam refletidas na obra, tornando este estudo sempre em construção ou aberto a ser melhorado.

Por isso, e faço questão de ressaltar, a obra jamais fez concessões para as perspectivas de senso comum ou a aceitação do fácil e do simples. Sempre busquei, aproveitando a oportunidade que o objeto de estudo me proporcionou, a dobra conceitual que pudesse encontrar significados relevantes da realidade, virtual e real. Ir além da simples constatação, mas sem esgarçar os conceitos, tornou-se uma preocupação diária no desenvolvimento do trabalho. Assim, o rigor técnico e metodológico constituiu-se em fundação a ser revisitada desde o início. Contudo, a linguagem pensada e aplicada visa aproximar o objeto de estudo com as suas verdades e contradições, e não como lugar de esconderijo tecnicista, em que poderia ser mais um elemento de dissociação e afastamento do humano.

Diante desses desafios os quais me impus, é com grande satisfação que tive neste livro a fundação para a aprovação do meu doutorado, com orientação do Dr. Newton De Lucca, no Departamento de Direito Comercial da Faculdade de Direito da Universidade de São Paulo-SP.

A aprovação não veio com a concordância de todos os que participaram da banca acerca dos pontos levantados no trabalho e como foi desenvolvido. Logicamente, ser unanimidade nunca foi a minha intenção. Todas as críticas e indicações recebidas foram aceitas com alegria e satisfação e estão incorporadas neste livro. As críticas e sugestões ampliaram o alcance da obra e a tornaram ainda mais completa. Espero que os leitores também possam contribuir por meio de suas próprias críticas e sugestões com o crescimento e a melhoria de uma obra aberta a ser sempre atualizada e revista.

NOTA DO AUTOR

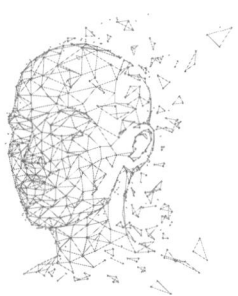

Durante o desenvolvimento da minha vida pessoal e carreira profissional, enfrentei diversos problemas relacionados com proteção de dados pessoais, segurança da informação, direitos do consumidor e direito digital. Em 2004, fui diretor jurídico da Associação Brasileira dos Usuários de Acesso Rápido (ABUSAR). Os casos que trabalhamos naquela época questionavam as práticas das empresas de telecomunicações ao proverem o ainda incipiente acesso à internet, via banda larga, que era novidade, pois a maioria dos acessos era realizada por conexão discada (*dial up*), mais lenta e cara. A perspectiva da ABUSAR era defender o usuário de internet das práticas comerciais abusivas das operadoras e buscar construir um caminho que fomentasse a profusão de provedores de acesso e os direitos de quem quisesse se utilizar das benesses do acesso rápido a informações e comunicação. Durante os anos de 2000 até 2010, o trabalho consistia em defender o usuário das práticas ilícitas que impediam a expansão da internet e os sobrecarregavam com taxas e práticas comerciais, que percorriam desde a venda de um provedor de acesso desnecessário, passando por propagandas enganosas de velocidade de internet, que no fundo eram 10% do que estava no contrato, até a limitação do tráfego de dados para quem consumisse mais do que o estipulado pelas operadoras. O trabalho era árduo, pois havia poucas leis para a realidade digital e o entendimento de governos e do Poder Judiciário sobre as tecnologias de informação e de comunicação eram bem limitadas a uma perspectiva em prol das empresas de telecomunicações. Era tudo muito novo, incipiente.

Mesmo assim, conseguimos alcançar, por meio da associação e das minhas investigações acadêmicas, algumas vitórias importantes para ampliar o acesso do usuário de internet a serviços melhores e menos abusivos. Afastou-se a cobrança indevida de provedor de acesso via banda larga, a limitação do tráfego de dados, a cobrança abusiva de internet em 10% da velocidade contratada, entre outras ilicitudes. A perspectiva de defesa do usuário sempre foi o foco da atuação na associação e nos artigos acadêmicos. Denota o direcionamento dessa busca a construção da minha dissertação de mestrado que desenvolvi na área de Direitos Humanos. Abraçou-se como tema a inclusão digital como direito fundamental do cidadão. Mais uma vez, a defesa do usuário, em seu caráter público, foi a linha condutora da dissertação.

Com a adoção das leis de proteção de dados pessoais e de privacidade, novos desafios à defesa do usuário são trazidos. O usuário torna-se agora um titular de dados. Titular de dados que é o destinatário de todos os tratamentos de dados que são feitos em seu nome e, em tese, a seu benefício. Neste sentido, e por conta da mudança geracional de aumento da importância do titular de dados, é necessário conduzir a pesquisa sob esse viés jurídico e tecnológico. Entender o contexto do titular no sistema protetivo de dados, sem olvidar lutas e combates feitos desde os anos 2000, redirecionou e deslocou a pesquisa que vinha desenvolvendo.

Por escolha metodológica, o livro vislumbra o sistema protetivo de dados através do *titularcentrismo* e em como os controladores, públicos e privados, são obrigados a interagir com a realidade jurídico-tecnológica diferenciada e *sui generis*. Responder o que é o sujeito de direito e como ele se espraia dentro da ordenação[1] jurídica constituirá um dos grandes objetivos do livro, tanto em termos teóricos quanto práticos. Ao fim, entender como surge o humano do titular de dados num ambiente a ser dominado por decisões automatizadas e inteligência artificial.

---

[1] Neste livro, em vez de ordenamento jurídico, será utilizado ordenação jurídica. Dois são os motivos para a adoção do vocábulo. O primeiro refere-se a minha formação de historiador. Documentos e arquivos históricos que pesquisei ao longo de minha vida acadêmica sempre se grafaram ordenação (Ordenações Manuelinas, Ordenações Filipinas etc.). Por outro lado, acolho também o seguinte argumento de Newton De Lucca: "Contra a quase unanimidade da doutrina nacional, venho me utilizando, invariavelmente, da palavra *ordenação* jurídica, de todo preferível, a meu ver, à palavra *ordenamento* jurídico. Com efeito, ela parece mais consentânea com o idioma português, não havendo razão para o emprego do italianismo, conforme já destacado pela autorizada voz do gramático Napoleão Mendes de Almeida. Afinal de contas, nós tivemos as ordenações afonsinas, manuelinas e filipinas e não ordenamentos afonsinos, manuelinos e filipinos…" (DE LUCCA, 2009, p. 234, nota de rodapé 1).

SUMÁRIO

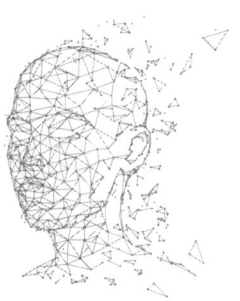

Capítulo 1
INTRODUÇÃO.. 1

1.1 O titular de dados: sujeito de direitos da Lei Geral de Proteção de Dados .. 2

1.2 Sistema protetivo de dados 3

1.3 Estrutura adotada para o estudo do titular de dados 4

Capítulo 2
DIREITO FUNDAMENTAL DA PROTEÇÃO DE DADOS PESSOAIS 11

2.1 Cidadão deslocalizado de si 13

2.2 Direito da organização dos dados, das informações e do conhecimento 17

2.3 Existência jurídica dos dados pessoais no Brasil 21

2.4 Proteção de dados pessoais como direito fundamental 30

Capítulo 3
TITULAR DE DADOS: MOLDURA JURÍDICA DE UM CONCEITO 35

3.1 Titular de dados: aquele a que se referem os dados objetos de tratamento 36

3.2 Transversalidade do conceito jurídico de titular de dados 40

3.3 Titular de dados: pessoa física e pessoa jurídica 42

3.4 Titular de dados em seus aspectos privado e público 45

3.5 Titular de dados como *nomen juris* para LAIP e LGPD e a questão da capacidade jurídica 48

3.6 Titular de dados e a Lei de Acesso à Informação Pública: cidadania e democracia 51

    3.6.1 Titular de dados e a cidadania 51

3.6.2 Titular de dados e o direito à verdade: legitimidade pelo procedimento 54
3.6.3 Titular de dados, LAIP e os Estados: a inefetividade das normas.... 66
3.7 Titular de dados e o problema dos bancos de dados híbridos com interesses públicos 75
3.7.1 Corpo supliciado como chave de direitos 76
3.7.2 Titular de dados e os biobancos 82
3.7.3 Titular de dados e o interesse público 85

Capítulo 4
OS PRINCÍPIOS E OS DIREITOS DO TITULAR DE DADOS 89

4.1 Proteção de dados pessoais como direito fundamental de intervenção nos modelos econômicos e tecnológicos 91
4.2 Questões acerca do consentimento do titular de dados 94
4.3 Um olhar sobre a complexidade do legítimo interesse 99
4.4 Princípios de proteção de dados pessoais como interligação ao direito novo 104
4.5 Direitos do titular de dados pessoais 113
4.5.1 Direito de requisição dos dados 114
4.5.2 Direito de confirmação da existência de tratamento 114
4.5.3 Direito de acesso aos dados 116
4.5.4 Direito de correção 117
4.5.5 Direito de anonimização, bloqueio ou eliminação de dados desnecessários, excessivos ou em desconformidade 118
4.5.6 Direito de portabilidade dos dados 121
4.5.7 Direito de apagamento ou eliminação dos dados pessoais: estão relacionados ao direito ao esquecimento? 125
  4.5.7.1 Direito de eliminação de dados: memória e esquecimento 128
  4.5.7.2 Titular de dados e o direito à verdade: o problema da *fake news* 135
  4.5.7.3 Titular de dados e a história digital 140
4.5.8 Direito de informação sobre o compartilhamento dos dados ... 142
4.5.9 Direito de revogação de consentimento 147
4.5.10 Direito de petição à Autoridade Nacional de Proteção Dados, aos órgãos de defesa do consumidor, aos controladores e ao Poder Judiciário 148

	4.5.11 Direito de oposição	152
	4.5.12 Direito à gratuidade	153
	4.5.13 Direito de revisão sobre as decisões automatizadas	154
	4.5.14 Direito de vedação a tratamento em seu prejuízo	162
	4.5.15 Direito à interpretação mais benéfica ao titular de dados	165
	4.5.16 Direito à comunicação urgente em caso de vazamento	167
	4.5.17 Direito à segurança da informação	169
	4.5.18 Direito à inclusão digital: direito de não ser impedido de acessar serviços do controlador e o direito de não ser bloqueado por autoridades públicas	172
	4.5.19 Direito de perseguição aos dados em qualquer lugar a qualquer tempo	175
	4.5.20 Direito dos titulares crianças e adolescentes	176
	4.5.20.1 Do consentimento específico e destacado dos pais ou responsáveis legais	179
	4.5.20.2 Das práticas do controlador de dados de crianças e de adolescentes	181
	4.5.20.3 Do tratamento diferenciado aos titulares crianças e adolescentes	183
	4.5.21 Direito dos titulares mortos ou ausentes	184
	4.5.21.1 Do início, meio e fim do tratamento de dados do titular morto, declarado morto ou ausente	186
	4.5.21.2 Da tutela individual, coletiva e difusa dos dados do morto e do ausente	188
	4.5.21.3 Discussões sobre os dados biométricos e genéticos do titular morto e ausente	190
	4.5.21.4 Morte e privacidade: o que fazer com os dados do titular?	195
4.6	Sobre a vedação e a limitação dos direitos do titular de dados	197

Capítulo 5
AS RELAÇÕES JURÍDICAS DOS TITULARES DE DADOS PESSOAIS E OS RESPONSÁVEIS PELO TRATAMENTO 207

5.1	Titular de dados e os controladores: o uso da tecnologia para autodeterminar a própria memória e verdade	209
5.2	Titular de dados e os controladores: um novo processo de efetivação de direitos pela construção de pluralismos jurídicos	214

5.3   Titular de dados e a cadeia de consentimentos e legítimos interesses (CCLI) 222

5.4   Caráter vinculativo aos direitos dos titulares dos relatórios de impacto à proteção de dados pessoais e dos planos de resposta a incidentes de segurança 223

5.5   Do término do tratamento dos dados do titular pelo controlador............ 227

5.6   Dos vazamentos de dados dos titulares... 229

    5.6.1   Vazamento de dados: definição e delimitação jurídica 230

    5.6.2   Dos requisitos necessários para o controlador evitar ou afastar os efeitos do vazamento de dados 231

    5.6.3   Pós-vazamento de dados: os direitos do titular de dados.......... 235

5.7   Titular de dados, livre acesso e transparência: a prática........................... 237

    5.7.1   Da pesquisa feita aos controladores de dados................................ 239

    5.7.2   Escopos de cada questão... 240

    5.7.3   Aspectos a serem analisados pelas respostas dos controladores 243

    5.7.4   Justificativas legais para se responder ao questionário 244

    5.7.5   Da escolha somente de controladores privados.......................... 245

    5.7.6   Respostas enviadas pelos controladores..................................... 245

        5.7.6.1   Primeiro questionário – agosto de 2019 245

        5.7.6.2   Segundo questionário – janeiro de 2020....................... 246

    5.7.7   Conclusões da pesquisa 246

Capítulo 6
INTELIGÊNCIA ARTIFICIAL E O TITULAR DE DADOS: ESTUDO DE CASOS SOBRE O RECONHECIMENTO FACIAL E O DIREITO À INVISIBILIDADE 247

6.1   Inteligência artificial, mito e oráculo 251

6.2   Inteligência artificial e o titular de dados: a constituição do sujeito do futuro 256

6.3   Modelos de negócio baseados em reconhecimento facial: a monetização reificante do sujeito desconectado de si e de seus direitos 265

6.4   Direitos específicos do titular que tornam visíveis o reconhecimento facial e as tecnologias de inteligência artificial 272

    6.4.1   Comunicação prévia virtual e real sobre a implementação do reconhecimento facial: implementação de práticas de visibilidade 274

    6.4.2   Da múltipla autorização prévia e expressa 275

6.4.3 Do legítimo interesse para se utilizar do sistema de reconhecimento facial: interpretação restritiva.. 277

      6.4.3.1 Do uso do legítimo interesse sobre dados do titular para fins privados... 278

      6.4.3.2 Do uso do legítimo interesse sobre dados do titular para interesse público... 279

6.4.4 Do tempo e o do término do tratamento do reconhecimento facial 280

6.5 Direito à invisibilidade do titular de dados e o direito novo 281

REFERÊNCIAS 291

Capítulo 1
INTRODUÇÃO

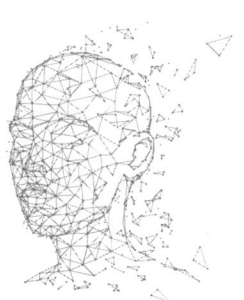

O surgimento do titular de dados é novo e desafiador em todos os seus aspectos econômicos, sociais, culturais, tecnológicos e, principalmente, jurídicos. Uma figura jurídica que pode revolucionar o direito e a forma como se desenvolvem tecnologias, produtos e serviços, relações sociais e culturais. O titular de dados é a força efetivamente disruptiva que desencadeará uma série de mudanças na maneira de se aplicar e conceber o direito. O titular de dados ressignificará as relações de poder atualmente existentes.

Praticamente todos os países, de forma direta ou indireta, já regularam de alguma maneira a proteção de dados ou acesso à informação pública.[1] A profusão de leis nesse sentido começou a partir dos anos 2000, quando o assunto tornou-se urgente, em face das tecnologias de informação e de comunicação, amplificadas com o aumento exponencial da distribuição da internet de banda larga. Por outro lado, no aspecto político, que vem desde o final do século XX, houve uma mudança sobre a forma de se pensar o Estado numa sociedade que cada vez mais exige transparência no modo de se tratar a coisa pública (*res publica*).

Contudo, nenhuma das leis nacionais ou internacionais oferece soluções específicas para se entender o contexto socioeconômico e histórico da proteção de dados pessoais nem o seu titular. Diante disso, torna-se relevante analisar o sistema protetivo de dados a partir do lugar do titular, bem como a sua capacidade de compreensão da realidade jurídico tecnológica, as relações práticas que elas se desenvolvem, o quadro institucional que o cerca para, assim, identificar os fatores relevantes no processo decisório que trata, coleta ou elimina os seus dados. Permeado por esse ponto de vista, iluminar as tomadas de decisões da Autoridade Nacional de Proteção de Dados (ANPD), do Poder Judiciário e, principalmente, dos controladores que, efetivamente, manuseiam os dados.

Compreender conceitos que são indeterminados e/ou recentes, que ainda, no Brasil, não possuem literatura e doutrina suficientemente con-

---
[1] Ver MUSAR, 2018.

solidadas, ajudará na produção do conhecimento necessário para traçar os percalços, os caminhos, os embates e as lutas que envolvem os titulares de dados. Ao apreender os conceitos novos desenvolvidos em torno do titular, com todo o cuidado metodológico, deve-se defini-los, redefini-los e subsumi--los ao sistema jurídico vigente e extrair daí a sua condição de validade e de aplicabilidade.

Ao cabo, o livro poderá ajudar a responder algumas questões sobre: o que seria o interesse público superior, que ensejaria uma limitação dos direitos do titular; o que pode ser ou não público ou disponibilizado ao público; quem terá acesso aos dados produzidos pelo titular; o que é segurança da informação; o que é direito ao esquecimento no contexto das tecnologias de informação e comunicação; o que é memória; o que são as verdades produzidas no processo de construção do titular; e como entender o banco de dados como uma fonte de poder. Um poder que é do titular de dados e não mais dos controladores, que, na prática, vêm tratando deles, com ou sem consentimento, há décadas sem quaisquer oposições.

O livro tem como objetivo construir uma moldura sobre o fenômeno jurídico do que é o titular de dados e como ele deve ser aplicado no contexto do sistema protetivo. Com a angulação do sistema protetivo partindo do titular, há uma mudança perceptível na interpretação da ordenação jurídica como um todo e na construção de caminhos mais significativos para se entender o fenômeno que está a se estudar.

1.1 O TITULAR DE DADOS: SUJEITO DE DIREITOS DA LEI GERAL DE PROTEÇÃO DE DADOS

O titular de dados, dentro da perspectiva do *titularcentrismo*, é o detentor de seus dados, extensão do seu corpo virtualizado, podendo, em alguns casos restritos e definidos em lei, concedê-los, por um certo período de tempo e de espaço, para alguma finalidade constitucional, a um controlador, público ou privado. É somente nesse viés que o titular de dados pode se autodeterminar em sua dignidade humana, o que não lhe pode ser restringido. A contextualização é importante, pois, com as tecnologias de informação e de comunicação, os governos, em prol de conceitos jurídicos indeterminados, tais como segurança nacional, luta contra o terrorismo, entre outras justificativas apocalípticas, têm atacado a noção de privacidade dos titulares, muitas vezes com o apoio dos próprios, que, sem entenderem os efeitos colaterais dessas atuações, liberam o acesso a esses dados sem questionar os usos e os por quês. O suposto efeito colateral, que tem se tornado cada dia mais o principal quando deveria ser acessório, é a vigilância constante dos titulares de dados. E uma das perguntas mais intrigantes desta obra é saber se o sistema protetivo dos dados auxilia o titular contra as práticas que o vigiam constantemente ou permite que elas sejam justificadas por essas normas. Nesse sentido, por meio ou não de normas de proteção de dados, os titulares de dados sofrem com as práticas jurídicas e tecnológicas que os *hipervisibilizam* e os *hiperconectam* aos sistemas de vigilância e de controle. Esse ponto será discutido à exaustão, tornando-se um dos problemas mais pujantes da atualidade.

Assim, ao longo da obra, buscaremos responder as seguintes questões:

1. O que é o titular de dados e quais são os seus limites jurídicos e tecnológicos?
2. Quais são os princípios e os direitos que envolvem o titular de dados?
3. Nas práticas jurídicas e tecnológicas, quais são os desafios estabelecidos para que o titular de dados tenha todos os seus direitos implementados pelos controladores, que efetivamente manuseiam os seus dados?
4. Em face dos desafios presentes, o futuro impõe ao titular de dados, por meio das tecnologias de decisões automatizadas e máquinas de aprendizado, que possibilitam a criação de sistemas de inteligência artificial, novos obstáculos à implementação de seus direitos. Como manter intacto os direitos e as garantias do titular de dados num mundo de decisões automatizadas?

Todas as questões feitas anteriormente auxiliarão no desenvolvimento de respostas, mas que, com certeza, gerarão outras novas questões, o que a obra não se furtará de realizá-las.

1.2 SISTEMA PROTETIVO DE DADOS

A análise que será feita sobre o titular de dados compreenderá principalmente o que se encontra na Lei Geral de Proteção de Dados Pessoais brasileira (LGPD – Lei 13.709/2018). A LGPD é o estágio mais avançado de legislação protetiva de dados que vem se desenvolvendo desde a Constituição brasileira de 1988. Nas lacunas da LGPD, que são muitas, serão preenchidas pela história da formação do que seja o titular de dados e que está contida em outras legislações, além da Constituição: Código de Defesa do Consumidor, Marco Civil da Internet, Código de Processo Civil, Lei de Procedimento Eletrônico, entre outras, que ajudarão a compreender a moldura do titular de dados.

Na constituição do titular de dados e seus direitos buscar-se-á o auxílio das legislações internacionais, principalmente da *General Data Protection Regulation* (GDPR) da União Europeia, em que os sistemas regulatórios e judiciais já estão mais desenvolvidos na aplicação prática desses direitos. As

Convenções europeia e americana de direitos humanos serão importantes para o entendimento do fenômeno da proteção de dados, do acesso à informação pública e da privacidade. Ademais, e para o desenvolvimento do trabalho é necessário o enfoque, não se olvidará das leis e das convenções latino-americanas que possuem similaridades e confluências com o que é vivido e praticado no Brasil. É a partir dessa experiência que também se construirá o titular de dados brasileiro.

O sistema protetivo de dados também será configurado a partir da jurisprudência brasileira construída desde a Constituição de 1988. Algumas escolhas legislativas da LGPD são frutos de decisões judiciais consolidadas. Esse entendimento da influência da jurisprudência brasileira no sistema protetivo de dados torna-se essencial para delimitar os direitos dos titulares e os deveres objetivos dos controladores de dados. O estudo também utilizará de decisões das cortes americana e europeia de direitos humanos que já trataram do tema da privacidade e da proteção de dados pessoais. Dessas análises enxergar-se-ão quais os direcionamentos que devem ser atribuídos à defesa dos direitos do titular.

1.3 ESTRUTURA ADOTADA PARA O ESTUDO DO TITULAR DE DADOS

O livro aborda análise da doutrina jurídica relevante, sem se esquecer da literatura que envolve aspectos tecnológicos, históricos e filosóficos inerentes à constituição do titular de dados e sua fenomenologia.

A doutrina e a literatura envolvidas na pesquisa incluem os estudiosos profissionais e científicos, nacionais e internacionais, relacionados à proteção de dados, acesso à informação pública, direito constitucional e consumerista. A ênfase será dada primordialmente aos estudiosos de segurança de informação e de proteção de dados, com o intuito de traçar, de maneira mais clara, uma prática sustentável no âmbito de abrangência do titular de dados e seus direitos.

A jurisprudência também será objeto de estudo em torno da prática jurídica que o sistema protetivo de dados vem se desenvolvendo em níveis nacional e internacional. Além disso, e de forma pouco convencional nos estudos jurídicos, desenvolveu-se a metodologia investigativa e de pesquisa que consistiu em dois tipos de análise: um questionário aos controladores de dados, com o fulcro de compreender como os direitos dos titulares serão construídos, obstruídos e efetivados no Brasil; e a análise dos *sites* e de documentos jurídicos disponibilizados pelos mesmos controladores, para estabelecer se eles efetivamente aplicavam os princípios da proteção de dados. Em relação ao questionário,[2] são nove perguntas que traçaram alguns conceitos legais e exigíveis na legislação vigente e que deverão ser cumpridos pelos controladores, bem como outros que serão aplicados com a entrada em vigor da LGPD. Por meio das respostas, entender o nível de maturidade de todo o sistema protetivo e quais as melhores formas de implementá-los sempre com foco no titular de dados e os problemas, as lutas, os combates e os obstáculos que ele pode vir a ter no seu dia a dia. Na segunda parte da investigação, foi analisado como os controladores informam e se relacionam com os titulares de dados e os princípios trazidos no art. 6º da LGPD: finalidade, adequação, necessidade, livre acesso, qualidade dos dados, transparência, segurança, prevenção, não discriminação e responsabilização e prestação de contas.

A esses cruzamentos e complexidades, entre tantas leis, normas e interpretações, direcionou-se este livro para o reconhecimento do valor da dignidade humana e do princípio da autodeterminação de cada indivíduo, digital ou real. Nesse passo, surge a figura do titular dos dados pessoais como uma possibilidade de solução para essas questões e dilemas que envolvem a virtualização do sujeito e de suas práticas. Parece singela a ideia de que cada ser humano é dono de seus próprios dados. Contudo, o desenvolvimento da ideia de proteção de dados pessoais como inerente e relativa à dignidade da pessoa humana foi cozida lentamente em todas as suas complexidades. Por mais de três décadas, caminhou-se para uma solução de se colocar o titular de dados como fim do sistema protetivo de dados e dois foram os motivos primordiais para isto: a total incapacidade do Estado de atender as demandas de todos os cidadãos; e o modelo econômico focado na velocidade das transformações de uma economia global, baseada na ciência e na tecnologia.

Destituído de um entendimento sobre si e o que produz sobre si, não foi rara a situação, nesse período de três décadas, de que o próprio titular teve de suplicar por seus dados, pois governos e empresas acreditavam, e ainda acreditam, que esses dados lhes pertencem. Tal ideia se sustenta numa visão que só dessa maneira torna-se possível a maximização e a ampliação global do mercado financeiro e econômico, bem como da montagem de um aparelho estatal que vigia e controla melhor que no passado.

Constatou-se, com a proliferação das tecnologias de informação e de comunicação, num modelo econômico global, que o titular dos dados fica à mercê de práticas as quais não tem controle ou participação, em que toda uma economia sobre si é enjeitada para gerar lucros sobre os dados, as infor-

---

[2] O modelo de carta de requisição de dados pessoais pode ser acessado no sítio do SIGILO nesse endereço: https://sigilo.org.br/modelo-carta-requisicao-dados-pessoais/.

mações e o conhecimento. Parte da maximização dos dados como gerador de riqueza deve-se ao modelo *freemium*,³ que se espraiou por toda economia digital. Evgeny Morozov, enxergando a importância do conceito, faz uma análise acurada desse modelo de negócios:

> À medida que nossos aparelhos e objetos deixam de ser analógicos e passam a ser "inteligentes", esse modelo do Gmail vai se difundir por todos os lados. Uma parcela de modelos de negócio vai nos prover com aparelhos e objetos gratuitos ou eles custarão uma fração do custo real. Em outras palavras, você recebe de graça uma escova de dente inteligente, mas, em troca, permite que ela colete dados sobre como é usada. São esses dados que financiarão o custo da escova. Ou, no caso de aparelhos com telas ou alto-falantes, você poderá ver ou ouvir um anúncio personalizado com base no uso do dispositivo, e é esse anúncio que financiará o custo (MOROZOV, 2019, p. 129).

Mesmo com o conhecimento superficial dos problemas e dos perigos desses serviços, muitos titulares estão dispostos a entregar os seus dados de boa-fé para empresas ou governos, em prol de um suposto benefício, que não é mensurável em termos quantitativos, ou até mesmo qualitativos. Em face da ilusão de bem-estar que ofusca o entendimento, há a necessidade de se regular toda essa cadeia de produção de dados por meio da proteção da parte mais vulnerável: o titular de dados.

Entretanto, a mudança para reconhecer no titular o centro das práticas jurídicas e tecnológicas não foi completa. Aliás, está longe de acontecer. Não se alteram automaticamente práticas e negócios consolidados por tanto tempo e que foram maximizados por um modelo econômico, que ainda se utiliza da lógica do *freemium,* e do uso intensivo de dados (*big data* e inteligência artificial) para gerar lucros e mais serviços. Além disso, uma das justificativas para sustentar a legitimidade desses modelos de negócios, é a sensação de que as informações geram benefícios sociais perceptíveis e que só poderiam existir com o acúmulo massivo de dados. Por exemplo, a possibilidade de o aplicativo de transporte Uber entregar os dados de locomoção dos seus usuários para ajudar nas políticas públicas de mobilidade urbana de determinadas cidades.⁴ Outro

---

3   "*Freemium* é um modelo de negócios que funciona oferecendo serviços básicos gratuitos, enquanto cobra por outros mais avançados ou especiais. A palavra '*freemium*' é uma junção em inglês das duas palavras que descrevem o modelo de negócios: '*free*' e '*premium*'" (MOURNIER, 2018).

4   "O Uber também ofereceu parte de seus dados de corridas na cidade de Nova York, onde estava enfrentando críticas por seu impacto no trânsito, e fez uma oferta geral para compartilhar seus dados com qualquer administração municipal. Dados como

exemplo a ser trazido refere-se ao uso dos dados de locomoção e geolocalização na sindemia[5] da Covid-19. Alguns países, sendo o mais representativo o caso da Coreia do Sul,[6] utilizaram-se desses dados para isolar a população e aplicar as medidas sanitárias de distanciamento social. As análises estruturais e científicas acerca dos impactos das tecnologias de uso massivo de dados pessoais ainda não podem ser sopesadas como justificativas para não se questionar efetivamente o uso indiscriminado e sem controle das ferramentas de *big data*.

O ponto em questão, a despeito de todos os esforços na busca de se construir a efetivação das leis e a regulação das práticas dos controladores, será o de reconhecer que há um terreno inóspito para a consecução e implementação dos objetivos e dos princípios da proteção de dados. O campo de atuação é amplo e envolve desde o desconhecimento do titular de seu lugar na infraestrutura tecnológica complexa, que demanda que ele produza cada vez mais dados, caminha pelos comportamentos viciados de empresas e de governos em obter e incentivar a produção massiva de dados, até a definição jurídica do que é efetivamente o titular, seus direitos, seus deveres e as ferramentas tecnológicas e jurídicas para o seu empoderamento. Enfim, desenvolver uma moldura jurídica em que todos possam entender uma nova configuração de sociedade e de modelo econômico.

Diante da miríade de possibilidades e atores, ao se analisar a legislação, a doutrina e as práticas que estão sendo construídas em torno da implantação

---

esses podem ajudar planejadores a melhorar o planejamento da cidade e reduzir o tráfego; a ***time.com*** imaginou 'como o Uber poderia ajudar a acabar com os engarrafamentos'". Disponível em: https://www.vice.com/pt_br/article/4xnkqg/como-o-uber--lucra-quando-seus-motoristas-no-ganham-nada. Acesso em: 21 out. 2019. Para saber mais sobre a questão do compartilhamento de dados com a cidade de Nova York veja: https://techcrunch.com/2015/07/22/uber-releases-hourly-ride-numbers-in-new-york--city-to-fight-de-blasio/#.ppxguo2:ByWx. Acesso em: 21 out. 2019.

[5] De acordo com o cientista Merril Singer, o neologismo sindemia serve "para explicar uma situação em que 'duas ou mais doenças interagem de tal forma que causam danos maiores do que a mera soma dessas duas doenças". E continua: "O impacto dessa interação também é facilitado pelas condições sociais e ambientais que, de alguma forma, aproximam essas duas doenças ou tornam a população mais vulnerável ao seu impacto". Disponível em: https://www.bbc.com/portuguese/internacional-54493785. Acesso em: 23 mar. 2022.

[6] "A Coreia do Sul, por sua vez, aplicou uma estratégia que associa a testagem em massa da população com uso de dados pessoais – como registros do GPS do celular ou do uso do cartão de crédito – para rastrear onde pessoas contaminadas estiveram e, assim, emitir alertas para outros potenciais contaminados se testarem e se isolarem". Disponível em: https://www.bbc.com/portuguese/brasil-52357879. Acesso em: 23 mar. 2022.

nas empresas e nos governos de políticas de proteção de dados, constatam-se que há um esquecimento de que tudo isso é realizado direcionando-se aos titulares de dados, os quais são obliterados ao final do processo de adequação. Perguntas simples não são respondidas pelas leis e por todos que controlam e processam os dados: como entrego as informações sobre os dados aos seus titulares? Como efetivar o livre acesso sem criar obstáculos? Quais são os mecanismos para facilitar a transparência do acesso do titular aos seus dados? Quem garante que o pedido de exclusão de dados foi efetivamente cumprido? Quais são os controles e mecanismos instituídos para a conferência acerca da veracidade das informações?

Enfim, uma série de perguntas que colocam em dúvida a efetividade da lei e de seus princípios na implantação de uma política de proteção de dados pessoais e privacidade. Nesse passo, para adicionar mais complicações, empresas de segurança e de tecnologia da informação vendem como solução serviços e produtos relacionados a certificações internacionais, tais como ISO/IEC 27001, 27002 e 27701, entre outras, pois são procedimentos que podem auxiliar na implantação de uma política de proteção de dados, o que tem sido bastante utilizado para se estar "adequado" à lei. Contudo, os procedimentos normativos internacionais e nacionais não abrangem a complexidade da lei nacional de proteção de dados pessoais e, muito menos, são requisitos exigidos por ela para se implantarem os mecanismos de segurança da informação e da privacidade. Entender os discursos que perpassam as práticas e o que deveria ser feito serão respondidos ao longo da obra para construir os traços mais fortes do que é, ou pelo menos do que deveria ser, o titular de dados pessoais nas estruturas jurídicas e tecnológicas.

Assim, para se iniciar a contextualização jurídica dos fenômenos tecnológicos, o Capítulo 2 tem como objetivo apontar a historicidade dos conceitos inerentes ao sistema protetivo de dados, tais como acesso à informação pública, proteção de dados pessoais e privacidade, e como eles foram desenvolvidos ao longo de 30 anos, o que para o mundo do Direito é muito recente e ainda com poucos estudos relevantes. Traçado o desenho histórico, no Capítulo 3, apresentam-se as linhas de uma imagem, moldura do que seja o titular de dados. É uma figura nova que não se confunde com consumidor, usuário ou cliente. É um novo sujeito de direito e que está sendo muito pouco analisado. A moldura permitirá a todos desenvolver uma definição jurídica consistente de quem é, por lei, o verdadeiro sujeito e titular de dados.

A análise principiológica, a ser feita no Capítulo 4, é necessária para fazer funcionar, estrutural e sistematicamente, a definição do titular de dados e seus direitos, que serão analisados exaustivamente. Quais são as orientações que guiarão os controladores: como se pautar de antemão em relação ao que se espera no processamento e no controle dos dados pessoais, que não lhes pertence mais juridicamente; como produzir serviços que sejam *compliance* com a LGPD; a situação dos dados pessoais de crianças e de adolescentes; os dados de titulares mortos ou declarados mortos etc. Ao final, trazer o âmbito de aplicação da proteção de dados pessoais diretamente tendo como foco o titular.

No Capítulo 5, a partir dos princípios e dos direitos traçados, serão analisadas as estruturas jurídicas de relacionamento dos titulares de dados com os controladores: verificar a questão do consentimento; o legítimo interesse e todas hipóteses legais admitidas para se processar e controlar os dados, que não podem estar mais fora do âmbito traçado pela lei ou pelos princípios, o que pode ensejar inúmeras multas, sanções e indenizações; como se realizarão as comunicações e como elas são atualmente realizadas. Para atender a esses objetivos, desenvolveu-se, a partir das experiências da GDPR, um questionário para analisar o atual estágio prático das relações entre titulares e controladores e como elas se constroem. Independentemente das precauções e dos cuidados que tenham os controladores, podem ocorrer vazamentos de dados dos titulares. Os vazamentos podem permitir aos atacantes inúmeros benefícios contra os titulares. Eles podem abrir contas bancárias, cadastrar-se em inúmeros serviços públicos ou privados, usar os dados de cartão de crédito, aplicar golpes de engenharia social, entre outras. Com base nas imensas possibilidades danosas, analisar as relações jurídicas entre os titulares e os controladores é de suma importância para o controle da extensão dos danos de todos os envolvidos na prestação de serviços, na construção dos respectivos produtos e na utilização sadia e sustentável dos dados, sem destruir direitos e garantias fundamentais.

No Capítulo 6, em face da profusão de dispositivos informáticos, por meio da prática amplamente difundida da inteligência artificial, mais especificamente no uso do reconhecimento facial para a implementação da ideia de segurança, como estudo de caso, analisa-se a legalidade dessas práticas e quais são os mecanismos para se protegerem efetivamente os dados dos titulares e sua privacidade, que será deslocada para um direito novo, condizente com as atuais práticas sociais, econômicas, históricas, culturais e tecnológicas: o direito à invisibilidade. Depois de toda a análise jurídica envolvendo o titular, num mundo que ficou viciado em consumo desregrado de dados e de informações, uma pergunta cabe: é possível desenvolver modelos de negócios sustentáveis, respeitando-se os direitos dos titulares de dados pessoais? A resposta positiva não se impõe, mas pode ser construída paulatinamente sem perder de vista os seus pontos negativos e positivos. Algumas proposições serão traçadas nesse sentido. Contudo, o caminho tecnológico a ser seguido deve ter como horizonte os direitos dos titulares de dados.

Uma tentativa de conclusão será a de construir novas perguntas para a legislação de proteção de dados pessoais que considerem o titular como ator principal de tudo que é regulado e normatizado. O titular de dados que é brasileiro e latino-americano. E não um simulacro de uma forma imperialista anglo-saxônica, europeia ou até mesmo chinesa, que não reflete as instituições e as construções históricas desenvolvidas por aqui. Somente nesse viés latino-americano, pode-se construir um fundamento relevante para contribuir com a temática e o sistema da proteção de dados pessoais.

Capítulo 2
DIREITO FUNDAMENTAL DA PROTEÇÃO DE DADOS PESSOAIS

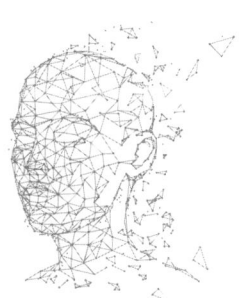

"A hiperinformação e hipercomunicação gera precisamente a falta de verdade, sim, a falta de ser" (Byung-Chul Han).

Ao se percorrerem as legislações e as interpretações da doutrina acerca ou relacionadas à proteção de dados pessoais, percebe-se a imensa complexidade que a sociedade da informação se materializou. São normas, normativas, regulamentos e leis que buscam reconstruir um percurso de esquecimentos acerca da produção, da guarda, da distribuição e da manipulação de dados pessoais e o quanto o tema se tornou importante. A coleta de dados e de informações sempre foi realizada para o desenvolvimento humano em todos os seus aspectos sociais, culturais, históricos, políticos e econômicos. O que altera essa perspectiva no século XX são os processos e os procedimentos criados para classificar, organizar, relacionar, ordenar, rotular, categorizar e catalogar a informação.

Por meio da reorganização socioeconômica, ampliaram-se o conhecimento e as formas de interagir com a realidade, suas nuances e suas diferenciações. Possibilitou-se, pelo gerenciamento das classificações, um novo esquadrinhamento das ciências e das tecnologias. Estruturar o conhecimento por meio de dados relacionais fez surgir a sociedade da informação, que administra a vida e gerencia riscos. Nesse passo, as tecnologias de informação e de comunicação são a consequência visível das transformações na forma de organizar a vida e a sociedade. Os dispositivos informáticos, tal como vislumbramos nesse momento, nada mais são do que as resultantes de uma ciência e uma tecnologia que permitem a execução de cálculos matemáticos necessários para processar e manipular, com mais capacidade e velocidade, um grande volume de dados.

Há que se analisar como o Direito, resultante de um processo de globalização, vem sendo arrebatado pelas tecnologias de informação e de comunicação, que desafiam a noção de estabilidade de valores e pressupostos de efetividade das normas e das leis. O direito de longa duração, fundado no monopólio estatal, enfrenta práticas totalmente disruptivas e audaciosas de enfrentamentos para além daqueles lugares institucionalizados para cidadãos e Estados, em todas as suas facetas e conexões. A práticas que expõem rachaduras no modelo jurídico desenvolvido até o presente momento, baseado na soberania e na primazia do Estado, encontra-se um modelo econômico não mais baseado na tradição política. O modelo econômico surgido com a burguesia é fundado na técnica e na ciência e uma das suas consequências é o açodamento de um modelo jurídico, que não atende mais a velocidade de transformações e de ressignificações. O direito, em seu caráter normalizador, torna-se socialmente irrelevante e deslegitima-se como régua de valores morais e éticos da sociedade.[1] Habermas, em relação à deslegitimação do direito perante o modelo econômico atual, aponta: "As sociedades industriais avançadas parecem se aproximar de um modelo de controle do comportamento conduzido mais por *estímulos externos* que por *normas*" (2014, p. 111 – grifei).[2]

Diante do esgotamento do modelo jurídico fundado na tradição política, outro deve surgir e ser construído. Um modelo jurídico que não seja somente um normalizador, cuja lei seja além de um *ipso facto a posteriori*. O modelo jurídico cambiou para ser régua integrante de um modelo econômico baseado nas ciências e nas tecnologias altamente instáveis e cambiáveis. Assim, o direito deve compensar os indivíduos com o aumento das garantias individuais, sem,

---

[1] Pontes de Miranda, com muita propriedade, criticava o direcionamento do direito somente para ser memória: "Toda codificação é o produto de um fracasso; pretende fixar, passar, fotografar, não no espaço; mas no tempo; e muda o próprio objeto, de modo que se há de olhar a relatividade de hoje que é adulta, e o retrato de outrora, para descobrir, não mais a imagem exata, e sim os traços que indiquem a identidade" (PONTES DE MIRANDA, 1972, tomo III, p. 320-321).

[2] Nesse sentido, Zygmunt Bauman verifica esta mudança estrutural: "São esses padrões, códigos e regras a que podíamos nos conformar, que podíamos selecionar como pontos estáveis de orientação e pelos quais podíamos nos deixar depois guiar, que estão cada vez mais em falta. Isso não quer dizer que nossos contemporâneos sejam guiados tão somente por sua própria imaginação e resolução e sejam livres para construir seu modo de vida a partir do zero e segundo sua vontade, ou que não sejam mais dependentes da sociedade para obter as plantas e os materiais de construção. Mas quer dizer que estamos passando de uma era de 'grupos de referência' predeterminados a uma outra de 'comparação universal', em que o destino dos trabalhos de autoconstrução individual está endêmica e incuravelmente subdeterminado, não está dado de antemão, e tende a sofrer numerosas e profundas mudanças antes que esses trabalhos alcancem seu único fim genuíno: o fim da vida do indivíduo" (BAUMAN, 2001, p. 14-15).

contudo, atrelá-las a uma efetividade dos poderes decisórios, direcionando-se na ampliação das competências e das responsabilidades do Estado regulador, mas sem enfrentar as causas que geram desigualdades econômicas e sociais.

2.1 CIDADÃO DESLOCALIZADO DE SI

O modelo jurídico, dentro do contexto de modelo econômico baseado na primazia das ciências e das tecnologias, por não conseguir dar efetividade às suas decisões, acaba por dar respostas morosas e lentas às demandas, o que já foi alertado por Norberto Bobbio sobre a eficácia das normas[3] serem ou não seguidas pelos cidadãos de modo espontâneo. Mesmo com a criação de mecanismos legais para reconhecimento das demandas sobre, por exemplo, a duração razoável do processo,[4] elas não possuem critérios práticos que possam atender as necessidades dos cidadãos. Também não há prazos definidos nem parâmetros claros estabelecidos para respostas de demandas feitas contra ou em favor do Estado. Enfim, vive-se a frustração do que o regime democrático ainda não conseguiu entregar: respostas rápidas para todos os cidadãos.[5]

---

[3] "Não é nossa tarefa aqui indagar quais possam ser as razões para que uma norma seja mais ou menos seguida. Limitamo-nos a constatar que há de existir normas que são seguidas universalmente de modo espontâneo (e são as mais eficazes), outras que são seguidas na generalidade dos casos somente quando estão providas de coação, e outras, enfim, que são violadas sem que nem sequer seja aplicada a coação (e são as mais ineficazes). A investigação para averiguar a eficácia ou a ineficácia de uma norma é de caráter histórico sociológico, se volta para o estudo do comportamento dos membros de um determinado grupo social e se diferencia, seja da investigação tipicamente filosófica em torno da justiça, seja da tipicamente jurídica em torno da validade. Aqui também, para usar a terminologia douta, se bem que em sentido diverso do habitual pode se dizer que o problema da eficácia das regras jurídicas é o problema fenomenológico do direito" (BOBBIO, 2001, p. 47-48).

[4] Neste sentido, a Convenção Americana de Direitos Humanos determina, em seu art. 8.1., que "Toda pessoa tem direito a ser ouvida, com as devidas garantias e dentro de um prazo razoável, por um juiz ou tribunal competente, independente e imparcial, estabelecido anteriormente por lei, na apuração de qualquer acusação penal formulada contra ela, ou para que se determinem seus direitos ou obrigações de natureza civil, trabalhista, fiscal ou de qualquer outra natureza. O novo CPC em seus arts. 4º ("As partes têm o direito de obter em prazo razoável a solução integral do mérito, incluída a atividade satisfativa") e 8º (o juiz atenderá aos fins sociais e às exigências do bem comum, resguardando e promovendo a dignidade da pessoa humana e observando a proporcionalidade, a razoabilidade, a legalidade, a publicidade e a eficiência) ampliam ainda mais os direitos e garantias fundamentais".

[5] Sobre essa questão ler o Cap. 2 do *Futuro da democracia* de Norberto Bobbio.

À dicotomia entre a sua incapacidade de dar resposta rápida e de assumir cada vez mais funções e competências, o Estado impõe aos indivíduos encruzilhadas práticas e teóricas que se deslocam constantemente sem dar soluções ou, pelo menos, a sensação de que existirão soluções para os desafios impostos por estruturas sociais, econômicas e políticas fluidas e porosas. Tal abismo se amplia ainda mais com a velocidade das transformações trazidas pelas tecnologias de informação e de comunicação a reboque de uma ciência altamente inovadora e disruptiva.[6] Há um bombardeio de informações produzidas, reprocessadas, ressignificadas e reutilizadas.

A morosidade resultante desse processo é parte também de uma incapacidade estatal de entender e se antecipar às mudanças, até porque ele não está mais no controle total delas. E, nesse aspecto, desloca-se estruturalmente a esfera pública cada vez mais para o indivíduo, que se empodera das ferramentas de informação e de comunicação, científicas ou tecnológicas, indicando possibilidades de transformação além daquelas proporcionadas pelo direito, como imagem do Estado, em seu viés normalizador. Na supressão de direitos e do Estado, o indivíduo é tomado pela percepção errônea de que ele pode, por meio da tecnologia, solucionar problemas que, outrora, eram entendidos no contexto social e coletivo. O celular e a cultura dos aplicativos são o lado visível de uma realidade de que o indivíduo assumiu um protagonismo perante o Estado, mesmo que ele não seja concretamente real.

Nesse contexto, são inúmeros desafios lançados que não foram dadas soluções razoáveis ou adequadas às necessidades de um novo cidadão. Não é um cidadão consumidor,[7] não é o cidadão somente político e econômico, detentor de direitos e deveres. É uma pessoa incluída ou excluída em dados e informações. Um simples conceito não englobará a imagem do sujeito

---

[6] Há uma série de serviços e produtos baseados em ciência altamente avançada que estão ao alcance das pessoas e de empresas. Exemplo disto são as impressoras 3D que substituem grandes estruturas industriais, a um custo baixo, para produzirem desde alimentos (Disponível em: https://exame.abril.com.br/estilo-de-vida/este-e--o-1o-restaurante-com-comida-em-impressao-3d-do-mundo/. Acesso em: 4 jun. 2018) até casas (Disponível em: https://tecnoblog.net/236186/casa-impressora-3d/. Acesso em: 4 jun. 2018).

[7] Não tenho o objetivo de entrar no mérito dessa conceituação altamente difundida e desgastada de que são conceitos antagônicos ou complementares. Neste trabalho, acredito que é uma denominação ultrapassada e que não atende mais a complexidade das relações desenvolvidas a partir das tecnologias de informação e de comunicação. É um novo tipo de sujeito que existe, algo que mostraremos mais para frente, no desenrolar do estudo.

nascido das relações de poder e de saber trazidos num contexto de *big data*[8] e inteligência artificial.

O duplo conceitual inclusão/exclusão digital, que pode ser positivo ou negativo, conforme percorremos sobre eles nas práticas diárias dos usos tecnológicos, é um grande círculo de possibilidades dinâmicas, não previsíveis e que dependem de análises interpretativas complexas. Por exemplo, o cidadão precisa estar incluído digitalmente para poder se autodeterminar como ser humano. Ao mesmo tempo, ele pode requerer ser excluído em algumas circunstâncias para não ser objeto de vigilantismo estatal ou de empresas de tecnologia, que vivem de seus dados pessoais. A inclusão digital ocorre também quando o cidadão, mesmo não tendo acesso à internet, tem os seus dados capturados sem o seu consentimento. E, nesse caso, o cidadão, por não ter controle sobre os seus dados, tem outros direitos fundamentais atacados e desprotegidos, necessitando de sua atuação positiva. Aí, poderia o cidadão requerer a exclusão de seus dados, se fosse instado a consentir sobre os usos deles, mas que quase sempre não o é. Os Estados[9] e as empresas[10] se utilizam de filigranas legais para colher os dados, baseando-se em conceitos jurídicos indeterminados, que são ficções com o intuito de afastarem a anuência e o empoderamento do titular. E no frigir da miscelânea tecnológica, o cidadão, ao ter acesso às informações que amealham sobre si, não consegue com-

---

[8] *Big data*, segundo Cezar Taurion (2013), "[...] não é um punhado de tecnologias, mas conceitos que envolvem tecnologias, processos e pessoas que permitem repensar o 'como' as decisões tomadas dentro das empresas. Abre um novo olhar sobre o mundo e a empresa e nos permite fazer novas perguntas, que antes nem pensávamos que poderíamos ao menos fazer".

[9] Descobriu-se que o Estado brasileiro tem negociado dados pessoais de seus cidadãos sem o seu expresso consentimento. A reportagem que ressalta uma investigação do Ministério Público Federal de Brasília ressalta: "O Serpro estaria comercializando informações pessoais constantes das bases de dados da Receita Federal. A venda é feita, também, para a própria administração pública, como indicam contratos analisados, diz o documento" (Disponível em: https://g1.globo.com/df/distrito-federal/noticia/mp-do-df-aponta-suposto-esquema-de-venda-de-dados-pessoais-de-brasileiros-pelo-serpro.ghtml. Acesso em: 4 jun. 2018, às 16h33min.

[10] A Microsoft está sendo investigada por utilizar indevidamente de dados pessoais de brasileiro sem consentimento ou legítimo interesse: "'Neste ponto, a Microsoft desrespeita o Marco Civil da Internet (Lei 12.965/14), segundo o qual a coleta de informações pessoais depende de consentimento expresso do usuário, devendo ocorrer de forma destacada das demais cláusulas contratuais. O procedimento também fere o Código de Defesa do Consumidor (Lei 8.078/90), que exige dos produtos e serviços a comunicação adequada e clara sobre os riscos que apresentem', afirma o MPF". Disponível em: http://www.valor.com.br/empresas/5483065/mpf-processa-microsoft-por-coleta-de-dados-de-usuario-sem-autorizacao. Acesso em: 4 jun. 2018, às 16h35min.

preender, contextualizar e apreender os milhões de dados e metadados que lhe fazem referência, direta ou indiretamente, e o que eles podem significar na sua autodeterminação e dignidade humana.[11]

Diante do acúmulo massivo de dados,[12] quais são as perspectivas do cidadão nesse mar de memória infinita? Temos a capacidade de enfrentar, física ou racionalmente, o desafio de compilar e dar sentido a tudo isso? Como enfrentar as constantes mudanças trazidas por dados colhidos sem nossa possibilidade de interferência? Há capacidade cognitiva do titular para analisar esses dados?

Num cenário totalmente caótico, as mudanças são uma constante que mantêm os cidadãos subjugados a um estado de imersão total a produção intensa de conhecimentos, que serão, logo menos, descartados e inutilizados por algo mais novo e mais espetacular. Apaga-se o passado e transforma-se o conhecimento sempre em presente, atual. A presentificação sujeita os cidadãos a serem dominados constantemente por aqueles que controlam a ciência, as tecnologias de informação e de comunicação e as verdades resultantes dos processos de ressignificação contínuos e ininterruptos. São memórias e esquecimentos que se interconectam sem parar, produzindo verdades. A perenização desses procedimentos de reificação de verdades acabam por esconder práticas complexas de construção de legitimidades, que podem germinar as notícias falsas (*fake news*) e influir nas tomadas de decisão ao redor do mundo.[13]

---

[11] Para saber mais sobre inclusão digital, ver o meu mestrado *Inclusão digital como direito fundamental* (2012).

[12] Até 2020 preveem que serão mais de 40 trilhões de *gigabytes* de dados acumulados em servidores ao redor do mundo: "Ou seja, poderemos fazer muita coisa com estes 40 trilhões de *terabytes* ou simplesmente NADA. Dependerá muito dos nossos esforços para melhorar a qualidade desta oferta de dados, tratando os pré-requisitos para a obtenção de valor a partir do seu uso, como descrito brevemente neste artigo" (ÁVILA, 2017).

[13] Caso muito divulgado é o do Cambridge Analytica que poderia ter influenciado milhões de eleições no mundo inteiro. Em entrevista ao jornal *El País*, um ex-funcionário da empresa, Christopher Wylie, responde sobre a possível influência na saída da Grã-Bretanha da União Europeia: "**P**. O Brexit não teria ocorrido sem a CA? **R**. De modo algum. É importante porque o referendo foi ganho com menos de 2% dos votos e muito dinheiro foi gasto em publicidade na medida certa, com base em dados pessoais. Essa quantidade de dinheiro compraria milhões e milhões de impressões. Se você se dirige a um grupo pequeno, pode ser definitivo. Se você soma todos os grupos que fizeram campanha pelo Brexit, era um terço de todo o gasto. E estamos diante de algo fundamental para o modelo constitucional deste país e para o futuro da Europa. Por isso é preciso haver uma investigação sobre os indícios de que gastaram mais do que o permitido legalmente. Quem diz é alguém moderadamente

No contexto da memória infinita, os cidadãos buscam uma fuga na possibilidade de se oporem à colheita de dados sobre si no direito ao esquecimento, ou direito de apagamento dos dados, tal como denominado pela GDPR europeia. Entretanto, o direito ao esquecimento não enfrenta os processos contínuos que formam os bancos de dados de Estados e de grandes empresas. Aliás, o banco de dados é construído no uso acrítico de dispositivos informáticos que nos cercam e que nos colonizaram: celulares, tablets, notebooks, relógios inteligentes etc. São processos de coleta de dados dissociados do consentimento ou sequer abraçados por mecanismos legais. Sujeitamo-nos a produzir dados e mais dados para Estados e empresas sem termos quaisquer contrapartidas, a não ser a possibilidade de consumirmos os dispositivos que, de certa maneira, aprisionam e limitam a liberdade de autodeterminação. Sem possibilidade de contestações, em razão de um sem-número de serviços e de produtos, governamentais ou não, que nos impingem cada vez mais a estarmos inseridos, deve-se indagar: qual é a função do direito nesse contexto? Como o modelo jurídico pode apresentar uma saída ao açodamento informativo? Diante da presentificação contínua, como o direito, lugar da memória, pode se tornar ele mesmo um lugar de transformação social?

No caos ontológico e da *praxis*, o cidadão deve buscar um sentido valorativo à sua inclusão ou exclusão do mundo virtual. Por mais que as mudanças trazidas pelo modelo econômico baseado nas ciências e nas tecnologias sejam colonizadoras e desafiadoras de uma realidade, cambiando-a cotidianamente em suas práticas instituídas há muito ou pouco tempo, elas produzem verdades que deverão ser estabilizadas, padronizadas, normalizadas e reguladas. A análise crítica deve compreender como se articulam as estruturas científicas e tecnológicas com o direito.

2.2 DIREITO DA ORGANIZAÇÃO DOS DADOS, DAS INFORMAÇÕES E DO CONHECIMENTO

O direito nos transcursos históricos, sociais e econômicos foi sempre a memória de inúmeras batalhas, refletindo e conectando os fatos e os aconteci-

---

eurocético. Mas as pessoas têm de poder confiar em suas instituições democráticas. Fazer trapaças é fazer trapaças. Se alguém recorre ao doping e chega em primeiro, pode ser que tivesse ganhado sem se dopar, mas a medalha é tirada dele porque enganou. A medalha é retirada porque questionou a integridade de todo o processo. Falamos da integridade de todo o processo democrático, e se trata do futuro deste país e da Europa em geral". Disponível em: https://brasil.elpais.com/brasil/2018/03/26/internacional/1522058765_703094.html. Acesso em: 5 jun. 2018.

mentos em normas e em práticas sociais. A rede de articulação que devemos analisar o direito, em seu aspecto axiológico, deve ser realizada nos moldes aventados por Miguel Reale: "O Direito autêntico não é apenas declarado, mas reconhecido, é vivido pela sociedade, como algo que se incorpora e se integra na sua maneira de conduzir-se. *A regra de direito deve, por conseguinte, ser formalmente válida e socialmente eficaz*" (grifos do autor) (REALE, 1998, p. 113). Para ser socialmente eficaz, os cidadãos têm que se empoderar e apreender o direito, o que atualmente está, por questões estruturais, distante.

O direito foi ressignificado pela classificação contínua da vida por meio de dados e de informações, bem como normalizado por práticas colonizadoras de uma determinada concepção do modelo econômico. Um modelo econômico que faz funcionar a produção de conhecimento e seu direcionamento para um sujeito cada vez mais digital. E, nesse sentido, a classificação da vida em dados tornou-se relevante.

Em face da urgência da expansão do capital, o setor financeiro foi um dos primeiros a se utilizar dos conceitos de dados para desenvolver serviços e produtos, principalmente na área de seguros. Quanto mais informações obtidas sobre o objeto e o segurado, mais rentável é o retorno do negócio. Somente com as classificações e o levantamento de informações pode-se determinar se alguém tem mais riscos de ser assaltado, morrer, ter o carro roubado etc. Não só em relação ao setor financeiro, mas também nas relações comerciais em geral os dados e as informações geram vantagens competitivas e concorrenciais, incentivam pesquisas científicas, desenvolvimento de produtos, direitos autorais, enfim, estendeu-se o entendimento de propriedade, de forma equívoca, a produtos e a serviços imateriais, intangíveis, representada por dados, informações e conhecimento.[14] A denominada sociedade da informação baseia-se na mudança do modelo econômico em que "a geração, processamento e transmissão de informação torna-se a principal fonte de produtividade e poder" (CASTELLS, 1999, p. 21).

O modelo jurídico, numa decorrência lógica da sua própria maneira de ser, teve de construir definições e conceituações para significar as relações

---

[14] Cabe trazer a conceituação importante sobre o que é dado, informação e conhecimento. Sérgio Silva analisa como eles se relacionam: "Segundo Tuomi (1999), normalmente tratam-se esses conceitos em um sentido hierárquico, em que os dados são simples fatos que se tornam informação, se forem combinados em uma estrutura compreensível; ao passo que a informação torna-se conhecimento, se for colocada em um contexto, podendo ser usada para fazer previsões. Uma informação é convertida em conhecimento quando um indivíduo consegue ligá-la a outras informações, avaliando-a e entendendo seu significado no interior de um contexto específico" (SILVA, 2004, p. 144).

entre as palavras e as coisas, que não são mais relações materiais, palpáveis. Ao delinear as definições e os conceitos, foram e são construídas molduras de um real possível aos interesses da trilogia capital, razão e tecnologia, a fim de estabelecer as fundações dessa nova configuração de direitos que deveriam proteger os dados, as informações e o conhecimento. Friedrich Hayek, citado por Newton De Lucca, apontou a forma das transformações do modo de ser do direito para atender a essa estrutura:

> Uma característica da sociedade liberal é que o cidadão somente pode ser obrigado a obedecer às normas de Direito Privado e Penal; a progressiva contaminação do Direito Privado pelo Direito Público durante os últimos oitenta ou cem anos, isto é, **a progressiva substituição das normas de comportamento pelas normas de organização,** é um dos modos principais pelo qual se deve a destruição da ordem liberal (grifos do autor) (DE LUCCA, 2003, p. 433).

A segunda metade do século XX foi caracterizada pela tentativa de compreensão dessa realidade organizacional refletida em dados, informações e conhecimento, como parte importante da configuração do poder, sem, contudo, descurar das proteções e da historicidade dos direitos humanos conquistados. Nesse sentido, a Declaração Universal dos Direitos Humanos, em 1948, em seu art. 19, define o que seria o direito de acesso e liberdade à informação e ao conhecimento: "Toda pessoa tem direito à liberdade de opinião e expressão; este direito inclui a liberdade de, sem interferência, ter opiniões e de procurar, receber e transmitir informações e ideias por quaisquer meios e independentemente de fronteiras". Ao definir os conceitos, a Declaração Universal reconhece que as práticas sociais estão caminhando para a organização da vida de uma outra maneira. Para ser relevante em termos de direitos humanos, o direito de acesso à informação, da liberdade da informação e do conhecimento devem ser garantidos para todos, não podendo ser obstado por governos e empresas.[15] A consequência do direito de acesso à informação promove mais participação popular nos processos

---

[15] Para se entender essa mudança do direito como regulador de comportamentos para organizador da sociedade, deve-se buscar na definição do direito de acesso à informação a visibilidade da transformação. João Rodrigues explicita o funcionamento do direito de acesso à informação neste sentido: "O acesso à informação dá aos cidadãos controle democrático sobre o trabalho das autoridades, facilitando a descoberta de diferentes formas de irregularidades, atos ilegais e corrupção. Ao mesmo tempo, confere aos cidadãos os recursos políticos suficientes para lhes permitir participar de maneira plena, como cidadãos iguais (com igual acesso aos dados e informes públicos), da tomada de decisões coletivas às quais estão obrigados" (RODRIGUES, 2014, p. 94).

decisórios, mais transparência e mais democracia. Em 1969, a Convenção Americana de Direitos Humanos, em seu art. 13.1,[16] praticamente repetiu o mesmo mandamento da Declaração Universal dos Direitos Humanos. No caso brasileiro, Dalmo de Abreu Dallari aponta que desde a Constituição brasileira de 1934 já foi definido o direito de acesso às informações:

> É importante assinalar que o direito à informação, em sentido amplo, já era reconhecido no Direito brasileiro. O que se tinha assegurado era o direito de obter informações que tivessem alguma relação com os direitos de uma pessoa, podendo esta solicitar tais informações para a finalidade genérica de "defesa de direitos". Em caso de negativa, o interessado poderia recorrer às vias judiciais, através do mandado de segurança, garantia constitucional de direitos existentes no Sistema Jurídico brasileiro desde a Constituição de 1934 (DALLARI, 2002, p. 241).

O direito de acesso à informação, dentro da reorganização do direito e da vida, passa a atribuir ao cidadão o papel preponderante no processo democrático.[17] Com isso, os direitos fundamentais deixaram a perspectiva programática e se realizam como ferramentas de efetivação de direitos, com o intuito pragmático de afastar *ab initio* os males das guerras mundiais e de prevenir o surgimento de um novo Holocausto. Somente o acesso à informação pode impedir tomada de decisões equivocadas. Assim, a participação popular e do indivíduo no processo decisório do Estado e das empresas constitui uma ampliação das garantias em contextos sociais mais amplos, produzindo soluções significativas a todos.

A perspectiva dos direitos humanos, somada ao avanço computacional, ampliou o conceito do que seria informação, o seu acesso e uso. Dessa forma, passou-se a direcionar a análise para o elemento constitutivo da informação que são os dados. Não há certeza se as primeiras regulações sobre proteção de dados começaram nos EUA na década de 1960. Contudo, é certo que, em 1970, o Estado de Hessen, na Alemanha Ocidental, criou a primeira lei de

---

[16] "Artigo 13. Liberdade de pensamento e de expressão: 1. Toda pessoa tem direito à liberdade de pensamento e de expressão. Esse direito compreende a liberdade de buscar, receber e difundir informações e ideias de toda natureza, sem consideração de fronteiras, verbalmente ou por escrito, ou em forma impressa ou artística, ou por qualquer outro processo de sua escolha."

[17] Maria Sylvia Zanella Di Pietro realça esse ponto: "A participação popular e a motivação pressupõem o aumento dos níveis de publicidade e de acesso a informações públicas, a participação popular amplia a publicidade e proporciona motivação suficiente, e a motivação torna públicos os processos e decisões e permite a obtenção de melhores resultados na participação popular. É um círculo virtuoso" (2010, p. 17).

proteção de dados. Em 1978, a mesma Alemanha Ocidental promulgou uma lei nacional sobre proteção de dados pessoais.[18] A Grã-Bretanha, em 1984, com o desenvolvimento das discussões acerca da proteção de dados pessoais na Europa, promulgou a sua lei, o *Data Protection Act*. Como perspectiva histórica, é de se notar a definição dada pela lei britânica sobre dados pessoais:

> Dado pessoal significa dados que consistem em informações relacionadas a um indivíduo vivo que pode ser identificado por essas informações (ou por essas e outras informações de posse do usuário dos dados), incluindo qualquer expressão de opinião sobre o indivíduo, mas nenhuma indicação das intenções do usuário de dados em relação a esse indivíduo.[19]

Em face da definição de 1984, é nítido o quanto mudou a percepção sobre o que seriam dados pessoais em termos legislativos. Como curiosidade, a definição britânica de 1984 relaciona dado pessoal somente aos vivos, assim os mortos não seriam objeto da proteção legal. Não se aventava naquela época da possibilidade de se produzirem informações sobre mortos, o que é possível atualmente se pensarmos nos exames de DNA para verificação de paternidade de pessoas mortas ou a utilização de células indefinidamente, como é o caso das células HeLa.[20] O dado pessoal era a extensão absoluta do corpo vivo. Tal definição não se sustenta nem mesmo para os padrões analógicos da época, pois a certidão de óbito é um dado do morto, que foi produzido depois de seu falecimento.

2.3 EXISTÊNCIA JURÍDICA DOS DADOS PESSOAIS NO BRASIL

No decurso histórico, o Brasil, na vanguarda legislativa, foi o primeiro país que trouxe, em nível constitucional, a inserção jurídica dos conceitos de dados, de informações e de conhecimento, contudo, sem defini-los ou aprofundá-los. A Constituição Federal, no seu art. 5º, de forma inovadora, estabeleceu, como garantias individuais, a proteção das informações (liber-

---

[18] Disponível em: https://en.wikipedia.org/wiki/Bundesdatenschutzgesetz. Acesso em: 15 out. 2019.

[19] Tradução livre do seguinte excerto: "Personal data means data consisting of information which relates to a living individual who can be identified from that information (or from that and other information in the possession of the data user), including any expression of opinion about the individual but not any indication of the intentions of the data user in respect of that individual". Disponível em: http://www.legislation.gov.uk/ukpga/1984/35/contents/enacted. Acesso em: 15 out. 2019.

[20] No Capítulo 5 serão mais bem analisados os direitos dos titulares mortos ou declarados mortos.

dade de acesso, de informação, de expressão, de comunicação, do sigilo da fonte profissional etc.), do conhecimento (direitos autorais, propriedade intelectual, da liberdade intelectual, liberdade do trabalho etc.) e dos dados: "é inviolável o sigilo da correspondência e das comunicações telegráficas, de dados e das comunicações telefônicas, salvo, no último caso, por ordem judicial, nas hipóteses e na forma que a lei estabelecer para fins de investigação criminal ou instrução processual penal" (art. 5º, inc. XII). Os dados, as informações e o conhecimento foram alçados a bens juridicamente tutelados por conta da percepção dos valores intrínsecos e do quanto eram necessários para as relações econômicas e pessoais, principalmente conectando-se com a ideia de privacidade:

> O intenso desenvolvimento de complexa rede de fichários eletrônicos, especialmente sobre dados pessoais, constitui poderosa ameaça à privacidade das pessoas. O amplo sistema de informações computadorizadas gera um processo de esquadrinhamento das pessoas, que ficam com sua individualidade inteiramente devassada. O perigo é tão maior quanto mais a utilização da informática facilita a interconexão de fichários com a possibilidade de formar grandes bancos de dados que desvendem a vida dos indivíduos, sem sua autorização e até sem seu conhecimento (SILVA, 1998, p. 211-213).

A Constituição Federal brasileira, além de ressaltar a importância dos dados e das informações, inovou ao determinar como o Estado deveria disponibilizar o acesso às suas informações, da transparência, da fundamentação das decisões,[21] bem como determinou a liberdade de se ter acesso às informações públicas ou privadas com o remédio constitucional do *habeas data*.[22] Contudo, o *habeas data* não surtiu o efeito esperado na doutrina e na jurisprudência, e, por consequência, foi muito pouco utilizado como ferra-

---

[21] "Art. 37. A administração pública direta e indireta de qualquer dos Poderes da União, dos Estados, do Distrito Federal e dos Municípios obedecerá aos princípios de legalidade, impessoalidade, moralidade, publicidade e eficiência e, também, ao seguinte: [...] § 3º A lei disciplinará as formas de participação do usuário na administração pública direta e indireta, regulando especialmente: I – as reclamações relativas à prestação dos serviços públicos em geral, asseguradas a manutenção de serviços de atendimento ao usuário e a avaliação periódica, externa e interna, da qualidade dos serviços; II – o acesso dos usuários a registros administrativos e a informações sobre atos de governo, observado o disposto no art. 5º, X e XXXIII; III – a disciplina da representação contra o exercício negligente ou abusivo de cargo, emprego ou função na administração pública."

[22] Hely Lopes Meirelles define *habeas data* como: "meio constitucional posto à disposição de pessoa física ou jurídica para lhe assegurar o conhecimento de registros concernentes ao postulante e constantes de repartições públicas ou particulares acessíveis ao

menta de acesso a informações públicas e privadas por quem efetivamente deveria ser o seu titular. O *habeas data* foi o primeiro instituto jurídico que reconheceu a existência do titular de dados.

As causas do porquê o *habeas data* ser tão pouco utilizado na prática jurídica brasileira são apresentadas por Dalmo de Abreu Dallari. Numa análise realista sobre o instituto jurídico constitucional, Dallari aponta um grande paradoxo do *habeas data*. Os resquícios do regime ditatorial militar impediram o avanço dos estudos do remédio constitucional, tanto pelos cidadãos, que não queriam mais se envolver nos dados falsos produzidos anteriormente, e por acreditarem que não o seriam mais, quanto pelo Poder Judiciário, por suas relações institucionais e pessoais, perante suas nomeações e participações no regime militar.[23] As situações apresentadas por Dalmo de Abreu Dallari em relação ao *habeas data* serão mais adiante reatualizadas e contextualizadas criticamente na atual doutrina e jurisprudência acerca da proteção de dados pessoais.

O reconhecimento constitucional da proteção dos dados, das informações e do conhecimento, contudo, estagnou-se depois da promulgação

---

público, para retificação de seus dados pessoais (CF, art. 5º, LXXII, 'a' e 'b')" (MEIRELLES, 1998, p. 229).

[23] É importante para o trabalho trazer as reflexões de Dalmo de Abreu Dallari sobre a questão do paradoxo do *habeas data*: "A primeira razão do pequeno interesse pelo *habeas data* é o fato de ter sido superada a situação política que inspirou sua criação. Com efeito, numa circunstância em que as informações sigilosas eram intensamente utilizadas para negar direitos e justificar arbitrariedades havia enorme interesse na possibilidade de quebra do sigilo e na obtenção de informações sobre os dados registrados. Não existindo mais a situação e m que as autoridades usavam dados falsos ou incorretos sem que houvesse a mínima possibilidade de que isso pudesse acarretar sua punição, aquelas mesmas pessoas que praticavam as violências e arbitrariedades passaram a agir com mais cautela, reduzindo-se substancialmente o uso de dados mentirosos" (DALLARI, 2002, 243). A segunda razão para o esquecimento do *habeas data* refere-se ao Poder Judiciário: "Quanto às razões prováveis para a pequena utilização do *habeas data*, uma palavra deve ser dita a respeito da timidez, ou coisa bem pior do que isso, dos tribunais superiores. Como se verá mais adiante, quando se cuidar da Jurisprudência, a orientação dos tribunais contribuiu muito para o esvaziamento do habeas data, assim como foi feito com o mandado de injunção, outra garantia constitucional criada em 1988 e praticamente anulada pelos órgãos superiores do Poder Judiciário. Os tribunais, inclusive o Supremo Tribunal Federal, têm--se mostrado muito resistentes à ampliação da proteção dos direitos fundamentais, em grande parte pelo excessivo conservadorismo de muitos de seus membros, mas também pela circunstância de que muitos deles foram levados aos tribunais pelos governos militares, exatamente porque aceitavam com docilidade, ou mesmo com entusiasmo, as ações arbitrárias" (DALLARI, 2002, p. 244).

da Constituição Federal. Até o Código de Defesa do Consumidor, em 1990, nada foi produzido em termos de lei de acesso à informação ou de proteção de dados pessoais. Sendo primordial o conhecimento de estar protegido, para gerar desenvolvimento social e econômico, conforme determina o art. 5º, incs. XXVII e XXIX, da Constituição Federal, uma efetiva movimentação legislativa nesse sentido somente ocorreu em 1996, com a Lei da Propriedade Industrial[24] e, mais adiante, em 1998, com as Leis do *Software*[25] e dos Direitos Autorais.[26]

A despeito da parca inovação legislativa desde 1988 em relação aos desdobramentos jurídicos relacionados à proteção de dados, de informações e de conhecimento, há que se pinçarem as pequenas mudanças que foram sendo desenvolvidas nos diversos sistemas jurídicos. Em face das necessidades fomentadas pelo modelo econômico, baseado na ciência e na tecnologia, a primeira lei brasileira que enfrentou, de forma pontual, as questões dos dados foi o Código de Defesa do Consumidor em seu art. 43.[27]

O art. 43 do CDC diferencia os dados cadastrais, fichas e registros de acesso público (endereço residencial, número de telefone, número de registro geral, número social etc.) daqueles dados pessoais e de consumo que se relacionavam diretamente com as pessoas e suas escolhas e como elas se definiam

---

[24] Disponível em: http://www.planalto.gov.br/ccivil_03/Leis/L9279.htm. Acesso em: 15 out. 2019.

[25] Disponível em: http://www.planalto.gov.br/ccivil_03/leis/l9609.htm. Acesso em: 15 out. 2019.

[26] Disponível em: http://www.planalto.gov.br/ccivil_03/leis/l9610.htm.Acesso em: 15 out. 2019.

[27] "Art. 43. O consumidor, sem prejuízo do disposto no art. 86, terá acesso às informações existentes em cadastros, fichas, registros e dados pessoais e de consumo arquivados sobre ele, bem como sobre as suas respectivas fontes. § 1º Os cadastros e dados de consumidores devem ser objetivos, claros, verdadeiros e em linguagem de fácil compreensão, não podendo conter informações negativas referentes a período superior a cinco anos. § 2º A abertura de cadastro, ficha, registro e dados pessoais e de consumo deverá ser comunicada por escrito ao consumidor, quando não solicitada por ele. § 3º O consumidor, sempre que encontrar inexatidão nos seus dados e cadastros, poderá exigir sua imediata correção, devendo o arquivista, no prazo de cinco dias úteis, comunicar a alteração aos eventuais destinatários das informações incorretas. § 4º Os bancos de dados e cadastros relativos a consumidores, os serviços de proteção ao crédito e congêneres são considerados entidades de caráter público. § 5º Consumada a prescrição relativa à cobrança de débitos do consumidor, não serão fornecidas, pelos respectivos Sistemas de Proteção ao Crédito, quaisquer informações que possam impedir ou dificultar novo acesso ao crédito junto aos fornecedores. § 6º Todas as informações de que trata o *caput* deste artigo devem ser disponibilizadas em formatos acessíveis, inclusive para a pessoa com deficiência, mediante solicitação do consumidor."

por meio do consumo. Discussões e debates foram travados para diferenciar essas situações que tinham lastro numa realidade fática que possibilitava a segmentação dos dados: os cadastrais e os pessoais. A jurisprudência dos Tribunais superiores até o advento do Marco Civil da Internet, sempre foram favoráveis à diferenciação entre dados cadastrais públicos e dados pessoais, que seriam sensíveis, privados e protegidos pelo sigilo.[28]

Vale revisitar um julgado do STJ sobre a diferenciação de dados cadastrais de dados pessoais, a fim de se constatar o quanto é percebido pela jurisprudência e pela doutrina os fenômenos como distintos entre público e privado:

> O Supremo Tribunal Federal consolidou jurisprudência de que o conceito de "dados" previsto na Constituição é diferente do de "dados cadastrais". Somente aquele tem assegurada a inviolabilidade da comunicação de dados. A propósito: STF, RE 418.416/SC, Rel. Min. Sepúlveda Pertence, Tribunal Pleno, *DJ* 19.12.2006; STF, HC 91.867/PA, Rel. Min. Gilmar Mendes, Segunda Turma, *DJe* 19.9.2012, publicado em 20.9.2012.
>
> Os dados cadastrais bancários (informações de seus correntistas tais como número da conta-corrente, nome completo, RG, CPF, número de telefone e endereço) estão incluídos na definição de dados cadastrais e não estão, portanto, protegidos por sigilo bancário, que abriga apenas os serviços da conta (aplicações, transferências, depósitos e etc.) e não os dados cadastrais de seus usuários. Nesse sentido: RHC 82.868/MS, Rel. Ministro Félix Fischer, Quinta Turma, *DJe* 1º.8.2017; HC 131.836/RJ, Rel. Ministro Jorge Mussi, Quinta Turma, *DJe* 6.4.2011.[29]

A construção da noção de dados cadastrais como diferente da de dados pessoais é tão importante na doutrina e jurisprudência brasileira, que influen-

---

[28] "Recurso especial. Arts. 155, § 4º, II, e 288 do CP, e art. 10 da LC 105/2001. Dados cadastrais bancários. Sigilo. Proteção. Ausência. Nulidade da prova. Não ocorrência. Absolvição sumária afastada pelo tribunal *a quo*. Recurso especial improvido. 1. Tem esta Corte compreendido que os dados cadastrais bancários (informações de seus correntistas como número da conta-corrente, nome completo, RG, CPF, número de telefone e endereço) não estão protegidos por sigilo bancário, que abrange tão somente as movimentações financeiras (aplicações, transferências, depósitos etc.). Precedente. 2. Fornecidos à investigação tão somente os dados cadastrais dos titulares das contas bancárias beneficiárias das transferências que se apontam fraudulentas, não há falar em nulidade da prova por ausência de autorização judicial, cujo desmembramento da cadeia dos posteriores lançamentos bancários tiveram suporte em decisão judicial, nos autos do pedido de quebra de sigilo bancário e telemático. 4. Recurso especial improvido" (REsp 1.795.908/PB (2019/0040940-0), Min. Rel. Nefi Cordeiro, julgado em 21.05.2019).

[29] REsp 1.561.191/SP, Rel. Min. Herman Benjamin, 2ª Turma, j. 19.04.2018, *DJe* 26.11.2018.

ciou decisivamente na construção do art. 5º, I e II, da Lei Geral de Proteção de Dados, em que se diferenciaram dados pessoais de dados pessoais sensíveis,[30] o que não consta, por exemplo, na GDPR europeia. Aliás, é a partir da perspectiva brasileira que será desenvolvido todo o estudo, pois existem nuances e visões que nos são particulares e determinam práticas e soluções ímpares, em que nada se comparam, tal como visto anteriormente, com as legislações estrangeiras.

De fato, a inovação constitucional e os direcionamentos trazidos pelo código consumerista não impulsionaram o desenvolvimento de arcabouços legais nem revisão de alguns aspectos relacionados ao acesso à informação e à proteção de dados pessoais até o final da primeira década do século XXI. Nem a influência da diretiva europeia sobre proteção de dados, a 95/46/EC, trouxe alguma mudança no horizonte brasileiro. A título de exemplo, o provimento de acesso à internet não é até o presente momento considerado serviço de telecomunicações.[31]

A internet, ainda incipiente na década de 1990, encontrava-se num limbo jurídico. Em 1997, a Lei Geral de Telecomunicações (LGT) brasileira, em seu art. 61, determinava, e ainda determina, que a internet era serviço de valor adicionado aos serviços de telecomunicações. Ou seja, as comunicações, os dados, as informações e os conhecimentos, sustentados por meio da internet, estavam sem previsão legal e nem todos os serviços prestados estavam enquadrados como relação de consumo clássico.[32] A

---

[30] "Art. 5º Para os fins desta Lei, considera-se: I – dado pessoal: informação relacionada à pessoa natural identificada ou identificável; II – dado pessoal sensível: dado pessoal sobre origem racial ou étnica, convicção religiosa, opinião política, filiação a sindicato ou à organização de caráter religioso, filosófico ou político, dado referente à saúde ou à vida sexual, dado genético ou biométrico, quando vinculado a uma pessoa natural."

[31] O STF, em decisão de 2017, decidiu que a internet não é serviço de telecomunicações: "O argumento que prevaleceu no voto do relator, Marco Aurélio Mello, acompanhado por unanimidade, é de que 'o serviço de internet é serviço de valor adicionado, não constituindo serviço de telecomunicação, classificando-se o provedor como usuário do serviço que lhe dá suporte, com os direitos e deveres inerentes a essa condição'. Segundo o voto, o artigo 183 da LGT define o crime de atividade clandestina 'jungindo-o às telecomunicações'". Disponível em: https://www.convergenciadigital.com.br/cgi/cgilua.exe/sys/start.htm?UserActiveTemplate=site&infoid=46566&sid=4. Acesso em: 8 set. 2020.

[32] Claudia Lima Marques, em 2004, já destrinchava a complexidade das relações de consumo na internet: "O sujeito fornecedor agora é um ofertante profissional automatizado e globalizado, presente em uma cadeia sem fim de intermediários (portal, *website*, *link*, *provider*, empresas de cartão de crédito etc.), um fornecedor sem sede e sem tempo (a oferta é permanente, no espaço privado e no público), um fornecedor que fala todas as línguas ou usa a língua franca, o inglês, e utiliza-se da linguagem virtual (imagens, sons, textos em janelas, textos interativos, ícones etc.)

jurisprudência demorou para enquadrar os casos de internet como relação de consumo.[33]

O art. 61 da LGT é uma solução jurídica para questões técnicas que traz até os dias atuais inúmeras questões e problemas insolúveis em termos de fixação de competências, atribuição de responsabilidades em caso de ilícitos civis e penais, limites de atuação das empresas de telecomunicações e de toda a sua cadeia que envolve consumidores, prestadores de serviços, agência reguladora etc. O art. 61 da LGT, por muitos anos, foi utilizado pela Agência Nacional de Telecomunicações (ANATEL) para não regular a internet no país. Contudo, o período compreendido de 2010 até o advento do Marco Civil da Internet (2014), a atuação da agência reguladora foi englobando a regulação da internet nas questões que envolviam as empresas de telecomunicações e não necessariamente os consumidores, os quais, paradoxalmente, deveria proteger, conforme o art. 5º da LGT.[34]

Mesmo com a sombra do art. 61 da LGT, o advento da internet banda larga no Brasil, a partir do ano 2000, permitiu discussões jurídicas relevantes sobre o acesso à internet, venda casada, limite no tráfego de dados, endereços

---

para *marketing*, negociação e contratação. O sujeito consumidor é agora um destinatário final contratante (art. 2º do CDC), um sujeito 'mudo' na frente de um écran, em qualquer tempo, em qualquer língua, com qualquer idade, identificado por uma senha (PIN), uma assinatura eletrônica (chaves públicas e privadas), por um número de cartão de crédito ou por impressões biométricas, é uma coletividade de pessoas, que intervém na relação de consumo (por exemplo, recebendo o *compact disc* (CD) de presente, comprado por meio eletrônico, ou o grupo de crianças que está vendo o filme baixado por Internet, *ex vi*, parágrafo único do art. 2º do CDC) ou a coletividade afetada por um spam ou marketing agressivo (art. 29 do CDC) ou todas as vítimas de um fato do serviço do provedor de conteúdo, que enviou um vírus 'destruidor' por sua comunicação semanal, ou todas as pessoas cujos números da conta-corrente ou do cartão de crédito e senha foram descobertos pelo *hacker* ou *cracker* que atacou o computador principal do serviço financeiro, ou do fornecedor de livros eletrônicos (*e-books*) – art. 17 do CDC" (MARQUES, 2004, p. 61-63).

[33] Cabe trazer a reflexão de Newton De Lucca: "Anoto, inicialmente, que o meio jurisprudencial, pela natureza mesma das funções que exerce – extremamente voltadas à segurança e à certeza do direito das pessoas –, tende a ser naturalmente conservador e, portanto, pouco permeável as novidades tecnológicas que possam apresentar qualquer possibilidade de dúvida quanto à fidedignidade dos dados que fornecem" (DE LUCCA, 2000, p. 113).

[34] Art. 5º Na disciplina das relações econômicas no setor de telecomunicações observar-se-ão, em especial, os princípios constitucionais da soberania nacional, função social da propriedade, liberdade de iniciativa, livre concorrência, defesa do consumidor, redução das desigualdades regionais e sociais, repressão ao abuso do poder econômico e continuidade do serviço prestado no regime público.

IP fixos ou dinâmicos, infraestrutura de telecomunicações, contratos eletrônicos, responsabilidade civil dos provedores etc.

A primeira discussão legal sobre proteção de dados pessoais veio com o limite de tráfego de dados impostos pelas empresas de telecomunicações no provimento de acesso à internet. A empresa de telecomunicações obrigava ao usuário um limite fixo de consumo de dados por mês. Ao se limitar o tráfego de dados, é evidente que há uma avaliação técnica e tecnológica, qualitativa e quantitativa, do uso da internet do usuário, que não sabe quais dados estão sendo monitorados, de que forma o são e como eles são cobrados.[35] Reconhece-se nessas práticas o tratamento de dados pessoais dos usuários consumidores, que ainda não são titulares.

A limitação do tráfego de dados e todos os seus nomes técnicos relacionados (*traffic shapping*[36] e *bandwith throttling*)[37] são técnicas a serviço de um modo de se prover o acesso à internet aos usuários consumidores e direcioná-los para quem estiver negocialmente relacionado com os provedores. Para tanto, os provedores não cobram pelos dados usados pelo usuário quando direcionados a um determinado provedor de aplicações de internet. A essa prática dá-se o nome de *zero rating* ou, em português, taxa zero. Ou seja, num serviço em que o tráfego e o consumo de dados são limitados, indiretamente, força-se o usuário a gerenciar de uma outra maneira o uso deles. Assim, o usuário, por mais que deseja ter mais opções, sempre se utilizará do serviço mais barato, escolhido por seu provedor de acesso à internet. Em face desses serviços, cada dia mais consolidados nas práticas comerciais dos provedores de acesso à internet/empresas de telecomunicações, algumas perguntas continuam persistentes: quais são os *hardwares* utilizados para se analisar o tráfego de dados? São homologados pelo INMETRO? Podem os usuários terem acesso a eles? Quais são os dados monitorados? Quem garante que não estão sendo direcionados e manipulados o tráfego? Os direitos dos usuários são efetivados nessas práticas comerciais? Quem usa os seus dados?

---

[35] Escrevi em 2007 um artigo chamado A Limitação do Tráfego de Dados no Provimento de Acesso à Internet via Banda Larga, em que discutia o uso dos dados pessoais pelos provedores de acesso à internet em casos de *traffic shapping* (GONÇALVES, 2007).

[36] *Traffic shapping* "é um termo da língua inglesa (modelagem do tráfego), utilizado para definir a prática de priorização do tráfego de dados, por meio do condicionamento do débito de redes, a fim de otimizar o uso da largura de banda disponível". Disponível em: https://pt.wikipedia.org/wiki/Traffic_shaping. Acesso em: 16 out. 2019.

[37] Limitação de Largura de Banda, ou *Bandwidth Throttling*, é o retardo intencional de um serviço de internet por um provedor de acesso à internet. Disponível em: https://pt.wikipedia.org/wiki/Limita%C3%A7%C3%A3o_de_largura_de_banda. Acesso em: 16 out. 2019.

Esses questionamentos percorrem a realidade da internet brasileira de mais de 15 anos e continuam atuais. Elas se desdobram também para as diversas legislações que vieram a seguir na década 2010. Em 2011, duas leis surgiram e que envolviam acesso à informação pública e à proteção de dados pessoais, especificamente na análise de crédito, que são: a Lei de Acesso à Informação Pública (Lei 12.527/2011) e a Lei do Cadastro Positivo (Lei 12.414/2011). Logo depois, o quadro legislativo fechou o cerco à proteção de dados com o advento do Marco Civil da Internet em 2014 e a Lei Geral de Proteção de Dados de 2018. Temas já discutidos anteriormente, por conta da proliferação das tecnologias da informação e de comunicação, tornaram-se ainda mais essenciais para o funcionamento do direito. Privacidade, honra, imagem, vida privada, sigilo da correspondência, sigilo de comunicação, liberdade de informação, liberdade de expressão, entre outros, são direitos e princípios que retomaram relevância com muito mais força nos últimos anos.

Tornou-se necessário discuti-los, debatê-los, localizá-los e redefini-los com o aumento das possibilidades de vigilância e de controles de pessoas, de empresas e de governos. A jurisprudência, mesmo que timidamente, começou a analisar casos referentes à internet e à complexidade das práticas sociais virtuais. A doutrina estabeleceu as linhas e as repercussões das tecnologias de informação e comunicação nas práticas jurídicas e como se alteraram as formas de se realizarem processos e procedimentos. Por sinal, não pode se olvidar que o movimento foi sendo desenvolvido desde a criação do Certificado Digital (MP 2.200-2/2001) e com a Lei de Procedimento Eletrônico (Lei 11.419/2006), que produziram e permitiram, de forma inédita no mundo, os procedimentos judiciais em formato digital. Petições iniciais, meios de prova, contestações, despachos e sentenças passaram a ser todos em formato digital. Contudo, a mudança feita com vistas a acelerar as decisões judiciais envolveu o desenvolvimento de uma série de adaptações na cultura jurídica, que ainda não foram totalmente implementadas.

Num ambiente caótico de implantação, já que o Poder Judiciário brasileiro não é desenvolvedor de *softwares*, termos e práticas de segurança da informação e tecnologias passaram a ser tão importantes quanto à efetividade dos direitos. Adulterações de sentenças publicadas, falta de validade e autenticidade de documentos eletrônicos, falta de cadeia de custódia para a realização de perícia em sistemas informatizados, publicidade ou sigilo dos processos, enfim, uma série de problemas foram criados, e ainda estão sem solução, pois, estruturalmente, as práticas jurídicas e judiciárias no Brasil continuam intactas desde o início do século XX. Cite-se como exemplo da imutabilidade de práticas judiciárias o formato histórico da qualificação das partes na petição inicial em procedimento eletrônico. Em tempos de vigilância digital, vazamento de dados e segurança da informação, em contraponto com a necessidade de se protegerem os dados dos jurisdicionados, devem-se colocar os dados das partes no corpo da petição inicial, tal como era feito no século passado? Não há risco para a privacidade das partes e dos envolvidos? O procedimento eletrônico não deveria proteger as partes e ser publicizado nos fatos e no direito? Não deveria se rediscutir o *modus operandi* do procedimento? Infelizmente, a reflexão ainda não é realizada e não o foi quando da discussão e promulgação do Código de Processo Civil de 2015.

Em face de todos os desafios práticos e teóricos trazidos, a LGPD não resolverá esses dilemas, contradições, ausências e paradoxos existentes na virtualização da organização da vida em seus aspectos jurídicos, sociais, históricos e econômicos. A LGPD não apagará o que já foi desenvolvido por outras legislações.

Por outro lado, a LGPD fará reluzir essas lutas hermenêuticas e jurídicas desenvolvidas em um caminho diverso. Existe uma mudança de paradigma legal. É o titular o fim de todos os procedimentos de tratamento de dados, públicos ou privados. Ou seja, o procedimento eletrônico judicial deverá ser questionado se não afeta os direitos do titular, não somente em relação ao devido processo legal, mas se o uso dos dados não é excessivo, se eles não colocam em risco as partes, se a produção de provas digitais resguarda a privacidade e a honra dos envolvidos etc. E não só o procedimento judicial é afetado por essa lógica. A Lei de Acesso à Informação deve atender os direitos de livre acesso e transparência aos titulares. O Marco Civil da Internet será direcionado aos provedores de acesso e aplicações de internet a resguardar os dados dos titulares, não de forma excessiva ou injustificada, mas fundamentadamente para um determinado fim garantido pela lei. O Código de Defesa do Consumidor permitirá ao titular retificar os seus dados sem a necessidade de procedimentos judiciais custosos ou burocráticos, ou seja, gratuito e sem obstruções. Enfim, a proteção de dados pessoais como direito perpassará transversalmente a ordenação jurídica por meio de uma lógica deslocada em direção ao titular como fim, e não apenas um dos atores. Por essa razão, a proteção de dados pessoais, por ser constitucionalmente reconhecida desde o início, deve ser considerada um direito fundamental.

2.4 PROTEÇÃO DE DADOS PESSOAIS COMO DIREITO FUNDAMENTAL

O titular de dados, com a profusão das tecnologias de informação e de comunicação, existe em todos os sujeitos de direito criados pelos sistemas jurídicos nacionais e internacionais. É uma figura jurídica transnacional, difusa, interdependente e universal. É por essa razão que o considerando n. 1 da GDPR[38] determina que a proteção de dados pessoais é um direito fundamental:

> A proteção das pessoas singulares relativamente ao tratamento de dados pessoais é um direito fundamental. O artigo 8º, n. 1, da Carta dos Direitos Fundamentais da União Europeia («Carta»)[39] e o artigo 16º, n. 1, do Tratado sobre o Funcionamento da União Europeia (TFUE) estabelecem que todas as pessoas têm direito à proteção dos dados de caráter pessoal que lhes digam respeito.[40]

Foi recentemente aprovada no Congresso Nacional brasileiro a Emenda Constitucional 115/2022, que alça, juridicamente, a proteção de dados pessoais a direito fundamental. A constitucionalização do direito à proteção de dados pessoais mostra a importância e a necessidade social que o tema alcança. O intenso debate na doutrina sobre a relevância ou não de se contemplar o direito fundamental à proteção de dados pessoais auxilia na compreensão dos efeitos de sua constitucionalização para aplicação da lei e dos direitos dos titulares de dados.[41]

Andréa Silva Rasga Ueda (2019) e Anderson Schreiber (2019) afirmam que é desnecessária a inclusão constitucional, pois o direito fundamental à

---

[38] Para facilitar o entendimento, e por ser mais difundida essa nomenclatura, será utilizada a abreviação RGPD do inglês em detrimento do RGPD em português.

[39] "Artigo 8º – Proteção de dados pessoais: 1. Todas as pessoas têm direito à proteção dos dados de caráter pessoal que lhes digam respeito. 2. Esses dados devem ser objeto de um tratamento leal para fins específicos e com o consentimento da pessoa interessada ou com outro fundamento legítimo previsto por lei. Todas as pessoas têm o direito de aceder aos dados coligidos que lhes digam respeito e de obter a respectiva rectificação. 3. O cumprimento dessas regras fica sujeito à fiscalização por parte de uma autoridade independente."

[40] Nesse livro, a fim de evitar o uso excessivo de anglicismos e por conta da importância jurídica e acadêmica da legislação europeia, utiliza-se a nomenclatura em português RGPD (Regulamento Geral da Proteção de Dados) e não GDPR (*General Data Protection Regulation*), para facilitar a transcrição e contextualização da norma para uma visão mais brasileira da análise que pretendo empreender no trabalho. Disponível em: https://eur-lex.europa.eu/legal-content/PT/TXT/HTML/?uri=CELEX:32016R0679&from=PT\. Acesso em: 24 out. 2019.

[41] Como bem alertou o Prof. Dr. Leonardo Parentoni na banca de defesa da tese, sem a PEC 17/2019, podem os Estados e Municípios legislar concorrentemente à União sobre proteção e tratamento de dados. Contudo, salvo raros casos, não o fazem. A PEC 17/2019 reconhece essa possibilidade de legislação concorrente, ao adicionar o inc. XXX no art. 22 da Constituição Federal a proteção e tratamento de dados no rol das competências privativas da União.

proteção de dados pessoais está implícito entre outros direitos fundamentais, tal como a privacidade e a dignidade humana. Deve-se lembrar, para corroborar com o argumento dos doutrinadores, que o *habeas data* é remédio constitucional para se obter dados e informações, o que já alçaria a proteção de dados pessoais a *status* de direito fundamental. Anderson Schreiber, pressupondo que o direito fundamental à proteção de dados pessoais já se encontra implícito na Constituição, justifica o seu posicionamento:

> É desnecessária porque a proteção de dados pessoais já vem sendo extraída pela nossa doutrina, há muito, de outras normas constitucionais explícitas, como a proteção à privacidade (art. 5º, X) e a própria cláusula geral de proteção da dignidade da pessoa humana (art. 1º, III), entre outros dispositivos (confira-se, por todos, a obra de Danilo Doneda, Da Privacidade à Proteção de Dados Pessoais, Rio de Janeiro: Renovar, 2006, pp. 141-147). Também os nossos tribunais superiores têm entendido que "os direitos à intimidade e à proteção da vida privada, diretamente relacionados à utilização de dados pessoais por bancos de dados de proteção ao crédito, consagram o direito à autodeterminação informativa e encontram guarida constitucional no art. 5º, X, da Carta Magna, que deve ser aplicado nas relações entre particulares por força de sua eficácia horizontal e privilegiado por imposição do princípio da máxima efetividade dos direitos fundamentais (STJ, EDcl no REsp 1.630.659, Rel. Min. Nancy Andrighi, j. 27.11.2018) (SCHREIBER, 2019).

Por outro lado, várias legislações estrangeiras e cartas de direitos fundamentais, tal como a da União Europeia, reforçam e trazem em seus artigos o direito fundamental à proteção de dados. Fabrício da Mota Alves entende que a proteção de dados pessoais vai além do que é privacidade e, por isso, deve ser alçada a direito fundamental.[42] Danilo Doneda reforça a tese da necessidade de se considerar a proteção de dados pessoais como direito fundamental de maneira explícita:

> A leitura das garantias constitucionais para os dados somente sob o prisma de sua comunicação e de sua eventual interceptação lastreia-se em uma interpretação que não chega a abranger a complexidade do fenômeno da informação ao qual fizemos referência. Há um hiato que segrega a tutela da privacidade, esta constitucionalmente protegida, da tutela das infor-

---

[42] "Mas tratamos a privacidade a partir do princípio da inviolabilidade, em especial da comunicação de dados. O que acontece é que a proteção de dados pessoais vai além. É muito mais do que mero desdobramento da tutela do direito à privacidade", afirma Fabrício Mota Alves (apud LUCA, 2019).

mações pessoais em si – que, para a corrente mencionada, gozariam de uma proteção mais tênue. E este hiato possibilita a perigosa interpretação que pode eximir o aplicador de considerar os casos nos quais uma pessoa é ofendida em sua privacidade – ou tem outros direitos fundamentais desrespeitados – não de forma direta, porém por meio da utilização abusiva de suas informações pessoais em bancos de dados. Não é necessário ressaltar novamente o quanto hoje em dia as pessoas são reconhecidas em diversos relacionamentos não de forma direta, mas mediante a representação de sua personalidade, fornecida pelos seus dados pessoais, aprofundando ainda mais a íntima relação entre tais dados e a própria identidade e personalidade de cada um de nós (DONEDA, 2011, p. 106).

Se os dados pessoais estão interligados aos direitos de personalidade e à identidade de cada indivíduo,[43] mas não se confundem com eles, existe aí um valor novo a ser protegido e que deverá ser albergado pelos direitos fundamentais. Contudo, o que se discute é se a inserção em leis constitucionais da proteção de dados pessoais como direito fundamental amplia mais direitos aos seus titulares. A resposta positiva se impõe no caso. A proteção de dados pessoais como direito fundamental, inserido na Constituição, pode trazer ferramentas mais abrangentes e positivas para o seu titular, em razão dos aspectos multifacetados e plúrimos das práticas sociais, atingindo praticamente todo o sistema jurídico.

Um dos aspectos práticos interessantes em relação à proteção de dados pessoais como direito fundamental é a sua apropriação como mecanismo de oposição, de lutas e de combates em questões socioeconômicas, que poderiam afetar o titular e seus direitos. Por exemplo, o titular pode se opor a fusões de empresas privadas ou privatizações de empresas públicas,[44] caso os seus

---

[43] Danilo Doneda aprofunda a relação dos dados pessoais e suas ligações com os direitos de personalidade, citando Pierre Catala, "que identifica uma informação pessoal quando o objeto da informação é a própria pessoa: 'Mesmo que a pessoa em questão não seja a 'autora' da informação, no sentido de sua concepção, ela é a titular legítima de seus elementos. Seu vínculo com o indivíduo é por demais estreito para que pudesse ser de outra forma. Quando o objeto dos dados é um sujeito de direito, a informação é um atributo da personalidade'" (DONEDA, 2011, p. 93).

[44] O governo Bolsonaro afirmou que pretende, em 2019, privatizar inúmeras empresas públicas. Entre elas estão o SERPRO e a DATAPREV (Disponível em: https://brasil.elpais.com/brasil/2019/09/03/politica/1567476882_349945.html. Acesso em: 24 out. 2019). O Serviço Federal de Processamento de Dados (SERPRO) presta serviços em tecnologia da informação para o governo federal brasileiro. A DATAPREV é responsável pela gestão da Base de Dados Sociais Brasileira, especialmente a do Instituto Nacional do Seguro Social. O governo alega que o processamento de dados não é sua função e isso pode ser privatizado. As garantias dos titulares deverão ser respeitadas pelos eventuais

direitos não estejam garantidos ou protegidos nesses negócios. Assim, o titular torna-se um agente ativo de seus direitos e não somente passivo perante os usos que se farão com seus dados e informações.

---

compradores que estarão sujeitos à fiscalização. Contudo, alegam os sindicatos e as entidades de proteção de dados pessoais que a comercialização dessas empresas pode afetar até a soberania nacional, já que os controles não são suficientes para conter o uso indevido e fora da finalidade que foram capturados.

Capítulo 3
TITULAR DE DADOS: MOLDURA JURÍDICA DE UM CONCEITO

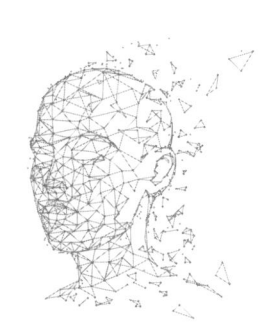

"O ordenamento jurídico é formado por pautas de conduta dirigidas aos cidadãos, pois o Estado é a ficção que só tem validade justamente se operar organizacionalmente. É o tema relativo a quem define o que e quem tem força para obrigar uma ou outra conduta (ou silenciar, eximindo quem não agiu dentro da pauta de conduta correta)" (Georghio Tomelin).

O desenvolvimento do conceito jurídico de titular dos dados vem ocorrendo há mais de quatro décadas.[1] Estudos e leis foram traçando as primeiras linhas de qual valor estaria se protegendo e quais necessidades humanas seriam construídas a partir de uma organização social que privilegia o uso de dados, de informações e de conhecimento. Entender juridicamente o processo de longa duração de um modelo econômico baseado na ciência e na tecnologia percorre vias tortuosas e não sequenciais.

Em razão da polissemia de sentidos e de normativas, traçar uma moldura jurídica do que seria o titular é de suma importância para o entendimento de todos os atores (Poder Judiciário, autoridade nacional de dados, pessoas jurídicas de direito privado e público, governos e o próprio titular) envolvidos no processo de tratamento de dados.

---

[1] Danilo Doneda faz um estudo sobre como surgiram e avançaram os temas relativos à proteção de dados pessoais nesse período: "Esse desenvolvimento foi intenso nas cerca de quatro décadas que a disciplina ostenta. A mudança do enfoque dado à proteção de dados nesse período pode ser brevemente entrevista na classificação evolutiva das leis de proteção de dados pessoais realizada por Viktor Mayer-Scönberger, que vislumbra quatro diferentes gerações de leis que partem desde um enfoque mais técnico e restrito até a abertura mais recente a técnicas mais amplas e condizentes com a profundidade da tecnologia adotada para o tratamento de dados, em busca de uma tutela mais eficaz e também vinculando a matéria aos direitos fundamentais" (DONEDA, 2011, p. 96).

O titular de dados é um novo sujeito de direito que não se confunde com o consumidor, o usuário de internet, o cidadão ou o eleitor. O titular de dados perpassa em alguns ou muitos pontos todos eles. Todo consumidor é um titular de dados pessoais, mas nem todo titular é consumidor. E é assim com o usuário de internet e outros sujeitos de direito existentes. Numa economia baseada no uso massivo de dados pessoais, toda relação é feita, direta ou indiretamente, na captura de informações do titular. Mesmo que o titular consumidor não faça cadastro num estabelecimento para comprar, por exemplo, um doce, outros dados pessoais, sensíveis ou não, podem ser capturados na compra. Aplicativos do estabelecimento, informações de geolocalização do celular, avaliações de lugares em sistemas de buscas, só para citar alguns procedimentos de serviços comuns atualmente, são formas de se obterem dados do titular consumidor que estão além da relação de consumo. Aí o consumidor torna-se somente titular, que deve ter os seus direitos garantidos e protegidos de práticas ilícitas de captura indevida de dados. Diante dessas possibilidades, algumas perguntas permeiam e circundam o titular de dados: quais são os limites entre o titular de dados e outros sujeitos de direito? Qual é o alcance do conceito de titular de dados? Qual é o seu *status* jurídico? Quais são as classificações jurídicas inerentes ao titular de dados? Ao se iniciar a investigação acadêmica com base nas indagações anteriores, pode-se construir uma moldura daquilo que é manifesto ou implícito juridicamente em relação à proteção de dados pessoais e ao seu titular, que é o objeto do deste trabalho.

3.1 TITULAR DE DADOS: AQUELE A QUE SE REFEREM OS DADOS OBJETOS DE TRATAMENTO

Como os dados pessoais estão em relação direta com os direitos da personalidade de seus titulares e as práticas sociais são plúrimas, o conceito jurídico deve refletir essa transversalidade que atravessa toda a ordenação jurídica. Por conta da característica ubíqua e complexa da proteção de dados, o legislador, ao desenvolver a normalização dos conceitos e apresentar definições, contamina, em vez de esclarecer, o entendimento sobre o alcance do que seria a moldura jurídica do titular de dados. O que é fornecido nas leis vigentes, com o uso sem critério do conceito, tende a dificultar a moldura do que seja titular de dados, como aplicá-lo ou não a determinadas situações concretas. A falta de certeza e transparência sobre o conceito é ainda mais prejudicial para o próprio titular.

Na LGPD, a definição do que é titular de dados pessoais deve ser compreendida no somatório de definições do seu art. 5º, incs. I e V: pessoa natural, identificada ou identificável, a quem se referem os dados pessoais que são objeto de tratamento. A Argentina, o Chile e o Uruguai também legislam separando os dados pessoais dos dados pessoais sensíveis. Nesse sentido, e de forma mais clara, a GDPR europeia define e conceitua titular de dados como a pessoa identificável ou identificada, mais a conceituação de dados pessoais sensíveis, contidos no art. 5º, inc. II, da LGPD:

> [...] identificável uma pessoa singular que possa ser identificada, direta ou indiretamente, em especial por referência a um identificador, como, por exemplo, um nome, um número de identificação, dados de localização, identificadores por via eletrónica ou a um ou mais elementos específicos da identidade física, fisiológica, genética, mental, económica, cultural ou social dessa pessoa singular.

A LGPD, em face da nossa construção doutrinária e jurisprudencial, definiu como dados sensíveis aqueles referentes à "origem racial ou étnica, convicção religiosa, opinião política, filiação a sindicato ou à organização de caráter religioso, filosófico ou político, dado referente à saúde ou à vida sexual, dado genético ou biométrico, quando vinculado a uma pessoa natural" (art. 5º, inc. II). Assim, os dados sensíveis passaram a ser uma outra conceituação do que seriam dados pessoais e não uma complementação, do que são de fato, de uma característica do titular identificado ou identificável. *A priori*, tal distinção teórica não parece ser significativa, contudo, na prática dos procedimentos de segurança de informação e de implantação da proteção de dados pessoais, inúmeras questões podem surgir no tratamento dessas informações, tanto pelos controladores, quanto pelos operadores:[2] a guarda dos dados pessoais sensíveis serão realizadas em lugar diferente dos dados pessoais? Com normas de segurança diferentes? Se forem vazados os dados, a ANPD vai aplicar multas maiores por conta de serem dados sensíveis em vez de serem só dados pessoais? Enfim, serão problemas a mais a serem analisados na construção de procedimentos de implantação de práticas de proteção de dados pessoais, tanto para os titulares quanto para os controladores, que poderiam ser evitadas se fossem colocados os dados sensíveis como característica inerente a identificado e identificável.

A divisão entre dados pessoais e dados pessoais sensíveis pode proporcionar problemas no direito de acesso à informação pessoal do titular. Aliás, o aumento de variáveis obsta o acesso total à compreensão da guarda,

---

[2] A definição da LGPD para controlador e operador se encontram no art. 5º, incs. VI e VII: "VI – controlador: pessoa natural ou jurídica, de direito público ou privado, a quem competem as decisões referentes ao tratamento de dados pessoais; VII – operador: pessoa natural ou jurídica, de direito público ou privado, que realiza o tratamento de dados pessoais em nome do controlador".

manipulação, conservação e gerenciamento das informações pelo titular, tornando-se uma ferramenta de impedimento e não de exercício do seu direito. Mesmo que seja no aspecto teórico tal construção da diferenciação da conceituação de dados pessoais, ela pode configurar um afastamento dos princípios de tratamento dos dados. As consequências das escolhas legislativas, sem compreender as extensões práticas, poderão ser caóticas para todos os envolvidos no tratamento de dados.

Por estarem os dados pessoais ligados a direitos de personalidade, os titulares devem participar ativamente do processo de tratamento de seus dados como condição para a justificativa da coleta da informação:

> O usuário é quem determina a existência ou não da informação. A informação existe apenas no intervalo entre o contato da pessoa com o suporte e a apropriação da informação. Como premissa, entende-se a informação a partir da modificação, da mudança, da reorganização, da reestruturação, enfim, da transformação do conhecimento. Assim compreendida, ela (a informação) não existe antecipadamente, mas apenas na relação da pessoa com o conteúdo presente nos suportes informacionais. Estes são concretos, mas não podem prescindir dos referenciais, do acervo de experiências e do conhecimento de cada pessoa. Em última instância, quem determina a existência da informação é o usuário, aquele que faz uso dos conteúdos dos suportes informacionais. Considerada a informação desse modo, é clara a participação ativa e decisiva do usuário no processo. De receptor, passa o usuário a ser um construtor, um coprodutor da informação (ALMEIDA, 2009, p. 96-97).

Não só aos titulares recai a responsabilidade de participar ativamente na maneira como se realizam os tratamentos de seus dados pessoais. Cabe também aos controladores, públicos e privados, a responsabilidade de produzirem, com transparência, as informações sobre como eles coletam, manuseiam, modificam e utilizam os dados que não são seus, mas do titular.

O eixo condutor de práticas jurídicas, econômicas, sociais e tecnológicas deve ser alterado do que foi realizado até as recentes mudanças trazidas pela Emenda Constitucional 115/2022, em que foi alçada a proteção de dados pessoais como direito fundamental. É para o titular dos dados que devem ser direcionados os eixos, práticas, políticas e adequações das leis de proteção de dados pessoais. Não há mais possibilidades de os controladores tratarem dados como se fossem inerentes de sua atuação ou do seu poder de controle, sem dar explicações ou justificativas para os titulares. A lógica se inverteu e há necessidade de que a gestão dos dados seja feita de forma aberta e transparente, respeitando-se o titular de dados e seus direitos antes mesmo do início da coleta, atravessando o processamento, manipulação e distribuição, e mesmo após o seu término. É nesse direcionamento que se encaixam conceitos de modelagem de produtos e de serviços baseados no respeito à privacidade e à proteção de dados pessoais (*privacy by design* e *privacy by default*), o que já é definido no art. 3º, incs. II e III, do Marco Civil da Internet.

Mesmo diante do cipoal de princípios e de direitos, o que se tem visto na aplicação das práticas de proteção de dados e privacidade é o total esquecimento do que se quer efetivamente entregar ao final de um processo de implantação ou adequação, pois geralmente se olvida sobre quem efetivamente é o dono dos dados pessoais, no caso, o titular. Não raro se enxergam altos investimentos de pessoas e dinheiro na construção de modelos regulados pela privacidade, sem, contudo, mirar como alvo o titular de dados no final da cadeia de desenvolvimento de produtos ou serviços. A ideia de privacidade é desconexa de quem se quer proteger.

Como exemplo prático dessas afirmações são os questionários realizados em agosto de 2019 e janeiro de 2020, bem como a análise qualitativa dos documentos jurídicos e tecnológicos dispostos pelos controladores, o que foi feito na primeira quinzena de agosto de 2020, ou seja, já no início da vigência da LGPD. De forma não muito usual na investigação jurídica, construiu-se uma pesquisa empírica, que envolvem mais de 80 (oitenta) empresas, e incluem bancos, *startups*, hospitais, planos de saúde, empresas de publicidade digital etc. A todas elas foram enviadas cartas requerendo informações sobre como eles estavam tratando os meus dados pessoais, forma de armazenamento, políticas de segurança de informação etc., tal como determinado na LGPD, no Marco Civil da Internet, GDPR e Código de Defesa do Consumidor. Poucas empresas responderam ao questionário e nenhuma delas respondeu às perguntas feitas, muito menos disponibilizaram o acesso aos meus dados.[3] Em relação à análise sobre os documentos jurídicos e ferramentas tecnológicas colocadas à disposição dos titulares de dados, nenhuma empresa conseguiu preencher os requisitos estabelecidos pelos princípios da proteção de dados, trazidos no art. 6º da LGPD. Constatou-se que um quinto das empresas analisadas sequer disponibilizam políticas de segurança de informação e de proteção de dados pessoais.

Em agosto de 2020, entrou em vigência a LGPD e não há no horizonte uma mudança de cultura de segurança de informação e de proteção de dados no Brasil, pois ainda há a percepção do segredo, do sigilo e da ausência do titular na entrega final de seus dados e informações. Soma-se a isso a

---

[3] Os resultados obtidos serão analisados no Capítulo 5.

falta de uma cultura para o desenvolvimento de um conhecimento amplo e necessário do que seria uma política correta de proteção de dados pessoais e segurança de informação. O titular, ao fim de tudo, e por um bom tempo, ainda será despossuído de si mesmo, de seus dados, das informações e do conhecimento que produz.

3.2 TRANSVERSALIDADE DO CONCEITO JURÍDICO DE TITULAR DE DADOS

Diante da natureza jurídica dos dados pessoais, como direito fundamental e interligado ao direito de personalidade, o titular é detentor de um direito próprio de acessar as suas informações sejam elas de caráter público ou privado, tratado ou não por autoridades públicas ou empresas, sem quaisquer interferências, bloqueios ou ruídos. O alcance do titular é transversal dentro do sistema jurídico e não se restringe somente a uma perspectiva localizada a uma determinada atuação, a um sujeito de direito. O contribuinte, o usuário de internet, o consumidor, o cidadão, o eleitor, o trabalhador, enfim, todos são titulares de dados. E todos os subsistemas serão questionados, revolvidos, ressignificados para atender as exigências e as complexidades intrínsecas à existência e à configuração jurídica do titular de dados. Ao estar ligada a um direito de personalidade, a existência do humano nessa configuração, numa realidade esquadrinhada por dispositivos informáticos e internet onipresente, é um viver de respirar dados.

As práticas serão revistas e reconstruídas a partir dos princípios da proteção de dados pessoais e dos direitos do titular. A forma como são dispostos e construídos os processos judiciais, os títulos de crédito tributário, a publicidade digital, o cadastramento de usuários de internet, os cadastros negativos de crédito e infindáveis situações que os dados são coletados, armazenados, produzidos e distribuídos estarão sendo bombardeados por perspectivas desconsideradas anteriormente.

O titular de dados era somente visto como uma parte da engrenagem de um modo de produção capitalista, baseado em *big data* e inteligência artificial, em que ele deveria necessariamente se sublimar como sujeito de direito, para que fosse fonte de lucro e informações a custo baixo. Em contrapartida, o benefício alcançado nessa relação que o titular de dados fornece sem contrapartidas efetivas, ou garantias de que o que foi prometido, eram parcas e vãs. Quais são os benefícios palpáveis que o titular possui ao ter acesso a serviços e a produtos gratuitos ou por meio de descontos? Quem garante que o controlador não está vendendo os seus dados a terceiros sem o seu consentimento? Qual é a forma de monetização do serviço? A engrenagem construída anteriormente às normas de proteção de dados, e que estão ainda vigentes, deverão responder agora se estão atingindo uma finalidade pública ou um legítimo interesse e que fornecem aos titulares serviços sem riscos aos seus direitos fundamentais.

É na transversalidade universal da proteção de dados pessoais e do titular, que não pode haver barreiras ou limitações de *softwares*, *hardwares* e de procedimentos de qualquer natureza, físicos ou virtuais. Afinal, em decorrência da transversalidade, serão colonizadas outras áreas do direito, renovando-se por completo as perspectivas e as visões sobre como deveriam funcionar instituições, governos e empresas. A transversalidade da proteção de dados não envolve somente a parte jurídica, mas também abrange aspectos econômicos, tecnológicos e sociais, permeando todas as atividades humanas.

A transversalidade da proteção de dados pessoais é reconhecida na LGPD em seu art. 23,[4] na referência direta à Lei de Acesso à Informação Pública (LAIP), em que as autoridades públicas deverão se atentar para os direitos do titular de dados no momento em que forem coletar, armazenar, distribuir, compartilhar, processar e excluir seus dados. Ato contínuo, devem ser analisadas as relações do titular de dados com o direito público para além

---

[4] "Art. 23. O tratamento de dados pessoais pelas pessoas jurídicas de direito público referidas no parágrafo único do art. 1º da Lei nº 12.527, de 18 de novembro de 2011 (Lei de Acesso à Informação), deverá ser realizado para o atendimento de sua finalidade pública, na persecução do interesse público, com o objetivo de executar as competências legais ou cumprir as atribuições legais do serviço público, desde que: I – sejam informadas as hipóteses em que, no exercício de suas competências, realizam o tratamento de dados pessoais, fornecendo informações claras e atualizadas sobre a previsão legal, a finalidade, os procedimentos e as práticas utilizadas para a execução dessas atividades, em veículos de fácil acesso, preferencialmente em seus sítios eletrônicos; III – seja indicado um encarregado quando realizarem operações de tratamento de dados pessoais, nos termos do art. 39 desta Lei; e § 1º A autoridade nacional poderá dispor sobre as formas de publicidade das operações de tratamento. § 2º O disposto nesta Lei não dispensa as pessoas jurídicas mencionadas no *caput* deste artigo de instituir as autoridades de que trata a Lei nº 12.527, de 18 de novembro de 2011 (Lei de Acesso à Informação). § 3º Os prazos e procedimentos para exercício dos direitos do titular perante o Poder Público observarão o disposto em legislação específica, em especial as disposições constantes da Lei nº 9.507, de 12 de novembro de 1997 (Lei do Habeas Data), da Lei nº 9.784, de 29 de janeiro de 1999 (Lei Geral do Processo Administrativo), e da Lei nº 12.527, de 18 de novembro de 2011 (Lei de Acesso à Informação). § 4º Os serviços notariais e de registro exercidos em caráter privado, por delegação do Poder Público, terão o mesmo tratamento dispensado às pessoas jurídicas referidas no *caput* deste artigo, nos termos desta Lei. § 5º Os órgãos notariais e de registro devem fornecer acesso aos dados por meio eletrônico para a administração pública, tendo em vista as finalidades de que trata o *caput* deste artigo."

da LAIP, ou seja, para o Estatuto do Servidor Público, a Lei do *Habeas Data*, as leis de processo administrativo espraiadas em todo território nacional, o Código Tributário etc. Contudo, sem se esquecer do Marco Civil da Internet, da Lei do Cadastro Positivo, do Código Civil, do Código de Processo Civil e do Código de Defesa do Consumidor, para as relações privadas. As normas técnicas de segurança da informação e proteção de dados, que serão utilizadas para se pautarem a implantação ou não das normas de proteção de dados pessoais, conforme autoriza o art. 39, inc. VIII, do CDC,[5] deverão sofrer as mutações necessárias para estarem em conformidade com a proteção de dados.

A transversalidade da proteção de dados pessoais é disruptiva e inovadora no direito, fazendo funcionar uma série de práticas e normas técnicas, tecnológicas e jurídicas, em que os aparatos judiciário e executivo ainda não estão preparados para compreender.

3.3 TITULAR DE DADOS: PESSOA FÍSICA E PESSOA JURÍDICA

Uma questão que intriga e ainda é pouco analisada na doutrina de proteção de dados refere-se à escolha do legislador brasileiro por considerar que dados pessoais estão estritamente ligados à pessoa natural, sem estender às pessoas jurídicas a proteção legal. A mesma escolha foi feita na União Europeia, Argentina e Chile. Contudo, na Lei de Proteção de Dados Pessoais Uruguaia[6] (Ley de Protección de Datos Personales 18331), em seu art. 4º, alínea *d*, abre-se a possibilidade que a "informação de cualquier tipo referida a *personas físicas o jurídicas* determinadas o determinables" (grifei). Afinal, a pessoa jurídica pode ser titular de dados?

Cabe ressaltar que, a despeito das leis de proteção de dados do Brasil e de outros países determinarem que os dados pessoais se referem à pessoa natural, isso não impede que tal noção não seja ampliada para pessoa jurídica. A interpretação ampliativa da norma não deturparia o núcleo do que sejam dados pessoais, somente se estaria ampliando os sujeitos de direito que seriam protegidos pelo arcabouço jurídico da proteção de dados pessoais.

---

[5] "Art. 39. É vedado ao fornecedor de produtos ou serviços, entre outras práticas abusivas: VIII - colocar, no mercado de consumo, qualquer produto ou serviço em desacordo com as normas expedidas pelos órgãos oficiais competentes ou, se normas específicas não existirem, pela Associação Brasileira de Normas Técnicas ou outra entidade credenciada pelo Conselho Nacional de Metrologia, Normalização e Qualidade Industrial (Conmetro)."

[6] Disponível em: https://www.impo.com.uy/bases/leyes/18331-2008. Acesso em: 29 out. 2019.

A pessoa jurídica é uma ficção criada para estender os direitos de personalidade da pessoa natural. Não todos os direitos inerentes à pessoa natural. Alcançam aqueles direitos não adstritos a uma perspectiva da personalidade atrelada à dignidade humana. Assim, os "direitos da personalidade são 'imanentes' à *pessoa humana, podendo ser em certas situações extensíveis às pessoas jurídicas, mas nunca aqueles direitos cuja própria existência esteja direta e indissociavelmente ligada à personalidade humana*" (grifos do autor) (RODOVALHO, 2017). Sílvio de Salvo Venosa, além de apontar a diferença, encaminha a análise para o que determina o art. 52 do Código Civil brasileiro:

> A pessoa jurídica, entidade moral criada pela vontade do homem, desempenha inúmeras atividades e funções da pessoa natural. Embora não possa ser atingida na sua honra subjetiva, há agressões morais de cunho objetivo que atingem, sem dúvida, as entidades. No entanto, as repercussões serão sempre financeiras. Adiantando-se um pouco no curso de nossa investigação, é importante mencionar a esta altura que o art. 52 do novel estatuto civil menciona: "Aplica-se às pessoas jurídicas, no que couber, a proteção dos direitos da personalidade" (VENOSA, 2013, p. 194).

A visão trazida por Sílvio Salvo Venosa representa a grande maioria da doutrina consolidada em que a pessoa jurídica possui em si direitos da personalidade. Reflete-se o posicionamento da possibilidade de a pessoa jurídica ter direito a danos morais, o que foi consolidado na Súmula 227 do STJ. A súmula reconhece que as pessoas jurídicas podem sofrer dano moral. Fruto de variadas discussões doutrinárias e jurisprudenciais a súmula é consequência de um entendimento generalizado de que a pessoa jurídica tem uma honra objetiva a ser ressarcida, pois o "uso indevido do nome da empresa configura violação à imagem e valores sociais da ofendida no meio comercial, prejudicando as atividades e acarretando descrédito frente aos membros de determinada comunidade".[7]

---

[7] "Dano moral – Honra – Conceito – Indenização reclamada por pessoa jurídica – 1. Entende-se como honra também os valores morais, relacionados com a reputação, o bom nome ou o crédito, valores estes inteiramente aplicáveis às pessoas jurídicas; não apenas aqueles que afetam a alma e o sentimento do indivíduo, valores próprios do ser humano. 2. A ofensa à empresa tanto pode causar-lhe prejuízo de ordem material quanto de ordem apenas moral, devendo recompor-se o seu patrimônio dessa natureza atingido. Irrelevante que o reflexo não seja íntimo, psíquico ou espiritual, pois que a tanto não se limita o conceito a extrair-se do vocábulo 'honra'. O uso indevido do nome da empresa configura violação à imagem e valores sociais da ofendida no meio comercial, prejudicando as atividades e acarretando descrédito frente aos membros de determinada comunidade. 3. A pessoa jurídica pode reclamar indenização por dano moral, desde que violados quaisquer dos direitos pela mesma titulados e previstos no

Na digitalização da vida, ordinariamente, depara-se com situações em que as pessoas jurídicas sofrem com vazamentos de dados, invasões de contas em redes sociais, uso indevido de marcas ou de patentes, enfim, fatos que fogem de seus controles e que afetam sobremaneira a avaliação de produtos e de serviços. Alcança a maioria dos negócios a obrigação de se proteger o seu valor imaterial, a reputação *on-line* e o gerenciamento de suas informações e comunicações.[8] Ao se acolher a interpretação extensiva de que as empresas são titulares, quando os seus dados forem tratados indevidamente, elas poderão buscar ressarcimento indenizatório à sua honra objetiva (art. 42 da LGPD).

A mudança paradigmática protegerá as pessoas jurídicas em inúmeras questões, o que pode envolver uma ampliação das discussões sobre os direitos autorais,[9] contra concorrências desleais de estrangeiros, abusos e maus usos de dados gerenciados por instituições governamentais nacional ou estrangeiras, sigilo comercial etc. Se o sistema do Instituto Nacional da Propriedade Industrial (INPI) fica vulnerável a um ataque de *hacker* que, antes da publi-

---

inciso X do artigo 5º da Constituição Federal, porquanto o legislador não a distinguiu, para esses efeitos, da pessoa física" (TJDF, EIAC 31.941-DF (Reg. Ac. 78.369), 2ª C., Rel. Des. Valter Xavier, *DJU* 06.09.1995).

[8] "E, assim como uma reputação negativa pode ter enormes consequências para um indivíduo, ela pode ser muito prejudicial a qualquer marca que seja acusada injustamente. E a regra vale tanto para empresas grandes quanto para empresas pequenas". Disponível em: https://canaltech.com.br/gestao/Saiba-como-proteger-a-reputacao-online-da-sua-empresa/. Acesso em: 30 out. 2019.

[9] Apelação cível. Responsabilidade civil. Direitos autorais. Fotografias. Utilização em livro de receitas. Disponibilização na internet, sem prévia autorização. Dano moral. Dever de indenizar. Sendo disponibilizadas, em site do clube, fotografias destinadas a livro de receitas do réu, sem autorização do seu autor, impõe-se o dever de indenizar pelo dano moral, nos termos do disposto no art. 108 da Lei n. 9.610/98, na medida em que depende de autorização prévia e expressa do autor a utilização da obra, por quaisquer modalidades. Dano moral. Manutenção do *quantum* estabelecido pela sentença. De ser mantido o valor arbitrado na sentença pelos danos morais (20 salários mínimos), tendo em vista que observados, quando da fixação, os princípios da proporcionalidade e razoabilidade. Dano patrimonial. Indenização. Cabimento. Apuração em liquidação de sentença. Cabível a indenização pelos danos materiais pelo simples fato de o réu ter se utilizado das fotografias destinadas a livro de receitas sem a devida autorização, as quais foram inseridas no site do clube, com propósito de publicidade e propaganda, encobrindo interesse econômico na divulgação da marca e produtos e fazendo propaganda da Confraria União Cooks, com intuito de vender ingressos para os jantares por ela produzidos. Quantum a ser estabelecido em liquidação de sentença por arbitramento. Aplicação do art. 475-C do CPC. Orientação doutrinária e jurisprudencial do STJ e desta Corte Estadual. Primeira apelação desprovida e segunda apelação parcialmente provida (TJRS, Rel. Tasso Caubi Soares Delabary, Apelação Cível 70031905714, j. 07.04.2010).

cação, captura pedido de marcas e patentes de empresas brasileiras, não terá direitos a pessoa jurídica de se resguardar numa situação dessa? Não poderá a pessoa jurídica ir atrás de quem obteve os dados indevidamente? Não só os direitos autorais sofrem mutações no ambiente digital, virtualizado, os direitos de personalidade da pessoa jurídica, em geral, são ressignificados e reatualizados para atenderem um deslocamento da honra objetiva a ser resguardada pela ordenação jurídica.

Portanto, não há fundamentos sistemáticos para se restringir às pessoas jurídicas a capacidade de serem titulares de dados, tal como bem defendido pela lei uruguaia. A conclusão, além de ser consonante com a doutrina e jurisprudência relativa à pessoa jurídica, na prática, pode ser uma maior proteção para empresas brasileiras no ambiente global de negócios. Outro fator preponderante na adoção dessa conclusão é a ampliação dos mecanismos de proteção às informações e aos conhecimentos produzidos no Brasil, implementando-se as garantias constitucionais "tendo em vista o interesse social e o desenvolvimento tecnológico e econômico do País" (art. 5º, inc. XXIX, da CF/1988).

3.4 TITULAR DE DADOS EM SEUS ASPECTOS PRIVADO E PÚBLICO

O titular de dados, em face de sua transversalidade, permeando todo o sistema jurídico, econômico e tecnológico, como sujeito de direito, é *sui generis* na dogmática jurídica. Ao mesmo tempo, o titular tem como característica ser privado e público. Isso ocorre em decorrência da indistinção das formas que podem se amalgamar ao titular. De uma relação privada entre o titular com uma empresa de crédito estende-se aos mesmos dados pessoais uma relação pública com instituições governamentais. O titular, tal como o cidadão, define-se pela transversalidade de seu existir em todos os aspectos públicos e privados.

A indistinção do titular em seus aspectos público ou privado produzem diferentes análises sobre a efetiva proteção de seus dados durante o tratamento. Os dados estão diretamente ligados ao titular e eles são fornecidos para um ou mais tratamentos, públicos ou privados. Não é requisito de um ou mais tratamentos que o titular saiba ou participe do início de cada processamento, mas ele tem de ser comunicado a cada mudança jurídica realizada ou o controlador que o manuseia. Assim, reconhecendo-se o movimento indutivo das práticas de processamento, pode o titular ter os seus dados tratados por um determinado controlador, público ou privado, e, independentemente de seu consentimento, fundamentando-se por outras bases legais, os dados serem distribuídos para outros controladores, os quais devem comunicar o titular de sua utilização. Emana-se por meio do titular os dados que sustentam toda uma cadeia de tratamento.

No início do tratamento, considerando que todos os cuidados técnicos e jurídicos foram empreendidos, o titular está devidamente informado da extensão e dos riscos envolvidos no uso dos seus dados. Por exemplo, o titular consentiu para que os seus dados sejam utilizados com uma finalidade específica para uma empresa de crédito ou *fintech*,[10] contudo, durante o tratamento, pode a Receita Federal ou o Banco Central requerer os dados para cumprimento de uma norma legal tributária. Além do dever de comunicação, os novos controladores precisam informar com quais mecanismos de segurança de informação estão sendo tratados os dados. Se não forem os mesmos padrões de segurança que se iniciaram o tratamento, pode o titular obstar o compartilhamento e questionar as bases legais de compartilhamento. Nesse olhar indutivo sobre as práticas de tratamento de dados, quanto mais camadas jurídicas e tecnológicas forem atravessando os dados fornecidos mais distante deles o titular estará.

Ao contrário, no olhar dedutivo sobre o tratamento, todo titular deve ter acesso aos dados e às informações que são coletadas, armazenadas, processadas, manipuladas, distribuídas, compartilhadas sobre ele, por todos controladores e operadores, públicos ou privados. Não só por aqueles controladores legalmente constituídos, também os ilegais, que possuem acesso direto aos dados, também são responsabilizados pelos usos indevidos. Esse movimento dedutivo de persecução aproxima o titular com os seus próprios dados, onde estiverem, interligando-se aos direitos e às garantias individuais, tais como a privacidade, a honra e a intimidade.

Admite-se que as práticas de tratamento que desdobram as informações e as finalidades seguem a lógica indutiva e os direitos inerentes a cada dado a dedutiva. E nos movimentos realizados, percorre-se o indivíduo no coletivo e o coletivo dentro do indivíduo. Independentemente de a proteção de dados ser instrumental ou não a outras garantias individuais, tornou-se essencial compreender o coletivo no indivíduo:

---

[10] "'Empresas de Fintech são tipicamente aquelas que usam tecnologia de forma intensiva para oferecer produtos na área de serviços financeiros de uma forma inovadora', comentou ao Canaltech o Diretor Executivo e Líder de Inovação da Accenture, Guilherme Horn. 'A inovação pode vir da tecnologia ou do modelo de negócios, e invariavelmente elas oferecem uma experiência diferenciada para o usuário, com processos simples e fáceis'". Disponível em: https://canaltech.com.br/startup/o-que-sao-as-fintechs-e--por-que-elas-estao-ganhando-tanto-espaco-65169/. Acesso em: 29 out. 2019.

Capítulo 3 • TITULAR DE DADOS: MOLDURA JURÍDICA DE UM CONCEITO

Para além da defesa da privacidade, o que se protege e regula, a partir de suas proposições, é o direito de acesso e o poder de controle a informações pessoais, muitas vezes que tangenciam o caráter individualista de privacidade. Ademais, as bases para uma ideia de privacidade, hoje, mais se assemelham a placas tectônicas em atrito, cujo epicentro se identifica no uso da internet por todos – inclusive pelo Poder Público –, em sociedades democraticamente organizadas. Não há mais barreiras intransponíveis às informações, e isto constitui o verdadeiro calcanhar de Aquiles do Direito em matéria de proteção de dados, uma vez que uma atuação nesta área implica em uma intervenção positiva do Estado (RUARO et al., 2011, p. 64).

Em face da necessidade de intervenção do Estado nas relações, mais especificamente, intervir e ser motivo de intervenção, alcança-se uma outra dimensão da perspectiva do titular de dados em seu aspecto público. O titular de dados pode buscar dados que não são seus e que são públicos, pois o direito à informação é um direito coletivo e não somente privado. José Afonso da Silva aponta a dualidade do direito de informar e o direito à informação:

> Isso porque se trata de um *direito coletivo da informação ou direito da coletividade à informação*. O direito de informar, como aspecto da liberdade de manifestação do pensamento, revela-se um direito individual, mas já contaminado de sentido coletivo, em virtude das transformações dos meios de comunicação, de sorte que a caracterização mais moderna do direito de comunicação, que especialmente se concretiza pelos meios de comunicação social ou de massa, envolve a transmutação do antigo direito de imprensa e de manifestação do pensamento, por esses meios, em direitos de feição coletiva (SILVA, 1998, p. 262-263).

Corrobora com o entendimento de José Afonso da Silva o Comitê Jurídico Interamericano (CJI), da Organização dos Estados Americanos (OEA), em que se constata a dupla característica jurídica que possui o direito à informação:

> 1. Em princípio, toda informação é acessível. 2. O acesso à informação se estende a todos os órgãos públicos e entes privados com recursos públicos. 3. O direito de acesso à informação se dirige a toda informação. 4. Os órgãos públicos devem difundir informação sobre suas funções e atividades. 5. Devem ser implementadas regras claras, justas, não discriminatórias e simples referente a requerimentos de informação. 6. As exceções do direito de acesso à informação devem ser estabelecidas por lei. 7. O ônus de prova para justificar qualquer negativa de acesso à informação deve recair sobre o órgão público. 8. Todo indivíduo deve ter o direito de recorrer contra qualquer negativa ou obstrução de acesso à informação. 9. Toda pessoa

que intencionalmente negue ou obstrua o acesso à informação, violando as regras que garantem esse direito, deve estar sujeita à sanção. 10. Devem ser adotadas medidas de promoção e implementação do direito de acesso à informação (PERLINGEIRO et al., 2016).

É na dupla faceta, privada e pública, do titular de dados que é essencial para se entender a fenomenologia dos estudos de proteção de dados pessoais interligados com o direito de acesso à informação pública. O titular de dados é, ao mesmo tempo, público e privado.

3.5 TITULAR DE DADOS COMO *NOMEN JURIS* PARA LAIP E LGPD E A QUESTÃO DA CAPACIDADE JURÍDICA

Diante do exposto anteriormente, reconhece-se que o titular de dados congrega em si a união entre a Lei de Acesso à Informação Pública (LAIP) e a Lei Geral de Proteção de Dados (LGPD), o público e o privado. Ao se estender a interpretação sistêmica, verifica-se que a solução somente pode ser construída nessa perspectiva. E justifica-se o posicionamento não só pelas normativas e leis trazidas, mas pelas práticas realizadas em que não se distinguem os dados quando são públicos ou privados, orientados pela LAIP ou pela LGPD.

Nos complexos sistemas informáticos e nas negociações entre empresas e governos, como saber quais dados são públicos ou privados? A análise *a posteriori* poderá facilitar a interpretação do fenômeno, em que se apontarão quais são as definições jurídicas para cada tratamento de dados. Mas na velocidade das práticas as linhas que diferenciam uma de outra se perdem. Um exemplo, que será analisado mais adiante, será os dos bancos de dados privados com características de público. Qual normativa aplicar? Qual interpretação é mais protetiva? Constituem-se de interesse público ou privado? Como a complexidade afeta o acesso à informação livre e transparente?

Em face da indistinção entre o público e o privado, e como a LAIP não tem, diferentemente da LGPD, um *nomen juris* designado, já que ela é direcionada de forma genérica a qualquer interessado,[11] brasileiro, estrangeiro,

---

[11] Art. 10. Qualquer interessado poderá apresentar pedido de acesso a informações aos órgãos e entidades referidos no art. 1º desta Lei, por qualquer meio legítimo, devendo o pedido conter a identificação do requerente e a especificação da informação requerida. § 1º Para o acesso a informações de interesse público, a identificação do requerente não pode conter exigências que inviabilizem a solicitação. § 2º Os órgãos e entidades do poder público devem viabilizar alternativa de encaminhamento de pedidos de acesso por meio de seus sítios oficiais na internet. § 3º São vedadas quais-

homem ou mulher, maior ou menor de idade, que deve ser adotada a mesma nomenclatura de titular de dados para todos os tratamentos, públicos ou privados. A adoção facilitaria a proteção do titular de dados e como seriam disponibilizadas as informações, bem como as regras de como fazê-lo.

A unificação do entendimento do titular nessas dimensões do público e do privado está diretamente conectada com as características jurídicas relativas aos dados, informações e conhecimento. Como a condição de titular está diretamente interligada aos direitos de personalidade, não há motivos para se restringir a capacidade do titular em relação ao sujeito de direito, mas somente, e mediante justificativa legal, ao conteúdo dos dados. Carlos Roberto Gonçalves aponta a interconexão entre personalidade e capacidade, contudo, elas não se confundem:

> Importa destacar que, afirmar que o homem tem personalidade é o mesmo que dizer que ele tem capacidade para ser titular de direitos, no entanto, embora se interpenetrem, a personalidade e a capacidade não se confundem, uma vez que a capacidade pode sofrer limitação, enquanto a personalidade é um valor, a capacidade é a projeção desse valor que se traduz em um *quantum*. Pode-se ser mais ou menos capaz, mas não se pode ser mais ou menos pessoa (GONÇALVES, 2012, p. 97-98).

A LAIP não restringe que os dados possam ou não ser acessado por menores de idade ou pessoas relativamente capazes ou incapazes, porque o acesso deve ser amplo e irrestrito a todos que têm interesse naquela informação. E de forma praticamente espelhada, a LGPD também determina, em seu art. 6º, inc. IV, o livre acesso ao titular de dados a garantia "de consulta facilitada e gratuita sobre a forma e a duração do tratamento, bem como sobre a integralidade de seus dados pessoais". A análise se reforça também no *caput* do art. 9º, em que o titular tem "direito ao acesso facilitado às informações sobre o tratamento de seus dados, que deverão ser disponibilizadas de forma clara, adequada". A diferença entre as duas abordagens legais está relacionada à legitimidade do titular e não à sua capacidade.[12]

---

quer exigências relativas aos motivos determinantes da solicitação de informações de interesse público.

[12] "Igualmente, a capacidade de fato difere da legitimidade. Esta é a 'aptidão para a prática de determinado ato, ou para o exercício de certo direito, resultante não da qualidade da pessoa, mas de sua posição jurídica em face de outras pessoas' (AMARAL, 2000, pp. 224-225). Assim, enquanto que a capacidade é genérica, a legitimidade se refere a um determinado ato em particular" (SANTOS et al., 2014, p. 83).

A confirmação desse entendimento encontra-se na própria LGPD, conforme o art. 22, em que o direito dos titulares poderá ser exercido em juízo, "individual ou coletivamente, na forma do disposto na legislação pertinente, acerca dos instrumentos de tutela individual e coletiva". Ou seja, as normas de proteção de dados reconhecem, o que já anteriormente determinava o art. 43 do CDC, o caráter difuso e coletivo no exercício dos direitos relativos aos dados pessoais e cadastrais. Aliás, no art. 42, § 3º, da LGPD[13] há o reforço do caráter difuso dos direitos relacionados à proteção de dados, determinando-se que a coletividade possui interesse público superior no tratamento de dados feitos por controladores, públicos ou privados.

Não há, nem pode haver, quaisquer restrições para se acessar às informações públicas, a não ser nas exceções definidas pelo art. 23 da LAIP e quando o conteúdo se refere a titular de dados privado.[14] Mesmo as exceções do art. 23 da LAIP não são absolutas e há um grande espaço para discricionariedade. Assim, o acesso à informação pública tem como fator uma restrição discricionária aos dois elementos: em relação à capacidade, limitada num período de tempo, para se resguardar o interesse público e do governo de não fornecer essas informações; e também uma questão de legitimidade para requerer os dados, mais especificamente, a falta de legitimidade de um titular requerer acesso a dados privados de um outro titular, o qual não possui relação jurídica.

Não podem os controladores, públicos ou privados, criarem obstáculos para titulares, menores ou não, de acessarem os seus dados. E, ao tratarem esses dados, eles não podem realizá-lo sem a autorização expressa de seus

---

[13] "§ 3º As ações de reparação por danos coletivos que tenham por objeto a responsabilização nos termos do *caput* deste artigo podem ser exercidas coletivamente em juízo, observado o disposto na legislação pertinente."

[14] "Art. 23. São consideradas imprescindíveis à segurança da sociedade ou do Estado e, portanto, passíveis de classificação as informações cuja divulgação ou acesso irrestrito possam: I – pôr em risco a defesa e a soberania nacionais ou a integridade do território nacional; II – prejudicar ou pôr em risco a condução de negociações ou as relações internacionais do País, ou as que tenham sido fornecidas em caráter sigiloso por outros Estados e organismos internacionais; III – pôr em risco a vida, a segurança ou a saúde da população; IV – oferecer elevado risco à estabilidade financeira, econômica ou monetária do País; V – prejudicar ou causar risco a planos ou operações estratégicos das Forças Armadas; VI – prejudicar ou causar risco a projetos de pesquisa e desenvolvimento científico ou tecnológico, assim como a sistemas, bens, instalações ou áreas de interesse estratégico nacional; VII – pôr em risco a segurança de instituições ou de altas autoridades nacionais ou estrangeiras e seus familiares; ou VIII – comprometer atividades de inteligência, bem como de investigação ou fiscalização em andamento, relacionadas com a prevenção ou repressão de infrações."

pais ou dos responsáveis legais, conforme determina o art. 14, § 1º, da LGPD. Assim, a capacidade jurídica direciona-se primordialmente ao controlador e não ao titular de dados.

3.6 TITULAR DE DADOS E A LEI DE ACESSO À INFORMAÇÃO PÚBLICA: CIDADANIA E DEMOCRACIA

O direito de acesso à informação pública sempre foi direcionado ao Estado e às suas instituições, como um agregador do interesse público. O Estado por definição possui a memória de seus cidadãos e que ela deve ser aberta a todos como parte do princípio de funcionamento do Estado Democrático e Social de Direito. É uma memória reatualizada do passado e do presente que o Estado possui sobre os seus cidadãos, os titulares de dados. A memória dos dados, de informações e de conhecimentos produzidos pelo Estado e por seus cidadãos é do interesse de todos que vivem na sociedade para o fortalecimento dos laços de união e de prosperidade de todos. A atualização e a manutenção da memória é parte da função do Estado como organizador e administrador da vida em sociedade, afetando inúmeros conceitos jurídicos que, outrora, eram mais restritivos.

3.6.1 Titular de dados e a cidadania

A cidadania passou a ter uma conceituação mais ampla, no que reflete o atual momento de profundas transformações socioeconômicas. A noção de que o cidadão é somente aquele tem direito político a voto, e que somente pode ser exercido nas eleições, está superado (MELO, 1998). Deve-se construir uma cidadania de abertura para que todos participem efetivamente:

> A ampliação dos horizontes conceituais da ideia de cidadania faz postular, sob este invólucro, a definição de uma realidade de efetivo alcance de direitos materializados no plano do exercício de diversos aspectos da participação na justiça social, de reais práticas de igualdade, no envolvimento com os processos de construção do espaço político de ter voz e de ser ouvido, da satisfação de condições necessárias ao desenvolvimento humano, do atendimento a prioridades e exigências de direitos humanos etc. Deve-se, portanto superar a dimensão acrisolada do tradicionalismo que marca a concepção conceitual de cidadania, para a superação de suas limitações e deficiências. No lugar da clausura conceitual tradicional, alargando-se a experiência e o sentido histórico-genético que possuía o termo em seu princípio, o que se propõe é a expansão do sentido em direção às fronteiras das grandes querências sociais, dos grandes dilemas da política contemporânea, dos grandes desafios histórico-realizativos dos direitos humanos (BITTAR, 2004, p. 8).

A efetividade do conceito de cidadania só pode ser construída com a inclusão ativa dos cidadãos para dentro do processo decisório do Estado. Ser um cidadão ativo é importante para uma configuração de Estado em que a informação possui centralidade. Pedro Roberto Jacobi sempre se utiliza do conceito de cidadania ativa para demonstrar que as políticas públicas só serão significativas se a própria noção de cidadão for além daquele ser político:

> A noção de cidadania ativa, segundo Maria Vitória Benevides (1994:9) traz à tona uma outra dimensão de cidadania. Segundo a autora "o cidadão, além de ser alguém que exerce direitos, cumpre deveres ou goza de liberdades em relação ao Estado, é também titular, ainda que parcialmente, de uma função ou poder público. Isso significa que a antiga e persistente distinção entre a esfera do Estado e a da sociedade civil esbate-se, perdendo a tradicional nitidez. Além disso, essa possibilidade de participação direta no exercício do poder político confirma a soberania popular como elemento essencial da democracia" (JACOBI, 1996, p. 19).

O cidadão ativo passou a ser titular de dados, pois sem o acesso às informações, atuais ou virtuais, não há possibilidade de exercer efetivamente a democracia de forma transparente. Somente a partir dessa perspectiva podem se compreender as distinções reais dos conceitos de público e de privado num mundo altamente conectado a dispositivos informáticos e a dados.[15] Afinal, o direito à informação, juntamente ao direito à liberdade de informação, tornou-se primordial na concepção de cidadania ativa do titular de dados.

O direito à liberdade de informação é *erga omnes*, ou seja, qualquer cidadão pode ter acesso aos dados indistintamente, em face do princípio da transparência que rege um Estado Democrático de Direito. A democracia requer a máxima transparência do poder estatal, a fim de se atender a *res publica* de forma mais eficiente e melhor para quem detém o poder, que é o povo. Nesse ponto, o princípio da transparência confunde-se em parte com o princípio da publicidade das atividades governamentais.[16] Contudo, tal

---

[15] "[...] um bem público, tangível ou intangível, com forma de expressão gráfica, sonora e/ou iconográfica, que consiste num patrimônio cultural de uso comum da sociedade e de propriedade das entidades/instituições públicas da administração centralizada, das autarquias e das fundações públicas. A informação pública pode ser produzida pela administração pública ou, simplesmente, estar em poder dela, sem o *status* de sigilo para que esteja disponível ao interesse público/coletivo da sociedade" (BATISTA, 2010, p. 40).

[16] Francisco Marques discute a função da transparência para o Estado: "[...] a transparência se refere à condução aberta da administração da *res publica*, oferecendo aos

visão é reducionista em relação à transparência que se requer do Estado em suas atividades.

A liberdade de acesso à informação é uma oportunidade que tem o cidadão de reduzir a assimetria em relação ao Estado,[17] pois os governantes têm o controle do poder visível e invisível.[18] Ao permitir a todos acessarem as informações, as tomadas de decisões, não só dos cidadãos, mas também do Estado, que tem a gestão e circulação de informações muito deficitária,[19] melhoram e beneficiam as conquistas sociais, econômicas e jurídicas. Um exemplo disso é o processo eleitoral. Como avaliar um administrador ou um projeto de governo se os cidadãos não têm acesso a todos os dados e informações necessários para entenderem a atuação administrativa? Como avaliarão se as informações e dados são confiáveis, autênticos e verdadeiros? A assimetria no acesso à informação e à memória produz uma série de tomadas de decisões equivocadas, pois destituídas de aderência a uma realidade e que podem fomentar práticas autoritárias e antidemocráticas, com o consequente aumento do poder invisível.

Diante da possibilidade de aumento do poder invisível, surge uma outra questão inerente a essa situação que, ao se subtrair o acesso à informação, é retirado do cidadão o direito de se insurgir e de participar do processo decisório. Sem participar do processo decisório, o cidadão é alijado do que é produzido pelo Estado e sem condições de poder questionar e criticar. Dessa conclusão partilha a Declaração do Rio 1992, em seu princípio 10, relacionando-se diretamente com as questões ambientais, aponta a necessidade de se ampliar o acesso à informação, a fim de que todos possam participar da construção dos processos decisórios:

---

cidadãos a capacidade de controlar o Estado e a atuação de seus agentes por meio do aprimoramento das estruturas de fiscalização, de denúncia e de punição daqueles que causarem prejuízos ao interesse coletivo" (MARQUES, 2014, p. 6).

[17] Francisco Marques apresenta essa questão na visão de Stiglitz: "Joseph Stiglitz (2002), por sua vez, associa a transparência à redução de assimetrias: os representantes sabem mais do que os cidadãos acerca da coisa pública; sem uma política voltada a garantir a transparência, não seria possível aos soberanos um julgamento apropriado acerca do que mais lhes interessa" (MARQUES, 2014, p. 6).

[18] Aqui utilizamos o conceito de Norberto Bobbio.

[19] "As instituições governamentais produzem muitas informações de interesse público, mas nem sempre as organizam, disponibilizam e disseminam adequadamente de modo a facilitar a criação do conhecimento. Não se tem uma gestão do conhecimento se não houver gestão da informação, pois muitas vezes aquela é utilizada de forma errada, saturando-se de informações e materiais inapropriados para a tomada de decisões" (RIBEIRO, 2011).

> A melhor maneira de tratar as questões ambientais é assegurar a participação, no nível apropriado, de todos os cidadãos interessados. No nível nacional, cada indivíduo terá acesso adequado às informações relativas ao meio ambiente de que disponham as autoridades públicas, inclusive informações acerca de materiais e atividades perigosas em suas comunidades, bem como a oportunidade de participar dos processos decisórios. Os Estados irão facilitar e estimular a conscientização e participação popular, colocando as informações à disposição de todos. Será proporcionado o acesso efetivo a mecanismos judiciais e administrativos, inclusive no que se refere à compensação e reparação de danos (CETESB, 2013).

Com a introdução das tecnologias de informação e de comunicação, mesmo diante do alerta da Rio/92, duplicou-se a exclusão e os impedimentos do acesso à informação, o que se tornou ainda mais complexo. De maneira inovadora, Jaime Antunes Silva defende uma ideia em que o acesso é mais importante do que a retenção e guarda da memória:

> Com o advento das modernas tecnologias de controle e recuperação da informação, a visão de arquivo como instituição de guarda de documentos foi substituída por aquela que o situa enquanto gestor de um sistema de informação, integrado a outros sistemas, com o objetivo maior de garantir o acesso do usuário às informações demandadas. Ou seja, o eixo foi deslocado da questão da guarda para a do acesso (SILVA, 2008, p. 14).

3.6.2 Titular de dados e o direito à verdade: legitimidade pelo procedimento

A falta de acesso à informação e à memória e os seus processos constitutivos abrem espaços gigantescos a manipulações e a alterações, sem quaisquer registros de quem, quando e onde. Em parte, é disso que se trata as *fakes news*. Entretanto, no caso dessa prática ser governamental, é muito mais grave e difícil o problema apresentado, pois se está adulterando a produção de memória daquela sociedade, bem como signos de veracidade relativos a isso. A sociedade confia que o Estado produza informações fidedignas, corretas, transparentes e verdadeiras. Sem procedimentos de segurança de informação claros, confiáveis e íntegros, a sociedade como um todo fica à mercê de práticas que aprofundam não só o poder invisível, mas a falta de transparência de suas decisões.

Nesse âmbito, deve-se reconhecer que a produção de memórias e esquecimentos está à mercê de órgãos técnicos do Estado, ou seja, a sua tecnocracia. A tecnocracia produz saberes altamente técnicos que, por sua especialização, são inalcançáveis pela sociedade e até por quem decide.[20] Bobbio, ao discutir as consequências das práticas tecnocratas, demonstra o quanto o saber técnico está interligado com o segredo, mas não uma falta de transparência:

> Quanto ao saber técnico, por outro lado, a razão do segredo está não somente na manutenção da superioridade derivada de um conhecimento específico que o concorrente não possui, mas também na incapacidade do público de compreender sua natureza e sua dimensão. O saber técnico cada vez mais especializado torna-se sempre mais um saber de elite, inacessível à massa. Também a tecnocracia tem seus *arcana*, e é para a massa uma forma de saber esotérico, incompatível com a soberania popular pelos mesmos motivos que fazem que num regime autocrático se considere o vulgo incompetente e incapaz de entender os assuntos de Estado (BOBBIO, 2015, p. 65).

Dessa forma, há que se reconhecer que devem ser atacados os problemas de transparência em duas frentes: naquilo que o Estado efetivamente esconde, que é o segredo; e no que ele mostra, mas é inacessível a todos os cidadãos, que é o mistério. Bobbio conceitua claramente o que é segredo e mistério e aprofunda a questão em direção ao que seria um governo transparente:

> O segredo não é por si mesmo um bem ou um mal. É bom quando impede que se conheça aquilo que é bom, útil e oportuno que se ignore; é mau quando impede que se saiba aquilo que seria bom, útil e oportuno que se soubesse. O mistério, ao contrário, diz respeito àquilo que, ainda que fosse bom, útil e oportuno que se conhecesse, não consegue ser conhecido, ou por dificuldades de acesso às fontes ou pela intervenção de um poder superior ou mesmo somente pela insuficiência de nossas capacidades cognitivas (BOBBIO, 2015, p. 78).

Para superar os problemas e buscar soluções sustentáveis, há que se desenvolver um governo aberto e acessível a todos, que desobstrua os caminhos e os lugares de formação, de construção e de divulgação de dados e de informações:

> (...) o governo aberto não precisa se restringir unicamente a uma mudança paradigmática da publicação de dados estatais, mas também pode ser fomentado através de diferentes projetos ou iniciativas de governo aberto,

---

[20] "Quando a burocracia enfrenta um Parlamento, luta com seguro instinto de poder contra qualquer tentativa deste de conseguir dos interessados, mediante meios próprios, conhecimentos especializados: um Parlamento mal-informado e, por isso, sem poder, é naturalmente bem-vindo à burocracia" (WEBER, 2004, p. 226).

que busquem justamente fortalecer o poder da esfera civil nas tomadas de decisão (SAMPAIO, 2014, p. 20).

Diante desses desafios, esquecidos que foram na história de todos os povos, foram estabelecidas e criadas leis de acesso à informação para regular como os cidadãos obteriam os dados produzidos, armazenados, distribuídos e manuseados pelo Estado, sobre si ou outrem. Existia um entendimento até a metade do século XX de que o segredo, além da força, era fundação constitutiva do Estado. Contudo, a partir da ascensão e declínio do nazismo e o fim da guerra fria, percebeu-se que a falta de transparência ensejava uma série de tomada de decisões equivocadas, totalmente contrárias ao arcabouço dos direitos humanos, e que não estavam sendo realizadas em prol do interesse público.[21]

Reconhece-se aí que as leis de acesso à informação possuem, como característica jurídica, o fato de serem *erga omnes*, ou seja, todos têm o direito de obter acesso às informações.[22] Assim, num ambiente em que todos devem ter acesso à informação e à memória produz-se efetivamente a construção da verdade daquele governo, do Estado. E o direito à verdade deve ser resguardado e protegido pelo Estado Democrático de Direito:

---

[21] Celso Lafer, ao analisar o pensamento de Hannah Arendt, leciona: "O público é simultaneamente o comum e o visível. Daí a importância da transparência do público por meio do direito *ex parte populi* à informação, ligado à democracia, como forma de vida e de governo, que requer uma cidadania apta a avaliar o que se passa na *res* pública para dela poder participar. Sem o direito à informação, não se garante a sobrevivência da verdade factual – a verdade da política –, na qual se baseia a interação e o juízo político, abrindo-se uma margem incontrolada para a mentira e os segredos conservados pelos governantes nas *arcana imperii*. Tanto as mentiras quanto os segredos corrompem o espaço público. A transparência do público através de uma informação honesta e precisa é, portanto, condição para o juízo e a ação numa autêntica comunidade política" (LAFER, 1997).

[22] "A legitimação ativa é universal, restrita às pessoas físicas civilmente capazes de exercer os atos da vida civil, excluindo-se as pessoas com incapacidade civil absoluta ou relativa (arts. 3.º e 4.º do CC/2002 (LGL\2002\400)), e às pessoas jurídicas devidamente constituídas. Assim, qualquer pessoa em pleno gozo de sua capacidade civil pode requerer informações, não estando a legitimação do pedido restrita ao cidadão (aquele com capacidade eleitoral ativa). Note-se que a única menção que a lei faz a cidadão está no art. 9.º, I, da Lei 12.527/2011 restrita à obrigatoriedade de criação de serviço de atendimento. A leitura dos demais dispositivos não autoriza qualquer vinculação do interessado à figura do cidadão, titular da capacidade eleitoral ativa.21 A legitimação pretende ser ampla e evitar qualquer restrição. Restringir a legitimação ao cidadão excluiria as pessoas com capacidade eleitoral ativa facultativa, as pessoas jurídicas, os estrangeiros residentes no país, todos titulares dos direitos fundamentais" (SILVEIRA, 2013).

Capítulo 3 • TITULAR DE DADOS: MOLDURA JURÍDICA DE UM CONCEITO | 57

[...] o direito à verdade é um direito de caráter coletivo que permite à sociedade ter acesso à informação essencial para o desenvolvimento dos sistemas democráticos e, ao mesmo tempo, um direito particular para os familiares das vítimas, que permite uma forma de reparação, em particular, nos casos de aplicação de leis de anistia (OEA, 2011).

Direito à verdade em consonância com a transparência, o qual exige a democracia, perante as inovações tecnológicas, demandam atuações e percepções diferenciadas da realidade da criação, da transformação, da construção, da modificação e da distribuição do arquivo-memória.[23] Em função disso, há que se estabelecerem funções e procedimentos para atribuir direitos aos cidadãos, agora titulares de dados, e empoderá-los, a fim de que o direito de acesso à informação seja efetivamente implementado. E, nesse ponto, concordo com Karl-Peter Sommermann, que compreende a importância das novas configurações histórico, social, econômico e tecnocientífico:

---

[23] Arquivo-memória é um neologismo criado para resgatar a historicização do que foi virtualizado. O historiador, no exercício diário de sua profissão, utiliza-se da ciência da arquivologia, que é ciência que estuda a informação e como se dá a sua organização, a sua guarda, a sua produção, o seu uso e a sua preservação. O arquivo para o historiador, e também para o operador do direito, constitui-se em um conjunto de documentos preservados por conta de seu valor intrínseco e extrínseco. A memória é muito mais complexa que o arquivo. A memória não "pode ser confundida com seus vetores e referências objetivas, nem há como considerar que sua substância é redutível a um pacote de recordações, já previsto e acabado. Ao inverso, ela é um processo permanente de construção e reconstrução um trabalho" (ULPIANO, 1992, p. 10). A memória por essa reconstrução constante é filha do presente, momento em que recebe as condições para se efetivar (ULPIANO, 1992, p. 11).

O próprio direito é constituído de um grande arquivo dos processos do passado (leis, processos, procedimentos etc.), em que a sua memória é atualizada para as necessidades valorativas do momento histórico, o que não se faz sem problematizações e questionamentos. Ulpiano Meneses aponta que a "dominação" da memória sempre presente pode eliminar o futuro em determinadas situações: "A memória é filha do presente. Mas, como o seu objeto é a mudança, se lhe faltar o referencial do passado, o presente permanece incompreensível e o futuro escapa a qualquer projeto" (ULPIANO, 1992, p. 14). Em razão da digitalização do arquivo, sempre atual e presente, a qualidade de um determinado fato ou momento histórico acaba se perdendo com a virtualização da vida. O arquivo foi retirado do seu contexto de memória, da sua historicização, e presentificado constantemente, amplia as possibilidades para interpretações equívocas, relativiza o conceito de verdade e impossibilita a construção de um futuro. O conceito de arquivo-memória serve para resgatar o seu valor como fonte documental histórica e traçar um caminho da verdade, que se perdeu na digitalização dos documentos.

A importância crescente do princípio da transparência para a realização do Estado constitucional democrático se deve, de uma parte, ao impacto das novas tecnologias de informação na cultura de comunicação e de formação da opinião na sociedade, e de outra, à necessidade de fortalecer a posição dos cidadãos frente a um sistema político-administrativo sempre mais complexo e sofisticado. A informação sobre o funcionamento das instituições e os atores responsáveis (transparência institucional), sobre os processos de formação da vontade (transparência procedimental) e sobre o conteúdo das decisões e seus motivos (transparência material) ajudam aos particulares a controlar melhor a atuação dos órgãos públicos, a participar nos assuntos públicos e a facilitar a realização de seus direitos. Deste modo, a transparência do Poder Público é um elemento essencial na estratégia de restabelecer a confiança no sistema democrático e de resguardar o Estado de Direito em uma realidade sempre mais complexa. Com efeito, a retenção ou ocultação de informações que poderiam indicar deficiências de um sistema público são atualmente consideradas características de um regime ditatorial e com problemas de legitimação (apud PERLINGEIRO, 2012, p. 151).

Sommermann corretamente analisa que a transparência deve atingir aspectos procedimentais e materiais para ser concretizada. Por conta de uma particularidade de nossa realidade histórica e social, existem inúmeros problemas de implementação das leis de acesso à informação na América Latina,[24] nem a transparência material nem a procedimental são implementadas, o que torna, efetivamente, o direito de acesso à informação e à memória

---

[24] Na América esse direito já é considerado fundamental desde a Convenção Americana de Direitos Humanos que, em seu art. 13, assim determina: Artigo 13. Liberdade de pensamento e de expressão: 1. Toda pessoa tem direito à liberdade de pensamento e de expressão. Esse direito compreende a liberdade de buscar, receber e difundir informações e ideias de toda natureza, sem consideração de fronteiras, verbalmente ou por escrito, ou em forma impressa ou artística, ou por qualquer outro processo de sua escolha. 2. O exercício do direito previsto no inciso precedente não pode estar sujeito a censura prévia, mas a responsabilidades ulteriores, que devem ser expressamente fixadas pela lei e ser necessárias para assegurar: a. o respeito aos direitos ou à reputação das demais pessoas; ou b. a proteção da segurança nacional, da ordem pública, ou da saúde ou da moral pública. 3. Não se pode restringir o direito de expressão por vias ou meios indiretos, tais como o abuso de controles oficiais ou particulares de papel de imprensa, de frequências radioelétricas ou de equipamentos e aparelhos usados na difusão de informação, nem por quaisquer outros meios destinados a obstar a comunicação e a circulação de ideias e opiniões. 4. A lei pode submeter os espetáculos públicos a censura prévia, com o objetivo exclusivo de regular o acesso a eles, para proteção moral da infância e da adolescência, sem prejuízo do disposto no inciso 2. 5. A lei deve proibir toda propaganda a favor da guerra, bem como toda apologia ao

impraticáveis para toda a população, que é titular do direito. A despeito de uma outra percepção, mesmo na Europa e nos países asiáticos, o exemplo da China é muito bem delineado por Nataŝa Pirc Musar (2018), é muito recente o entendimento de que o direito de acesso à informação é um direito fundamental e que deve ser implementado por todos os Estados.[25]

A construção da transparência procedimental e a efetiva implementação do acesso à informação e à memória passa por um enfrentamento institucional ainda não realizado. É indispensável criar autoridades julgadoras da administração, que possuam independência e isenção, para analisar as requisições dos cidadãos titulares e estabelecer critérios e fundamentos para a negativa da concessão, pois a regra é o acesso e não a restrição. Assim, se afastaria a esfera do segredo e as negativas construídas para se evitar o acesso, sendo que, muitas delas, são baseadas em questões de segurança nacional. E, nesse passo, é importante para a implementação das leis de acesso à informação definir os critérios e os procedimentos objetivos para impedir o Estado de negar o acesso. A negação administrativa do acesso força o cidadão titular a

---

ódio nacional, racial ou religioso que constitua incitação à discriminação, à hostilidade, ao crime ou à violência.

[25] "LAI (liberdade de informação) tem sido desenvolvida consistentemente como um direito fundamental desde 2000. Mais da metade (68) dos 100 países possuem leis de LAI promulgadas nas últimas décadas (até onde eu sei, não existe uma lista oficial de todos os países, mas existem 193 países nas Nações Unidas, ou noutro exemplo, 204 membros do Comitê Olímpico Internacional). Entre os membros da União Europeia, até 201 os Estados de Chipre e Luxemburgo ainda não possuíam esta lei. Os países que possuem LAI limitados são Áustria, Itália e Grécia (A Lei Federal Austríaca de Dever de Fornecer Informações somente tem 8 artigos, exceções não estão estabelecidas; a Grécia tem somente um artigo dentro do Código de Procedimento Administrativo; a Lei Italiana de Acesso a Documentos Administrativos determina que estas requisições devem se fundamentar numa razão, por exemplo, explicação para a administração porque ele precisa desta informação)". Tradução livre de: "FOI (freedom of Information) has been developing steadily as a human right since the year 2000. More than half (68) of the 100 countries which have FOI legislation enacted laws in the last decade (to the best of my knowledge, there is no official list of all countries in the world, so this figure may be compared with the 193 Member States of the United Nations, or for example, the 204 members of the International Olympic Committee). Among European Union Member States, as of 2015 Cyprus and Luxemburg remained without such a law. The coutries with limited FOI rights are Austria, Italy, and Greece (the Austrian Federal Law on the Duty to Furnish Information only has eight articles, exemptions are not determined; Greece has only one article in the Administrative Procedure Code; the Italian Act on Access to Administrative Documents demands that those requesting information must provide a reason, i.e., explain to the body why they need the information)" (MUSAR, 2018, p. 35-36).

peticionar no Poder Judiciário. A judicialização, a despeito de ser uma saída constitucionalmente garantida, geram outros obstáculos ao cidadão titular que envolvem custos econômico-financeiros, tempo, assimetria de forças etc.

Como as leis que regulamentam a liberdade de acesso à informação ainda são recentes, estão se delineando os âmbitos de aplicação desse direito perante os já consolidados e estabelecidos, tais como os direitos fundamentais e outros direitos e garantias anteriormente fixados em leis e decisões judiciais. Como garantir o acesso à informação sem afetar a privacidade? Como efetivar o interesse público contraposto a outro interesse público? São desafios espinhosos a serem enfrentados, mas não há consenso sobre como equilibrar direitos, *a priori*, colidentes dentro de uma perspectiva maior de acesso à informação.[26]

Para isso, há que se delimitar e apontar quais são os procedimentos para que a divulgação, que é regra, não seja obstruída pelo poder invisível que se viabiliza pelo segredo. Ao se focar na lei brasileira de acesso à informação, foi estabelecido, em seu art. 23, quais são os critérios delimitadores do direito de acesso à informação. Diferentemente do que se construiu na Europa,[27] são muito extensas as possibilidades de exceção à disponibilização das informações e da memória para os cidadãos titulares. E como se pode notar dos incisos do art. 23, vê-se que existem inúmeros critérios altamente indeterminados e não objetivos para se indeferir pedidos de liberação de dados, o que amplia, juntamente a falta de um órgão específico para julgar os pedidos negativos de acesso, a possibilidade de não se ter efetivamente o direito implementado.

Critérios como segurança nacional, soberania e integridade nacional são representativos da amplitude do que adota a lei para restringir o acesso. O que significam? Se a informação que se busca for negada por meio desses critérios, poderia se restringir o cidadão de saber, por exemplo, dados relativos à situação da Amazônia e sua proteção ambiental. Mas, por exemplo, o acesso à informação sobre as queimadas na Amazônia não seria de interesse público do cidadão titular brasileiro? Se se utilizar do critério de segurança nacional, pode o governo brasileiro impedir o acesso à informação sobre as queimadas.[28]

---

[26] Ver Musar (2018).
[27] Idem.
[28] Infelizmente, essa tem sido a posição atual da administração Bolsonaro. A divulgação e o acesso a informações sobre a Amazônia e outros temas de importância social e de interesse público têm sido constantemente obstaculizados. Por conta da pandemia da COVID-19, o governo brasileiro começou a restringir o acesso e a divulgação dos dados sobre a Amazônia: "O governo federal editou medida provisória que desobriga

Os critérios indeterminados e altamente discricionários também se estendem aos outros incisos da LAIP: prejudicar negociações ou relações internacionais do país (inc. II) é outro critério que não tem aderência com a realidade. E se as informações sigilosas fornecidas por outros Estados coloca em risco o meio ambiente saudável? Como o cidadão poderá participar do processo decisório se lhe for negado o direito à informação? São muitos exemplos de como é prejudicada a participação democrática na ausência das informações relativas não só ao meio ambiente, mas em todos os âmbitos dos governos federais, estaduais e municipais.[29]

O inciso III do art. 23 impõe a não divulgação da informação se houver risco à vida, à segurança ou à saúde da população. É um critério amplamente difundido nos países que possuem lei de acesso à informação: o *harm test* ou o *teste do dano*. Essa regra é essencial para a liberação e divulgação da informação, mas deve ser utilizada com parcimônia para que seja restringido o seu âmbito de aplicação, pois ela pode ser usada para impedir o acesso ao arquivo-memória. A Lei da Eslovênia, em seu artigo 6º, é criteriosa na aplicação do teste de dano ou perigo e aponta para critérios mais objetivos:

> A autoridade pública deve negar ao aplicante o acesso às informações requeridas relacionadas a:
> a) informação adquirida ou fruto de persecução criminal ou em relação a uma persecução criminal, ou um procedimento de má conduta, que a disponibilização dessas informações poderia atingir ou danificar a implementação de tais procedimentos;

---

temporariamente órgãos da administração pública de dar resposta a parte dos pedidos formulados por meio da Lei de Acesso à Informação (LAI)". Governo federal muda atendimento à Lei de Acesso à Informação. Disponível em: https://amazonasatual.com.br/governo-federal-muda-atendimento-a-lei-de-acesso-a-informacao/. Acesso em: 18 ago. 2020.

[29] "Por meio de um decreto publicado nesta quinta-feira no Diário Oficial da União, o governo de Jair Bolsonaro mudou a regulamentação da Lei de Acesso à Informação (LAI), para permitir que cargos comissionados – muitos sem vínculo permanente com a administração pública – possam classificar informações oficiais com o grau máximo de sigilo: de 25 anos (dados ultrassecretos) ou 15 anos (dados secretos). Na prática, o documento, assinado pelo vice-presidente Hamilton Mourão, em exercício da Presidência devido à viagem de Bolsonaro ao Fórum Econômico Mundial, em Davos, ampliará o número de documentos sigilosos, algo criticado pelas entidades e especialistas no tema". "O sigilo deveria ser exceção. O decreto do Governo prejudica a transparência". Disponível em: https://brasil.elpais.com/brasil/2019/01/24/politica/1548360497_872168.html. Acesso em: 18 ago. 2020.

b) informação adquirida ou fruto de um procedimento administrativo, que a disponibilização dessas informações poderia atingir ou danificar a consecução de tais procedimentos;

c) informação adquirida ou fruto de um procedimento extrajudicial ou judicial, que a disponibilização poderia atingir a consecução de tais procedimentos (tradução livre) (MUSAR, 2018, p. 71).

O inciso IV determina que a informação, se oferecer risco à estabilidade financeira, econômica ou monetária do país, ela não será disponibilizada. Diante do pressuposto apresentado, uma indagação deve ser feita: qual informação financeira pode colocar em risco a situação de um país? Não há critérios objetivos formulados nem direcionamentos jurídicos e institucionais que possam justificar a aplicação do inciso. Além de ser mais um critério altamente discricionário e subjetivo, em total divergência com a natureza das normas de ordem pública, demonstra o inciso um viés autoritário e antidemocrático, que não se coaduna com o espírito da lei e dos objetivos a serem alcançados por ela. A esse entendimento de práticas legislativas autoritárias e antidemocráticas não escapam os incisos V (prejudicar ou causar risco a planos ou operações estratégicos das Forças Armadas), VI (prejudicar ou causar risco a projetos de pesquisa e desenvolvimento científico ou tecnológico de interesse estratégico nacional) e VII (pôr em risco a segurança de instituições ou de altas autoridades nacionais ou estrangeiras e seus familiares). No quadro traçado por meio da análise sistemáticas dos incisos em questão, é quase impossível o cidadão titular ter acesso a informações e memórias relativas, por exemplo, mas não se restringindo somente a esse tema, à época da ditadura brasileira (1964-1984). A título de exemplo, são significativos os inúmeros problemas encontrados por todos os pesquisadores e historiadores para acessar informações desse período da história brasileira. A maioria das informações, principalmente no tocante às informações relativas à ditadura, é obtida por meio de governos estrangeiros. Os EUA, que teve participação ativa no período, ao apoiar o regime de exceção, liberou o acesso aos seus arquivos sobre o Brasil, que trouxeram luz para alguns momentos obscuros daquele período.[30] Entretanto, os arquivos nacionais ainda estão sob o signo do sigilo e do segredo.

---

[30] "As feridas abertas durante a ditadura militar brasileira (1964-1985) insistem em não cicatrizar. Revelado na quinta-feira, o documento da CIA que expõe a cúpula do Governo militar discutindo execuções em 1974 'implode o núcleo da versão oficial', segundo Vivien Ishaq, gerente-executiva do relatório da Comissão da Verdade. Responsável por coordenar os esforços das mais de 300 pessoas que participaram ao longo de 30 meses da pesquisa que revirou o passado recente do país, a historiadora chama

O inciso VIII (comprometer atividades de inteligência, bem como de investigação ou fiscalização em andamento, relacionadas com a prevenção ou repressão de infrações) contém um núcleo padrão para leis de acesso à informação, pois, enquanto houver andamento de uma investigação, a divulgação, até mesmo para os investigados,[31] pode ser obstada para que não sejam adulterados os resultados e conclusões do inquérito. Contudo, por meio de uma pequena reinterpretação do inciso, o Supremo Tribunal Federal (STF) fixou a Súmula Vinculante 14 que determina ser direito do defensor, no caso o advogado, "no interesse do representado, ter acesso amplo aos elementos de prova que, *já documentados em procedimento investigatório realizado por órgão com competência de polícia judiciária*, digam respeito ao exercício do direito de defesa" (grifo meu). Com a edição da Súmula Vinculante 14, nota-se a implementação de todos os direitos de acesso à informação, pois a investigação poderá funcionar sem quaisquer restrições e somente os seus resultados poderão ser acessados pelos advogados das partes. Tal prática demonstra a efetividade de todos os direitos em questão e os implementa em todos os seus aspectos.

Ao final, com relação as restrições do art. 23 da LAIP, evidenciam-se os inúmeros obstáculos impostos aos cidadãos titulares para efetivarem os seus direitos de acesso à informação guardados e retidos pelo Estado, o que ocorre ainda na imensa maioria dos países pesquisados. Em razão das dificuldades fáticas apresentadas, cabem inúmeras questões de método e axiológicas, que podem, de uma forma ou de outra, serem condensadas nessa indagação: qual é o interesse público para se restringir o acesso a informações e memórias?

Em 2015, descobriu-se que o governo dos EUA estava constantemente monitorando e vigiando a Presidente brasileira, Dilma Roussef.[32] Em face

---

atenção para o nível em que a mensagem da CIA foi trocada. 'Do ponto de vista do poder dos personagens, é *top secret*. De diretor da CIA para primeiríssimo escalão. É extremamente importante', diz Ishaq. O conteúdo da mensagem é posto em dúvida pelos militares, contudo". Disponível em: https://brasil.elpais.com/brasil/2018/05/11/politica/1526053261_197839.html. Acesso em: 24 set. 2018.

[31] Art. 20 do Código de Processo Penal assim determina: "A autoridade assegurará no inquérito o sigilo necessário à elucidação do fato ou exigido pelo interesse da sociedade".

[32] "O *site* WikiLeaks, que vem revelando nos últimos anos documentos sigilosos da diplomacia norte-americana, divulgou neste sábado (4) uma lista classificada pela Agência Nacional de Segurança (NSA, na sigla em inglês) dos Estados Unidos como 'ultrassecreta', a qual revela que, além da própria presidente Dilma Rousseff, 29 telefones do governo petista – incluindo o de ministros, diplomatas e assessores – foram espionados pela agência de inteligência". Disponível em: http://g1.globo.com/politica/

desse grave incidente internacional, o governo e o Exército brasileiro, após inúmeras respostas evasivas e indignações vazias à sociedade, sem quaisquer demandas nas cortes internacionais, reclamaram, via imprensa, da invasão, contudo, sem interporem quaisquer medidas efetivas para se revidar a grave invasão à soberania e à segurança nacional. Com base na atuação desidiosa do governo brasileiro, e como lidam com as questões de integridade nacional, qual é ainda a justificativa para se manter as restrições impostas pelos incisos do art. 23 da LAIP da forma como são estruturados?

É indispensável se desenvolverem critérios objetivos que confrontam e questionam o interesse público. Não somente o interesse público simples. Deve-se realizar um teste de interesse público que afastaria outros critérios que não se coadunam com práticas interligadas com a verdade e a transparência exigidas em Estados democráticos. A falta do emprego de critérios mais objetivos de aplicação da LAIP enfraquece-se ainda mais pela falta de um órgão específico para atender demandas, como é o caso brasileiro e o da maioria dos países latino-americanos.

Diante dos desafios jurídicos e institucionais, deve-se encontrar em países com estruturas mais consolidadas nessas análises as recomendações e padrões para a divulgação das informações públicas. Por meio de parâmetros condizentes com a realidade brasileira, desenvolver procedimentos transparentes e eficientes de disponibilização das informações e dados, bem como apontar orientações sobre como tratar as discussões sobre dados pessoais, que estão interconectadas nessas decisões.

A Suprema Corte indiana traçou a moldura do que seria um teste de interesse público primordial para divulgação de informações públicas:

> Se, entretanto, o aplicante do pedido de informação mostrar suficiente interesse público na divulgação, a barreira (para se prevenir a divulgação) deve ser retirada, e após notificação a terceiro (por exemplo, um indivíduo que está relacionado com a informação ou aqueles arquivos que são buscados) e depois de analisar os seus comentários, a autoridade pode disponibilizar (tradução livre) (MUSAR, 2018, p. 197).

Portanto, de acordo com a postura indiana, o órgão responsável por responder à requisição do titular deve buscar o contraditório e a ampla defesa, a fim de que o contestante, que no caso pode ser um órgão governamental, manifeste-se. Contudo, o contraditório e a ampla defesa não devem

---

noticia/2015/07/lista-revela-29-integrantes-do-governo-dilma-espionados-pelos-eua. html. Acesso em: 24 set. 2018, às 22h47min.

ser impeditivos ou obstáculos à divulgação da informação. Nesse sentido, a luta pelo acesso à informação e à memória deve possuir procedimentos claros e simples de como realizar a disponibilização dos arquivos. Como não há na lei brasileira nada que remeta a construção de normas com vistas à disponibilização das informações, nem órgão independente para realizar a avaliação das requisições, a lacuna institucional torna-se obstáculo concreto para o titular na requisição das informações.

Por essa razão, analisando-se outros países acerca desses processos decisórios administrativos sobre a divulgação ou não de informações públicas, podem-se encontrar práticas consolidadas para se implantar o acesso à informação e à memória. Um bom exemplo é o do governo britânico. Estabeleceu-se lá uma moldura procedimental que serve de orientação para seus julgados e da aplicação da LAIP dentro das políticas governamentais de forma positiva. As linhas apresentadas são importantes para sedimentarem em que bases conceituais serão desenvolvidos o acesso à informação pelo cidadão titular:

> **1. Promover o entendimento e a participação de um debate público sobre estes temas.** Este fator entraria em jogo se a divulgação permitisse um debate mais informado das questões sob consideração pelo governo ou por uma autoridade local.
> **2. Promover a responsabilidade e transparência das autoridades públicas para as decisões tomadas por eles.** A obrigação de autoridades e funcionários fornecerem explicações fundamentadas para as decisões tomadas, melhorará a qualidade das decisões e da administração.
> **3. Promover a responsabilização e transparência no gasto de dinheiro público.** O interesse público provavelmente será atendido, por exemplo, no contexto da prestação de serviços públicos no setor privado, se a divulgação de informações garantir maior concorrência e melhor valor para o dinheiro público. A divulgação de informações sobre presentes e despesas também pode assegurar ao público a probidade pessoal dos líderes e funcionários eleitos.
> **4. Permitir aos indivíduos e as empresas compreendam que as decisões tomadas pelas autoridades públicas** e que elas possam afetar suas vidas e, em alguns casos, ajudam as pessoas a contestar essas decisões.
> **5. Trazer à luz informações que afetam a saúde pública e a segurança pública.** A divulgação imediata de informações por especialistas científicos e outros pode contribuir não apenas para a prevenção de acidentes ou surtos de doenças, mas também pode aumentar a confiança do público nos pareceres científicos oficiais (tradução livre) (grifo meu) (MUSAR, 2018, p. 196).

Com fundamento nos objetivos anteriormente estabelecidos, que servem para uma mudança de paradigma em relação ao acesso à informação, desde que adaptadas e formatadas para uma perspectiva brasileira, poderão auxiliar na criação de uma futura autoridade pública administrativa. A autoridade moldaria sua atuação em critérios objetivos e específicos na análise das requisições de acesso às informações públicas e iluminariam também as decisões do Poder Judiciário, quando instados a decidir, enfim, todo um arcabouço institucional sólido estaria apto e em conformidade com direito dos cidadãos titulares. Somente dessa forma, haverá o reconhecimento de que o acesso à informação pública é bem de interesse público superior, que não pode jamais ser obliterada, constituindo-se em princípios basilares do estado democrático de direito.

3.6.3 Titular de dados, LAIP e os Estados: a inefetividade das normas

Assim, ao se percorrer o direito de acesso à informação como memória em transformação e sempre atualizada, pois é sempre revista e reconfirmada pelos cidadãos titulares que se utilizam de serviços públicos cotidianamente, percebe-se como o fluxo das informações são apreendidas e consumidas dentro do Estado. Os cidadãos titulares demandam e são demandados todos os dias a produzirem informações sobre si mesmos. São dados médicos, criminais, geográficos, políticos, sociais, enfim, uma gama enorme de informações que são produzidas e reproduzidas. Mas uma indagação, e nos utilizamos de Bertolt Brecht para elucidar a ideia e que é essencial a ser feita: "Todo o poder de Estado emana do povo, mas em que direção ele flui?" (apud HABERLE, 2007, p. 12).

O povo como detentor do poder é uma ficção jurídica criada para se enfrentar o absolutismo monárquico, em que o rei era a fonte de todo o poder estatal e dele fluíam os comandos governamentais. Com os Estados modernos, a partir da inversão em que o poder é do povo, mas não é exercido diretamente por ele, em que ele é delegado ao Estado por meio de seus representantes, são criados inúmeros mecanismos de mediação do exercício do poder pelo povo e que se constitui na atual estratégia democrática.

Em torno da distribuição indireta do poder, cria-se uma tecnocracia baseada em procedimentos que a legitima. Procedimentos que deveriam ser teoricamente transparentes e abertos a todos, mas que não o são efetivamente. Com mecanismos de organização da sociedade democrática, transforma-se o poder, que era uma potência do absolutismo, em saber, em conhecimento, em informação. O Estado, na mudança do modelo jurídico para o econômico, tornou-se um controlador/gerenciador de informações da grande memória da vida de cada um do povo.[33] A essas estratégias de acúmulo de informa-

---

[33] Antônio Andrade e Catarina Roseira explanam como a informação funciona dentro de uma organização: "Na informação, encontra-se o elemento que figura como fio

ções, Foucault (2008) denominou de *biopolítica*. Mas quais são os sentidos das estratégias de acúmulo de dados, de informações? Beneficia a quem o fluxo de memória? E o que é esquecido ou escondido nas memórias? E que verdades são produzidas?

Na década de 1980, a política de gerenciamento de informação tornou-se ainda mais complexa e ampla. Uma política, que não é só administrativa, mas estratégica dentro do desenvolvimento científico tecnológico. Do deslocamento de um paradigma, vê-se um rearranjo do Estado com a sociedade civil e, principalmente, com o capital:

> As vinculações políticas da informação e suas inscrições documentais e tecnológicas poderiam remeter-se, de fato, à própria constituição do modelo moderno de soberania, conforme o qual o Estado age como agente privilegiado de geração, recepção e agregação das informações, gerando um "duplo" representacional de seus domínios de intervenção territorial, social e simbólica. Tal seria a função e finalidade da estatística, da cartografia, das escritas oficiais formalizadoras, das bibliografias nacionais e de outros instrumentos de representação documentais e arquivísticos. Tendo essa competência de sobre codificar e acumular excedentes de conhecimento e informação, um capital informacional (junto ao capital de força física e capital econômico) compõe o "metacapital" do Estado, que assegura seu poder sobre todos os outros campos de atividade e suas formações de capital social, bem como todos os outros capitais (ver respeito Bordieu,1996, p. 99 e seguintes) (GONZALEZ DE GOMEZ, 2002).

E, como muito bem salientado por Gonzalez de Gomez, essa estratégia nova acerca da informação trouxe dois conceitos antes nunca utilizados: "sociedade da informação" e "infraestrutura da informação". Gonzalez de Gomez, citando Castells, diz que a sociedade da informação é "uma forma específica de organização social na qual a geração, processamento e transmissão da informação convertem-se em fontes fundamentais da produtividade e do poder, devido às novas condições tecnológicas que surgem neste período histórico" (GONZALEZ DE GOMEZ, 2002). Por

---

condutor para a integração organizacional e promoção do alinhamento organizacional. O alinhamento estratégico tem na informação o elemento para a integração do propósito, dos processos e das pessoas e cria condições para promover a harmonia entre os ambientes organizacionais e seus espaços informacionais, tanto internamente quanto na transferência de informações entre eles, de forma ajustada às necessidades e demandas específicas de cada ambiente. É atribuição dos espaços informacionais, por meio dos fluxos de informação, prover o atendimento à demanda informacional tanto inter quanto intra-ambientes organizacionais" (ANDRADE et al., 2018).

outro lado, ainda com Gonzalez de Gomez, a infraestrutura da informação, como meio da sociedade da informação, "propõe-se como comunicacional e produtiva, nela acontece tanto a transmissão como a geração de valor".[34] Pode-se concluir que um tempo e lugar atual da sociedade da informação seria a internet e sua lógica de redes.

Anteriormente a configuração da sociedade da informação, constatando-se que informação e conhecimento sempre foram historicamente fontes de vantagem competitiva entre os Estados, deve-se trazer alguns exemplos de compartilhamentos de memórias e de informações entre Estados e sociedade civil, entre o público e o privado.[35] As relações existentes entre Estados e empresas são frutos de modelos econômicos baseados no capital, primeiramente, o mercantilista até o capitalismo financeiro preponderante atualmente, que se iniciou com o acordo Bretton Woods, em que se socializam os custos de produção e diminuem o valor dos salários e benefícios dos trabalhadores.[36] O acordo de Bretton Woods, ao iniciar o processo de globalização, estreitou os laços entre Estado e empresas, principalmente com as empresas multinacionais, ao mostrar as estratégias de negociações sobre a socialização dos custos e como são transferidos recursos e indústrias de um lugar para o outro. Tal processo, somados com as tecnologias de informação e de comunicação, acabam por se enredar em malhas cada vez mais complexas e inacessíveis aos povos, os titulares de dados, que não dominam todo o processo de criação

---

[34] Em 1994, Al Gore, naquele momento vice-presidente dos EUA, declarou que uma "Infraestrutura Global da Informação" circundaria "o Globo com superautoestradas nas quais todos os povos poderão circular [...] Sua inteligência distribuída difundirá uma democracia participativa... Eu vejo uma nova Era Ateniense da democracia forjada nos fóruns que ali serão criados" (apud MUSSO, 2010, p. 36). A promessa de Al Gore não se cumpriu ainda e, pelo visto, não será completada nesta infraestrutura informacional.

[35] Max Weber, em seu estudo sobre Economia e Sociedade, aponta para as relações conectadas entre o público e o privado e como um necessita do outro para poder potencializar e maximizar lucros e oportunidades: "Do mesmo modo, a economia – nem toda, mas nossa economia moderna, em nossas condições modernas – precisa da garantia do poder de disposição pela coação jurídica do Estado" (WEBER, 2004, p. 38).

[36] "Enfim, para o grande capital surgiu a necessidade crescente de 'socializar' os custos da produção e de baixar os custos de reprodução da força de trabalho. Para estes objetivos contribuíram o enorme desenvolvimento dos gastos públicos e a extraordinária extensão dos aparelhos da reprodução. Cresceram, pois, os gastos estatais para a inovação tecnológica e a pesquisa científica, e definiu-se um amplo campo de encontro com as classes trabalhadoras, que reivindicavam segurança social, formação profissional, mobilidade vertical, assistência sanitária, padrão de consumo mais elevado e garantido" (VACCA, 1991).

e o fluxo das informações, o que produz, como consequência, ainda mais desigualdades.[37]

Nesse contexto da sociedade da informação, serve o alerta de Eric Hobsbawn acerca do deslocamento das dominações por meio da ciência e da técnica:

> [...] vivemos num mundo conquistado, desenraizado e transformado pelo titânico processo econômico e tecnocientífico do desenvolvimento do capitalismo, que dominou os dois ou três últimos séculos. Sabemos, ou pelo menos é razoável supor que ele não pode prosseguir *ad infintum*. O futuro não pode ser continuação do passado, e há sinais, tanto externamente quanto internamente, de que chegamos a um ponto de crise histórica. [...] Não sabemos para onde estamos indo. Só sabemos que a história nos trouxe até este ponto e [...] porquê. Contudo, uma coisa é clara. Se a humanidade quer ter um futuro reconhecível, não pode ser pelo prolongamento do passado ou do presente. Se tentarmos construir o terceiro milênio nessa base, vamos fracassar. E o preço do fracasso, ou seja, a alternativa para uma mudança da sociedade, é a escuridão (HOBSBAWN, 1995, p. 562).

O caso Snowden elucida sobre como os fluxos de informações funcionam e como, de fato, a dominação de uma minoria detentora do capital financeiro é amplificada por meio das tecnologias de informação e de comunicação. Edward Snowden é ex-analista de inteligência da Agência Nacional de Segurança (National Security Agency – NSA) do governo dos EUA. Snowden

---

[37] Ana Maria da Silva Rodrigues, ao analisar Boaventura Santos, apresentou o seguinte argumento para o aumento das desigualdades dentro do processo de globalização: "Para SANTOS (2000, p. 69) o mundo atual está unificado por técnicas, transmitindo a ideia de ação humana mundializada, com culturas e informações integradas, mas que, na realidade, possui ideologia baseada na dupla tirania do dinheiro e da informação, que solidificam a globalização perversa, causando exclusões política, econômica e social acentuadas. O autor afirma que as desigualdades resultantes de todo esse processo mundial, em meio século, contemplaram os países subdesenvolvidos com, pelo menos, três formas de pobreza: incluída, marginalizada e estrutural. A primeira, seria a 'pobreza acidental, às vezes residual ou sazonal, produzida em certos momentos do ano, uma pobreza intersticial e, sobretudo, sem vasos comunicantes'. Outra, bastante estudada, é a chamada marginalidade, em que países são postos à margem devido ao processo econômico da divisão do trabalho – internacional ou interna. Esta última, apesar de bem mais complexa, é percebida como processo reversível, sendo que a mudança estaria a cargo dos governantes. No presente, contudo, o que temos refere-se a um outro tipo de pobreza, a estrutural, que do ponto de vista moral, equivale a uma dívida social. É a pobreza que está sendo disseminada globalmente, embora mais presente nos países subdesenvolvidos" (RODRIGUES, 2007).

denunciou e demonstrou como a NSA espionava tudo e todos, por meio de acessos, facilitados ou não, a *softwares* e a *hardwares* de empresas estadunidenses. Mas não só isso. Ele apontou como as negociações eram feitas pela NSA e as grandes companhias de internet e de telecomunicações estadunidenses. Ele conseguiu demonstrar que o governo dos EUA tinha acesso a comunicações e a dados privilegiados de presidentes da União Europeia, da América Latina, da Ásia, entre outras informações privilegiadas de empresas e de pessoas. Tais descobertas foram feitas no governo Barack Obama, contudo, parece que a vigilância continuou nos governos de Trump[38] e de Biden.[39]

O caso Snowden demonstra a direção a que flui a sociedade da informação. A infraestrutura da informação é controlada por governos e por grandes empresas europeias, chinesas e, principalmente, as estadunidenses, que possuem os maiores conglomerados econômicos e financeiros da sociedade da informação. A despeito do discurso libertário, as redes de informações e de comunicação da segunda década do século XXI ainda não vingaram a esperança dos discursos do final do século XX. As sociedades estão cada vez mais controladas e os governos, em conluio com as gigantes de tecnologia, mais controladores das informações e dos dados produzidos. A transformação social, apregoada por quem criou a internet, pela ciência e pela técnica não é possível no contexto presente.[40]

---

[38] Disponível em: https://brasil.elpais.com/brasil/2018/01/11/internacional/1515694894_565322.html. Acesso em: 4 set. 2018

[39] "A intenção do governo norte-americano é estabelecer regras internacionais de licenciamento para controlar a compra e venda de equipamentos de vigilância civil. Ainda não há confirmação de quais países se juntarão ao acordo, mas funcionários do governo apontaram como possíveis membros os 42 signatários do Acordo de Wassenaar, assinado em 1996 para regular a transferência de armamentos e tecnologias de uso militar. Entre os países da América do Sul, somente a Argentina está presente". Disponível em: https://www.poder360.com.br/internacional/eua-querem-controlar-exportacao-de-equipamentos-de-vigilancia/. Acesso em: 23 mar. 2022.

[40] Pierre Musso analisa o que seria o conceito de rede: "Assim, a rede tornou-se o fim e o meio para pensar e realizar a transformação social, ou até mesmo as revoluções de nosso tempo. O imaginário da rede é uma simples ideologia, ou seja, uma maneira de fazer a economia das utopias da transformação social. Paradoxo: enquanto Saint-Simon forjou este conceito para pensar a mudança social, ele se tornou um meio de não mais pensar nisto. Esse é o próprio da fetichização. A rede passou do estágio de conceito ao de percepto, ou mesmo de preceito" (MUSSO, 2010, p. 37). Advogo numa posição contrária a Musso. Acredito que não advém da técnica, ou seja, dela um pressuposto para a transformação social. Tudo isto deve ser feito pelo empoderamento de direitos, o que não é dado pela técnica. Mas pelo uso que fazemos dela.

Por outro lado, dentro daqueles que são dominados e não possuem controle do fluxo de informações, nem como elas são organizadas, existe o sub controle rescaldo do que é controlado pelas grandes empresas e pelos países desenvolvidos. É um reforço, um duplo conceitual do domínio do fluxo informacional. Nos Estados periféricos, geralmente países subdesenvolvidos ou em desenvolvimento, se é que essa classificação segue atual, os cidadãos titulares, que deveriam ter acesso à informação e à memória, são destituídos de ferramentas jurídicas e tecnológicas para conseguirem efetivar seus direitos. Ou seja, mesmo que existam normas para se acessar as informações, elas não são fornecidas ou não existem caminhos viáveis para que sejam disponibilizadas.

Isso em parte ocorre por existirem, estruturalmente, dois modos de como são produzidos, guardados e disponibilizados as informações e dados: um que o Estado nacional é o grande responsável, processador e controlador dos dados e das informações de seus cidadãos titulares; e outro, em que o processamento e o controle dos dados e informações, mesmo que sejam feitos em nome do Estado, são mediados por mecanismos, sistemas e ferramentas de grandes empresas de internet de países que dominam o fluxo informacional, geralmente contratados como terceirizados.[41] Nos dois modos percorridos, o cidadão titular enfrenta obstáculos e falta de transparência para poder acessar as suas informações e os dados relacionados a ele. Muitas vezes o Estado, por meio de programas de terceirização, não consegue manusear e estruturar os dados, de quem são, onde estão, como são guardados, manuseados, enfim, como disponibilizar e efetivar o direito de acesso à informação. Somados aos problemas estruturais já existentes e os trazidos por heranças sociais, históricas e políticas, tudo se potencializa a favor do não acesso do cidadão titular aos seus dados.

Indicativo das atuais condições estruturais precárias na guarda e na disponibilização das informações relacionam-se à falta de efetividade da LAIP e das demais leis de proteção de dados pessoais no Brasil. De fato, o direito dos titulares de dados, salvo raras exceções, não são respeitados ou

---

[41] No caso brasileiro, a terceirização dos serviços de informação e de comunicação pelo Estado é um fenômeno crescente. A terceirização, dependendo da forma como é implementada, é mais um fator de obstrução da aquisição de direitos pelos cidadãos. Nesse sentido, confirma o relatório do Cetic.br, exposto na reportagem do DCI: "O Poder Judiciário é o setor do Estado que mais contrata empresas privadas para a prestação de serviços em tecnologia, como consultoria, reparo e manutenção de equipamentos e suporte técnico". Disponível em: https://www.dci.com.br/servicos/judiciario-e-poder-que-mais-contrata-servicos-terceirizados-de-tecnologia-1.703769. Acesso em: 15 out. 2018.

sequer implementados. Após mais de seis anos de vigência da LAIP, o índice de transparência é baixíssimo.⁴² A seguinte reportagem constata a baixa adesão à LAIP:

> O resultado insatisfatório deve-se, principalmente, ao hermetismo das estatais e do Judiciário, *que escondem do cidadão dados básicos sobre suas atividades,* como os salários de servidores, as agendas de autoridades e o detalhamento de receitas e despesas⁴³ (grifei).

A reportagem só mostra a não aplicação da LAIP nas esferas do governo federal e do Poder Judiciário, especificamente os tribunais superiores. Nada garante que a situação nos círculos inferiores e em outras esferas governamentais esteja melhor, o que, aparentemente, não está. As primeiras pesquisas que estão surgindo confirmam essa sensação.⁴⁴ Elas apontam os seguintes problemas para a aplicação da LAIP: falta de uniformidade das regulamentações à lei; falta de treinamento dos servidores; falta de divulgação da lei para todos os envolvidos; a colocação de entraves à realização do pedido, por exemplo, a exigência dos órgãos públicos de requererem os nomes de quem solicita a informação ou a obrigatoriedade do cadastro, em total desconformidade com a lei; e a falta de uma autoridade reguladora da LAIP para julgar os pedidos negados de acesso à informação.⁴⁵

No aspecto valorativo da informação, evidencia-se que não é implementada a LAIP. As regras de participação do cidadão titular não são respeitadas ou efetivadas. Num processo que deveria ser juridicamente democrático, pautado pela transparência, o devido processo legal, a ampla defesa e o contraditório estão longe da aplicação da LAIP.

A despeito das políticas públicas de inclusão digital, constata-se, dia após dia, o aumento das exclusões, que agora são duplicadas, pois são reais e virtuais. Existe uma continuidade e um aprofundamento desses procedi-

---

[42] "Foi elaborado um índice de transparência, que leva em conta quais dados foram abertos pelos órgãos e se o acesso a eles é simples. Na média, só 22% tiveram avaliação alta (0,75 a 1). O maior grupo (47%) apresentou baixo desempenho (0 a 0,49). A fatia restante (31%) teve *performance* considerada média (0,5 a 0,74)." Disponível em: https://www1.folha.uol.com.br/poder/2018/08/depois-de-seis-anos-de-lei-de-acesso-estatais-ainda-resistem-a-abrir-dados.shtml. Acesso em: 4 set. 2018.

[43] Idem.

[44] Disponível em: https://www.nexojornal.com.br/expresso/2017/05/12/Como-est%C3%A1-a-aplica%C3%A7%C3%A3o-da-lei-da-transpar%C3%AAncia-por-Estados-e-munic%C3%ADpios. Acesso em: 4 set. 2018.

[45] Idem.

mentos nebulosos. A existência de normas e de princípios para se acessar as informações não efetivam as práticas de se obtê-las. Em razão da falta de transparência, o que afeta o cerne da democracia em si, Bobbio reconhece que ela não é característica de governos democráticos:

> Uma das razões da superioridade da democracia diante dos Estados absolutos, que tinham revalorizado os *arcana imperii* e defendiam com argumentos históricos e políticos a necessidade de fazer com que as grandes decisões políticas fossem tomadas nos gabinetes secretos, longe dos olhares indiscretos do público, funda-se na convicção de que o governo democrático poderia finalmente dar vida à transparência do poder, ao "poder sem máscara"[46] (BOBBIO, 2000, p. 42).

O que se reconhece na aplicação da LAIP são somente a reverberação e a repetição de desigualdades, obstruções e impedimentos historicamente construídos. Quaisquer argumentos jurídicos de proporcionalidade ou de razoabilidade inexistem perante a total ausência de requisitos formais e materiais para a consecução mínima do direito dos titulares à informação e à memória. Frank Michelman chama isso de democracia tênue e explica:

> A democracia tênue é o que também chamamos de democracia "formal". É uma concepção de democracia segundo a qual democracia é puramente uma questão de seguir certas formalidades ou formas institucionais. Uma concepção densa (ou podemos chamá-la de "material") de democracia demanda mais do que isso. Parte da observância dos requisitos formais, sendo acrescida de um requisito de acordo com o qual todos devem, como fato material mesmo, gozar de uma oportunidade justa – de fato, mais ou menos equânime – de acesso, voz e influência política, independentemente de diferenças em relação à riqueza, ou à posição ou classe social (MICHELMAN, 2007, p. 51).

A inefetividade da LAIP no Brasil também se reverbera em outros países da América Latina. Também são comuns os pontos relativos à ausência de tra-

---

[46] E continua: "Entende-se que a maior ou menor relevância da opinião pública como opinião relativa aos atos públicos, isto é, aos atos próprios do poder público que é por excelência o poder exercido pelos supremos órgãos decisórios do Estado, da 'res publica', depende da maior ou menor oferta ao público, entendida esta exatamente como visibilidade, cognoscibilidade, acessibilidade e, portanto, controlabilidade dos atos de quem detém o supremo poder. A publicidade assim entendida é uma categoria tipicamente iluminista na medida em que representa bem um dos aspectos da batalha de quem se considera chamado a derrotar o reino das trevas; onde quer que tenha ampliado o próprio domínio, a metáfora da luz e do clareamento ajusta-se bem à representação do contraste entre poder visível e poder invisível" (BOBBIO, 2000, p. 102-103).

dição democrática consolidada, com muitas desigualdades sociais e históricas e falta de transparência ao lidar com a *res publica*. Não raro são sociedades que confundem o público com o privado e vice-versa.[47] Assim, a transparência está sob um outro contexto, a fim de que ela se torne realmente efetiva:

> Em nossos estudos, entendemos a transparência não como um atributo dos conteúdos de valor informacional oferecidos pelo Estado, mas como resultante das condições de geração, tratamento, armazenagem, recuperação e disseminação das informações adequadas para permitir a passagem de um ambiente de informação que de início se apresenta como caótico, disperso ou opaco, a um ambiente de informação que "faz sentido" para os cidadãos, conforme uma pergunta, um desejo ou um programa de ação individual ou coletivo (GONZALEZ DE GOMEZ, 2002).[48]

O ambiente criado pelas esferas governamentais é deliberadamente de caos e sem controle, para que os resultados sigam sendo os mesmos e o acesso à informação e à memória, retida pelo Estado, não seja facilmente alcançada. A LAIP é somente um conjunto de regras sem aplicabilidade alguma, pois não criam as condições materiais de sua efetividade. Não há previsão de estruturas e organismos institucionais para decidir sobre essas questões, pois geralmente ficam a cargo daqueles mesmos que têm interesse em negar o

---

[47] "Entre as dificuldades encontradas por todos os países, nota-se que a criação da lei não garante a transparência e o acesso. Segundo o Mapa do Acesso à Informação Pública na América Latina, feito pelo Centro Knight para o Jornalismo nas Américas em 2010, apesar de países como Peru, Equador, Panamá, Nicarágua e Honduras possuírem leis de transparência, a população ainda encontra diversas restrições ao exigir o cumprimento da mesma". Disponível em: https://oglobo.globo.com/brasil/exemplos-mostram-que-so-lei-nao-garante-transparencia-4908982. Acesso em: 4 set. 2018

[48] E continua: "Algumas práticas poderiam aumentar a transparência desde o ponto de vista dos usuários: a geração de recursos e serviços de informação que permitam mapear os domínios de atividades e os conhecimentos que lhe são associados: reconhecer seus agentes e seus produtores de conhecimentos; as possíveis parcerias e alianças; os critérios de excelência vigentes no domínio (saúde, transporte, educação etc.), além de apreender as terminologias básicas do domínio e relacioná-las com seus próprios usos de linguagem, gerando condições para a participação de diferentes atores sociais em espaços e fóruns de tradução (entre interlocutores e entre conceitos, textos e valores).

A 'transparência', no domínio das relações Estado-sociedade, dependerá de outras condições, tais como a convergência dos sistemas e serviços de comunicação e informação pública, a coordenação administrativa de programas e ações de comunicação e informação, bem como a 'articulação' prático-contratual dos sujeitos envolvidos em processos progressivos de democratização" (GONZALEZ DE GOMEZ, 2002).

acesso. Não há clareza na forma de sua implementação e, quando se alcança o entendimento da necessidade do acesso à informação, os órgãos judiciários são morosos para decidir as questões relativas ao tema.[49] O cidadão titular para ter acesso à informação nos países latino-americanos caminha pelos labirintos de Escher.

Em face dos desafios hercúleos para se ter acesso à informação, ao se focar nas questões da memória, tudo isso se exponencializa. Por enquanto, está a se falar de acesso, mas não de como os arquivos memória são construídos e formatados. O conceito de transparência não atinge somente o acesso e se direciona também para: como são estruturados e apresentados esses arquivos memória? Quem altera, modifica ou exclui informações? Em que lugar estão? Quais os procedimentos de sua obtenção e disponibilização? E por quais justificativas eles devem existir?

Após a análise mais detida dos critérios objetivos trazidos anteriormente, de fato, não há transparência a todos os cidadãos titulares, que ficam à mercê de um arquivo-memória que pode ser constituído contrariamente aos seus direitos fundamentais, pois não há quaisquer controles impostos ao Estado na formação dos bancos de dados. Se a percepção referente aos Estados nos direciona para a insuficiência dos mecanismos jurídicos e tecnológicos disponibilizados, em relação às empresas a preocupação se duplica. Como serão realizados os direitos dos titulares de dados num ambiente institucional caótico em termos de controles, de segurança da informação e de proteção de dados confiáveis?

3.7 TITULAR DE DADOS E O PROBLEMA DOS BANCOS DE DADOS HÍBRIDOS COM INTERESSES PÚBLICOS

Em janeiro de 2018, o ex-presidente dos EUA, Barack Obama, trouxe uma provocação interessante sobre a necessidade de se repensar o papel

---

[49] Recentemente, entrei com uma ação pessoal contra a Prefeitura de São Paulo para se ter acesso às informações sobre o Plano Diretor da Cidade. No governo de Fernando Haddad, as informações eram abertas e acessíveis por todos os meios. No governo de João Dória, o acesso foi fechado e somente era feito mediante cadastro prévio, o que não é permitido pelo art. 10, § 3º, da LAIP brasileira ("Art. 10. Qualquer interessado poderá apresentar pedido de acesso a informações aos órgãos e entidades referidos no art. 1º desta Lei, por qualquer meio legítimo, devendo o pedido conter a identificação do requerente e a especificação da informação requerida. [...] § 3º São vedadas quaisquer exigências relativas aos motivos determinantes da solicitação de informações de interesse público."). O juiz do caso não aplicou a lei. O caso foi se arrastando. A Prefeitura tirou o cadastro prévio sem determinação judicial. Ninguém foi condenado. Nada aconteceu e morreu a ação e o meu direito.

jurídico das grandes empresas de internet e do que elas representam para o público: "Tem que ter uma conversa sobre o modelo de negócio, que reconheça que são um *bem público*, tal como uma empresa comercial".[50]

Barack Obama realça a necessidade do reconhecimento do caráter público dos arquivos memória construídos por empresas como o Google, a Meta, o Twitter etc. No caso, Obama é específico para a questão do caráter público das empresas que resguardam, acessam, obtêm, manipulam e disponibilizam dados, com ou sem consentimento de seus titulares. Contudo, e na fala é bem claro, tal fato não se contrapõe, não apaga ou inviabiliza a finalidade comercial das atividades desenvolvidas por essas empresas. E é nesse ponto que Barack Obama, mesmo ao trazer luz para uma discussão maior de ampliação de direitos relativos aos dados pessoais, recua e torna dúbia a possibilidade de mudança no modelo jurídico que essas empresas podem representar.

Como conciliar um interesse público com os interesses comerciais de uma grande corporação, que tem acesso a várias informações produzidas, guardadas e distribuídas de todos os titulares do mundo? Como funcionará na prática as implicações inseridas nos grandes arquivos memória com interesses que envolvem Estado, empresas e titulares? Como equilibrar relações totalmente díspares e desiguais entre quem efetivamente possui os dados pessoais com quem é o seu titular, mas não tem a posse? A situação é muito complexa e multifacetada para respostas unidirecionais. Ademais, em face de todas as possibilidades imagináveis, deve-se reconhecer que simplesmente não é possível ignorar as implicações existentes. Os bancos de dados deveriam estar em posse, guarda ou tutela do Estado e/ou de seus titulares, mas não estão, e quem tem a posse não quer entregá-los.

3.7.1 Corpo supliciado como chave de direitos

Uma questão pulsante, com discussão ainda superficial, conecta-se com a obtenção, a guarda, a manutenção e a manipulação de dados biométricos, ou seja, dados referentes ao corpo do cidadão titular.[51] Nos últimos anos da

---

[50] Continua a reportagem: "Obama mostrou-se ainda preocupado com o modo como os meios de comunicação fazem a cobertura das notícias, sobretudo com a forma como essa cobertura diverge de meio para meio. Muitas vezes, diz, não se distingue o que é facto noticioso e o que é opinião. O modo como tratam as notícias transmite a ideia de que os meios de comunicação seguem ideologias e não o interesse do público, de acordo com Barack Obama". Disponível em: https://tvi24.iol.pt/internacional/eua/barack-obama-preocupado-com-as-redes-sociais. Acesso em: 3 out. 2018.

[51] "A biometria é uma área da ciência focada na identificação de uma pessoa a partir de características físicas ou comportamentais diferenciáveis. Para isso, características

década de 2010, vários sistemas de segurança de empresas e governos têm se utilizado da biometria como senha de acesso a lugares, a serviços de internet, a serviços financeiros e até a serviços públicos. A todo momento, mesmo para se adentrar a um prédio público ou comercial, têm se recolhido dados biométricos do titular. As implicações desse comportamento generalizado e não controlado faz com que empresas possuam arquivos memória de dados biométricos gigantescos. Não há controles jurídicos acerca do interesse público. Faltam critérios constitucionais para a aplicação do legítimo interesse, que justifiquem a coleta de dados. Além de uma persistente ausência do consentimento informado dos titulares, pois esses sistemas são impostos unilateralmente sem opção de serem negados.

Em alguns casos, os Estados, e têm se generalizado acordos que se utilizam da biometria como chave de segurança da informação, negociam ou a compra da tecnologia ou realizam uma coparticipação, licenciamento ou permuta para a utilização dos serviços providos por empresas especializadas. No caso das permutas e de coparticipações, muitas vezes o Estado não enxerga a necessidade de dispender altos valores nessas aquisições ou efetivamente não possui condições de pagar por esses serviços e acaba por adotar como contrapartida os dados dos cidadãos titulares.[52]

O Tribunal Superior Eleitoral (TSE) brasileiro realizou com o grupo Serasa Experian uma negociação de seus bancos de dados, inclusive os biométricos obtidos em razão do *voto eletrônico*, em compensação receberia certificados digitais para assinar documentos eletrônicos. A negociação entre TSE e Serasa foi suspensa depois de reclamações generalizadas de entidades de classe e de órgãos de defesa do consumidor, em face da inconstitucionalidade da obtenção dos dados justificados em um legítimo interesse eleitoral e indevidamente usá-los para compartilhar os dados com terceiros, sem consentimento do titular eleitor.[53]

---

físicas e comportamentais devem ser analisadas e reconhecidas como únicas para a sua identificação como parâmetro. Podemos citar como exemplos de características físicas a voz, a retina, a íris e a impressão digital. Já como características comportamentais, podemos associar os gestos ou até mesmo o modo de andar" (MALTEZ et al., 2005, p. 1).

[52] Em 2017, o prefeito do Município de São Paulo, João Dória Jr., estava negociando com empresas os dados dos titulares que são usuários do sistema de Bilhete Único de São Paulo. O Bilhete Único é o sistema de pagamento de transporte público de São Paulo. São mais de 15 milhões de titulares envolvidos no sistema. A ideia era negociar os dados dos titulares, sem o consentimento deles, para empresas de publicidade e propaganda. Mais informações disponíveis em: https://www.meioemensagem.com.br/home/opiniao/2017/03/10/joao-doria-e-o-bilhete-unico.html. Acesso em: 20 ago. 2020.

[53] A Corregedora do TSE assim fundamentou a sua negativa de validação desse acordo: "Nesse documento, ela afirma que o TSE somente poderia disponibilizar 'informações

A despeito da negociação com o Serasa não ter se concretizado, o TSE, no mesmo raciocínio de continuar negociando suas bases constitucionais de dados biométricos, cujo fim deveria ser o voto, realizou um convênio com a Polícia Federal, para que ela tenha também o acesso a eles.[54] A justificativa apresentada foi a de que o compartilhamento dos dados teria como objetivo "promover maior eficiência à gestão pública".

Existem inúmeros problemas na abordagem apresentada. As trocas de informações e dados de cidadãos titulares, biométricos ou não, dentro de órgãos estatais, não possuem embasamento jurídico constitucional para serem realizadas.[55] As ilegalidades perpassam desde o consentimento dos titulares sobre o uso desses dados até o motivo e a finalidade de se realizarem as trocas, sendo que os dois órgãos estatais requisitam as mesmas informações em serviços distintos.[56] Qual é na prática a melhoria na gestão que está sendo implementada ou a necessidade de se realizar tal compartilhamento? O Estado e órgãos estatais estão adstritos legalmente a fundamentar por quais motivos têm interesse no compartilhamento de informações e se por meio dele está se realizando ou implementando melhor os direitos dos cidadãos titulares. Nesse binômio de legalidade com realização de direitos, nem o TSE muito menos a Polícia Federal conseguiu apontar as razões constitucionais desse convênio. Por isso, há desconfiança no que efetivamente o referido convênio esconde sob o manto do interesse público e qual é a verdadeira intenção dos responsáveis com a troca dos dados e informações. Diante da ausência de transparência na gestão dos arquivos memória, reconhece-se a impossibilidade de os titulares se autodeterminarem sobre os seus dados

---

sobre a situação da inscrição e a quitação eleitoral, como ordinariamente ocorre em relação a diversos órgãos públicos, sem a liberação de dados sigilosos'". Disponível em: http://www.tse.jus.br/imprensa/noticias-tse/2013/Agosto/corregedoria-geral--eleitoral-suspende-acordo-entre-tse-e-serasa. Acesso em: 11 out. 2018.

54 Disponível em: http://www.tse.jus.br/imprensa/noticias-tse/2017/Novembro/parceria--entre-tse-e-pf-visa-maior-eficiencia-da-gestao-publica. Acesso em: 11 out. 2018.

55 Em caso de 2020, o STF já decidiu ser inconstitucional o compartilhamento de dados entre órgãos do governo sem estarem baseados em interesses públicos constitucionalmente protegidos. A relatora Ministra Carmen Lúcia foi enfática: "'Somente dados de conhecimento específicos relacionados a essas finalidades são legalmente admitidos e compatibilizam-se com a Constituição. Qualquer outra interpretação é inválida, ainda que venha em decreto presidencial que pretenda, de forma direta ou subliminar, ampliar até o ponto de já não garantir a segurança dos direitos fundamentais', afirmou a ministra". Disponível em: https://agenciabrasil.ebc.com.br/justica/noticia/2020-08/stf-define-regras-para-repasse-de-informacoes-abin. Acesso em: 14 set. 2020.

56 O titular de dados, ao requerer o seu passaporte de viagens, já fornece os dados biométricos para a confecção do documento.

pessoais sensíveis, sem saberem para quais finalidades estão sendo tratados e quais os benefícios serão alcançados.⁵⁷

Noutra perspectiva do mesmo fenômeno jurídico tecnológico apresentado anteriormente, qual seja, a pretensa execução de leis para colher mais dados de cidadãos titulares, é elucidativo o caso da empresa indiana chamada Aaadhar com o governo indiano. Diferentemente do caso do TSE brasileiro, o indiano traz uma amplitude jurídica e tecnológica mais complexa e multifacetada, ao basear a sua coleta de dados num suposto exercício de direito fundamental e com um elemento novo: o corpo do titular é a chave para o exercício de seus direitos.

Numa terceirização de serviços, o governo indiano autorizou a Aaadhar cadastrar biometricamente todo o povo indiano, mais precisamente os mais pobres, a fim de que eles possam ter acesso a serviços públicos, gratuitos ou não. Entretanto, inúmeras discussões relativas aos direitos humanos foram levantadas na Índia e na atuação do governo. E os direitos fundamentais dos cidadãos? A privacidade deles e o direito à intimidade não estão sendo afetados? Tais discussões atingiram o Supremo Tribunal da Índia que considerou o serviço constitucional e legal.⁵⁸

Decisão essa de que discordo solenemente, não só tendo em vista toda a teoria dos direitos fundamentais, mas o aparato jurídico constitucional brasileiro que protege o direito ao próprio corpo. O direito ao próprio corpo é irrenunciável, intransmissível e imprescritível e está interligado aos direitos de personalidade,⁵⁹ tal como a proteção de dados. O direito ao próprio

---

57   Acerca do voto eletrônico com cadastramento biométrico, já defendi a inconstitucionalidade da obrigatoriedade, pois em razão da falta de parâmetros de segurança e da confiabilidade do sistema de voto, bem como de todos os sistemas eletrônicos, a simples ameaça de invasão ou vazamento de dados constituem em grave atentado ao estado republicano de direito. Há ação popular contra o TSE e a Polícia Federal sobre a obrigatoriedade do cadastramento biométrico para se votar e o compartilhamento indevido dessas informações nos órgãos públicos sem consentimento dos cidadãos. A ação continua em julgamento.

58   Disponível em: https://veja.abril.com.br/mundo/justica-indiana-legaliza-maior-base-de-dados-biometricos-do-mundo/. Acesso em: 08.10.2018.

59   Pontes de Miranda assim leciona sobre o direito à personalidade: "O direito à personalidade como tal é direito inato, no sentido de direito que nasce com o indivíduo. [...] O objeto do direito de personalidade como tal não é a personalidade: tal direito é o direito subjetivo a exercer os poderes que se contêm no conceito de personalidade; pessoa já é quem o tem, e ele consiste exatamente no *ius*, direito absoluto. [...] O direito de personalidade como tal não é direito sobre a própria pessoa; é o direito que se irradia do fato jurídico da personalidade. [...] Direitos da personalidade são todos

corpo subdivide-se em dois aspectos: o direito à integridade física e psíquica e o direito a dispor do seu próprio corpo. Por meio do seu próprio corpo o cidadão titular manifesta a sua liberdade de expressão e a maneira de viver que mais lhe aprouver para ser feliz. Por conta de a dignidade humana ser um sobrevalor constitucional (art. 1º, inc. III, da CF/1988), na realização dos direitos à integridade física e à disposição de seu próprio corpo, aparentemente antagônicos, faz com que ao cidadão titular tenha por lei as suas vontades limitadas a determinados aspectos. Como ensinam Maria Claudia C. Brauner e Serli Bölter: "o desafio consiste em afirmar os valores éticos que possibilitem o avanço tecnológico, sem transformar o homem e a mulher em sua dimensão corporal, em simples 'coisas' ou objetos, livremente utilizáveis e modificáveis" (2012, p. 189). Nesse mesmo direcionamento, Lisboa (2010, p. 221) aponta: "titular do direito ao corpo pode dele se utilizar conforme lhe aprouver, vedando-se o uso atentatório à vida ou à saúde física ou mental, pois estes últimos são valores mais significativos". O direito fundamental ao se autodeterminar em sua integridade física realiza-se também contra a intervenção e a ingerência estatal. Não pode o Estado impor que o corpo do titular seja a condição da existência do seu direito. A dissociação de direitos do corpo do cidadão titular, se forem permitidas, podem ensejar a desumanização do humano.

Em relação ao caso indiano, e que se repete comumente no Brasil, o Poder Judiciário julga questões que possuem grande repercussão *pro republica* em detrimento do *pro societa* (BARBOZA et al., 2012). Por isso, além da análise jurídica concluída anteriormente, há que se realizar um duplo escrutínio nas consequências práticas dessa decisão e considerar outros pontos que colocam em xeque a assunção de que o corpo pode ser utilizado como chave para exercício de direitos.

A população indiana tem aproximadamente 1,4 bilhão de pessoas, portanto, efetivamente, a Aaadhar possui o maior banco de dados biométricos no mundo e, de acordo com a reportagem, as pessoas são obrigadas a se cadastrarem no sistema dessa empresa para terem acesso aos serviços públicos.[60] Assim, na prática desenvolvida pelo governo indiano com a Aaadhar, o corpo

---

os direitos necessários à realização da personalidade, à sua inserção nas relações jurídicas" (PONTES DE MIRANDA, 2000, p. 37-39).

[60] "Criada em 2009 a partir de dados biométricos (impressões digitais, *scanner* da íris, entre outros), a base Aadhaar foi concebida como um recurso de identificação para os mais pobres. Quase uma década depois de sua implantação, o registro é quase obrigatório para ter acesso a vários serviços, como escolas, bancos, exames médicos ou telefones celulares". Idem.

torna-se a própria chave de acesso a direitos que estão fora dele. Se o sujeito, exercendo o seu direito fundamental ao próprio corpo, nega-se a entregar o seu corpo real para um arquivo-memória, que não é do Estado, ele não tem acesso aos serviços públicos. O cidadão virtualizado da sua conexão com o seu próprio corpo acaba por perder direitos que independeriam, em tese, da entrega de material genético para ser fruído. Não basta a existência física e moral. É necessário algo a mais: o corpo escaneado, registrado e vigiado como condição de aquisição de direitos. A recusa, condição da afirmação da dignidade humana, é a própria negação do direito, o qual deveria ser protegido e, em tese, é inalienável.

Porém, o Estado indiano, pretenso protetor do cidadão titular, reafirmou a legalidade da prática, assegurando que a "base de dados 'dá dignidade às comunidades marginalizadas [...]. Seus benefícios superam os pontos negativos'".[61] Ou seja, a dignidade não está no sujeito de direitos, mas sim na representação lógica de seu corpo capturado. Assim, a decisão inverte conquistas sociais e históricas do ser humano e acaba por conceder ao arquivo--memória, que não é do Estado nem do cidadão, como o fator legitimador da existência de alguém. E é nesse sentido que a decisão do Supremo indiano fere direitos fundamentais e cria uma categoria diferenciada de direitos, que não são mais do homem empoderado, e sim do seu corpo supliciado.[62]

---

[61] Ibidem.

[62] A fim de se aprofundar ainda mais a análise, Luiz Antônio Francisco Souza esclarece: "as decisões não se dão mais de modo impensado, não demandam tempo e dispensam contatos não virtuais [...] Ao mesmo tempo, as formas de sanção legais e extralegais generalizam-se porque o sistema as distribui automaticamente por meio do controle de acesso. Os comandos eletrônicos ampliam o controle e o tornam mais *clean*, mais racional. Assim, as razões, as motivações, os anseios, os desejos, os medos das individualidades já não são relevantes. O controle positivo dos corpos dos indivíduos permanece relevante somente na medida em que é feito a distância. O que importa verdadeiramente são as possibilidades infinitas de acesso, dos diferentes níveis de acesso e de bloqueio que o *Personal Identification Number* (PIN) permite ao cidadão virtual. A *digital rule* possibilita que as regras do sistema possam mudar segundo juízo técnico e operacional, e não mais seguindo uma política pública deliberada, e de maneira imediata, sincrônica. Nessa sociedade que parece emergir, não seria mais o caso de entender a complexa relação entre polícia e direito, entre vigiar e punir, pois o controle e a punição estariam sobrepostos. A punição não se desenvolve mais num tempo, não é necessário esperar o momento adequado para que ela tenha lugar: o lugar e o tempo da punição – a recusa de acesso, por exemplo – são simultâneos e imediatos. Parece que os efeitos não virtuais dos controles não são mais relevantes; como na guerra eletrônica dos dias de hoje, as pessoas e as coisas são meros pontos luminosos na tela do computador" (apud KANASHIRO, 2001, p. 79).

3.7.2 Titular de dados e os biobancos

Para além da ideia de biometria, mas no mesmo sentido de se capturar o corpo, virtualizá-lo e transformá-lo em chave de direitos, estão se desenvolvendo projetos de *biobancos* em vários países, inclusive no Brasil: "Um *biobanco* é uma entidade sem fins lucrativos que abriga uma coleção de amostras biológicas, concebida com fins de diagnóstico ou pesquisa biomédica e organizada como uma unidade técnica com critérios de qualidade, ordem e destino" (BONACCORSO, 2010, p. 71). Na sua tese de doutorado, Andreia Bonaccorso desenvolve o tema dos *biobancos* e como são regulados em outros países, exemplificando como se constroem as bases de dados:

> A China já conta com amostras de 500 mil pessoas. A Islândia já acumulou mais de 200 mil, mesmo com uma população de 320 mil habitantes. Nos Estados Unidos, entidades privadas têm recolhido centenas de milhares de amostras e o banco biológico do Reino Unido, lançado com financiamento público, pretende chegar a 500 mil amostras. DILEMA ÉTICO. A proliferação dos *biobanks*, no entanto, também tem gerado novos dilemas éticos. A questão principal é quem tem acesso à informação do banco de dados, que inclui a história clínica do doador. A lei americana apresenta lacunas e em outros países simplesmente não existe (...). Não está claro, por exemplo, se a polícia tem o direito de checar as características genéticas de uma pessoa, ou mesmo se o próprio doador deve saber. O genoma pode indicar, por exemplo, a propensão a alguma doença incurável (O ESTADO DE SÃO PAULO, p. A11, 02 jan. 2009) (BONNACORSO, 2010, p. 71-72).

Em relação aos *biobancos*, repetindo os procedimentos do governo indiano, eles são arquivos memória fora do aparato estatal e de todos os direitos que ele garante. Contudo, conforme demonstra a tese, muitos países ainda não regulam como se tratar juridicamente essas bases de dados: se são públicos ou privados, quem pode acessá-los, construí-los, como serão compartilhados, enfim, uma grande nuvem de dúvidas surge quando se aplicam direitos às práticas desses bancos de dados, controlados por órgãos não estatais, utilizando-se de informações de cidadãos de todos os países, até porque, de fato, não existe um controle territorial do fluxo dos dados.

Aliás, deve-se reconhecer o interesse do estado policial em acessar esses *biobancos* para solução de crimes, o que é legítimo. Com esses biobancos, os policiais poderiam solucionar mais casos e construir provas mais robustas. Contudo, juridicamente, as possibilidades de se atingirem negativamente os direitos fundamentais dos cidadãos titulares seriam uma veia aberta para abusos de direito. Diante da existência de benefícios e de malefícios, questiona-se: a polícia poderia acessar os biobancos da forma como estão estruturados jurídica e tecnologicamente? Mais ampliativamente, considerando-se legal a formação dos biobancos: pode o Estado construir *biobancos* de DNA *ad eternum*? Esse tema está sendo analisado no STF brasileiro no RE 973.837,[63] em que se realizará uma audiência pública, e muitos questionamentos estão sendo realizados por conta da Lei 12.654/2012, que altera e acrescenta o art. 5º-A na Lei 12.037/2009, nos seguintes parâmetros:

---

[63] A RE 973.837 tem como objetivo definir a constitucionalidade da inclusão e manutenção de perfil genético de condenados por crimes violentos ou por crimes hediondos em banco de dados estatal e quais são os seus limites. No voto do Rel. Ministro Gilmar Mendes, em que foi reconhecida a repercussão geral do tema, é trazido excertos de julgados europeus, que discutem acerca da legalidade ou não do recolhimento do material genético em face do direito à privacidade dos investigados: "O Tribunal Europeu dos Direitos Humanos já se debruçou sobre a questão em algumas oportunidades.

Em Van der Velden contra Holanda, 29514/05, decisão de 7.12.2006, o Tribunal considerou que o método de colheita do material esfregação de cotonete na parte interna da bochecha é invasivo à privacidade. Também avaliou como uma intromissão relevante na privacidade a manutenção do material celular e do perfil de DNA. Quanto a esse aspecto, remarcou-se não se tratar de métodos neutros de identificação, na medida em que podem revelar características pessoais do indivíduo. No entanto, a Corte avaliou que a adoção da medida em relação a condenados era uma intromissão proporcional, tendo em vista o objetivo de prevenir e investigar crimes.

No caso S. e MARPER contra Reino Unido (decisão de 4.12.2008), o Tribunal afirmou que a manutenção, por prazo indeterminado, dos perfis genéticos de pessoas não condenadas, viola o direito à privacidade, previsto no art. 8º da Convenção Europeia de Direitos Humanos.

Por outro lado, no caso Peruzzo e Martens contra Alemanha (30562/04 e 30566/04, decisão de 4 de dezembro de 2008), considerou-se manifestamente infundada a alegação de que a manutenção, em bancos de dados estatais, de perfis genéticos de condenados por crimes graves violaria o direito à privacidade.

De tudo se extrai o reconhecimento de que as informações genéticas encontram proteção jurídica na inviolabilidade da vida privada privacidade genética". No voto, o Min. Gilmar Mendes reconhece que muitos Tribunais de Justiça vêm afastando a aplicação da lei: "A inclusão e manutenção de perfil genético de condenados em banco de dados estatal não é aceita, de forma unânime, como compatível com direitos personalidade e prerrogativas processuais, consagrados pelo art. 5º da CF. Há decisões de Tribunais de Justiça afastando a aplicação da lei. O STF já acolheu reclamações do Ministério Público, fundadas na Súmula Vinculante 10, contra atos de Tribunal de Justiça mineiro que afirmavam a inconstitucionalidade do art. 9-A da Lei 7.210/84, sem observar a reserva de plenário Reclamações 19.843, Relator o Ministro Celso de Mello, *DJe* 25.6.2015; 19.208, Relator o Ministro Luiz Fux, *DJe* 9.9.2015; 20.950, Cármen Lúcia; 23.163, Teori Zavascki".

> Art. 5º-A. *Os dados relacionados à coleta do perfil genético deverão ser armazenados em banco de dados de perfis genéticos, gerenciado por unidade oficial de perícia criminal.*
> § 1º As informações genéticas contidas nos bancos de dados de perfis genéticos não poderão revelar traços somáticos ou comportamentais das pessoas, exceto determinação genética de gênero, consoante as normas constitucionais e internacionais sobre direitos humanos, genoma humano e dados genéticos.
> § 2º Os dados constantes dos bancos de dados de perfis genéticos terão caráter sigiloso, respondendo civil, penal e administrativamente aquele que permitir ou promover sua utilização para fins diversos dos previstos nesta Lei ou em decisão judicial.
> § 3º As informações obtidas a partir da coincidência de perfis genéticos deverão ser consignadas em laudo pericial firmado por perito oficial devidamente habilitado (grifei).

A lei determina que a informação coletada para esse banco de dados deve ser gerenciada por uma unidade oficial de perícia criminal, mas não diz qual, nem o procedimento de guarda, a segurança da informação utilizada, o que ocorre em caso de vazamento de dados, nem quanto tempo deverá ficar a informação no banco de dados, qual a função da informação, enfim, é tudo muito aberto e indeterminado para se efetivamente aplicar a formação do banco de dados de DNA na prática e, se o fosse, seria duvidosa a legalidade dele nesses termos.

Em relação a essa possibilidade de falhas na implantação do banco de dados, estaria o *biobanco* infringindo o direito de a pessoa não produzir prova contra si mesma? Não se infringiria o que determina o art. 8.2.g da Convenção Americana de Direitos Humanos ("direito de não ser obrigado a depor contra si mesma, nem a declarar-se culpada")? A formação anterior ou posterior a um crime, tal como determinado pelo art. 3º da Lei 12.654/2012, que alterou o art. 9º da Lei de Execuções Penais, não estaria "etiquetando" o cidadão, perseguindo-o mesmo tendo cumprido com todas as suas obrigações legais? Não estaria o *biobanco* impedindo a reinserção social do condenado, bem como a presunção de inocência? Nesse sentido, Aury Lopes Junior aponta inúmeros problemas de efetividade jurisdicional e como a prática judicial pode tornar inócuos direitos e garantias constitucionais penais:

> A identificação criminal cria uma abertura que – salvo melhor juízo – fulmina mortalmente o direito de não produzir provas contra si mesmo. Vários problemas brotam desta disciplina. Inicia por recorrer a fórmula genérica e indeterminada de "essencial às investigações policiais", sem sequer definir em que tipos de crimes isso seria possível. Dessarte, basta

uma boa retórica policial e uma dose de decisionismo judicial... Como se não bastasse, poderá o juiz atuar de ofício, rasgando tudo o que se sabe acerca de sistema acusatório e imparcialidade (LOPES JR., 2012).

Assim, reconhece-se que o tema da formação dos bancos de dados, com ou sem dados genéticos, biométricos e/ou somente informações relativas a alguém, é relevante para a aplicação das garantias constitucionais e está diretamente relacionado a uma memória coletiva e individual de todos e que diretamente se refere à produção de verdades e de esquecimentos, que podem afetar a organização social num todo e particularmente a vida dos cidadãos titulares. Nesses embates, é importante salientar que não se discutem as decisões de implantação e de configuração dos bancos de dados, as questões relativas à constituição dos arquivos memória, quem será responsável por eles e como serão disponibilizados são de suma importância. Ademais, há um vácuo legal e tecnológico em relação ao tema. Mesmo diante desse desafio, não há como ignorar as implicações jurídicas que essas práticas contêm: há interesse público contido nesses bancos de dados? Todos devem ter acesso? Quem deve? Onde serão armazenados? Quais medidas de segurança? Podem ser arquivos memória de empresas ou de organizações não governamentais? Os bancos de dados estariam sob a égide de quais normativas? E se não houver normativas? A essas perguntas devem-se apresentar as reflexões de Maria Claudia C. Brauner e Serli Bölter sobre quais os caminhos que os bancos de dados têm que se estruturar:

> A separação entre o indivíduo e seu corpo, provocada pela prática médica atual, possibilita a instrumentalização do corpo. [...] Busca-se evitar que a vida e o corpo humano se transformem em mercadoria, no intuito de construir-se um sistema jurídico direcionado a responder aos novos e polêmicos dilemas da modernidade, dentre os quais as pesquisas genéticas, que devem se voltar ao cuidado da saúde e da melhoria da qualidade de vida (BRAUNER et al., 2012, p. 192-193).

Quaisquer avaliações morais sobre o titular de dados devem ser afastadas. Seja ele criminoso ou não, o sobrevalor da dignidade humana jamais pode ser sobreposto por práticas que restringem o alcance de seus direitos de se autodeterminar como ser humano.

3.7.3 Titular de dados e o interesse público

Por isso, deve-se resgatar a fala de Barack Obama, agora devidamente contextualizada, e recolocá-la no debate do acesso à informação e à memória. Essa é uma fala, por tudo o que se desenvolveu anteriormente, que não enfrenta pontos realmente relevantes. Ao se avaliarem os serviços e os produtos fornecidos pelas empresas de internet, não há indicação ou parâmetros de como seriam atreladas a elas o caráter público, que claramente elas possuem. Na fala de Obama, há a tentativa de se conciliar o bem público com a prerrogativa de as empresas terem finalidade comercial. Ora, se é bem público limita-se ou deveria se limitar, em parte ou no todo, à finalidade comercial, que não poderia ser exercida em total dissonância do que o interesse público requer. Mas pelo que foi apresentado *supra* e pelos estudos que acessamos, não há entendimento consolidado sobre como os Estados estão abordando esses bancos de dados.

A dubiedade em questão, apresentada por Obama, pode ser entendida no simples fato de que os estadunidenses não costumam, por características inerentes à sua história, aplicar e entender as teorias de direitos humanos, no que eles confundem com direitos civis, pois a tendência é que eles individualizem os direitos e os entendam como processo de conquistas pessoais e não sociais. Só em termos ilustrativos desse pensamento estadunidense, temos o magistral poema de Walt Whitman: "Eu celebro a mim mesmo, e canto a mim mesmo, E o que eu pensar também vais pensar, pois cada átomo que pertence a mim igualmente pertence a ti" (apud KARNAL, 2007, p. 100).

A perspectiva desenvolvida no trabalho é ir além do individualismo e entender que o acesso à informação e à proteção de dados pessoais são frutos de uma construção social e com repercussão social. Por isso deve-se pinçar da fala de Barack Obama um caminho aberto a se repensar como os arquivos memória da internet devem ser considerados em tempos de tecnologias de informação e de comunicação. Há que se ampliar a análise e buscar no que a fala aponta, mas não tem coragem de chegar: os arquivos memória produzidos por empresas de internet são bens públicos e devem estar sob tutela do Estado, sendo, portanto, sujeitas à aplicação da lei de acesso à informação pública, além de outras leis de interesse público.

O acesso à informação é um direito *erga omnes* do titular que se direciona ao Estado e seus órgãos como produtor, mantenedor e distribuidor de informação e memória. Assim, todos os cidadãos, naturais ou estrangeiros, maiores ou menores de idade, podem requerer as informações junto ao Estado, com vistas à implementação de mais transparência e visibilidade das atividades governamentais, tal como desenvolvido e estudado anteriormente. Contudo, a informação não é mais monopólio nem é predominantemente realizada pelo Estado tanto em relação à responsabilidade de guarda, de produção, de manutenção e de distribuição da informação pública e de memória quanto de sua normalização e aplicação de sanções.

Entretanto, isso não significa que o acesso à informação não possa ser aplicado para arquivos memória fora do âmbito estatal. O acesso à informação pública ou privada está atrelada ao interese e ao bem público e não somente ao Estado. O titular de dados é o cidadão, a comunidade, a sociedade, a população e a todos deve ser exigida a transparência em suas atividades, tanto ao Estado quanto às empresas e organizações não governamentais.

Em face de toda uma mudança estrutural, que não é só da esfera pública, mas da forma como as tecnologias de informação e de comunicação afetaram as relações sociais, também em seus aspectos valorativos, deve-se deslocar o entendimento para ampliar às *Big Tech* e as demais empresas de internet um novo conceito sobre o qual se estabelecem suas práticas. Não é mais do interesse público que bancos de dados que misturam informações cadastrais, pessoais, biométricas, médicas, geolocalizáveis, genéticas etc., possam ser tratadas ou reconhecidas como uma simples atividade empresarial. No deslocamento produzido historicamente, o entendimento de que as grandes empresas de internet não estão no âmbito de influência do interesse público só serviria para ampliar os *arcana imperii*, a falta de transparência e o segredo, resultando em cada vez menos democracia. O interesse público está inserto não diretamente aos dados que são guardados nos arquivos memória, mas na forma como eles são construídos, formatados, utilizados, distribuídos e coletados.

As *fakes news* são a parte mais visível de como a opinião pública foi *hackeada* pela falta de transparência de como esses serviços funcionam e na maneira como esses arquivos memória são formatados. O atual sistema eleitoral é vítima da falta de confiança e de autenticidade dos arquivos memória e é forjado à base de mentiras, de esquecimentos e de silêncios, em que os processos democráticos de transparência, acesso e participação das decisões governamentais estão dissociados do cidadão titular.[64]

Ignorar o movimento de apropriação, falseamento e privatização das memórias podem desembocar em derrocada da democracia e de seus processos históricos de construção, o que mataria a união dos povos e aniquilaria o futuro, pois o arquivo-memória seria eternamente presente e sem diferen-

---

[64] Oliver Stuenkel chamou esse momento de A Era da Confusão e constata que metade da população tem acesso à internet e que "o desenvolvimento de ferramentas baseadas em inteligência artificial, capazes de manipular ou fabricar vídeos, arquivos de áudio e fotos falsas – as chamadas *deep fakes* – ampliará consideravelmente a dificuldade de separar fato de ficção, o que fará as *fakes news* de hoje parecerem brincadeira de criança". Disponível em: https://brasil.elpais.com/brasil/2018/08/06/opinion/1533562312_266402.html. Acesso em: 17 out. 2018.

ciação espaço-tempo. O que impedirá que outras áreas sofram os mesmos ataques? Quem vai monitorar ou controlar os conteúdos? Alcança o interesse público nesses usos e apropriações de tecnologias? A resposta para se evitar uma impossibilidade de futuro passa por uma mudança de estatuto jurídico e social das empresas tecnológicas de internet ou não e de seus arquivos memória que abraçam os dados de todos os titulares: elas são de interesse público e a ele devem responder.

Capítulo 4
OS PRINCÍPIOS E OS DIREITOS DO TITULAR DE DADOS

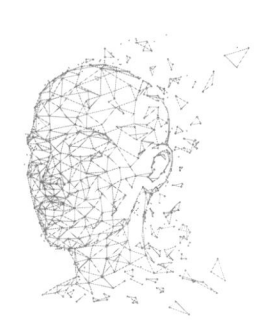

"A paz é o fim que o direito tem em vista, a luta é o meio de que se serve para o conseguir." (Rudolf von Ihering).

No capítulo anterior, traçaram-se as molduras jurídicas complexas e transversais do titular de dados. Com o objetivo de tornar a conceituação jurídica desse novo sujeito de direitos mais palpável e plurissignificativa, há que se avaliar na legislação de proteção de dados pessoais como o titular pode ter acesso aos arquivos memória sobre si, corrigi-los, excluí-los e modificá-los, quais são os seus direitos, seus deveres e os princípios que regulam as suas relações.

Em face da característica de o titular de dados estar interligado diretamente com o público e o privado, em arquivos memória de naturezas híbridas, em razão da transversalidade dos dados pessoais entre o acesso à informação e à proteção de dados pessoais, deve o interesse público se sobrepujar a um interesse individual? Mas como realizar a avaliação? Como contrabalançar a perspectiva e o alcance desses direitos? Em que ponto deve ser utilizado um em detrimento do outro? E como superar a dicotomia e ir além do simples contraponto e buscar um novo direito? Esses desafios deverão ser enfrentados adiante e serão guiados sob o direcionamento e sentido trazido pelo conto de Kafka, citado por Jorge Luís Borges:

> Ontem
> Kafka [conta] a história de um homem que pede para ter acesso à Lei. O guardião da primeira porta lhe diz que no interior há várias outras, todas com os seus guardiães, cada um mais forte que o precedente. O homem se senta para esperar. Os dias e os anos se passam, e o homem morre. Em sua agonia, ele pergunta: "É possível que, nos anos que passei esperando, ninguém mais quis entrar?". O guardião lhe responde: "Ninguém quis entrar porque esta porta estava destinada apenas a ti. Agora, vou fechá-la" (BORGES apud ROSSI, 2015, p. 170-171).

Como superar os obstáculos, obstruções, impedimentos que a apropriação da lei nos impõe? A proteção de dados poderá, se mal interpretada, ser um obstáculo ao acesso à informação e vice-versa. Por isso, devem-se apresentar as linhas que delimitam a atuação de um e de outro direito e como eles podem funcionar nas zonas cinzentas. Pode um jornal ou revista publicar dados pessoais de um titular em sua capa a título de investigação jornalística? A LGPD, segundo o art. 4º, inc. II, *a*, não impede essa publicação nem a considera ilegal. Entretanto, e o direito à privacidade diretamente conectado com os dados pessoais não deve ser resguardado? Nesse passo das investigações jornalísticas e a discussão ao direito à privacidade, a legislação de dados pessoais, ao cabo, pode ser um enorme obstáculo ao acesso à memória individual, transformada em dados pessoais. A título de exemplo, muitas biografias jamais poderiam ser alcançadas em sua plenitude e contradições sem o acesso às memórias existentes em cartas trocadas durantes anos. As dúvidas, os pensamentos, os erros, os desvios, os embates se encontravam nas cartas, que eram tão importantes e são até hoje publicadas em forma de livros. Com a atual normativa de proteção de dados pessoais, principalmente no tocante ao direito ao apagamento de dados, talvez essas missivas não fossem mais publicadas e o conhecimento de pessoas, de lugares e de histórias jamais fosse compreendido. Forjar-se-iam esquecimentos e verdades por meio da proteção de dados. Reforça-se aí também que o meio, em que a comunicação acontece, não é algo mais neutro e controlável, tal como uma folha de papel, ele mesmo pode ser adulterado ou manipulado sem a certeza de que o foi algum dia como se enunciou da primeira vez.

Nesse processo contínuo de definição do que seria o titular de dados, em face do desaparecimento das linhas que separam os bancos de dados públicos e privados, promover a análise sobre quais são os princípios, os direitos e os deveres que são diretamente relacionados ao tratamento de dados, a fim de que, na perspectiva do titular, haja possibilidade de eliminar as barreiras da falta de transparência na prestação de serviços, públicos e privados, na formatação de produtos e na efetividade da aplicação de seus direitos e seus deveres. Somente assim verifica-se, por exemplo, a obstrução ao acesso à informação e aos dados pessoais e se eles se encontram fundamentados nas normas que visam a proteger os titulares.

E, nesse contexto, como entender a importância da proteção de dados pessoais por meio de seu titular, a quem deveriam ser direcionados todos os esforços de entrega e de realização de práticas jurídicas e tecnológicas de segurança da informação, dentro do atual cenário em que o arquivo-memória é corrompível e adulterável, não possuindo quaisquer resquícios de confiabilidade, de autenticidade e de integridade. Ao trazer a moldura jurídica do titular para dentro da legislação de proteção de dados pessoais, deve-se buscar a sua condição de validade dentro da ordenação jurídica e no sistema dos direitos fundamentais, bem como a sua aderência às tecnologias de informação e de comunicação. A partir dessa análise, construir possibilidades de se efetivar a potência que viabilize o acesso à informação e à proteção de dados do titular na atual e vigente estrutura econômica, social, política, histórica e científica.

No entanto, deve-se ir além da análise interpretativa desses marcos jurídicos. Deve-se buscar entender todos os fatores trazidos pelas tecnologias de informação e de comunicação, principalmente no tocante à inteligência artificial, o que produzirá outros rearranjos técnico-jurídicos para a efetivação dos direitos e da produção de memória, de esquecimentos e de verdades. Enfim, a ideia é construir de maneira mais plurissignificativa como se articulam os direitos públicos e individuais, as tecnologias e os usos que deles são apropriados pela sociedade, governo e empresas. Somente assim pode-se construir a compreensão sobre como articular o titular de dados nesses processos multifacetados.

4.1 PROTEÇÃO DE DADOS PESSOAIS COMO DIREITO FUNDAMENTAL DE INTERVENÇÃO NOS MODELOS ECONÔMICOS E TECNOLÓGICOS

Não será objetivo do estudo, por questão de método, desenvolver amiúde todos os aspectos relativos aos estudos da proteção de dados. Nem conseguiria, se quisesse, alcançar tamanho feito. O esforço seria hercúleo e fadado ao fracasso. Recomendo, para tanto, obras que desvendam outros aspectos relativos à proteção de dados e seus contornos,[1] bem como as legislações da União Europeia[2] e a brasileira[3] referentes ao tema em questão. A moldura de proteção de dados que será analisada é a direcionada ao titular de dados em seus aspectos principiológicos[4] e nos direitos e deveres, que se estendem

---

[1] Ver Natasa Pirc Musar (2018), Agencia Española de Protección de Datos (2009), Danilo Doneda (2006), Stefano Rodotà (2008), Pedro Zaniolo (2007),

[2] Disponível em: https://eur-lex.europa.eu/legal-content/pt/TXT/?uri=celex%3A32016R0679. Acesso em: 17 out. 2018.

[3] Disponível em: http://www.planalto.gov.br/ccivil_03/_Ato2015-2018/2018/Lei/L13709.htm. Acesso em: 17 out. 2018.

[4] Blanchette & Johnson, ao analisarem como devem ser tratadas as abordagens do tema da proteção de dados pessoais, apontam, com base em Lawrence Lessig, as molduras que acredito serem mais relevantes em relação a esse tema: "[...] que uma política compreensiva de proteção de dados seja pensada não como um único pedaço de legislação, a 'bala de prata' que será aplicada para todos os domínios e resolver todos os problemas. Ao invés, uma política compreensiva deveria ser entendida como uma abordagem de política pública que faz uso de uma variedade de estratégias consistentes umas com as outras e que se reforçam mutuamente. Em outras palavras, uma

na ordenação jurídica. A partir daí, construir as delimitações, encontros, congruências e incongruências da proteção de dados, juntamente ao direito de acesso à informação, para assim aprofundar o estudo sobre o titular de dados no contexto atual do modelo jurídico e tecnológico.

A proteção de dados pessoais é um direito que foi desenvolvido recentemente e suas estruturas jurídicas ainda estão em plena construção, conformação, lutas e embates (MUSAR, 2018). Se é difícil a implementação pelos Estados do acesso à informação, pois enfrentam o temor de serem mais transparentes e democráticos, aumentando a participação do cidadão, em relação a proteção de dados pessoais, percebe-se entre todos os atores desse direito (Estado, empresas e cidadãos titulares) uma total confusão em relação às suas possibilidades e como atingi-las, porque os titulares são incessantemente instados a produzir cada vez mais informações sobre si mesmos. Essas informações e dados são úteis e necessários para governos e empresas proverem e venderem serviços significativos e relevantes. Apropriados da virtualização dos titulares em dados, e em face dos objetivos por eles traçados, empresas e governos administram, gerenciam e analisam as informações e as direcionam aos propósitos definidos, legítimos ou não, influenciando a forma como os titulares se relacionam social, profissional e emocionalmente.

A proteção de dados pessoais é um direito fundamental contra majoritário do indivíduo em face do excesso de informação obtidos pelo Estado e por empresas, que, pela LGPD, agora são controladores ou operadores, públicos ou privados. E, ao mesmo tempo, é um direito de autodeterminação do ser humano e está interligado à dignidade humana no seu aspecto virtualizado.

Todo conhecimento é uma forma de virtualização da existência, da realidade. Com as tecnologias de informação e de comunicação, o processo de virtualização do real tem se acelerado. O esquadrinhamento do humano transformou corpos em dados que exaltam e significam cada aspecto da existência: saúde, segurança, espaço, tempo de vida, pensamento etc. Os dados pessoais ou referentes às pessoas, tentam capturar o homem em toda a sua complexidade. E, nesse sentido, já há uma definição, construída histo-

---

política compreensiva é aquela que começa com um quadro de princípios gerais são então implementados em uma variedade de estratégias que incluem leis em domínios específicos, mercados estruturados, práticas de autorregulação e tecnologia que aumentem a privacidade (*privacy-enhancing technology*). Tal proposta é consistente com o *insight* de Lawrence Lessig de que o comportamento individual é regulado em quatro formas: pelo direito, pelas normas, pela tecnologia e pelo mercado. Lessig enfatiza como as quatro formas trabalham conjuntamente em formas de suporte mútuo" (apud ZANATTA, 2015, p. 464-465).

ricamente em modelos jurídicos internacionais e nacional,[5] sobre o que é o dado pessoal, ou seja, aquela

> [...] informação relativa a uma pessoa singular identificada ou identificável ("titular dos dados"); é considerada identificável uma pessoa singular que possa ser identificada, direta ou indiretamente, em especial por referência a um identificador, como, por exemplo, um nome, um número de identificação, dados de localização, identificadores por via eletrônica ou a um ou mais elementos específicos da identidade física, fisiológica, genética, mental, econômica, cultural ou social dessa pessoa singular.[6]

Numa vivência totalmente física, real, o cidadão poderia, de alguma forma, controlar o acesso às informações que outros poderiam ter sobre ele e como eram disponibilizadas. De uma certa maneira, era quantificável e finita a produção de informação sobre si. E, ao mesmo tempo, a informação poderia se perder mais facilmente, pois não era automaticamente cruzada e ressignificada. Não existiam informações relacionais, *tags*, metadados, interconexão de significados, enfim, tudo era separado, mitigado, cheio de obstáculos, difícil ou quase impossível de gerar contextos mais complexos sobre pessoas, empresas e governos. O quebra cabeça dificilmente poderia ser montado com informações esparsas. O acesso, a guarda, a manutenção e a distribuição por uma mesma empresa ou pessoa eram inviáveis e custosas demais para serem realizadas em larga escala.

Contudo, nesse mundo virtual e virtualizável, os custos para o acesso, a guarda, a manutenção e a distribuição diminuíram drasticamente. Grandes quantidades de dados podem ser colocadas em *pen drives* de 5 centímetros de tamanho ou em celulares 5G com mais de 256 GB de memória, que cabem no bolso da calça e serem facilmente transportados. A distribuição é realizada automaticamente em sistemas com alta velocidade de processamento, que cobrem o globo todo. Não há como se controlarem todas as informações produzidas de per si e sobre si,[7] mesmo que as leis atribuam ao titular o

---

[5] Além da atual lei geral de proteção de dados pessoais, várias leis esparsas brasileiras abordam e definem o que são dados pessoais: Lei do Cadastro Positivo (Lei 12.414/2011), Marco Civil da Internet (Lei 12.965/2014), Código de Defesa do Consumidor (Lei 8.078/1990); Decreto 8.771/2016, que regulamenta o Marco Civil da Internet; e Decreto 8.777, de 11 de maio de 2016, que institui a Política de Dados Abertos do Governo Federal.

[6] Art. 4.1. da Lei Geral de Proteção de Dados Pessoais da União Europeia. A lei brasileira de proteção de dados define dados pessoais em seu art. 5º, inc. I: "dado pessoal: informação relacionada à pessoa natural identificada ou identificável".

[7] Nesse sentido, observa-se a lição de JJ. Gomes Canotilho: "[...] contrapondo-se à ideia de arcana *praxis*, tende hoje a ganhar contornos um direito geral à autodeterminação

consentimento para o tratamento. As possibilidades de se administrar a massa de dados pessoais, mesmo que seja de um titular só, é humanamente inconcebível. O excesso de dados também é uma forma indireta de se impedir o acesso e forjar a exclusão digital.

4.2 QUESTÕES ACERCA DO CONSENTIMENTO DO TITULAR DE DADOS

O tratamento de dados feito por controladores não é só baseado e justificado no consentimento informado e expresso do titular. Existem outras bases legais para a realização do tratamento, tal como é o legítimo interesse, caso o consentimento não possa ser obtido ou seja necessário. Contudo, na prática, no atual estágio jurídico e tecnológico, os controladores dificilmente justificam o tratamento por requisitos legais. Eles estão, ou estavam até o início da vigência da LGPD, além da necessidade de subsumirem ao determinado em lei. É como se os controladores criassem uma nova sistemática dentro do direito sistêmico estatal, pois existe toda uma rede de contratos jurídicos, extensos e não verificáveis, a maioria deles inalcançáveis pelo titular, que os envolve sem que eles compreendam as consequências e os direcionamentos. *A priori*, esses contratos independem se estão nos moldes determinados em leis. O que realmente importa para os controladores são os seus termos de uso, com seus comandos indeterminados e altamente inacessíveis ao conhecimento médio dos titulares[8] e como eles regulam o código-fonte dos sistemas informatizados que disponibilizam.

É um direito novo, fora do direito estatal, que vive nesse entrelaçamento de práticas jurídicas e tecnológicas que aprisionam os titulares sem quaisquer

---

informativa que se traduz, fundamentalmente, na faculdade de o particular determinar e controlar a utilização dos seus dados pessoais" (apud NAVARRO, 2012).

[8] "Existem muitas entidades que coletam e usam dados pessoais para possibilitar que as pessoas gerenciem sua privacidade separadamente com cada entidade. Além disso, muitos danos à privacidade são o resultado de uma agregação de dados, ao longo de um período de tempo, por várias entidades diferentes. É praticamente impossível para as pessoas pesarem os custos e benefícios de revelar informações ou permitir seu uso ou transferência sem um entendimento dos possíveis usos posteriores, limitando ainda mais a eficácia da estrutura de autogestão de privacidade." Tradução livre de: "There are too many entities collecting and using personal data to make it feasible for people to manage their privacy separately with each entity. Moreover, many privacy harms are the result of an aggregation of pieces of data over a period of time by different entities. It is virtually impossible for people to weigh the costs and benefits of revealing information or permitting its use or transfer without an understanding of the potential downstream uses, further limiting the effectiveness of the privacy self-management framework" (SOLOVE, 2013, p. 1881).

possibilidades de impedirem, obstarem, regularem e acessarem efetivamente o que se faz com os seus dados pessoais. É também um direito novo na perspectiva de como se exerce o direito à violência ou de se obrigar os titulares a uma determinada forma de comportamento, que é usurpado do Estado e fora do seu alcance, pois a memória já não se faz mais sob o seu controle de força. Assim, a memória é propriedade do criador e proprietário do arquivo e de seu código-fonte. Quaisquer direitos que, porventura, são reconhecidos e construídos historicamente pelo Estado, podem ser ou não reconhecidos por quem processa ou controla os arquivos. São forças mais fragmentárias e plurissignificativas que comandam os arquivos memória e que estão além de um unidirecional poder de força do direito estatal. Aí se encontra a novidade do direito dos controladores que processam e controlam massas enormes de dados pessoais e empresariais: é um direito de formatação tecnológica que molda efetivamente comportamentos, mas que, dependendo de vários fatores, que lhes são externos, altera a sua forma de funcionamento para gerar mais engajamento, permanência na ferramenta e, consequentemente, aumento de valor de sua operação comercial, produtos e serviços.

Nesse reconhecimento de como funciona o direito novo, vê-se com clareza a dificuldade de se controlar a privacidade e todos os direitos fundamentais relacionados com o uso que se faz dos dados dos titulares. A efetivação dos direitos fundamentais, fora do direito estatal e de como ele foi construído historicamente, perante o direito novo criado e gerido por esses controladores de dados, depende de outros fatores mediatos e que não são totalmente compreendidos e apreendidos pelos titulares. É outra configuração, outra maneira de se aplicarem e se efetivarem direitos, equidistante do direito estatal, em face de sua característica de redução ou até mesmo eliminação da complexidade, que é característica do discurso tópico retórico jurídico.[9]

O direito construído pelos controladores tem como foco a maximização dos usos dos dados pessoais para diversos serviços, que não necessariamente são aqueles consentidos pelos titulares. O distanciamento entre quem processa e controla até o titular é evidente, mas que é necessário ser enfrentado

---

[9] Ver a crítica de Boaventura de Sousa Santos sobre a prevalência do discurso jurídico estatal em face de outros discursos jurídicos (2015). Deve-se ressaltar, nesse sentido, a crítica que Adorno faz ao sistema jurídico e enfrenta alguns destes pontos: "[...] que a teoria hoje é transposta na difícil situação de ser tanto sistema como não sistema: sistema na medida em que deve expressar a unidade da sociedade [...], de outro lado, porém, também não sistema na medida em que, como foi mostrado, esta unidade, por seu turno, é ela própria produzida por antagonismos, foi mostrado também que essa unidade mesma em seu absoluto produziu de si a desunião" (apud MOLLER, 2015, p. 131).

e diminuído. É o que busca realizar o sistema jurídico de proteção de dados. A partir do reconhecimento dessa equidistância que o considerando 42 da GDPR explica como deve ser a aproximação, por meio de um consentimento informado, entre o titular e os controladores que tratam seus dados e como deve ser direcionada a análise de legalidade de coleta e tratamento:

> Sempre que o tratamento for realizado com base no consentimento do titular dos dados, o responsável pelo tratamento deverá poder demonstrar que o titular deu o seu consentimento à operação de tratamento dos dados. Em especial, no contexto de uma declaração escrita relativa a outra matéria, deverão existir as devidas garantias de que o titular dos dados está plenamente ciente do consentimento dado e do seu alcance. Em conformidade com a Diretiva 93/13/CEE do Conselho (10), uma declaração de consentimento, previamente formulada pelo responsável pelo tratamento, deverá ser fornecida de uma forma inteligível e de fácil acesso, numa linguagem clara e simples e sem cláusulas abusivas. Para que o consentimento seja dado com conhecimento de causa, o titular dos dados deverá conhecer, pelo menos, a identidade do responsável pelo tratamento e as finalidades a que o tratamento se destina. Não se deverá considerar que o consentimento foi dado de livre vontade se o titular dos dados não dispuser de uma escolha verdadeira ou livre ou não puder recusar nem retirar o consentimento sem ser prejudicado.[10]

O titular, ao ser distanciado de quem controla e processa seus dados, não tem condições de externar o seu consentimento para toda a cadeia de tratamento. Muito menos o titular é devidamente informado sobre os riscos que podem ocasionar os incidentes de segurança de informação em cada etapa do processamento a ser realizado. Ao não se comunicar adequadamente, retira-se do titular a sua capacidade de se autodeterminar como ser humano, pois o seu consentimento, externalização do seu direito de personalidade, não se realiza como "manifestação livre, informada e inequívoca pela qual o titular concorda com o tratamento de seus dados pessoais para uma finalidade determinada" (art. 5º, inc. XII, da LGPD).[11]

Diferentemente do que apregoam os controladores, o consentimento não pode ser visto como um fato simplesmente isolado dentro da sua prestação

---

[10] Disponível em: https://eur-lex.europa.eu/legal-content/PT/TXT/HTML/?uri=CELEX:32016R0679&from=PT. Acesso em: 12 nov. 2019.

[11] O art. 4, n. 11, da RGPD, é mais explicativo na definição de consentimento como "manifestação de vontade, livre, específica, informada e explícita, pela qual o titular dos dados aceita, mediante declaração ou ato positivo inequívoco, que os dados pessoais que lhe dizem respeito sejam objeto de tratamento".

de serviços. Todas as informações devem guiar o titular no esclarecimento cristalino de que ele é capaz de anuir ou não sobre quais dados serão coletados, tratados e manipulados, por quanto tempo e qual finalidade. Se esse processo, que legitima a cadeia do consentimento, estiver viciado, falho ou não muito claro, pode o titular se opor ao tratamento que foi realizado. É somente por meio de procedimentos transparentes que o consentimento se torna válido e eficaz para todos os envolvidos.

Um processo de tratamento de dados realizado de maneira correta deve fornecer ao titular de dados, de acordo com a LGPD, a capacidade de dar um consentimento livre, informado e inequívoco. Ademais, o processo de tratamento de dados deve prover ao titular as ferramentas necessárias para controlar quais informações ele quer que sejam ou não utilizadas, bem como o período que serão utilizadas e as formas que ele poderá retirar o consentimento, sem quaisquer obstáculos ou impedimentos de qualquer natureza. Somente dessa maneira poderá o titular de dados fornecer um *consentimento livre*.

Em relação ao *consentimento informado*, requisitado em determinados tratamento de dados, exigem-se outros requisitos e procedimentos que deverão ser realizados na comunicação ao titular de dados e que deverá abranger, de forma clara e inteligível: os riscos e os desconfortos relacionados ao tratamento dos dados; os benefícios que serão alcançados com o procedimento; as possíveis alternativas, se houver, ao tratamento de dados; o nível de confidencialidade envolvido no tratamento; às compensações, se existirem, do tratamento, caso ocorram danos ao titular; os meios e ferramentas para se excluírem, bloquearem ou cessarem os tratamentos de dados. Além dessas informações, os controladores deverão informar ao titular que riscos não previstos poderiam ocorrer, quais são as circunstâncias que podem ser retiradas do tratamento ou descontinuação do processo, enfim, quaisquer circunstâncias não previstas inicialmente devem ser também relacionadas no processo de consentimento informado.

O *consentimento inequívoco* é uma consequência lógica do consentimento informado. É um ato volitivo, informado e ativo do titular que autoriza o tratamento de seus dados. Essa ação positiva do titular não pode ser influenciada, preparada ou pré-arranjada. O considerando n. 32 da GDPR é específico sobre como se dará o consentimento inequívoco:

> O consentimento do titular dos dados deverá ser dado mediante um ato positivo claro que indique uma manifestação de vontade livre, específica, informada e inequívoca de que o titular de dados consente no tratamento dos dados que lhe digam respeito, como, por exemplo, mediante uma de-

claração escrita, inclusive em formato eletrônico, ou uma declaração oral. O consentimento pode ser dado validando uma opção ao visitar um sítio web na Internet, selecionando os parâmetros técnicos para os serviços da sociedade da informação ou mediante outra declaração ou conduta que indique claramente nesse contexto que aceita o tratamento proposto dos seus dados pessoais. O silêncio, as opções pré-validadas ou a omissão não deverão, por conseguinte, constituir um consentimento.[12]

O consentimento inequívoco impede que o silêncio, ato passivo, seja considerado como autorização válida para o tratamento de dados. Deve o titular de dados, por escrito e com assinatura reconhecida legalmente ou qualquer outro meio idôneo, manifestar o seu consentimento para que seja realizada a coleta de seus dados. O art. 7º, inc. IX, do Marco Civil da Internet determina que o consentimento deve ser expresso "sobre coleta, uso, armazenamento e tratamento de dados pessoais, que deverá ocorrer de forma destacada das demais cláusulas contratuais". Reforça o Marco Civil a necessidade da não passividade do titular perante o seu consentimento, como também alerta sobre a forma como se realiza a comunicação sobre o tratamento dos dados, que deve ser em apartado e de maneira bem evidente. Se assim não for, o consentimento expresso e inequívoco está viciado.[13]

Não é intenção do estudo se aprofundar diretamente sobre o tema do consentimento e do legítimo interesse,[14] o que o fará somente nas circuns-

---

[12] Disponível em: https://eur-lex.europa.eu/legal-content/PT/TXT/HTML/?uri=CELEX:3 2016R0679&from=PT. Acesso em: 12 nov. 2019.

[13] A exigência do art. 7º, inc. IX, do Marco Civil da Internet segue orientação já consagrada no art. 54, § 4º, do Código de Defesa do Consumidor que impõe para as cláusulas, que limitem direito do consumidor, elas "deverão ser redigidas com destaque, permitindo sua imediata e fácil compreensão". É de se crer que a jurisprudência consumerista consolidada nesta matéria das cláusulas destacadas pode influenciar as futuras decisões tanto da Autoridade Nacional de Proteção de Dados e do Poder Judiciário. O STJ tem inúmeros exemplos de acórdãos neste sentido: Direito civil. Contrato de seguro-saúde. Transplante. Cobertura do tratamento. Cláusula dúbia e mal redigida. Interpretação favorável ao consumidor. Art. 54, § 4º, CDC. Recurso especial. Súmula/STJ, Enunciado 5. Precedentes. Recurso não conhecido. I – [...]. II – *Acolhida a premissa de que a cláusula excludente seria dúbia e de duvidosa clareza, sua interpretação deve favorecer o segurado, nos termos do art. 54, § 4º do Código de Defesa do Consumidor. Com efeito, nos contratos de adesão, as cláusulas limitativas ao direito do consumidor contratante deverão ser redigidas com clareza e destaque, para que não fujam de sua percepção leiga* (REsp nº 311.509/SP, Rel. Ministro Sálvio de Figueiredo Teixeira, Quarta Turma, DJ 25.06.2001 – sem destaque no original) (grifei).

[14] Para um estudo sobre consentimento, ver Bruno Bioni, Proteção de Dados Pessoais: a função e os limites do consentimento (2019).

tâncias que forem necessárias para se demonstrar na prática como serão delineados os caminhos do titular no processo de tratamento de dados. O consentimento e o legítimo interesse inserem-se, mediatamente, nas análises sobre os processos de tratamento de dados que circundam o titular: as tecnologias, o direito sistêmico envolvido, os modelos de negócios, os modelos econômicos, os procedimentos de segurança de informação e as práticas que tornam efetivos os seus direitos.

Diante dessa premissa, ter somente acesso às informações necessárias para se tomar decisões sobre as permissões, as obstruções e os bloqueios de tratamento de dados pelo titular não possibilitam o entendimento completo da ampla gama de variáveis existentes no fornecimento de produtos e de serviços por controladores, públicos e privados, e suas relações. O titular, individualizado e desconstituído de sua condição relacional e social, mesmo que tenha conhecimento do tratamento dos dados nem sequer imagina o alcance e o tamanho do processamento que é realizado por quem coleta, trata e manipula seus dados e informações.

O titular de dados é hipervulnerável nessas relações (BIONI, 2019), pois o seu consentimento não se efetivará de maneira a realizar os seus direitos insculpidos nas normas. Nos modos que são fornecidos os serviços e construídos os produtos, fica o titular prejudicado ao conceder o seu consentimento, pois não lhe é inteligível todas as finalidades do tratamento. O consentimento, por isso, é um enfrentamento individualizado do titular perante a complexidade do tratamento realizado pelos controladores. Tal postura individualista não soluciona os desvios e as ilegalidades dos processamentos de dados nem impede ou previne as violações decorrentes de vazamento de dados, geralmente recolhidos mediante a aplicação de um suposto legítimo interesse ou, muitas vezes, nem a isso. A hipervulnerabilidade do titular de dados está na mesma razão em que as ferramentas disponíveis o isolam de outros contextos, que poderiam empondêrá-lo e torná-lo mais relevante, mas não se efetivam nas práticas.

4.3 UM OLHAR SOBRE A COMPLEXIDADE DO LEGÍTIMO INTERESSE

A tendência ontológica do direito estatal é ser autopoiético e tentar reproduzir o conhecimento sem efetivamente apreendê-lo, o que é diferente do direito novo imposto pelos controladores de dados. Se o sistema jurídico se apropriasse do ambiente tecnológico, conforme a crítica de Luhmann, ele se destruiria: "Porque o sistema nunca chegaria a construir sua própria complexidade e o seu próprio saber se fosse confundido com o ambiente"[15] (apud KUNZLER, 2004, p. 130). Dessa forma, cria-se um paradoxo de aplicação do sistema jurídico estatal, pois ele se apropria do ambiente, mas não se confunde com ele:

> Como consequência, o paradoxo recebe um *status* alterado. Na teoria dos sistemas ortodoxa, "o sistema utiliza o paradoxo para se desparadoxizar mediante uma compulsão à diferenciação assimétrica e para possibilitar seu desenvolvimento como sistema" (Blecher, 1991, p. 55). Lá, a possibilidade de reparadoxização certifica os esforços necessários para se adaptar às condições ambientais alteradas. Na orientação do luhmannianismo de esquerda, ao contrário, o paradoxo não encerra apenas os potenciais de aprendizagem de adaptação cognitiva, mas também normativa. Na medida em que a autorreferência é interrompida, surgem processos reflexivos e uma permeabilidade entre sistema e ambiente (MOLLER, 2015, p. 137-138).

Da necessidade de ser mais permeável a mudanças trazidas por práticas jurídicas e tecnológicas, surge a proteção de dados pessoais como normativa de aproximação e colonização entre o direito novo, não baseado em leis, e o estatal tradicional e suas instituições. Assim, encontra-se a proteção de dados pessoais ligada, mas não restringida somente a ele, a um direito à privacidade. Diante dessa realidade jurídico fática, aproxima-se o ambiente a ser regulado e compreendido a uma normativa que deve ser direcionada para quem é o beneficiário e detentor do direito, que não é mais o Estado, e sim o titular de dados. Nesse sentido, analisa o jurista estadunidense Richard Posner a nova realidade paradigmática: "Quando as pessoas hoje decretam falta de privacidade, o que elas querem dizer, eu acho, que é algo totalmente diferente de reclusão: elas querem mais poder para esconder informações sobre elas mesmas para que outros não possam usar contra elas". E continua: "Privacidade envolve o direito da pessoa em esconder fatos sobre si mesma"[16] (apud SOLOVE, 2007, p. 751).

---

[15] Carolina Kunzler aprofunda essa análise de Luhmann: "Por não haver qualquer interferência do ambiente, o sistema constrói conhecimento a partir da rede recursiva das próprias operações. Os sistemas sociais, por exemplo, 'só produzem informações justamente porque o ambiente não se intromete'(LUHMANN, 1997, p. 93). Luhmann concluiu, então, que ser aberto fundamenta-se em ser fechado, ou seja, só é possível conhecer algo que nos é distinto. 'Nós conhecemos a realidade porque somos excluídos dela – como do paraíso'(LUHMANN, 1997, p. 52). Quando o sistema observa algo no ambiente, na verdade está designando, ou melhor, diferenciando algo no meio do caos, do indiferenciado. 'O conhecimento projeta diferenciações numa realidade, que não conhece nenhuma diferenciação' (LUHMANN, 1997, p. 105). Conhecer é designar algo como isto e não aquilo. Todo resto não designado remanesce no ambiente" (KUNZLER, 2004, p. 130).

[16] Tradução livre de: "[W]hen people today decry lack of privacy, what they want, I think, is mainly something quite different from seclusion: they want more power to conceal

Em artigo meu sobre a exclusão digital ser um direito fundamental, e trazendo mais exemplificativamente o que disse Posner, em face das situações de proliferação em massa dos dados, reconheci uma necessidade histórica atual de se impedir o acúmulo de dados sem consentimento ou participação efetiva de seus titulares. Deve-se empoderar os titulares de dados de ferramentas jurídicas e tecnológicas para enfrentar as práticas que inviabilizam o direito à privacidade, além de outros direitos fundamentais a ela interligados:

> Portanto, constata-se que estar incluído nas redes de informação e comunicação não necessariamente empodera os cidadãos de ferramentas de luta e combate contra as ameaças e lesões aos seus direitos fundamentais. A tais mecanismos devem ser somados outros novos e mais específicos que permitam a todos se insurgirem contra estes discursos de inclusão de dados que visam somente vigiar, controlar, rastrear, monitorar e, quiçá, *lato sensu*, punir. Faz-se necessário que o cidadão aproprie-se do direito de se excluir destas redes de informação e comunicação (GONÇALVES, 2015, p. 192-193).

A exclusão digital, nesse sentido, é um direito que torna o titular empoderado de seus dados pessoais e autodeterminado em sua vida física e digital. Contudo, a ideia não se concretiza no modelo jurídico adotado, por exemplo, na LGPD. As empresas e os governos, quando obtêm dados pessoais de usuários e de cidadãos, podem acessar e manuseá-los sem que os titulares possam entender ou compreender o que estão fazendo com eles. E isso o fazem fora do consentimento, que, em tese, aproximaria mais o titular de seus dados e o empoderaria. Os controladores se utilizam de uma figura jurídica criada pela LGPD, que é o legítimo interesse, que legalizaria, em tese, o distanciamento dos titulares de seus dados.

O legítimo interesse consubstancia-se normativamente nos incisos do art. 7º da LGPD: o cumprimento de obrigação legal ou regulatória pelo controlador (art. 7, inc. II); o uso pela administração pública, para o tratamento e uso compartilhado de dados necessários à execução de políticas públicas previstas em leis e regulamentos ou respaldadas em contratos, convênios ou instrumentos congêneres (art. 7º, inc. III); para a realização de estudos por órgão de pesquisa, garantida, sempre que possível, a anonimização dos dados pessoais (art. 7º, inc. IV); quando necessário para a execução de contrato ou de procedimentos preliminares relacionados a contrato do qual seja parte o titular, a pedido do titular dos dados (art. 7º, inc. V); para o exercício regular

---

information about themselves that others might use to their disadvantage. Privacy involves a person's "right to conceal discreditable facts about himself".

de direitos em processo judicial, administrativo ou arbitral (art. 7º, inc. VI); para a proteção da vida ou da incolumidade física do titular ou de terceiro (art. 7º, inc. VII); para a tutela da saúde, exclusivamente, em procedimento realizado por profissionais de saúde, serviços de saúde ou autoridade sanitária (art. 7º, inc. VIII); quando necessário para atender aos interesses legítimos do controlador ou de terceiro, exceto no caso de prevalecerem direitos e liberdades fundamentais do titular que exijam a proteção dos dados pessoais (art. 7º, inc. IX); ou para a proteção do crédito, inclusive quanto ao disposto na legislação pertinente (art. 7º, inc. X).[17]

Ao se analisar como é estruturada a normativa da formação da legalidade da retenção e de recolha dos dados, vê-se que não há meios aos quais o titular compreenda como os controladores realizam a coleta, a manutenção e a distribuição. Praticamente tudo pode ser utilizado como fundamento para a coleta de dados. Aparentemente não há restrições ou direcionamentos impostos pelo direito estatal. Cabe aqui o exemplo do inciso II do art. 7º da LGPD: deve o controlador reter, possuir, manusear e armazenar dados do titular sem o seu consentimento por força legal, por exemplo, numa investigação penal ou civil em andamento.[18] Isso se insere também em questão de saúde, direito à vida ou outras situações em que o controlador acredita que esteja resguardando interesses legítimos do titular, porém, não há previsão legal de um estabelecimento de contraditório nesse procedimento.[19] Em face

---

[17] No art. 6.1. da Lei de Proteção de Dados da União Europeia há uma abordagem diferente da lei brasileira: mais concisa e direta. Não há muita possibilidade para conceitos jurídicos indeterminados. Quando for necessário para a execução de um contrato no qual o titular dos dados é parte, ou para diligências pré-contratuais a pedido do titular dos dados; quando o tratamento for necessário para o cumprimento de uma obrigação jurídica a que o responsável pelo tratamento esteja sujeito; quando o tratamento for necessário para a defesa de interesses vitais do titular dos dados ou de outra pessoa singular; quando o tratamento for necessário ao exercício de funções de interesse público ou ao exercício da autoridade pública de que está investido o responsável pelo tratamento; quando o tratamento for necessário para efeito dos interesses legítimos prosseguidos pelo responsável pelo tratamento ou por terceiros, exceto se prevalecerem os interesses ou direitos e liberdades fundamentais do titular que exijam a proteção dos dados pessoais, em especial se o titular for uma criança.

[18] Esse exemplo já foi discutido anteriormente no capítulo 3, item 3.6.2, o Titular de dados e o direito à verdade: legitimidade pelo procedimento.

[19] Independentemente de estar contido na LGPD ou não, tanto as empresas quantos os governos são obrigados a aplicarem os direitos fundamentais em seus procedimentos decisórios. É a chamada eficácia horizontal dos direitos fundamentais, assim definida pelo Tribunal Superior do Trabalho alemão: "Em verdade, nem todos, mas uma série de direitos fundamentais destinam-se não apenas a garantir os direitos de liberdade em face do Estado, mas também a estabelecer as bases essenciais da vida

do art. 7º da LGPD, questiona-se acerca da proteção de dados do titular em relação aos usos extensivos e discricionários destinados ao legítimo interesse atribuídos aos controladores.

Diante desse cenário jurídico tecnológico, qual é a autonomia para se autodeterminar do titular sobre os seus dados efetivamente? Existem muitas maneiras para se colherem e obterem legalmente os dados pessoais. São inúmeros conceitos jurídicos indeterminados,[20] inseridos nas normativas

---

social. Isso significa que disposições relacionadas com os direitos fundamentais devem ter aplicação direta nas relações privadas entre os indivíduos. Assim, os acordos de direito privado, os negócios e atos jurídicos não podem contrariar aquilo que se convencionou chamar ordem básica ou ordem pública" (apud NAKAHIRA, 2007, p. 100). O STF, em sua maioria, vem acolhendo a tese da eficácia horizontal dos direitos fundamentais. O Ministro Gilmar Mendes já decidiu nesse sentido no RE 201.819/RJ, DJ de 27.10.2006: "Sociedade civil sem fins lucrativos. União Brasileira de Compositores. Exclusão de sócio sem garantia da ampla defesa e do contraditório. Eficácia dos direitos fundamentais nas relações privadas. Recurso desprovido. I. Eficácia dos direitos fundamentais nas relações privadas. As violações a direitos fundamentais não ocorrem somente no âmbito das relações entre o cidadão e o Estado, mas igualmente nas relações travadas entre pessoas físicas e jurídicas de direito privado. Assim, os direitos fundamentais assegurados pela Constituição vinculam diretamente não apenas os poderes públicos, estando direcionados também à proteção dos particulares em face dos poderes privados. II. Os princípios constitucionais como limites à autonomia privada das associações. A ordem jurídico-constitucional brasileira não conferiu a qualquer associação civil a possibilidade de agir à revelia dos princípios inscritos nas leis e, em especial, dos postulados que têm por fundamento direto o próprio texto da Constituição da República, notadamente em tema de proteção às liberdades e garantias fundamentais. O espaço de autonomia privada garantido pela Constituição às associações não está imune à incidência dos princípios constitucionais que asseguram o respeito aos direitos fundamentais de seus associados. A autonomia privada, que encontra claras limitações de ordem jurídica, não pode ser exercida em detrimento ou com desrespeito aos direitos e garantias de terceiros, especialmente aqueles positivados em sede constitucional, pois a autonomia da vontade não confere aos particulares, no domínio de sua incidência e atuação, o poder de transgredir ou de ignorar as restrições postas e definidas pela própria Constituição, cuja eficácia e força normativa também se impõem, aos particulares, no âmbito de suas relações privadas, em tema de liberdades fundamentais. [...]". Disponível em: http://redir.stf.jus.br/paginadorpub/paginador.jsp?docTP=AC&docID=388784. Acesso em: 7 out. 2020.

[20] "*Conceitos legais indeterminados* são palavras ou expressões indicadas na lei, de conteúdo e extensão altamente vagos, imprecisos e genéricos e, por isso mesmo, esse conceito é abstrato e lacunoso. Sempre se relacionam com uma *hipótese de fato* posta em causa. Cabe ao juiz, no momento de fazer a subsunção do fato à norma, preencher os claros e dizer se a norma atua ou não no caso concreto. Preenchido o conceito legal indeterminado (*unbestimmte Gesetzbegriffe*), a solução já está preestabelecida na própria norma legal, competindo ao juiz apenas aplicar a norma, sem exercer nenhuma

que ampliam, além do aceitável, a discricionariedade dos aplicadores do direito, tanto o novo quanto o estatal, tais como proteção à vida, incolumidade física, proteção de crédito, exercício regular de direito. Ao se constatarem essas possibilidades, o modelo jurídico adotado pela LGPD é fator de maior afastamento do titular de seus dados pessoais, bem como das ferramentas jurídicas e tecnológicas para exercer seus direitos. Evidencia-se um desequilíbrio formal e material em prol dos controladores, que não precisam se ater a nenhum mandamento jurídico estatal, a não ser aquele inserido em seus termos e códigos-fontes dos sistemas informatizados que disponibilizam.

Em face disso, é necessário construir um caminho para que sejam refeitas as pontes que se perderam na ampliação demasiada do legítimo interesse em detrimento dos direitos do titular. Somente assim se alcançará um entendimento mais complexo de como se evitar que o jurídico seja mais um fator de distanciamento e de não empoderamento de direitos pelo titular.

4.4 PRINCÍPIOS DE PROTEÇÃO DE DADOS PESSOAIS COMO INTERLIGAÇÃO AO DIREITO NOVO

O arcabouço principiológico construído em torno da proteção de dados pessoais tem de ser significativo, a fim de se empoderar de direitos os titulares perante o excesso de dados coletados. Para tanto, deve-se compreender como a autodeterminação informativa é necessária para se evitar a desconexão de si. Ana Maria Navarro traz um estudo bastante aprofundado sobre o direito fundamental à autodeterminação informativa. Ela traça o desenvolvimento do assunto em vários países da Europa e no Brasil, bem como nos tratados internacionais de direitos humanos e reconhece que o "direito à autodeterminação informativa é de natureza material, oponível em face do Estado" (NAVARRO, 2012),[21] mas que deve e se ampliará ainda mais em direção às práticas empresariais.

É do esquecimento do ser humano de sua condição espaçotemporal que produz uma sensação de *despertencimento* de si, que surge a proteção de dados pessoais como direito fundamental e como condição de superação

---

outra função criadora. Distinguem-se das cláusulas gerais pela finalidade e eficácia. A lei enuncia o conceito indeterminado e dá as consequências dele advindas" (NERY JR. et al., p. 157).

[21] Ana Maria Navarro amplia essa ideia: "O direito fundamental à autodeterminação informativa, sob a sua vertente de direito geral à proteção de dados pessoais captados pelo Estado, surge oportunamente como um direito de defesa e de prevenção, individual ou coletivo, contra os desvios de finalidade nos atos de captação, tratamento e comunicação de dados pessoais pelas instituições públicas" (NAVARRO, 2012).

desse movimento de afastamento entre sujeito e objeto, porque mediado por códigos e termos jurídicos que lhe são incompreensíveis. A inclusão digital a ser promovida pela proteção de dados pessoais não é só das informações e dados que são digitais (*on-line*), mas daqueles produzidos fisicamente por meio de registros não diretamente ligados a tecnologias de informação e de comunicação (*off-line*). A proteção de dados pessoais tem como objetivo alcançar as práticas e as tecnologias que impedem o ser humano, titular dos dados, de acessar, alterar, modificar, controlar e divulgar as informações que a ele se referem ou lhe são referidas. É uma tentativa de aproximação ontológica.

A análise principiológica do que já foi desenvolvido em termos de proteção de dados pessoais auxilia no reconhecimento e no entendimento das maneiras de se projetar as bases de funcionamento desse direito. Ao longo das legislações da GDPR europeia e LGPD reconhecem-se dez princípios referentes ao tratamento de dados pessoais feitos por controladores: **1) Finalidade** (é legítimo o uso dos dados pessoais?); **2) Adequação** (a forma como é feito o tratamento é compatível com a finalidade?); **3) Necessidade** (devem-se capturar todos os dados? Qual é o limite?); **4) Livre acesso** (ao titular pode-se criar algum obstáculo?); **5) Qualidade dos dados** (há garantias jurídicas e tecnológicas de que os dados estão sendo tratados de forma correta?); **6) Transparência** (os processos implementados permitem ao titular ter certeza sobre o tratamento?); **7) Segurança** (foi utilizada a melhor prática e política de segurança de informação?); **8) Prevenção** (adotaram-se as melhores práticas em caso de ocorrência de dano por tratamento inadequado?); **9) Não discriminação** (pode-se avaliar se os dados foram tratados sob práticas que respeitem a igualdade?); **10) Prestação de contas** (o controlador ou o processador dos dados cumpre as normas relativas à proteção de dados?). A intenção é destrinchar os dez princípios e analisá-los a partir de suas práticas, a fim de desenhar as linhas de atuação deles ou como deveriam ser aplicados, para, ao cabo, contextualizá-los nos modelos jurídicos e tecnológicos existentes. E, depois, verificar se são viáveis de serem efetivamente implementados.

O princípio da **finalidade** deve ser aplicado pelos que controlam ou processam dados pessoais de forma anterior à realização do recolhimento para atender os seguintes requisitos: análise prévia do que seja o serviço e como ele será comercializado; o modelo jurídico a que se regulará as relações com os titulares; a compreensão das modelagens de negócio de quem está se relacionando com o serviço ou produto, direta ou indiretamente; deve haver uma interligação direta entre a prática tecnológica, a relação direta com o tratamento dos dados, com a expectativa de direito esperada pelo titular; e, por fim, não pode compartilhar os dados o controlador ou o operador com outras entidades, sem o consentimento do titular, e que tenham finalidade distinta daquelas que foram obtidos e manipulados os dados.

Assim, ao se realizar todo esse percurso, será implementado o princípio da **adequação** do tratamento de dados pelo controlador. O princípio da **adequação** só será implementado se a prática do tratamento de dados estiver conectada a uma finalidade que atenda a um interesse legítimo de realizá--lo com a expectativa de que o titular dos dados espera como resultado. O princípio da **adequação** tem como função fornecer uma previsibilidade no tratamento dos dados.

A previsibilidade só é totalmente compreendida se realizada dentro do princípio da **transparência**, ou seja, se todos os procedimentos contidos no tratamento dos dados realizados pelos controladores puderem ser auditados tanto pelo titular quanto pelo Estado, por eles mesmos ou por outras empresas confiáveis. Laura Schertel Mendes amplia ainda mais a noção do princípio da transparência:

> Todo o tratamento de dados pessoais tem como pressuposto a sua completa transparência em relação a quem são os responsáveis e os gestores do tratamento, qual a sua finalidade, qual é a utilização dos dados e que tipos de dados são processados etc. Sem a devida transparência, torna-se impossível qualquer tipo de controle pelo titular do fluxo de seus dados, assim como qualquer fiscalização pelos órgãos de controle (MENDES, 2015, p. 485-486).

Somente com o dever de transparência a que estão adstritos os controladores podem analisar se estão implementando todos os princípios da proteção de dados pessoais, principalmente, se eles estão recolhendo e tratando dados dentro da **necessidade** do produto ou serviço. No produto ou serviço que eles implementam, deve-se analisar se eles precisam de todos os dados que estão capturando e qual é o limite temporal e quantitativo dessa coleta. Nesse sentido, por exemplo, num *game* de ursinho para crianças pode o aplicativo ter acesso às câmeras, microfone e geolocalização? Há **necessidade** em se coletar essa gama ampla de dados pessoais? Não. E se o aplicativo está recolhendo os dados, ele extrapola claramente o princípio da **necessidade** e infringirá os direitos dos titulares de dados. Pior, de acordo com a legislação brasileira[22] e

---

[22] LGPD: "Art. 14. O tratamento de dados pessoais de crianças e de adolescentes deverá ser realizado em seu melhor interesse, nos termos deste artigo e da legislação pertinente. § 1º O tratamento de dados pessoais de crianças deverá ser realizado com o consentimento específico e em destaque dado por, pelo menos, um dos pais ou pelo responsável legal. § 2º No tratamento de dados de que trata o § 1º

internacional,[23] o aplicativo está colhendo os dados de forma ilegal. E, nesse ponto, o princípio da necessidade está interligado ao princípio da **minimização dos dados**. Quanto menos dados tratados ou recolhidos, mais os direitos dos titulares serão resguardados.

Ao princípio da **transparência**, em que o titular deve saber tudo que os controladores estão se utilizando, deve este ter o livre acesso aos seus dados pessoais. O **livre acesso** é moldado nas mesmas bases da lei de acesso à informação, agora no aspecto privado. Não pode o titular percorrer caminhos ou processos que os inviabilize de ter contato direto com os seus dados pessoais e como eles são manuseados, guardados e distribuídos. O controlador tem que permitir ao titular o acesso livre e desimpedido aos seus dados e como eles estão sendo tratados em todos os seus procedimentos, entre todos os

---

deste artigo, os controladores deverão manter pública a informação sobre os tipos de dados coletados, a forma de sua utilização e os procedimentos para o exercício dos direitos a que se refere o art. 18 desta Lei. § 3º Poderão ser coletados dados pessoais de crianças sem o consentimento a que se refere o § 1º deste artigo quando a coleta for necessária para contatar os pais ou o responsável legal, utilizados uma única vez e sem armazenamento, ou para sua proteção, e em nenhum caso poderão ser repassados a terceiro sem o consentimento de que trata o § 1º deste artigo. § 4º Os controladores não deverão condicionar a participação dos titulares de que trata o § 1º deste artigo em jogos, aplicações de internet ou outras atividades ao fornecimento de informações pessoais além das estritamente necessárias à atividade. § 5º O controlador deve realizar todos os esforços razoáveis para verificar que o consentimento a que se refere o § 1º deste artigo foi dado pelo responsável pela criança, consideradas as tecnologias disponíveis. § 6º As informações sobre o tratamento de dados referidas neste artigo deverão ser fornecidas de maneira simples, clara e acessível, consideradas as características físico-motoras, perceptivas, sensoriais, intelectuais e mentais do usuário, com uso de recursos audiovisuais quando adequado, de forma a proporcionar a informação necessária aos pais ou ao responsável legal e adequada ao entendimento da criança".

[23] RGPD: "Artigo 8º Condições aplicáveis ao consentimento de crianças em relação aos serviços da sociedade da informação: 1. Quando for aplicável o artigo 6º, n. 1, alínea a), no que respeita à oferta direta de serviços da sociedade da informação às crianças, dos dados pessoais de crianças é lícito se elas tiverem pelo menos 16 anos. Caso a criança tenha menos de 16 anos, o tratamento só é lícito se e na medida em que o consentimento seja dado ou autorizado pelos titulares das responsabilidades parentais da criança. Os Estados-Membros podem dispor no seu direito uma idade inferior para os efeitos referidos, desde que essa idade não seja inferior a 13 anos. 2. Nesses casos, o responsável pelo tratamento envida todos os esforços adequados para verificar que o consentimento foi dado ou autorizado pelo titular das responsabilidades parentais da criança, tendo em conta a tecnologia disponível. 3. O disposto no n. 1 não afeta o direito contratual geral dos Estados-Membros, como as disposições que regulam a validade, a formação ou os efeitos de um contrato em relação a uma criança".

participantes na cadeia de fornecedores e lugares de guarda. Sem isso, não há **transparência** efetivamente realizada.

O princípio da transparência está interligado com um princípio constitucional atrelado ao titular que é o princípio da **verdade**. O titular de dados deve informar e ser informado em busca da construção da verdade. A verdade é o princípio constitucional que permeia e orienta todos os tratamentos de dados. Sem ela, não há confiança a ser estabelecida entre o titular e o controlador. Se o controlador, por exemplo, não informar que eliminou os dados requeridos pelo titular, falta com a verdade a que está adstrito. A falta de cumprimento com o princípio constitucional da verdade, em toda a cadeia de tratamento, acarreta violação dos dados pessoais, o que pode ensejar nas multas e sanções previstas em lei.

O titular, em face de toda a complexidade das tecnologias e processos empregados no tratamento de dados, na confiança baseada na verdade que estabelece com o controlador, espera previsibilidade dos serviços e produtos oferecidos com a utilização de seus dados pessoais.[24] A previsibilidade engloba as tecnologias e o modelo jurídico adotados pelo controlador, o que impacta diretamente na **qualidade dos dados**. A qualidade dos dados refere-se às características intrínsecas de veracidade, inalterabilidade, confiabilidade e autenticidade, que os tornam aptos a serem processados pelos controladores.

Outra questão a ser colocada sobre a **qualidade dos dados** refere-se à classificação deles. Classificar os dados, de forma estruturada ou não,[25] é

---

[24] O considerando 41 da RGPD reforça que a previsibilidade é um princípio implícito no tratamento de dados pessoais: "Caso o presente regulamento se refira a um fundamento jurídico ou a uma medida legislativa, não se trata necessariamente de um ato legislativo adotado por um parlamento, sem prejuízo dos requisitos que decorram da ordem constitucional do Estado-Membro em causa. No entanto, esse fundamento jurídico ou essa medida legislativa deverão ser claros e precisos e a sua aplicação deverá ser *previsível para os seus destinatários*, em conformidade com a jurisprudência do Tribunal de Justiça da União Europeia ('Tribunal de Justiça') e pelo Tribunal Europeu dos Direitos do Homem" (grifei).

[25] É de suma importância trazer aqui as diferenças entre dados estruturados e não estruturados, a fim de entender como eles são concebidos no tratamento de dados pessoais: "**Não estruturados:** Os bancos de dados em geral não contêm todas as informações possíveis sobre algo lá guardado. Um dado é uma forma organizada de informação, mas ela ocorre desde que campos específicos sejam preenchidos para que a recuperação deles se dê de forma automatizada. Mas documentos de texto, por exemplo, não são enxergados em toda sua amplitude. Seria inviável classificar cada palavra do texto e relacioná-las com contextos, momentos, pessoas, citações etc. Isso é pior para vídeos e áudios. Em redes sociais, quando as pessoas colocam suas emoções no que escrevem, tudo fica ainda mais impossível. Imagine que você

condição técnica para se construir a previsibilidade do tratamento a ser fornecido em que serão respondidas as dúvidas dos titulares sobre com quem estão os dados, onde se encontram, como acessá-los, se foram excluídos, por quanto tempo ficarão naqueles sistemas etc.

Ao se avaliar a qualidade dos dados e entender se eles estão seguindo modelos tecnológicos e jurídicos de proteção, o titular tem que ser protegido da **não discriminação** dos tratamentos. Ou seja, o titular tem que ter ferramentas para avaliar se os seus dados estão sendo tratados de maneira igualitária em relação a outros titulares. Ao ter os seus dados tratados, podem ser criados **perfis** do titular (cor, geolocalização, idade, sexo, religião etc.), que são utilizados pelos controladores para avaliar comportamentos para oferecer produtos ou serviços específicos e direcionados, gerando melhor engajamento. De acordo com a LGPD, os dados tratados como perfis são dados pessoais sensíveis (art. 5º, inc. II) e possuem tratamento jurídico diferenciado e com um nível de proteção ainda mais rígido.

A criação de perfis não viola as regras da LGPD, contudo, o titular não pode ser tratado de forma iníqua por esse discrímen. Por exemplo, os controladores não podem impor aos titulares condições diferenciadas por morarem numa região ou por seguir uma determinada religião. Geralmente o discrímen se manifesta em preços diversos, negativas de serviço ou decisões automatizadas em detrimento de sua condição social, histórica e econômica diferenciada, o que se constitui em discriminação negativa.[26] A LGPD visa

---

entrou em uma sala de um colecionador. O acervo está etiquetado e organizado. Mas não se pode ter uma ideia completa do significado daquilo tudo de uma forma automática. **Estruturados:** São dados que contém uma organização para serem recuperados. É como se fossem etiquetas, linhas e colunas que identificam diversos pontos sobre aquela informação e tornam o trabalho da tecnologia bem simplificado. A maioria das empresas trabalha com eles há décadas. Embora não sejam a maior fatia do conteúdo produzido, eles são o que existe – ou existia – de melhor para tirar conclusões e fazer processos fluírem". Disponível em: https://docmanagement.com.br/03/06/2015/a-diferenca-entre-dados-estruturados-e-nao-estruturados/. Acesso em: 10 nov. 2018.

[26] Assim, o controlador não pode estabelecer, inconstitucionalmente, uma discriminação negativa dos titulares de dados em prol da exclusão deles. Assim, definiu Robert Castel a discriminação negativa: "Mas a discriminação negativa não consiste somente em dar mais àqueles que têm menos; ela, ao contrário, marca seu portador com um defeito quase indelével. Ser discriminado negativamente significa ser associado a um destino embasado numa característica que não se escolhe, mas que os outros no-la devolvem como uma espécie de estigma. *A discriminação negativa é a instrumentalização da alteridade, constituída em favor da exclusão*". (CASTEL, 2008, p. 14)

a impedir a configuração de sistemas e inteligências artificiais que são construídas contra os direitos fundamentais.[27]

A previsibilidade auxilia ainda na construção de políticas e de procedimentos a serem aplicadas pelos controladores. Para toda a cadeia de tratamento de dados deve-se aplicar o mesmo nível de **segurança de informação** ou até mais, se for o caso de tratamento de dados de crianças e de adolescentes e dados de mortos. A lei não poderá estabelecer um mínimo nem um máximo em relação aos padrões pretendidos. Tudo varia em relação ao tamanho das empresas, suas condições financeiras e econômicas, a quantidade e qualidade dos dados a serem processados. Não pode se cobrar de uma *startup* o mesmo nível de exigência que se aplicará a uma *Big Tech*. O primeiro critério a ser levado em consideração, então, é a capacidade de investimento. O segundo é o risco que aquele tratamento de dados poderá causar para o titular, por exemplo, dados de saúde e de crianças e de adolescentes. Nesses casos específicos, deverão ser aplicados e exigidos padrões de segurança da informação melhores e mais complexos aos controladores. E se o risco é maior no tratamento, independentemente da capacidade financeira da empresa, serão aplicados padrões e exigências mais rígidos ao controlador, que deverão estar previstos no Relatório de Impacto à Proteção de Dados a ser emitido para o titular e para a ANPD. O terceiro critério de aplicação é a adoção de um *standard* de segurança da informação, por exemplo, padrões nacionais ou internacionais, tais como, mas não restrita a somente esses, a ISO 27001, ISO 27002 e ISO 27701. O *standard* facilita a previsibilidade da atuação do controlador no tratamento de dados e como eles estão sendo aplicados. Assim, atinge-se mais transparência, melhora a qualidade dos dados e se torna mais cristalina a prestação de contas. Laura Schertel Mendes complementa: "A segurança dos dados pessoais é aspecto essencial no âmbito da garantia do direito básico à proteção dos dados e impõe ao responsável a adoção de medidas técnicas e organizatórias adequadas para atender a esse fim" (MENDES, 2015, p. 488).

---

[27] "Em decisão inédita no Brasil, o Departamento de Proteção e Defesa do Consumidor (DPDC), órgão do Ministério da Justiça, publicou hoje no Diário Oficial da União decisão que condenou a Decolar.com ao pagamento de multa de R$ 7.500.000,00 (sete milhões e quinhentos mil reais) por diferenciação de preço de acomodações e negativa de oferta de vagas, quando existentes, de acordo com a localização geográfica do consumidor, técnicas conhecidas como *geo pricing* e *geo blocking*. Para Ana Carolina Caram, diretora do DPDC, houve discriminação da empresa com consumidores por conta da etnia e localização geográfica, o que configura prática abusiva, além de verdadeiro desequilíbrio no mercado e nas relações de consumo". Disponível em: http://www.justica.gov.br/news/collective-nitf-content-51. Acesso em: 11 nov. 2018.

Em sequência às práticas de segurança de informação, a previsibilidade deve atingir o *post facto*, ou seja, ocorreu um incidente de segurança, um vazamento, quais são os comportamentos e os procedimentos que se esperam do controlador? Aí deve-se aplicar o princípio da **prevenção** a esses incidentes. Se ocorrer um vazamento, pode e deve o titular direcionar questionamentos para uma equipe interna, que deverá existir e estar estruturada pelo controlador, que será responsável para informar acerca da extensão: Quais os meios utilizados? Quais os problemas que foram encontrados? Onde se localizam os seus dados? Quais dados foram vazados? Com quem estavam dentro da empresa? Como e se foram compartilhados com outros controladores? Aplicaram-se os melhores procedimentos de segurança? Havia necessidade de se tratar aqueles dados vazados? Foram tomadas as medidas para mitigar os riscos? Houve plano de recuperação dos dados? Os dados foram criptografados ou de qualquer forma anonimizados? Os funcionários foram treinados? Existe algum colaborador envolvido no vazamento em questão? Num modelo baseado em *big data*, o vazamento de dados é uma possibilidade constante e não pode ser subavaliado por quem os controla ou processa. Ao se aplicar a segurança da informação e a prevenção, devem os controladores serem capazes de realizar a **prestação de contas** de suas atividades não só aos titulares, mas também a ANPD, aos acionistas e a todos que estão interligados a esses dados vazados.

Na **prestação de contas**, em caso de vazamentos de dados ou não, a proteção de dados amplia-se para além do direito do titular. Alcança-se a toda coletividade que é atingida pelas atividades do controlador e que tem interesse na prevenção e mitigação dos riscos, bem como na implementação correta das práticas de segurança de informação que foram ou deveriam ser aplicadas no tratamento daqueles dados. É o interesse público que vai definir as correções ou incorreções das práticas adotadas pelos controladores, pois, se não se aplicarem as melhores práticas de segurança de informação ou de prevenção, como se saberá efetivamente o que se perdeu e para onde se perdeu? Como se aplicarão as medidas protetivas na defesa dos direitos do titular? Qual é o tamanho do perigo em caso de dados médicos? Como se recuperam os dados de localização de um usuário e se avalia a extensão dos danos? Tudo deve passar por escrutínios, públicos e privados, que devem alcançar todo o tratamento de dados, para, ao final, se avaliar o tamanho dos riscos, a correção das soluções apresentadas, a valoração das multas etc.

Ato contínuo da análise do princípio da prestação de contas, deve-se construir a sua conexão com as práticas jurídicas existentes e a aderência desses modelos importados de normas técnicas para o âmbito administrativo de uma ANPD ou do Poder Judiciário. Como ainda não se consolidou um rascunho do que seria a atuação da ANPD brasileira, o modelo jurídico analisado é o doutrinário ou jurisprudencial. Ao se focar neles, percebe-se um desapego ao funcionamento básico de tecnologias de informação e de comunicação e como efetivamente são desenvolvidos *softwares* e *hardwares*.

Os *softwares* e *hardwares* desenvolvidos por controladores são construídos em projeto de três a seis meses antes de serem aplicados. É parte do modelo de negócio entender quais são as razões e as especificações a que os dados serão recolhidos.[28] Na pré-configuração é que se definem as linhas mestras do que os serviços e os produtos farão ou serão delimitados. Logicamente, podem-se cambiar as configurações após o início do sistema, mas as alterações e os testes a serem feitos, demoram o mesmo tempo, ou seja, de três a seis meses, para serem implementadas definitivamente. É por essa razão que as grandes empresas de internet possuem sobre um mesmo sistema mais de dez versões dele funcionando em ambientes de testes e de homologação.[29] Em

---

[28] Numa empresa de internet ou de *software* a modelagem do negócio é parte essencial do sucesso da empresa. Mesmo em empresas já desenvolvidas, há que se rever o processo do negócio para atender as demandas de um novo mercado com outro tipo de funcionamento. Assim, há que se refazer o negócio com base nestes passos trazidos pelo Modelo de Negócios que demoram muito para serem colocados em prática: "Nesse modelo de empresa é possível representar alguns elementos que contribuirão fortemente para o entendimento empresarial, tais como: a funcionalidade e comportamento da empresa em termos de processos, atividades, operações básicas e eventos envolvidos; os sistemas computacionais e os recursos físicos necessários para seu funcionamento; os produtos, seus ciclos produtivos até os processos de distribuição; os componentes físicos ou recursos, como máquinas, ferramentas, dispositivos de armazenagem e movimentação, podendo apresentar seus layouts, capacidades para armazenamento ou alocação de pessoas; processo, fluxo e pontos das decisões que têm que ser tomadas; os dados e informações, seus fluxos na forma de ordens, documentos, dados discretos, arquivos de dados ou bases de dados complexas; conhecimento e *know-how* da empresa, regras específicas de decisão, políticas de gerenciamento interno, regulamentação, entre outros; indivíduos, especialmente suas qualificações, habilidades, regras, papéis e disponibilidades; responsabilidade e distribuição de autoridade sobre cada um dos elementos aqui descritos, ou seja, sobre as pessoas, materiais e funções; os tempos envolvidos em cada processo, uma vez que a empresa é um sistema dinâmico". Disponível em: https://www.devmedia.com.br/artigo-engenharia-de-software-4-modelagem-de-processos-de-negocio/9880. Acesso em: 24 out. 2018.

[29] "Um ambiente para teste e aceite de suporte, que é a instância onde softwares ou sistemas adquiridos são inicialmente instalados e sofrem os testes de aceite, além das customizações para a sua adequação ao ambiente produtivo da organização antes de sua implantação definitiva. Um ambiente para validação da distribuição de software e sistemas, é principalmente requerido quando o ambiente operacional é distribuído, como ocorre em redes varejistas, ou mesmo em bancos com as suas redes de agências

face da segregação programada dos sistemas, como é que as normas jurídicas podem alcançar essas práticas? Qual é a versão que vamos nos utilizar para dizer que o princípio da finalidade e outros da proteção de dados pessoais estão ou não sendo aplicados? E se as páginas de internet possuem filtros de IP que diferenciam os serviços conforme a localidade do titular? Como serão aplicados os princípios trazidos anteriormente sem uma definição clara do que se está a executar? Quem vai garantir que a versão do titular é a mesma que está se utilizando? Em que lugar do mundo?

A forma como são desenvolvidos os *softwares*, e que estão fora do controle do Estado e dos titulares, exigem uma nova formatação jurídica para tornar os direitos mais efetivos, que deve abranger muito mais procedimentos e organização dos sistemas como um todo do que o resultado deles. Portanto, os princípios trazidos da proteção de dados pessoais devem orientar a construção de procedimentos adequados e necessários para se estabelecer uma cadeia de responsabilidades, que será mais importante do que as consequências das violações de dados pessoais.

4.5 DIREITOS DO TITULAR DE DADOS PESSOAIS

Os princípios se espraiam para além da legislação de proteção de dados pessoais, alcançam os direitos consumeristas, o Marco Civil da Internet, as análises de créditos financeiros, o acesso à informação e todos os sistemas que envolvem, de alguma maneira, o uso de dados do titular para se desenvolverem práticas jurídicas, sociais, econômicas e tecnológicas. Isso é uma decorrência lógica da transversalidade dos dados pessoais e, por conseguinte, do seu titular dentro dos sistemas, o que não ocorre exclusivamente com os princípios, mas principalmente com os seus direitos. Os direitos dos titulares também estão espalhados ao longo da ordenação jurídica, fazendo funcionar outros direitos coletivos e individuais.

Os direitos dos titulares são diretamente decorrentes dos princípios analisados e são mais direcionados às práticas de como os controladores devem tratar os dados em conformidade com o sistema de proteção de dados pessoais. Os direitos dos titulares atuam sobre as práticas dos controladores e deverão ser obedecidos por todos aqueles que executam de alguma maneira o

---

e de autoatendimento (ATM). Um ambiente de prevenção de falhas em produção, que já detalhamos em outro texto sob o título de Qualidade em TI – O processo de pré-produção, também requer segregação. Estas segregações visam adequar o isolamento físico e lógico de funções e dados aos ambientes e seus controles, para garantir a qualidade de objetivos de cada instância" (BERGAMI, 2014).

processamento de dados, *on-line* ou *off-line*. Ou seja, o condomínio residencial ou comercial que recolher imagens ou dados do visitante ou morador deve seguir as regras determinadas na LGPD, como já deveria fazer na existência do Marco Civil da Internet, e informar ao titular como serão coletados, manipulados e guardados os seus dados, bem como as condições de segurança e o tempo do tratamento. Enfim, todas as áreas do direito e da vida serão colonizados pela proteção de dados, privados ou públicos, com o escopo único de satisfazer os direitos do titular, a quem devem ser direcionados e envidados todos os esforços para informar da maneira mais clara as razões e as justificativas para aquele tratamento. Sem isso, há grande risco de o controlador de dados ser responsabilizado a cumprir sanções administrativas e judiciais por descumprimento das normas de proteção de dados.

4.5.1 Direito de requisição dos dados

O titular tem o direito de requisitar a qualquer tempo, *on-line* ou *off-line*, e por quaisquer meios, papel ou virtual, aos controladores as informações relativas aos seus dados, públicos ou privados, tal como determinado nos arts. 18, *caput*, da LGPD e no art. 10 da Lei de Acesso à Informação Pública.

O direito de requisição é instrumento necessário para viabilizar os direitos de personalidade do titular de dados. Há uma dupla faceta contida no direito de requisição de dados: o direito subjetivo do titular de perseguir as informações sobre ele em qualquer lugar e a qualquer momento, sem a obrigatoriedade da realização de outros procedimentos requisitórios, judiciais ou extrajudiciais, e sem a necessidade de provar liames causais com quem processa e controla os dados; e o dever objetivo dos controladores de informar a existência ou não desses dados, como estão armazenados, o por quê foram recolhidos, quais as finalidades, por quanto tempo estão tratando etc.

O direito de requisição dos dados independe da capacidade jurídica do titular. Todos os titulares têm o direito de saber como estão sendo utilizados os dados e todos os processamentos nele envolvidos. A requisição só será negada se o titular que o pediu não tiver legitimidade para tanto ou o controlador não realiza efetivamente o tratamento de dados.

4.5.2 Direito de confirmação da existência de tratamento

O direito de requisição de dados faz funcionar outros direitos conexos ao titular e sem os quais ele ficaria limitado em sua potencialidade. O direito de confirmação da existência do tratamento de dados é um deles e está contido no art. 18, inc. I, da LGPD. Mesmo com a existência da ANPD, esse será um direito de extrema dificuldade a ser implementado, tanto nos aspectos formais quanto nos materiais.

O direito de confirmação da existência de tratamento está interligado ao princípio constitucional da verdade. Os controladores são obrigados por lei a não faltarem com a verdade sobre o processamento de dados. A falta da verdade, além de colocar em dúvida a lisura e a idoneidade do tratamento realizado, enseja a quebra total da confiança entre as partes, titular e controlador. O controlador deve fornecer o máximo de provas e evidências de que está agindo de boa-fé ao comunicar os fatos e provar, de forma transparente, que não tem relação com os dados do titular.

O art. 19 da LGPD determina que a confirmação da existência deve ser em formato simplificado (inc. I), "por meio de declaração clara e completa, que indique a origem dos dados, a inexistência de registro, os critérios utilizados e a finalidade do tratamento" e que deve ser "fornecida no prazo de até 15 (quinze) dias, contado da data do requerimento do titular" (inc. II). Ainda estipula o legislador que os dados serão disponibilizados, por meio eletrônico ou impresso (§ 2º), "em formato que favoreça o exercício do direito de acesso" (§ 1º). Se o tratamento estiver baseado no consentimento ou contrato, o controlador deverá disponibilizar cópia integral de todos os seus dados pessoais (§ 3º).

Para o sistema protetivo de dados, é preocupante quando um controlador se descura de seu dever de informar a verdade sobre as suas práticas de recolha e de tratamento de dados. Por exemplo, uma das respostas das cartas enviadas aos controladores, em agosto de 2019,[30] sobre os pedidos de confirmação da existência de tratamento de dados sobre mim, foi fornecida a negativa de existência de forma verbal. Não foram enviados *e-mails* ou quaisquer outros documentos que comprovassem as alegações, digitais ou físicos. De fato, já estava ciente o titular de que o tratamento era efetivamente realizado pelo controlador em questão, pois mantinha relação jurídica com a empresa. A negativa não veio apoiada em nenhum documento técnico ou jurídico que afastasse o pedido requisitório. Dessa maneira, de acordo com os direitos do titular, a negativa constitui-se em violação de dados pessoais, por não cumprir com o mandamento do art. 19 da LGPD.

A efetividade do direito de confirmação da existência de tratamento de dados do titular deve ser acompanhada de instrumentos que legitimem as práticas de sua implementação, jurídica e tecnologicamente, o que não

---

[30] Ver modelo da carta de requisição no sítio do SIGILO: https://sigilo.org.br/modelo--carta-requisicao-dados-pessoais/.

se extingue somente com o direito de requisição. As respostas vagas e orais deverão representar a falta de procedimentos e de mecanismos adequados dos controladores no provimento de seus serviços, aos quais serão responsabilizados, mesmo que se comprove a não existência do tratamento, por não responderem adequadamente ao direito de acesso aos dados, de forma clara e transparente, pelo titular.

4.5.3 Direito de acesso aos dados

Confirmada ou não a existência do tratamento de dados, o titular tem direito a acessar os dados que estão sendo coletados, armazenados e manipulados por controladores, sem quaisquer obstáculos, impedimentos, requisições técnicas ou exigências que inviabilizem a obtenção deles.

O direito de acesso aos dados e às informações está inserido nos arts. 5º, incs. XXXIII e LXXIX, da Constituição Federal de 1988, 18, inc. II, da LGPD, 10 da LAIP, 4º, inc. II, do Marco Civil da Internet, e 43 do Código de Defesa do Consumidor.

O livre acesso aos dados e informações, além de um direito, é um princípio que norteia o tratamento de dados (art. 6º, inc. IV, da LGPD) e está diretamente ligado ao princípio da transparência, orientando os controladores, públicos ou privados, a fornecerem por meios variados, físicos ou virtuais, as respostas para as requisições dos titulares. Em razão disso, o direito de acesso está relacionado ao entendimento completo que o titular de dados terá sobre os mecanismos disponibilizados para alcançar seus dados, que devem ser "objetivos, claros, verdadeiros e em linguagem de fácil compreensão" (art. 43, § 1º, do CDC).

Ao se efetivar esse direito, devem os controladores dispor de tecnologias e de meios cognitivos variados para se eliminarem as barreiras que possam impedir o titular a ampla compreensão do tratamento, que está sendo ou foi realizado. Assim, desde a concepção da ferramenta tecnológica, passando por questões de língua e correção das informações, até a entrega dos dados, não pode o titular ser tolhido no seu desejo de obter o entendimento e a compreensão sobre o que estão, como estão e para qual finalidade estão utilizando seus dados e informações. No caso de acesso às informações públicas, tal como já analisado no capítulo 3, o titular de dados somente será impedido nos casos estabelecidos pelo art. 23 da LAIP e quando a requisição afetar os dados pessoais de outros titulares.[31]

---

[31] Ingo Wolfgang Sarlet e Carlos Alberto Molinaro justificam no mesmo sentido a obstrução do direito de acesso à informações públicas: "[...] A denegação do acesso

4.5.4 Direito de correção

O direito de correção atribuído ao titular de dados está atrelado aos princípios da dignidade da pessoa humana, da autodeterminação do indivíduo e à busca pela verdade, que deve pautar tanto o direito material quanto o processual. O direito escolheu a verdade, ou a busca pela verdade, como um dos seus princípios primordiais, pois está atrelada à transparência democrática e à publicidade dos atos. O direito à verdade é de suma importância para o desenvolvimento da personalidade do indivíduo, do titular de dados:

> [...] Soma-se, ainda, a violação ao *direito à verdade, que assegura o direito à construção da identidade, da história e da memória do povo brasileiro*, no que se refere ao regime militar ditatorial, suas marcas, seus atores e suas vítimas. O direito à verdade traduz o anseio civilizatório do conhecimento de graves fatos históricos atentatórios aos direitos humanos. Tal resgate histórico serve a um duplo propósito: assegurar o direito à memória das vítimas e confiar às gerações futuras a responsabilidade de prevenir a ocorrência de tais práticas. Daí a criação de comissões de verdade ante o regime do apartheid; a busca da verdade em face de regimes ditatoriais e a adoção da legislação europeia contemporânea que proíbe o revisionismo histórico [...] (grifei) (PIOVESAN, 2006).

Por estar atrelado ao direito à verdade e aos direitos de personalidade, o direito de "correção de dados incompletos, inexatos ou desatualizados" (art. 18, inc. III, da LGPD) não pode ser obstado e deve ser facilitado pelos controladores. Como o direito de correção não se encontra explicitamente inserto no Marco Civil da Internet, mas que, indiretamente, por meio do art. 7º, inc. XIII, impõe a "aplicação das normas de proteção e defesa do consumidor nas relações de consumo realizadas na internet", remete à interpretação ao Código de Defesa do Consumidor, em que há previsão do direito de correção no art. 43, § 3º, do CDC, que determina: "O consumidor, sempre que encontrar inexatidão nos seus dados e cadastros, poderá exigir sua imediata correção, devendo o arquivista, no prazo de cinco dias úteis, comunicar a alteração aos eventuais destinatários das informações incorretas". Na LGPD, não há menção a prazo estipulado para o titular de dados exercer o seu direito de correção,

---

a qualquer tipo de informações deve, contudo, ser excepcional e somente poderá fundamentar-se naquelas razões específicas dispostas pelo texto constitucional e legislação infraconstitucional pertinente, como é o caso, em especial, da segurança nacional, para efeito da proteção de dados pessoais (sensíveis), a proteção dos segredos industriais e comerciais, a prevenção ou investigação das práticas criminosas, o que será objeto de atenção logo adiante" (SARLET et al., 2014, p. 28).

em decorrência disso, contudo, por analogia, o único prazo que existe é o de 15 dias para os controladores confirmarem a existência do tratamento (art. 19, inc. II, da LGPD), o qual deverá ser utilizado também para corrigi-los.

Se não forem colocados os meios e as ferramentas para se corrigirem as informações nem realizados no prazo máximo de 15 dias, que são corridos e não úteis, o tratamento de dados violará o direito de correção do titular e o controlador deverá ser punido, judicial e administrativamente, nas multas previstas tanto pela LGPD quanto pelo Marco Civil da Internet.

4.5.5 Direito de anonimização, bloqueio ou eliminação de dados desnecessários, excessivos ou em desconformidade

O art. 18, inc. IV, da LGPD determina que o titular tem direito de anonimizar, de bloquear ou de eliminar dados que foram coletados de forma excessiva ou em desconformidade com as normas protetivas de dados pessoais. Esse é um direito definido em lei em caso de descumprimento de lei, o que é, no mínimo, esdrúxulo em termos de dogmática jurídica e mais confunde do que elucida.

Não pode prever a lei que surja um direito para princípios que foram violados, quais sejam, os princípios da adequação e da finalidade. Todo tratamento não pode coletar mais dados além daqueles que justifiquem a sua coleta. Aliás, toda a coleta de dados tem de estar explicitada nas políticas de segurança de informação, de proteção de dados pessoais e demais termos fornecidos aos titulares, sob pena dos controladores infringirem o dever de transparência, um outro dever. Se os controladores assim o fazem, além de infringirem a LGPD, estão em dissonância ao que determina o art. 7º, inc. VIII, do Marco Civil da Internet.[32]

Se houver quaisquer motivos para se afastar a alegação de violação no tratamento, além do permitido, o titular tem o direito de exigir a anonimização, o bloqueio ou a eliminação dos dados recolhidos a mais do que previsto nas políticas. Não é só um direito do titular a anonimização, o bloqueio e a eliminação desses dados, mas também um dever objetivo direcionado aos controladores de não realizarem tais práticas ilegais. O dever objetivo independe de os dados terem sido ou não vazados ou terem ocorridos outros

---

[32] "VIII – informações claras e completas sobre coleta, uso, armazenamento, tratamento e proteção de seus dados pessoais, que somente poderão ser utilizados para finalidades que: a) justifiquem sua coleta; b) não sejam vedadas pela legislação; e c) estejam especificadas nos contratos de prestação de serviços ou em termos de uso de aplicações de internet".

problemas no tratamento deles. Os controladores não podem coletar dados que estão fora das cláusulas consentidas ou fornecidas pelo titular ou estarem em dissonância do que foi estabelecido pelos limites do legítimo interesse, se houver. Se assim ocorrer, toda uma cadeia de autorização e legalidade para o processamento dos dados foi rompida e perdeu-se a legitimidade para se realizar o tratamento em questão.

A GDPR, em relação a esse assunto, definiu de forma mais sucinta e melhor do que a normativa brasileira, ao determinar o direito de limitação do tratamento de dados em seu art. 18,[33] estabelecendo um procedimento de contestação e de oposição à licitude do tratamento, não previstos na legislação nacional. Além disso, enquanto existir o questionamento acerca da legalidade do tratamento, deverá o controlador guardar os dados e interromper o tratamento. Após a decisão da legalidade, deve o controlador eliminar os dados em dissonância com as finalidades do tratamento.

No caso brasileiro, independentemente de serem obtidos ou não ilegalmente, deverá o controlador guardar os dados por um período de 6 meses ou mais, conforme determina os arts. 13 e 15 do Marco Civil. Enquanto for ilegal, não pode o controlador prosseguir com o tratamento e, somente após o transcurso do período de guarda legal, deve o controlador anonimizar ou eliminar os dados em questão. Nada impede, contudo, que, durante a suspensão do tratamento, possa o titular realizar a convalidação do seu consentimento ou requerer uma nova configuração do legítimo interesse, para que o tratamento se torne legal e continue.

---

[33] Artigo 18º – Direito à limitação do tratamento: 1. O titular dos dados tem o direito de obter do responsável pelo tratamento a limitação do tratamento, se se aplicar uma das seguintes situações: a) Contestar a exatidão dos dados pessoais, durante um período que permita ao responsável pelo tratamento verificar a sua exatidão; b) O tratamento for ilícito e o titular dos dados se opuser ao apagamento dos dados pessoais e solicitar, em contrapartida, a limitação da sua utilização; c) O responsável pelo tratamento já não precisar dos dados pessoais para fins de tratamento, mas esses dados sejam requeridos pelo titular para efeitos de declaração, exercício ou defesa de um direito num processo judicial; d) Se tiver oposto ao tratamento nos termos do artigo 21º, n. 1, até se verificar que os motivos legítimos do responsável pelo tratamento prevalecem sobre os do titular dos dados. 2. Quando o tratamento tiver sido limitado nos termos do n. 1, os dados pessoais só podem, à exceção da conservação, ser objeto de tratamento com o consentimento do titular, ou para efeitos de declaração, exercício ou defesa de um direito num processo judicial, de defesa dos direitos de outra pessoa singular ou coletiva, ou por motivos ponderosos de interesse público da União ou de um Estado-Membro. 3. O titular que tiver obtido a limitação do tratamento nos termos do n. 1 é informado pelo responsável pelo tratamento antes de ser anulada a limitação ao referido tratamento.

Conforme definição legal do art. 5º, inc. XI, da LGPD, anonimizar é a "utilização de meios técnicos razoáveis e disponíveis no momento do tratamento, por meio dos quais um dado perde a possibilidade de associação, direta ou indireta, a um indivíduo". Anonimizar não é sinônimo de criptografia, a despeito de que se podem usar métodos criptográficos para a sua consecução. O alcance do conceito da anonimização é mais simples e se relaciona mais com o sigilo, o mascaramento de signos para dificultar o acesso àquelas informações escondidas por essas técnicas.

O ato de bloquear o tratamento de dados consiste na "suspensão temporária de qualquer operação de tratamento, mediante guarda do dado pessoal ou do banco de dados" (art. 5º, inc. XIII). O bloqueio de dados não se refere a uma retirada de consentimento. Suspendem-se todos os tratamentos para se verificar a legalidade e se não há excessos ou desvios na utilização de dados do titular. Assim que os problemas forem sanados ou as dúvidas forem elucidadas, restabelecem-se todos os tratamentos com os dados legalizados e os contratos que garantem a sua manipulação.

O pedido de eliminação dos dados por parte do titular é o requerimento para se excluir um dado ou "um conjunto de dados armazenados em banco de dados, independentemente do procedimento empregado". O controlador deve retirar de todos os sistemas que utiliza, em todos os operadores que contrata e em todos os lugares possíveis que ele possa guardar informações, os dados que o titular não consentiu ou não estavam relacionados a um legítimo interesse para o tratamento. A eliminação, com base nesse artigo, não atinge aos dados que são tratados dentro das regras estabelecidas no processo de consentimento ou legítimo interesse. São dados que foram obtidos de maneira ilegal e não estavam sob nenhuma circunstância previstos em lei.

A consecução de todos os direitos do titular sempre perpassa pela noção de que existirão problemas práticos, não previstos em lei, que poderão afastar a efetividade na implementação deles. A questão probatória relacionada à realização efetiva da anonimização, bloqueio e eliminação dos dados, bem como a confirmação de que houve tratamento de dados excessivos e fora dos propósitos legais, é por demais problemática no exercício do direito do titular. Quem vai garantir o livre acesso? Como será avaliada a transparência das práticas pelos controladores? Quem garante que não serão criados sistemas que mostram que as atividades ocorreram, mas, de fato, existem camadas não acessadas pelo titular ou pela ANPD, que possibilitam a continuidade do tratamento de dados? O tamanho do país e da quantidade de empresas e de órgãos governamentais serão obstáculos para a ANPD ter acesso a todas essas informações e garantir a efetividade dos direitos dos titulares. Por outro lado, não há mecanismos na lei, muito menos prazos de realização das atividades descritas, que protejam o titular do mau uso de seus dados fora dos princípios da proteção de dados pessoais. Consequência dessas lacunas e impossibilidades práticas poderá ser um aumento exponencial da judicialização desse direito. Aí existirão outros problemas, pois o Judiciário não está preparado, jurídica e tecnologicamente, para atender a esse tipo de demanda. Aliás, no acúmulo de problemas e ausências, verificam-se várias camadas de questionamentos e de situações que vão afastando o titular de seus dados e de como protegê-los.

4.5.6 Direito de portabilidade dos dados

Todos os dados coletados, armazenados e tratados são do titular. A todo momento deve-se lembrar disso, até mesmo para o legislador, de que o destinatário, o sujeito de direito da relação jurídica estabelecida numa proteção de dados pessoais é o titular, exercendo o seu direito personalíssimo de se autodeterminar em suas informações. Ao se retomar essa ideia central, o art. 18, inc. V, da LGPD, determina como direito do titular a "portabilidade dos dados a outro fornecedor de serviço ou produto, mediante requisição expressa, de acordo com a regulamentação da autoridade nacional, observados os segredos comercial e industrial".

O alerta recorrente serve para demonstrar aquilo que o legislador esqueceu. A exceção criada para os segredos comerciais e industriais é por demais discricionária e terá uma influência negativa sobre todo o processo de tratamento de dados. Em muitas respostas fornecidas pelos controladores às cartas enviadas em agosto de 2019 e janeiro de 2020, as negativas de entrega dos dados do titular foram baseadas na argumentação de que existia segredo comercial e industrial sobre os dados requeridos. *Não há segredo comercial ou industrial com dados do titular.* O legislador da proteção de dados pessoais impôs uma situação que pode afetar não somente o direito de portabilidade dos dados do titular, mas também outros direitos relacionados ao princípio do livre acesso e transparência. Não há possibilidade técnica da portabilidade envolver quaisquer segredos comerciais e industriais e, se por acaso existirem, o titular de dados é parte legítima para ter livre acesso aos seus dados ou, quiçá, a tudo que foi feito sem o seu consentimento ou na falta de legítimo interesse.

A GDPR, em seu considerando 156, determina que as exceções para não se realizar a portabilidade estão relacionadas a um interesse público superior, para investigação científica e histórica ou para fins estatísticos:

> Os Estados-Membros deverão prever garantias adequadas para o tratamento dos dados pessoais para fins de arquivo de interesse público, ou

fins de investigação científica ou histórica ou para fins estatísticos. Os Estados-Membros deverão ser autorizados a estabelecer, sob condições específicas e mediante garantias adequadas para o titular dos dados, especificações e derrogações dos requisitos de informação e direitos à retificação, ao apagamento dos dados pessoais, a ser esquecido, à limitação do tratamento e à portabilidade dos dados e de oposição aquando do tratamento de dados pessoais para fins de arquivo de interesse público, ou para fins de investigação científica ou histórica ou para fins estatísticos.[34]

As exceções da GDPR também contêm um nível grande de discricionariedade, mas são mais objetivas do que a simples observação de segredos comerciais ou industriais feitas pela LGPD. No n. 4 do art. 20, a GDPR amplia a exceção da não portabilidade para o "exercício da autoridade pública de que está investido o responsável pelo tratamento", o que poderia ocorrer, por exemplo, numa investigação criminal. Ainda no campo das exceções, a LGPD institui que os dados anonimizados não poderão ser objeto de compartilhamento (art. 18, § 7º), no que faz sentido na prática jurídica e tecnológica. Se assim fosse permitido, a título de exemplo, quem anonimizou deveria desanonimizar os dados para serem portáveis para outros controladores, que poderiam ter que anonimizar tudo de novo, caso os dados estivessem nas situações de dados excessivos (art. 18, inc. IV).[35] Enfim, esse é um exemplo que facilita decisões práticas de todos os envolvidos no tratamento de dados.

Isto posto, a portabilidade de dados do titular acontece quando ele requisitar, expressamente, ou seja, por escrito, assinado digitalmente ou não, para que os seus dados sejam enviados para outro responsável, o qual ele apontará qual seja. Os requisitos técnicos para as regras de portabilidade de dados serão definidos pela ANPD. Como a ANPD ainda não existe de fato, serve de alerta para que o controlador, que possui os dados a serem transfe-

---

[34] Disponível em: https://eur-lex.europa.eu/legal-content/PT/TXT/HTML/?uri=CELEX:3 2016R0679&from=PT#d1e3551-1-1. Acesso em: 28 nov. 2019.

[35] Participei da comissão que criou as diretrizes para o processamento de interceptação telemática judicial, ABNT NBR 16386:2015. Uma das discussões que desenvolvemos na formatação da normativa relacionou-se com a questão da interceptação de dados criptografados. A empresa de telecomunicações que realiza a interceptação não tem obrigação de descriptografar os dados criptografados do interceptado, somente é responsável pelos dados que ela criptografou. É o que determina o item 3.5 da Normativa: "Requisitos para a entrega dos dados interceptados. No resultado da interceptação, o provedor de acesso deve: a) fornecer o conteúdo da comunicação; b) *remover ou entregar sem codificação ou criptografia, cujo código-fonte ou chave criptográfica esteja de posse, ou seja, de sua propriedade, ou tenha sido aplicada por ela o conteúdo da comunicação ou a informação relacionada à interceptação*".

ridos, não crie dificuldades ou obstáculos para concretizar a recepção pelo outro controlador. Se houver problemas em relação à portabilidade, o controlador assumirá a responsabilidade que "por ação ou omissão voluntária, negligência ou imprudência, violar direito e causar dano a outrem, ainda que exclusivamente moral, comete ato ilícito", conforme determina o art. 186 do Código Civil brasileiro.

Contudo, existem marcos jurídicos que não estão claros em relação à portabilidade e geram algumas questões: no caso de encerramento do contrato entre titular e o controlador deve-se abrir prazo para a possibilidade de serem transferidos os dados? Qual prazo? O pedido de portabilidade é uma das formas de rescisão do contrato? A partir do pedido de portabilidade até a sua conclusão, poderá o controlador continuar a realizar o tratamento de dados?

A interpretação de todas as normas de proteção de dados deve ser sempre aquela mais favorável ao titular. Em caso de encerramento de contrato, deve o controlador, antes mesmo da exclusão dos dados, tal como exigido por lei, abrir um prazo para o exercício do direito de portabilidade, a fim de que todos estejam protegidos de possíveis erros na consecução dos objetivos da lei. Ao questionar o titular se ele quer a portabilidade dos seus dados, ou seja, numa dupla checagem em respeito aos direitos personalíssimos envolvidos na relação, que não é só comercial, o controlador resguarda-se perante a ANPD e a possíveis equívocos na comunicação sobre o encerramento do contrato.[36]

Em relação ao questionamento sobre a natureza jurídica do pedido de portabilidade, se tem ou não caráter rescisório acerca da relação jurídica existente entre o controlador e o titular, impõe-se uma análise que pode apresentar direcionamentos diversos com consequências distintas. O período entre o pedido feito pelo titular e a efetiva conclusão da transferência dos dados para outro controlador pode apresentar efeitos jurídicos diversos e que devem ser elucidados. Nesse interstício do traslado efetivo dos dados, *se for considerado o pedido de portabilidade como uma rescisão contratual entre as*

---

[36] Para ilustrar essa situação, uma jornalista não foi comunicada corretamente sobre problemas de pagamento de valores de serviços de provedor de *e-mail*, os quais ela utilizava diariamente há mais de 20 anos na mesma empresa, no mesmo endereço. Em razão dessa péssima comunicação e pelo fato de que a jornalista não sabia que estava devedora, o provedor de *e-mail* simplesmente excluiu a conta dela e seus 20 anos de troca de correspondência eletrônica sem informar que excluiria os conteúdos. O provedor em questão foi precipitado e irresponsável, pois a exclusão gera uma impossibilidade de se recuperarem os conteúdos e os dados nele contidos, lembrando-se de que é uma relação de mais de 20 anos. Por isso, a dupla checagem, ao término do contrato, faz-se necessária para evitar um dano que não poderá ser recuperado nem com a indenização que, porventura, possa ser estabelecida.

partes, o controlador tem de cessar automaticamente o tratamento de dados a partir da chegada do requerimento assinado, digitalmente ou não. Nesse caso, o controlador deve enviar somente os dados que ele processou no período anterior à chegada do requerimento. Por outro lado, *se se considerar que o pedido de portabilidade não enseja a rescisão contratual*, poderá o controlador continuar o tratamento até a efetiva transferência dos dados para outro responsável, quando da conclusão fática da portabilidade deverá cessar, por falta total e completa de dados, qualquer tratamento.

Como não há nada sobre essa questão no sistema protetivo dos dados ou na legislação de acesso às informações públicas, ao buscar na ordenação jurídica o uso do conceito de portabilidade, comparativamente, ele é mais utilizado nos procedimentos relativos aos planos de saúde.[37] A ANS determina que o titular tem de pedir o cancelamento do plano antigo em até cinco dias úteis após o requerimento. Ou seja, a ANS considera que o contrato é válido até o pedido de rescisão, não considerando o requerimento de portabilidade uma das causas que encerram o contrato automaticamente. A interpretação da ANS sobre a portabilidade permite a convivência de dois contratos durante a transferência e intenta não desproteger o titular consumidor no período de interstício, ou seja, se necessidade houver, em caso de doença, ele poderá ser atendido pelos dois convênios. A dúvida que permanece é se a situação em outros usos de dados, além daqueles da saúde, requerem o mesmo nível protetivo.

Contudo, partindo-se do pressuposto de que se deve realizar a interpretação e os procedimentos mais benéficos ao titular, direciona-se a conclusão para se considerar a portabilidade de dados, via de regra, como causa de rescisão do contrato entre as partes, pois quanto menos dados utilizados ou tratados (princípio da minimização), mais se protege o titular, fazendo funcionar todo o ecossistema principiológico da proteção de dados, principalmente, os princípios da necessidade e da adequação.

Além disso, algumas questões práticas podem dificultar o direito de portabilidade. A LGPD não estipula um prazo para se realizar a transferência, as tecnologias envolvidas no processo, os procedimentos de segurança na transferência de dados, questões relacionadas à criptografia e à descriptografia dos dados, ao se transferirem os dados, o formato padrão que serão enviados os dados, as interfaces de compartilhamento, como podem os titulares

---

[37] Disponível em: http://www.ans.gov.br/index.php/planos-de-saude-e-operadoras/contratacao-e-troca-de-plano/trocar-de-plano-de-saude-sem-cumprir-carencia/707--portabilidade-de-carencias. Acesso em: 13 nov. 2019.

escolherem quais dados serão transferidos e os que serão eliminados etc. É enorme a possibilidade, em caso de a ANPD não definir soluções para essas questões, que a jurisprudência venha regular as relações tal como nas decisões relativas ao direito de portabilidade das linhas telefônicas de celular e de telefone fixo.[38]

4.5.7 Direito de apagamento ou eliminação dos dados pessoais: estão relacionados ao direito ao esquecimento?

A RGPD instituiu o direito de apagamento dos dados do titular.[39] A LGPD definiu como direito de eliminação, que é o direito do titular a "exclusão de dado ou de conjunto de dados armazenados em banco de dados, independentemente do procedimento empregado" (art. 5º, inc. XIV, da LGPD). O Marco Civil já define o direito à exclusão "definitiva dos dados pessoais que

---

[38] TJRJ, 3ª Turma Cível, Juiz Rel. Luiz Cláudio Silva Jardim Marinho, Processo 0012185-73.2014.8.19.0067, j. 24.06.2016. Voto: "Relação jurídica de consumo. Autor que afirma haver efetuado, em novembro de 2013, portabilidade de linha telefônica para a concessionária Claro e reclama de cobranças indevidas pela ré. Pede o cancelamento da cobrança, [...]. Sentença que, com a devida vênia, se reforma, para acolhimento do pedido de cancelamento de todo e qualquer débito existente em nome do autor, referente à linha telefônica n. [...], bem como para compensá-lo, a título de danos morais, no valor de R$ 4.000,00 (quatro mil reais). Face ao exposto, voto pelo conhecimento e provimento parcial do recurso, para julgar parcialmente procedentes os pedidos, no sentido de condenar o réu a, no prazo de dez dias, promover o cancelamento de todo e qualquer débito existente em nome do autor, relativo à linha telefônica n. [...], além de compensá-lo, a título de danos morais, com a quantia de R$ 4.000,00 (quatro mil reais), monetariamente corrigida desde a presente e acrescida de juros legais a partir da citação. Oficie-se para cancelamento da anotação. Sem honorários, por se tratar de recurso com êxito".

[39] "Direito ao apagamento dos dados ("direito a ser esquecido") 1. O titular tem o direito de obter do responsável pelo tratamento o apagamento dos seus dados pessoais, sem demora injustificada, e este tem a obrigação de apagar os dados pessoais, sem demora injustificada, quando se aplique um dos seguintes motivos: a) Os dados pessoais deixaram de ser necessários para a finalidade que motivou a sua recolha ou tratamento; b) O titular retira o consentimento em que se baseia o tratamento dos dados nos termos do artigo 6º, n. 1, alínea a), ou do artigo 9º, n. 2, alínea a) e se não existir outro fundamento jurídico para o referido tratamento; c) O titular opõe-se ao tratamento nos termos do artigo 21, n. 1, e não existem interesses legítimos prevalecentes que justifiquem o tratamento, ou o titular opõe-se ao tratamento nos termos do artigo 21, n. 2; d) Os dados pessoais foram tratados ilicitamente; e) Os dados pessoais têm de ser apagados para o cumprimento de uma obrigação jurídica decorrente do direito da União ou de um Estado-Membro a que o responsável pelo tratamento esteja sujeito; f) Os dados pessoais foram recolhidos no contexto da oferta de serviços da sociedade da informação referida no artigo 8, n. 1".

tiver fornecido a determinada aplicação de internet, a seu requerimento, ao término da relação entre as partes" (art. 7º, inc. X, do Marco Civil da Internet). Independentemente do *nomen juris* escolhido por essas diferentes legislações, alcançando situações jurídicas *on-line* e *off-line*, o objetivo é o mesmo para o direito do titular: não só fazer com que o controlador encerre os procedimentos de coleta, manipulação e gerenciamento, mas que não armazene mais os dados que recolheu no período em que possuía o consentimento, o legítimo interesse ou estivesse tratando ilicitamente aqueles dados. Para não haver quaisquer confusões no uso do conceito ou polissemias interpretativas, mas sem olvidar da transversalidade dos dados pessoais nessas legislações, vai ser utilizado, metodologicamente, o *nomen juris* direito de eliminação dos dados, que englobará todos os outros.

O direito de eliminação dos dados pelo titular não precisa de uma condição para ser exercido. Via de regra, ao ser retirado pelo titular o seu consentimento ou autorização dada ao tratamento, o controlador deverá eliminar todos os dados armazenados em seus sistemas. Em casos de legítimo interesse para cumprimento de uma obrigação legal, contratual ou determinação judicial, o controlador deve manter somente aqueles dados necessários ao cumprimento do mandamento legal. Os dados excessivos serão considerados como tratamento ilegal, o que acarretará a penalização do controlador.

A questão que se ergue na manutenção pelos controladores dos dados do titular, em face de uma obrigação legal ou determinação judicial, refere-se à certa imprevisibilidade inerente a esses deveres, o que poderá acarretar o impedimento do exercício do direito de eliminação dos dados. Inúmeras justificativas poderão ser construídas com fundamento na LGPD e em outras legislações para obstar o direito de eliminação dos dados pelo titular, que podem ser utilizados e mantidos eternamente, se não se estabelecerem critérios claros e objetivos acerca da necessidade, adequação e finalidade desses armazenamentos. É provável, com a abundância de critérios discricionários e indeterminados na LGPD, a judicialização sobre as decisões, judiciais e extrajudiciais, que obriguem a guarda dos dados dos titulares por tempos ainda mais prolongados.

Uma amostra dos problemas que se seguirá está diretamente relacionada com a aplicação do Marco Civil da Internet para a guarda de registros de acesso e de conexão às aplicações de internet. Existirão conflitos teóricos e práticos com o dever de armazenar os dados, os registros e as informações requeridos aos administradores de sistema autônomo, provedores de conexão e de aplicações de internet, tal como determinados pelo Marco Civil da Internet nos seus arts. 13 a 15.

O art. 13, *caput*, do Marco Civil da Internet determina aos administradores de sistema autônomo "o dever de manter os registros de conexão, sob sigilo, em ambiente controlado e de segurança, pelo prazo de 1 (um) ano, nos termos do regulamento". Para trazer mais complicação ao prazo determinado no *caput*, o § 2º do mesmo artigo determina: "A autoridade policial ou administrativa ou o Ministério Público poderá requerer cautelarmente que os registros de conexão sejam guardados por prazo superior ao previsto no *caput*". Assim, a despeito dos direitos do titular e dos princípios que orientam as práticas de tratamento de dados, o Marco Civil da Internet altera todo o sistema protetivo e endereça a responsabilidade a uma autoridade administrativa, conceito jurídico extremamente indeterminado, o comando e o poder de determinar, se autorizada por ordem judicial, por um período superior a um ano, o prazo em que os dados e as informações deverão ser armazenados nos administradores de sistema autônomo.

A mesma lógica do art. 13 é repetida no art. 15 do Marco Civil, que determina aos provedores de aplicação de internet o dever de "manter os respectivos registros de acesso a aplicações de internet, sob sigilo, em ambiente controlado e de segurança, pelo prazo de 6 (seis) meses, nos termos do regulamento", o que pode ser maior a requerimento de uma autoridade administrativa, via ordem judicial (§§ 1º e 2º do art. 15).

Os registros de acesso e de conexão a aplicações de internet são dados pessoais sensíveis (art. 5º, inc. II, da LGPD) e que podem determinar comportamentos, localizações, gostos e preferências. A obrigação de guarda, além do período de tratamento e por mais de 6 meses, um ano ou em prazo superior, é excessiva em relação a uma necessidade investigatória pela autoridade policial ou qualquer outra autoridade administrativa, qual seja ela e o que significa. Não há justificativa plausível para a concessão de um período tão extenso de guarda. O prazo questionável está em dissonância não só com a LGPD, mas com os direitos fundamentais à privacidade, à proteção da vida privada e aos direitos do titular de dados de não ser vigiado ou exposto a vazamentos, mesmo que os responsáveis pelo tratamento tenham o dever objetivo de aplicar mecanismos de segurança da informação para protegê-los. Os riscos são enormes durante o tratamento e expõem, desnecessariamente, o titular a toda sorte de atividades ilícitas com os seus dados. A partir da LGPD, os prazos relacionados com o tratamento de dados espalhados em outras normas deverão ser revistos, reanalisados e reatualizados para uma sociedade que enxerga o titular de dados como verdadeiro norte das práticas protetivas.

Ademais, por estar o direito de eliminação dos dados atrelado a um dever objetivo do responsável pelo tratamento de dados, independe de a ação do titular requerer a exclusão deles. Assim, quando a finalidade que motivou o tratamento cessar, os dados deverão ser eliminados. Nesse direcionamento de dever objetivo, em casos de vazamento, deve o controlador eliminar todos os dados que, mesmo licitamente tratados, estejam circulando *on-line* e *off-line*, a fim de proteger a privacidade dos titulares envolvidos. Os controladores de dados são responsáveis antes, durante e depois do tratamento. Antes, ao prover as informações transparentes sobre o serviço que realizará. Durante, ao agir estritamente nos termos e nas finalidades que se comprometeu com o titular de dados. E, depois, ao garantir que o nível de segurança aplicado aos dados não será quebrado por outrem que não esteja inserido no procedimento de legitimação para o respectivo tratamento e, se houver falhas ou vazamentos, o controlador envidará todos os esforços para eliminar os dados que estão em posse de outrem ou espalhados na internet.

4.5.7.1 Direito de eliminação de dados: memória e esquecimento

O direito a apagamento de dados pelo titular na GDPR europeia é também denominado como direito a ser esquecido, o que é equívoco, mas que denota uma confusão existente na jurisprudência e doutrina nacional e internacional que merece discussão. A relevância da discussão sobre existir ou não um direito ao esquecimento do titular direciona-se a uma perspectiva de que o direito de apagamento ou de eliminação de dados estejam em consonância com a memória. Não está. O direito ao esquecimento, como direito fundamental, está relacionado com outro direito fundamental, que é o direito à memória. O direito de eliminação de dados é um direito individual do titular que não alcança, *a priori*, um interesse público.

Isto posto, traçado os limites dos direitos que não se confundem, o direito de eliminação de dados, da forma como é instrumentalizado, torna-se impeditivo ao direito à memória. Permite-se a possibilidade de apagamento do passado e uma eterna presentificação com destruição do futuro, ou seja, o fim da História. Em face disso, é de enorme relevância discutir uma maneira de que o titular de dados possa ter os seus anseios atendidos dentro de uma perspectiva, que vislumbre o interesse público, em face do direito à memória e à verdade.

Diante dessas possibilidades, como a memória está conectada ao direito e ao esquecimento, que é o seu duplo conceitual, e por conta de como funcionam as tecnologias de informação e de comunicação, que guardam bilhões de informações com muita pouca perda, foi desenvolvido, em face desses dispositivos informáticos de produção, guarda e distribuição de informações, o direito ao esquecimento como combate ao funcionamento da tecnologia.

Os primeiros casos foram relacionados com a televisão e a reapresentação de casos que já haviam sido julgados e os réus, condenados ou não, tiveram as suas vidas devassadas *novamente* para a realização de documentários de reconstituição desses fatos. A defesa do atingido sempre alega que a veiculação dessas histórias prejudicaria a ressocialização e a vida desses cidadãos, pois se reavivaria na sociedade a lembrança dos casos e seus problemas. Uma das primeiras aplicações do direito ao esquecimento ocorreu na Alemanha[40] e, a partir daí, consolidou-se na doutrina e jurisprudência europeia até chegar ao Brasil.[41]

Com a ampliação dos dispositivos informáticos, as teses sobre o direito ao esquecimento foram sendo ampliadas, transformadas e implementadas, tanto em termos doutrinários quanto jurisprudenciais e legislativos. Nesse passo, a União Europeia, com a Diretiva 95/46, conforme os seus arts. 2, alínea *b*, 12, alíneas *b* e *c*, 28.3 e 32.2, sobre tratamento de dados, instituiu o direito ao esquecimento que é:

> [...] o titular dos dados tem direito a que os mesmos sejam conservados apenas por um certo período de tempo, exigindo-se o seu apagamento a partir de um prazo adequado às finalidades do tratamento; se porventura fins históricos, científicos os estatísticos o justifiquem, o alargamento do prazo é permitido, desde que não seja incompatível com os fins do tratamento original.

A União Europeia seguiu na mesma direção ao criar a GDPR, que determina em várias passagens do texto legislativo direitos relacionados ao direito a ser esquecido ou de ter direito ao apagamento de dados, conforme a tradução de português de Portugal, o que está explicitamente citado no art. 17.[42] A União Europeia tornou-se exemplo para vários países sobre como legislar o direito ao esquecimento.

---

[40] Otávio Luís Rodrigues Jr. trouxe à baila este caso: "Na coluna anterior, foi exposto o Caso Lebach, um clássico da jurisprudência constitucional alemã. Um dos assassinos de quatro soldados do Exército da República Federal da Alemanha, proximamente a sua libertação, ingressou com uma ação para impedir a difusão de um documentário sobre o crime. Após derrotas sucessivas nas instâncias ordinárias, obteve a proteção requerida no Tribunal Constitucional Federal. Esse acórdão é bastante conhecido no Brasil e já foi citado em dois importantes julgados do Supremo Tribunal Federal e na doutrina brasileira" (RODRIGUES JR., 2013).

[41] Caso da Chacina da Candelária – REsp 1.334.097/RJ.

[42] "Artigo 17. O Direito ao apagamento dos dados ("direito a ser esquecido") 1. O titular tem o direito de obter do responsável pelo tratamento o apagamento dos seus dados pessoais, sem demora injustificada, e este tem a obrigação de apagar os dados pessoais,

A União Europeia, bem como a maioria das decisões brasileiras[43] e dos Estados Unidos,[44] encaminharam o direito ao esquecimento como interligado aos direitos fundamentais com características individuais,[45] tais como

---

sem demora injustificada, quando se aplique um dos seguintes motivos: a) Os dados pessoais deixaram de ser necessários para a finalidade que motivou a sua recolha ou tratamento; b) O titular retira o consentimento em que se baseia o tratamento dos dados nos termos do artigo 6º, n. 1, alínea a), ou do artigo 9º, n. 2, alínea a) e se não existir outro fundamento jurídico para o referido tratamento; c) O titular opõe-se ao tratamento nos termos do artigo 21, n.1, e não existem interesses legítimos prevalecentes que justifiquem o tratamento, ou o titular opõe-se ao tratamento nos termos do artigo 21, n. 2; d) Os dados pessoais foram tratados ilicitamente; e) Os dados pessoais têm de ser apagados para o cumprimento de uma obrigação jurídica decorrente do direito da União ou de um Estado-Membro a que o responsável pelo tratamento esteja sujeito; f) Os dados pessoais foram recolhidos no contexto da oferta de serviços da sociedade da informação referida no artigo 8º, n. 1. 2. Quando o responsável pelo tratamento tiver tornado públicos os dados pessoais e for obrigado a apagá-los nos termos do n. o 1, toma as medidas que forem razoáveis, incluindo de caráter técnico, tendo em consideração a tecnologia disponível e os custos da sua aplicação, para informar os responsáveis pelo tratamento efetivo dos dados pessoais de que o titular dos dados lhes solicitou o apagamento das ligações para esses dados pessoais, bem como das cópias ou reproduções dos mesmos. 3. Os ns. 1 e 2 não se aplicam na medida em que o tratamento se revele necessário: a) Ao exercício da liberdade de expressão e de informação; b) Ao cumprimento de uma obrigação legal que exija o tratamento prevista pelo direito da União ou de um Estado-Membro a que o responsável esteja sujeito, ao exercício de funções de interesse público ou ao exercício da autoridade pública de que esteja investido o responsável pelo tratamento; c) Por motivos de interesse público no domínio da saúde pública, nos termos do artigo 9º, n. 2, alíneas h) e i), bem como do artigo 9º, n. 3; d) Para fins de arquivo de interesse público, para fins de investigação científica ou histórica ou para fins estatísticos, nos termos do artigo 89, n. 1, na medida em que o direito referido no n. 1 seja suscetível de tornar impossível ou prejudicar gravemente a obtenção dos objetivos desse tratamento; ou e) Para efeitos de declaração, exercício ou defesa de um direito num processo judicial."

[43] Ver as decisões compiladas pelo STF: Direito ao esquecimento – Bibliografia, Legislação e Jurisprudência Temática (2017).

[44] Viviane Nóbrega Maldonado (2017) traz uma compilação de várias decisões proferidas nos Estados Unidos.

[45] Viktor Mayer-Schönberger em sua obra Delete, caminha neste sentido: "se tudo o mais não conseguisse controlar as informações, as pessoas tinham outra opção, ainda que muito mais custosa: partir. Durante séculos, o deslocamento de uma comunidade para outra permitiu que as pessoas reiniciassem suas vidas sem máculas, à medida que as informações sobre elas permaneciam locais. Atravessar o Atlântico da Europa para os recém-fundados Estados Unidos, ou para a grande fronteira ocidental dos séculos 18 e 19, permitia que as pessoas começassem do zero, não apenas em termos econômicos, mas especialmente em termos de informações que os outros tinham delas" (apud BRANCO, 2017, p. 125).

liberdade de expressão, direito à privacidade e direitos da personalidade. Quase a integralidade do material produzido direcionam as análises da gênese desse direito, agora elevado a um *status* de direito fundamental, para um foco totalmente individualista, de uma reação do indivíduo contra a opressão da memória permanente das tecnologias de informação e comunicação. Anderson Schreiber sustenta a defesa do indivíduo perante a memória infinita da internet, ao afirmar que o direito ao esquecimento serve para combater a informação destrutiva.[46] Stefano Rodotà utiliza-se de conceitos da proteção de dados pessoais atrelados ao direito ao esquecimento na mesma vertente da GDPR.[47] No mesmo sentido, Leonardo Netto Parentoni (2015), André Brandão Nery Costa, Patrícia Martinez Almeida e Vladimir Oliveira da Silveira (2015) relacionam o direito ao esquecimento ao princípio da finalidade de uso dos dados pessoais. Viviane Maldonado reitera o pensamento geral e acrescenta que o direito ao esquecimento deve ser posto em prática quando a informação "não mais ostenta o interesse público em razão do anacronismo" (MALDONADO, 2017, p. 97). Numa perspectiva que parte da questão da finalidade de dado, mas que olha de soslaio o tema da memória, Sérgio Branco aponta que:

> A informação objeto de direito ao esquecimento deve ser, portanto, de natureza eminentemente privada. Sendo um dado público ou sobre o qual paira interesse público, deve ser conservado – por mais difícil que seja aferir, *a priori*, se um dado se encontra revestido de interesse público no momento em que o alegado direito ao esquecimento for apreciado (BRANCO, 2017, p. 171-172).

Mais à frente, Sérgio Branco cria oito critérios para poder ajudar na aplicação do direito ao esquecimento, modulando-o dentro do rol dos outros direitos e das garantias constitucionais. Os critérios são: a) direito

---

[46] "Assim entendido, o direito ao esquecimento torna-se um verdadeiro direito de propriedade sobre os acontecimentos pretéritos. A recordação pública dos fatos acaba subordinada ao mero "querer" da pessoa envolvida, o que é flagrantemente incompatível com a Constituição brasileira, que tutela, entre seus direitos fundamentais, não só a privacidade, mas também, e em igual medida, a liberdade de informar e o direito de acesso pela sociedade à informação (art. 5º, XIV e XXXIII). Nossa ordem jurídica não admite proprietários de passado" (SCHREIBER, 2017).

[47] E acrescenta: "deve assumir maior relevância o 'direito ao esquecimento', prevendo-se que algumas categorias de informações devam ser destruídas, ou conservadas somente em forma agregada e anônima, uma vez que tenha sido atingida a finalidade para a qual foram coletadas ou depois de transcorrido um determinado lapso de tempo" (apud BRANCO, 2017, p. 170).

ao esquecimento como aspecto da privacidade; b) interesse público; c) o decurso temporal; d) veracidade da informação; e) potencial de dano; f) tutela da liberdade de expressão; g) eventos históricos e dever de memória; h) destinatários do pedido.

Os critérios são pertinentes e podem realmente auxiliar na aplicação e no entendimento do direito ao esquecimento. Contudo, utilizando ou não esses critérios, a análise do conceito e da amplitude do que seria o direito ao esquecimento, torna-se muito complexa e de difícil aplicabilidade, tanto em termos práticos quanto ontológicos. Um exemplo terrível que mascara o entendimento do que é o direito ao esquecimento e que é replicado em toda a doutrina e jurisprudência relacionada é a questão do decurso temporal, que tira a finalidade do dado. Dizem que somente aí poderia ser apagado ou esquecido o dado ou informação nele contida. Se o decurso temporal apagasse as marcas do passado, a História seria totalmente desnecessária ou seria dominada por quem tem o acesso ou a propriedade dos dados apagados. Assim, facínoras ou ditadores poderiam apagar, depois de alguns anos, os dados que não lhe agradem, tragédias poderiam ser esquecidas para serem exaltados aqueles, causadores ou não, que estão no poder. Tais critérios, mesmo sendo aplicados de forma justa e igualitária, estabeleceriam um direito em detrimento do outro e, com certeza, a memória seria derrogada para a urgência do individualismo.

Há que se fazer uma consideração de método para o prosseguimento da análise. Existe um erro conceitual sobre a existência de direito ao esquecimento, que se deve colocar. O ato de esquecer é um ato que deriva de ações ou de omissões humanas. Quem esquece são seres humanos. Dispositivos informáticos são tecnologias de memória infinita. Por programação eles não devem esquecer: devem armazenar e conservar. Ao lidar com dispositivos informáticos, os arquivos são apagados e deletados e não esquecidos. O termo correto para o que se designa atualmente como direito ao esquecimento é o direito a se apagarem os arquivos publicados em dispositivos informáticos. O direito ao esquecimento funcionaria em outra chave conceitual que é inerente a lembranças e a reminiscências de memórias individuais, de sensações, de impressões, de sentimentos, de arquivos particulares, físicos ou virtuais, publicados ou não na internet, registrados ou não em dispositivos informáticos. Assim, quando se requer o direito ao esquecimento na internet, na realidade, pede-se o direito de se apagar um determinado arquivo dos dispositivos informáticos.

Aí, nessa definição conceitual, pode se entender a incongruência da aplicação do conceito de direito ao esquecimento. Se, por um acaso, ilustrativamente, o direito ao esquecimento existisse efetivamente na forma que ele está sendo aceito e desenvolvido pela doutrina e pela jurisprudência atuais, todos os arquivos relacionados com aquela ofensa ou ato inverídico, por exemplo, deveriam ser totalmente "esquecidos" da internet, jamais relembrados, totalmente fora de alcance das pessoas. Mas isso não ocorre. A internet é como Funes, o Memorioso, de Jorge Luís Borges, não "esquece". O que sempre se requer, via de regra, quando se aplica o direito ao esquecimento, geralmente direcionado aos grandes portais de internet, os quais concentram o fluxo de pesquisas e de acessos, é a retirada de uma determinada reportagem, um *link* a que se refere o conteúdo ou o comentário. Contudo, os fatos, os registros, os arquivos continuam existindo em outros servidores e outros dispositivos informáticos de pessoas que continuam repassando e reavivando aquele conteúdo. E não se pode esquecer ainda que as pessoas guardam as reminiscências e as lembranças relativas ao conteúdo apagado. Ainda não se tem notícia de decisões judiciais que pretendem fazer efetivamente as pessoas esquecerem os fatos históricos ou que pretenda retirar de cada celular os dados a serem apagados.

A memória não foi esquecida ou apagada. Ela está viva, mas não nos lugares que a maioria do fluxo de usuários costuma acessar aqueles conteúdos. Esse é um dos reflexos da memória, em tempos de internet, não ser mais exclusiva e atrelada ao Estado. A memória é pulverizada, compartilhada, *peer-to-peer*.[48]

Um outro equívoco doutrinário e jurisprudencial verifica-se nesse deslocamento do direito ao esquecimento como direito de apagamento de dados pessoais. O direito ao esquecimento seria mais um gênero em que a espécie apagamentos de dados existe. O direito ao esquecimento funciona física e virtualmente. O direito ao esquecimento se insere no contexto da ciência jurídica por interferir diretamente na sua lógica de construção e de aplicação. Não é só um apagamento de arquivos. Interliga-se o direito ao esquecimento a vários aspectos da deontologia e práxis jurídica. O direito ao esquecimento aplica-se para se desconsiderar a lei penal pior para o condenado, ao se vedar o efeito repristinatório de uma lei etc. As leis não deixaram de existir ou ter

---

[48] "P2P (do inglês *peer-to-peer*, que significa par-a-par) é um formato de rede de computadores em que a principal característica é descentralização das funções convencionais de rede, em que o computador de cada usuário conectado acaba por realizar funções de servidor e de cliente ao mesmo tempo. Seu principal objetivo é a transmissão de arquivos e seu surgimento possibilitou o compartilhamento em massa de músicas e filmes. Com a crescente utilização da rede P2P para esse fim, cada vez mais surgem programas, porém nem sempre eles atendem às expectativas do usuário." Disponível em: https://www.tecmundo.com.br/torrent/192-o-que-e-p2p-.htm. Acesso em: 16 jul. 2018.

validade jurídica, apenas utiliza-se, implicitamente, de um direito ao esquecimento para se manter a segurança jurídica ou para se beneficiar o cidadão, e, assim, prevalecer em detrimento da outra. O direito ao esquecimento é mais amplo do que as interpretações têm sido construídas e formuladas. Tal reducionismo obstaculiza o entendimento do que seja esse direito quando funciona diretamente ligado ao direito à memória.

Cabe aqui ressaltar o ponto importante trazido por Daniel Sarmento sobre a inconstitucionalidade de se aplicar o direito ao esquecimento sem considerar o direito à memória:

> Essa é uma das razões pelas quais se busca preservar a memória coletiva, como um patrimônio imaterial da Nação. A Constituição de 88 impõe esta preservação, através da tutela do patrimônio cultural que, nos termos do seu art. 216, compreende os "bens de natureza material e imaterial, tomados individualmente ou em conjunto, portadores de referência à identidade, à ação, à memória dos diferentes grupos formadores da sociedade brasileira". Tal preservação configura, portanto, direito fundamental cultural, assegurado pelo art. 215 da Constituição. Ora, é difícil imaginar uma ameaça maior ao direito à memória coletiva do que o reconhecimento de um direito ao esquecimento, nos termos alargados como este foi concebido pelo STJ. Afinal, esquecimento, em qualquer léxico, é o antônimo de memória. Se alguém tem o direito de não ser lembrado por fatos passados desabonadores ou desagradáveis, a sociedade não tem o direito de manter a memória sobre estes fatos. A universalização do direito ao esquecimento é o potencial aniquilamento da memória coletiva.
> O "direito ao esquecimento" mantém também uma tensão insanável com a faceta mais específica do direito à memória. Trata-se da dimensão do direito à memória – por vezes chamada de direito à memória e à verdade, ou apenas de direito à verdade – que envolve a obrigação do Estado de revelar e difundir à sociedade fatos históricos profundamente negativos, consistentes em graves violações de direitos humanos, geralmente ocorridos em períodos ditatoriais, e que eram mantidos em sigilo. Esta é uma faceta importantíssima do direito à memória no país, tendo em vista o período de autoritarismo que vivenciamos no passado, marcado por odiosas afrontas aos direitos humanos, bem como pela cultura de segredo sobre o tema, que sobreviveu ao final do regime de exceção (SARMENTO, 2016).

Discordo num ponto do autor. Quando ele se refere ao direito ao esquecimento como antônimo ao direito à memória. Para Daniel Sarmento, a existência de norma constitucional que garante o direito à memória inviabilizaria o direito ao esquecimento, tal como aplicado atualmente pela doutrina e pela jurisprudência brasileira, o que não é correto. Os dois direitos funcionam axiologicamente em conjunto, tanto em seus aspectos positivos quanto nos negativos. A memória e o esquecimento são direitos que potencializam o humano em sua condição de fruto da verdade.

A aplicação do direito ao esquecimento tem sido construída nas decisões judiciais utilizando como contraponto a liberdade de expressão e os limites conferidos pelos direitos à privacidade, à honra, à vida íntima, entre outros.[49] Nessas escolhas interpretativas, cheias de esquecimentos, percebe-se a falta de cuidado com a memória e com a história. Que história contaremos no futuro se estamos à mercê de escolhas individuais? Que conteúdo restará dessas escolhas? São os juízes mais aptos a determinar sim ou não para esses encaminhamentos? Por que os historiadores não são instados a participarem desses processos decisórios e de reconstrução de memórias? Existe uma alternativa que poderia equilibrar todos os direitos envolvidos? A essas e a outras perguntas parece que o debate não levou em consideração a perspectiva da memória de forma adequada. A memória é parte do poder e do direito. Ignorar a sua perspectiva no meio desse debate é sucumbir para a completa presentificação dos arquivos existentes na internet e no apagamento do futuro, que poderá sempre ser remontado, ressignificado e reconstruído. O direito à memória, boa ou ruim, é duplo conceitual do direito ao esquecimento, em que um somente pode ser aplicado, no momento em que funciona o outro. Não há como existir o direito ao esquecimento sem a perspectiva da memória viva. O julgamento moral sobre a memória produzida impede o entendimento do passado, deturpa o presente e torna o futuro impossível. Quem decide somente pelo direito ao esquecimento, na sua perspectiva individualista de apagamento de arquivos, está assumindo para si o ministério da verdade, embevecido pelo sabor das paixões e ignora as relações de saber e de poder que se eternizarão nessas decisões.

4.5.7.2 *Titular de dados e o direito à verdade: o problema da* fake news

Ato contínuo no processo de individualização da memória e no deslocamento de quem tem o poder de controlar, amealhar e distribuir os arquivos e produzir esquecimentos, estão sendo construídas verdades, muitas vezes confundidas indevidamente como pós-verdades,[50] que são totalmente alheias

---

[49] Ver as decisões trazidas pelo STF: Disponível em: http://www.stf.jus.br/arquivo/cms/bibliotecaConsultaProdutoBibliotecaBibliografia/anexo/direito_ao_esquecimento.pdf. Acesso em: 16 jul. 2018.

[50] Quando se comenta sobre a existência da pós-verdade, imagino um corpo deitado numa maca de hospital, definhando em agonia, no limite entre a vida e a morte, cuja alma voa na sala e se vê. A alma reconhece o horror da situação, ignora todas as pos-

a uma conexão com uma realidade dada e vivenciada. Os meios por onde trafegam e se consolidam as informações têm alterado substancialmente a forma como se produzem os conhecimentos e, por consequência, os processos de construções de verdades. O meio não é mais imparcial e imutável. Quem tem o controle dos sistemas pode determinar o fluxo de informações que serão trafegadas nos seus serviços, independentemente do que o titular efetivamente possa querer ou não interferir no tratamento.

O dono do arquivo-memória não só controla o conteúdo que amealha, distribui e produz, mas também sabe quem são os titulares que fornecem os dados, onde estão, do que gostam, o seu comportamento, seus pensamentos, suas ideias e podendo até prever como vão agir, pensar ou escrever. Acima de tudo, os donos dos arquivos memória têm o poder de moldar comportamentos e pensamentos. Por meio de algoritmos, a partir de um sem-número de critérios, eles conseguem exercer influências sobre os comportamentos dos seus usuários, totalmente despossuídos de sua titularidade, apagando as suas referências ou construindo narrativas ideológicas de pensamento, a benefício de quem lhes aprouver, para serem replicadas no real.

Uma das consequências resultantes desse domínio absoluto e sem contestação do dono do arquivo-memória é o controle sobre as verdades que são produzidas. O fluxo das informações dentro do arquivo determina como ele é apreendido, reconhecido e entendido. E é por isso que os algoritmos são construídos com base nos gostos e comportamentos de quem usa o arquivo-memória. Exemplo dessa prática são as redes sociais, que são os maiores arquivos memória da internet atual. Elas se utilizam de vários critérios de distribuição de informação, cada qual com suas especificidades, que perpassam por critérios de engajamento, publicações com quem os usuários mais interagem e, a partir de um perfil desenvolvido, apresentar os assuntos que mais gosta.[51]

Com base no sistema desenvolvido pelas redes sociais e tecnologias de informação e de comunicação, com fulcro na criação de perfis para vender publicidade e sustentar um serviço supostamente gratuito, os arquivos de memória, produzidos sobre e pelos titulares, são recortados, esquadrinhados, manipulados e adequados para a satisfação de uma ideia que será reforçada continuamente até se constituir em crença.

---

    sibilidades de aquilo efetivamente existir e perambula pelo hospital desconectada de si mesma.

[51] Um conteúdo completo sobre esse tema foi produzido pelo *site* RockContent. Disponível em: https:// rockcontent.com/br/ blog/algoritmo- das-redes-sociais/. Acesso em: 12 out. 2020.

Nesse recorte da memória, em que vários esquecimentos são realizados no contexto global das variáveis possíveis, verdades como crenças são construídas com base em maniqueísmos e falsas simetrias, sem contestação ou contraditório. Os titulares são ressignificados e reinventados em valores e tendo como norte a moralidade de quem manipula os arquivos memória. A reiteração contínua de conteúdo existente no arquivo-memória faz com que se implante a noção da certeza de que aquilo que se enuncia seja um fato, que possivelmente esteja em consonância com uma realidade e significa algo que pode ser verdadeiro. É o grão de ideia que justifica a crença.

A atual configuração dos arquivos memória, descentralizados e multifacetados, que podem ser criados, alterados e manipulados por várias pessoas físicas ou jurídicas, públicas ou privadas, em que o Estado não é mais o detentor do controle total do fluxo, e não há mais como se certificar da veracidade e de onde foi formada, como surgiu, quem produziu, alterou ou modificou as informações trafegadas, que um desafio hercúleo foi posto: como atribuir valores de verdade e mentira aos arquivos memória? Nietzsche antecipou em parte, e com pitadas de futurologia, o debate e desenvolveu, no século XIX, o seu conceito central de filosofia com base na verdade como crença e justificativa de posições:

> A crença na verdade é necessária ao homem. A verdade aparece como uma necessidade social; por uma metástase ela é, em seguida, aplicada a tudo, mesmo onde não é necessária. Todas as virtudes nascem das necessidades. Com a sociedade começa a necessidade de veracidade, senão o homem viveria em eternos véus. A fundação dos Estados suscita a veracidade. O instinto de conhecimento tem uma fonte moral (apud MACHADO, 2017, p. 54).

Ao se reconhecerem os mecanismos dos arquivos memória na internet, numa refundação da sociedade em seu direcionamento ao virtual, não tardou que o tratamento de dados por essas *Big Tech* trouxesse ao debate a perspectiva jurídica para se normalizarem as práticas que estão, por hora, fora do alcance das leis e do poder estatal. Pensar em formas como normalizar as práticas que envolvem a utilização, a manipulação e a distribuição dos arquivos memória estão atraindo a atenção e os holofotes dos poderes legislativos ao redor do globo. A produção legislativa percorre temas que caminham pela proteção de dados pessoais até a regulação das mídias. São, em geral, normas restritivas e que atacam equivocadamente o problema de entender como funcionam os arquivos memórias e as pessoas, físicas ou jurídicas, que os coletam, manipulam, conservam e os distribuem.

Em face disso, há que se recorrer a um tema latente e de repercussão mundial a que se atribui o nome de *fake news*, ou seja, notícias falsas, para se analisar o direito à verdade que possui o titular de dados. Comprovou-se que uma eleição presidencial dos Estados Unidos da América foi ganha por Donald Trump baseada, em parte, por manipulação das informações fornecidas aos eleitores, utilizando-se de técnicas repetitivas e direcionadas a cidadãos titulares propensos a receber publicações de notícias falsas pelas mídias e redes sociais, principalmente no Meta, contra a outra candidata, Hilary Clinton.

Após o pleito eleitoral ter sido encerrado, por meio de uma denúncia de um ex-funcionário da Cambridge Analytica, descobriu-se que, pelo que se tem notícia até o momento, 87 milhões de titulares tiveram os seus dados manipulados por essa empresa, com a finalidade de impulsionar a campanha eleitoral vitoriosa de Trump.[52] Não só a empresa Cambridge Analytica estava manipulando as notícias falsas. Descobriu-se toda uma rede de empresas e de pessoas produzindo *fake news* nos arquivos memória, principalmente na rede social Meta, que corroborou por ação ou omissão nessas iniciativas de distorção das verdades.

A essa manipulação complexa de agentes e de modos de engajar os cidadãos titulares mudou o rumo das eleições estadunidenses e tornou todo o processo eleitoral, em termos mundiais, altamente vulnerável a essas práticas,[53] trazendo sérias dúvidas sobre a formatação do Estado Social e Democrático de Direito no atual contexto histórico. Não só com relação ao processo eleitoral, mas todo o ecossistema da internet tornou-se um lugar em que não é mais, talvez nunca fosse, confiável como fonte de informação.

---

[52] "Christopher Wylie afirmou que o escândalo envolvendo o uso ilegal de informações obtidas sem consentimento de usuários do Meta pode ser ainda maior. Wylie, que ficou conhecido no último mês justamente por denunciar o caso à imprensa, afirma que mais de 87 milhões de pessoas podem ter sido atingidas pelo problema. Esse número representa o total de pessoas que serão avisadas pelo próprio Meta sobre o uso indevido de seus dados para fins políticos pelo menos em dois países (EUA e Reino Unido), mas a situação teria contornos ainda mais graves." Disponível em: https://www.tecmundo.com.br/redes- sociais/129065-cambridge- analytica-Meta--atingido-87-milhoes-pessoas.htm. Acesso em: 16 jul. 2018, às 20h07min.

[53] A Cambridge Analytica também viria a atuar em eleições fora dos Estados Unidos e do Reino Unido, onde participou das campanhas de Trump e do Brexit, respectivamente. Em uma série de vídeos gravados secretamente pela TV britânica Channel 4 e divulgados na última segunda-feira, o diretor-gerente para Política Global da consultoria, Mark Turnbull, gaba-se de ter feito campanhas na Austrália, na Malásia e no México. Nos vídeos, gravados entre dezembro e janeiro último, Turnbull afirma que estava vindo atuar no Brasil. Disponível em: https://oglobo.globo.com/mundo/ matriz-da--cambridge-analytica-participou-de-mais -de-200-eleicoes-diz-delator-22515244. Acesso em: 19 jul. 2018.

A partir do reconhecimento da fraude dos arquivos memória de produção reiterada e ininterrupta de *fake news*, fez com que se decretasse de vez o fim da era da ingenuidade da informação na internet.

A verdade é uma necessidade social e um dos pilares do direito como ciência. Ter um arquivo-memória baseado ou formado por meio de informações falsas, mentirosas ou inverídicas destrói os pilares principiológicos constitucionais da previsibilidade e da segurança jurídica. Como o titular de dados pode confiar que um arquivo-memória é fidedigno? Como saber que ele não foi adulterado? Quais arquivos dos titulares foram utilizados em detrimentos de outros? Como não confundir *fake news* com verdades parciais? No pano de fundo, as *fakes news* estão relacionadas também com a segurança da informação e com a confiabilidade da memória produzida, em que os titulares não têm noção de como os seus dados serão tratados ou manipulados. Assim, os controladores devem realizar práticas e procedimentos fidedignos com os dados que recolheram, em consonância aos princípios da transparência e da finalidade. O direito à verdade, que não está explicitamente trazido nas normas de proteção de dados, está espraiado na ordenação jurídica e deve pautar a atuação dos controladores de dados a todo momento.

Um ponto de relevância muitas vezes não muito questionado, ao se tratar do tema da *fake news*, relaciona-se à pessoa, às pessoas ou às instituições que avaliam o que é verdadeiro ou não: sobre um conteúdo divulgado; quais são os critérios para se determinar, com segurança, a veracidade ou não; os procedimentos que legitimam o discurso do verdadeiro; o que é mentiroso; se leva em consideração a verdade parcial; se há análise dos algoritmos que criam, mantêm, processam e distribuem os conteúdos do arquivo-memória; se eliminam os dados falseados; quem se locupleta financeiramente com a mentira etc. Sem esses critérios estabelecidos e discutidos com afinco, não há possibilidade de estabelecer a *fake news* fora do contexto de crença, como uma lenda urbana que nos aterroriza repetidamente.

A História ensina que os critérios de verdade e de mentira foram manipulados por Estados, empresas e pessoas para legitimarem interesses, poderes, saberes e dominações. Governos, ditatoriais ou não, empresas e pessoas utilizaram-se e utilizam-se, indeterminadamente, e ao sabor dos interesses, de verdades e de mentiras para difundir ideologias, criar narrativas discursivas, estabelecer conceitos morais, construir ciências, enfim, engendrar sempre que possível relação de saber e de poder com práticas de disciplina. Roberto Machado, ao estudar Nietzsche e o seu conceito de verdade, concluiu nessa direção:

> Conclusão: O homem não ama necessariamente a verdade, deseja suas consequências favoráveis. O homem também não odeia a mentira: não

suporta os prejuízos por ela causados. O que se proscreve, o que não se aceita e não se deseja é o que é considerado nocivo: são as consequências nefastas tanto da mentira quanto da verdade. A obrigação, o dever de dizer a verdade nasce para antecipar as consequências nefastas da mentira. Quando a mentira tem um valor agradável ela é muito bem permitida (MACHADO, 2017, p. 56).

Ao se mirar toda essa complexidade e aspectos inerentes ao tema *fake news* dentro do contexto proposto da memória, do esquecimento e das verdades e das mentiras que eles produzem, vê-se como as escolhas feitas, sempre uma em detrimento de outra, inviabilizam a visão mais ampla e contextualizada do fenômeno e do objeto de estudo. Ampliar o olhar ao objeto é condição de entendimento e de produção de conhecimento em tempos de velocidade de tomada de decisões e de volume gigantesco de informações. Desses processos, tecnológicos ou não, resultam, em parte, da forma como são atualmente estruturados os arquivos memória, seus esquecimentos e suas verdades. Os direitos do titular de eliminação dos dados relacionados aos direitos fundamentais à memória e à verdade, ao se analisar o tema da *fake news*, pode funcionar de outra maneira mais significativa e socialmente relevante. Se houvesse somente a aplicação do direito de eliminação de dados sem quaisquer contrapontos com os direitos fundamentais, principalmente os relacionados à memória e à verdade, haveria uma ditadura da vontade individual, o que poderia recair na presentificação de todos os arquivos e da ausência de uma possibilidade de futuro. A perspectiva aqui proposta é para além da eliminação, torna-se necessária uma rediscussão de como fazer surgir a verdade como laço de união de todos.

4.5.7.3 Titular de dados e a história digital

Uma das perguntas feitas anteriormente e que não foram enfrentadas ainda se relaciona a um aspecto propositivo sobre o tema de como implementar os direitos à memória, ao esquecimento e à verdade sem que haja um desvio das garantias constitucionais dos cidadãos titulares. Existe uma alternativa que poderia equilibrar o direito dos titulares à memória e ao esquecimento, em que todos pudessem ser aplicados em suas potencialidades, sem quaisquer restrições ou ponderações? Sim, e a resposta está diretamente ligada ao fortalecimento de uma nova memória, melhor, um novo tipo de se fazer memória, a que denomino de História Digital. Só com a História Digital todas as memórias serão resguardadas, todos os direitos serão alcançados e as verdades serão mais que crença, podendo ser estabelecidas e fortalecidas socialmente. As verdades estariam interligadas mais a complexidades existentes na produção do conhecimento e não nos esquecimentos de pedaços faltantes do quebra-cabeça de arquivos controlados, desviados, manipulados ou direcionados.

Com a História Digital ficaria mais transparente todo o procedimento de captura, guarda, manutenção, conservação e distribuição do arquivo--memória. Os agentes seriam, de uma certa forma, certificados, controlados e incentivados pelo Estado a utilizarem o arquivo-memória e toda uma gama de atores sociais validariam as informações produzidas. Todo um processo complexo de legitimação estaria à disposição da sociedade. A História Digital será um grande arquivo-memória em que, provavelmente, tudo que foi produzido na internet estaria catalogado, documentado, classificado e à disposição de todos, mediante procedimentos de acesso, de distribuição e de construção de sentidos. A História Digital estará sim conectada com uma ideia, inspiração da Biblioteca de Alexandria,[54] em que todo o conhecimento produzido estaria disponível a todos.

Mesmo que houvesse a aplicação do direito ao esquecimento na internet, o direito à memória estaria resguardado e protegido pela História Digital. As verdades contidas naqueles arquivos memória poderiam ser produzidas, reinventadas, acessadas, reconstruídas, revisitadas, enfim, nada se perderia e tudo poderia ser rediscutido sem obstáculos práticos ou influência de desejos e de vontades individuais.

Todos esses direitos seriam potencializados ao máximo em favor de todos e não de poucos. Todos os campos dos conhecimentos seriam beneficiados com a História Digital, que não seria suscetível aos interesses de poucos que controlassem os saberes e os poderes de uma memória privatizada. Pelo contrário, empoderaria ainda mais o titular de dados a se autodeterminar e a ter livre acesso efetivo sobre o conteúdo produzido por e sobre ele. E o mais importante, seriam visíveis. Somente a partir dessa perspectiva que se pode construir um arcabouço jurídico de garantias constitucionais de todos os cidadãos titulares.

---

[54] A Biblioteca de Alexandria nasceu em 283 a.C. Famosa nas aulas de história como aquela que foi queimada e, junto com o fogo, teve manuscritos, de valor inestimável já no mundo antigo (imagina-se hoje!), destruídos, ela ficava em Alexandria, cidade helênica fundada no Egito por Alexandre, o Grande. O imperador seguinte a ele, Sotero Ptolomeu II, quis construir um museu de estilo grego que atraísse estudiosos do mundo todo. Daí surgiu a Ptolemaic Mouseion Academy, o nome oficial da Antiga Biblioteca de Alexandria. Disponível em: http://revistagalileu.globo.com/Revista/Common/0,,EMI343729-17770,00-BIBLIOTECA+DE+ALEXANDRIA+ACABOU+POR+FALTA+DE+VERBA+DIZEM+HISTORIADORES.html. Acesso em: 16 jul. 2018.

4.5.8 Direito de informação sobre o compartilhamento dos dados

O direito à informação é um direito constitucional do titular de dados e sobre ele já estendemos extensas análises anteriormente. O direito à informação é condição *sine qua non* para o desenvolvimento do tratamento de dados pelo controlador. Nesse passo, existe uma espécie de direito à informação que se conecta diretamente com o sistema protetivo, que é o direito de informação sobre o compartilhamento de dados do titular pelo controlador. O art. 5º, inc. XVI, da LGPD, define uso compartilhado de dados como:

> [...] comunicação, difusão, transferência internacional, interconexão de dados pessoais ou tratamento compartilhado de bancos de dados pessoais por órgãos e entidades públicas no cumprimento de suas competências legais, ou entre esses e entes privados, reciprocamente, com autorização específica, para uma ou mais modalidades de tratamento permitidas por esses entes públicos, ou entre entes privados.

Para que tenha mais controle sobre as informações que são coletadas, manipuladas, gerenciadas e distribuídas, deve o titular ser informado sobre quaisquer transferências ou compartilhamentos de seus dados. O controlador, público ou privado, sempre que se relacionar com terceiros, fora da cadeia de consentimento ou de um legítimo interesse inicial, informará ao titular sob que circunstâncias e motivos está se utilizando dos dados e se ele autoriza essas operações.

Ato contínuo, o controlador deverá informar quais dados compartilhará, quais formatos, por quanto tempo, por quais motivos, os riscos envolvidos na transferência, o nível de proteção aplicada à transferência, para quem está sendo transferido, qual país e, ao final de todas as informações fornecidas, se o titular anui ou não com a transferência e se possui quaisquer objeções ao compartilhamento de seus dados. O consentimento deve ser específico, informado e inequívoco, em que o titular tem que ter livre acesso aos seus dados, sem o qual o compartilhamento é proibido (art. 7º, § 5º, da LGPD). O direito do titular ser informado sobre o compartilhamento e sobre todos os aspectos envolvidos na cadeia de tratamento é dever objetivo dos controladores, sem os quais eles serão responsabilizados, administrativa ou judicialmente, se não o cumprirem.

Quando houver compartilhamento de dados entre pessoas de direito público para as de direito privado, deverão a ANPD e o titular ser comunicados para autorizar a transação (art. 27 da LGPD). A comunicação deverá permitir ao titular que ele possa conceder o seu consentimento para o compartilhamento, desde que não ocorra motivo para a sua dispensa ou legítimo interesse para se realizar a coleta (art. 27, incs. I, II e III, da LGPD).

Os dados sensíveis do titular poderão ser compartilhados pela administração pública, sem comunicação ao titular, desde que fundamentados em lei ou regulamento que o autoriza, para implementar políticas públicas (art. 11, inc. II, alínea *b*, da LGPD). Em outras hipóteses, se o compartilhamento for feito com o objetivo de obter vantagens econômicas, duas situações são previstas na LGPD para o direito de informação sobre o compartilhamento: se forem dados sensíveis de saúde, tal comunicação ou uso compartilhado é vedado pela LGPD (art. 11, § 4º), exceto "nas hipóteses relativas a prestação de serviços de saúde, de assistência farmacêutica e de assistência à saúde, desde que observado o § 5º desse artigo, incluídos os serviços auxiliares de diagnose e de terapia, em benefício dos interesses dos titulares de dados", bem como para permitir a portabilidade dos dados e as transações financeiras e administrativas relativas à prestação do serviço de saúde respectivo; e, se forem outros dados sensíveis, poderá a ANPD ou o órgão público relacionado ao conteúdo vedar o compartilhamento depois de uma análise sobre os termos do compartilhamento e as garantias apresentadas (art. 11, § 3º, da LGPD).

O consentimento informado ao titular abrange vários aspectos que foram elencados anteriormente, bem como a possibilidade de ter o não consentimento uma consequência negativa (art. 18, inc. VIII). Por exemplo, o titular não consente com o tratamento e ele perde a possibilidade de acessar informações creditícias, de saúde, educacionais etc. É dever do controlador indicar, sem alardes ou exageros, as consequências da negativa de consentimento ao tratamento de dados do titular.[55]

---

[55] O seguinte acórdão do STJ é bem didático sobre como deve ser realizada a comunicação sobre as informações a serem prestadas das consequências negativas, caso o titular não conceda o consentimento dos seus dados para, nesse caso, numa situação médica. "Recurso especial. Violação ao art. 535 do CPC/1973. Não ocorrência. Responsabilidade civil do médico por inadimplemento do dever de informação. Necessidade de especialização da informação e de consentimento específico. Ofensa ao direito à autodeterminação. Valorização do sujeito de direito. Dano extrapatrimonial configurado. Inadimplemento contratual. Boa-fé objetiva. Ônus da prova do médico. 1. Não há violação ao artigo 535, II, do CPC, quando, embora rejeitados os embargos de declaração, a matéria em exame foi devidamente enfrentada pelo Tribunal de origem, que emitiu pronunciamento de forma fundamentada, ainda que em sentido contrário à pretensão da recorrente. 2. É uma prestação de serviços especial a relação existente entre médico e paciente, cujo objeto engloba deveres anexos, de suma relevância, para além da intervenção técnica dirigida ao tratamento da enfermidade, entre os quais está o dever de informação. 3. O dever de informação é a obrigação que possui o médico de esclarecer o paciente sobre os riscos do tratamento, suas vantagens e desvantagens, as possíveis técnicas a serem empregadas, bem como a revelação quanto aos prognósticos e aos quadros clínico e cirúrgico, salvo quando tal informação possa afetá-lo psicologicamente, ocasião em que a comunicação será feita a seu representante legal. 4. O princípio da autonomia

A comunicação é um dever objetivo do controlador não só ao compartilhar os dados, mas em todos os momentos do tratamento. É inerente ao princípio da transparência e do livre acesso que a comunicação ocorra para cientificar o titular, verdadeiro dono e norte de quaisquer tratamentos de dados, o que está sendo realizado com eles, como, onde e por quê. O dever de comunicação pelo uso de dados existe no direito consumerista no art. 44, *caput*, do CDC,[56] na Lei de Acesso à informação, art. 11, § 1º, incisos I e III[57],

---

da vontade, ou autodeterminação, com base constitucional e previsão em diversos documentos internacionais, é fonte do dever de informação e do correlato direito ao consentimento livre e informado do paciente e preconiza a valorização do sujeito de direito por trás do paciente, enfatizando a sua capacidade de se autogovernar, de fazer opções e de agir segundo suas próprias deliberações. 5. Haverá efetivo cumprimento do dever de informação quando os esclarecimentos se relacionarem especificamente ao caso do paciente, não se mostrando suficiente a informação genérica. Da mesma forma, para validar a informação prestada, não pode o consentimento do paciente ser genérico (*blanket consent*), necessitando ser claramente individualizado. 6. O dever de informar é dever de conduta decorrente da boa-fé objetiva e sua simples inobservância caracteriza inadimplemento contratual, fonte de responsabilidade civil per se. A indenização, nesses casos, é devida pela privação sofrida pelo paciente em sua autodeterminação, por lhe ter sido retirada a oportunidade de ponderar os riscos e vantagens de determinado tratamento, que, ao final, lhe causou danos, que poderiam não ter sido causados, caso não fosse realizado o procedimento, por opção do paciente. 7. O ônus da prova quanto ao cumprimento do dever de informar e obter o consentimento informado do paciente é do médico ou do hospital, orientado pelo princípio da colaboração processual, em que cada parte deve contribuir com os elementos probatórios que mais facilmente lhe possam ser exigidos. 8. A responsabilidade subjetiva do médico (CDC, art. 14, § 4º) não exclui a possibilidade de inversão do ônus da prova, se presentes os requisitos do art. 6º, VIII, do CDC, devendo o profissional demonstrar ter agido com respeito às orientações técnicas aplicáveis. Precedentes. 9. Inexistente legislação específica para regulamentar o dever de informação, é o Código de Defesa do Consumidor o diploma que desempenha essa função, tornando bastante rigorosos os deveres de informar com clareza, lealdade e exatidão (art. 6º, III, art. 8º, art. 9º). 10. Recurso especial provido, para reconhecer o dano extrapatrimonial causado pelo inadimplemento do dever de informação" (REsp 1.540.580/DF, Rel. Min. Lázaro Guimarães (Desembargador Convocado do TRF 5ª Região), Rel. p/ acórdão Min. Luís Felipe Salomão, 4ª Turma, j. 02.08.2018, *DJe* 04.09.2018).

[56] "Art. 44. Os órgãos públicos de defesa do consumidor manterão cadastros atualizados de reclamações fundamentadas contra fornecedores de produtos e serviços, devendo divulgá-lo pública e anualmente. A divulgação indicará se a reclamação foi atendida ou não pelo fornecedor."

[57] "Art. 11. O órgão ou entidade pública deverá autorizar ou conceder o acesso imediato à informação disponível. § 1º Não sendo possível conceder o acesso imediato, na forma disposta no *caput*, o órgão ou entidade que receber o pedido deverá, em prazo não superior a 20 (vinte) dias: I – comunicar a data, local e modo para se realizar a consulta, efetuar a reprodução ou obter a certidão; II – indicar as razões de fato ou de direito da recusa, total ou parcial, do acesso pretendido; ou III – comunicar que não

no Marco Civil da Internet em seu art. 20, *caput*.⁵⁸ Na LGPD existe a previsão no art. 22, fechando a transversalidade da proteção de dados pessoais, de que, subsidiariamente, aplica-se o código consumerista.⁵⁹ É pacífica a jurisprudência que a falta de comunicação ao titular de dados enseja danos morais.⁶⁰ No entanto, o dever de comunicação somente é afastado quando envolve dados públicos constantes em cartórios de protestos de títulos e distribuidor judicial.⁶¹

---

possui a informação, indicar, se for do seu conhecimento, o órgão ou a entidade que a detém, ou, ainda, remeter o requerimento a esse órgão ou entidade, cientificando o interessado da remessa de seu pedido de informação."

58 "Art. 20. Sempre que tiver informações de contato do usuário diretamente responsável pelo conteúdo a que se refere o art. 19, caberá ao provedor de aplicações de internet comunicar-lhe os motivos e informações relativos à indisponibilização de conteúdo, com informações que permitam o contraditório e a ampla defesa em juízo, salvo expressa previsão legal ou expressa determinação judicial fundamentada em contrário."

59 "Art. 22. A defesa dos interesses e dos direitos dos titulares de dados poderá ser exercida em juízo, individual ou coletivamente, na forma do disposto na legislação pertinente, acerca dos instrumentos de tutela individual e coletiva."

60 "Direito processual civil e bancário. Recurso especial. Inscrição em cadastro de proteção ao crédito. Prévia notificação. Desnecessidade de postagem da correspondência ao consumidor com aviso de recebimento. Suficiência da comprovação do envio ao endereço fornecido pelo credor. I – Julgamento com efeitos do art. 543-C, § 7º, do CPC. Para adimplemento, pelos cadastros de inadimplência, da obrigação consubstanciada no art. 43, § 2º, do CDC, basta que comprovem a postagem, ao consumidor, da correspondência notificando-o quanto à inscrição de seu nome no respectivo cadastro, sendo desnecessário aviso de recebimento. A postagem deverá ser dirigida ao endereço fornecido pelo credor. II – Julgamento do recurso representativo. A jurisprudência do STJ já se pacificou no sentido de não exigir que a prévia comunicação a que se refere o art. 43, § 2º, do CDC, seja promovida mediante carta com aviso de recebimento. Não se conhece do recurso especial na hipótese em que o Tribunal não aprecia o fundamento atacado pelo recorrente, não obstante a oposição de embargos declaratórios, e este não veicula sua irresignação com fundamento na violação do art. 535 do CPC. Súmula 211/STJ. – O STJ já consolidou sua jurisprudência no sentido de que *'a ausência de prévia comunicação ao consumidor da inscrição do seu nome em cadastros de proteção ao crédito, prevista no art. 43, §2º do CDC, enseja o direito à compensação por danos morais, salvo quando preexista inscrição desabonadora regularmente realizada'* (Recurso Especiais em Processos Repetitivos 1.061.134/RS e 1.062.336/RS) Não se conhece do recurso especial quando o entendimento firmado no acórdão recorrido se ajusta ao posicionamento do STJ quanto ao tema. Súmula n.º 83/STJ. Recurso especial improvido" (STJ, REsp 1.083.291/RS (2008/0189838-6), 2ª Turma, Rel. Min. Nancy Andrighi, j. 09.09.2009, publicado em 20.10.2009) (grifei).

61 "Processual civil. Agravo interno no agravo em recurso especial. Inscrição em banco de dados. Ausência de comunicação. Dados públicos. Dever de notificação afastado. Dados restritos. Responsabilidade da entidade cadastral. Decisão mantida. 1. Afastado

Contudo, foi criada uma exceção fora da transversalidade da proteção de dados. Uma categoria específica de controladores que, para não enfrentarem as discussões relativas aos direitos dos titulares e todo o sistema envolvido, colocaram-se além e até mesmo contra os direitos dos titulares: as instituições de crédito ou análise de crédito. Eles criaram o cadastro positivo de consumidor para melhorar a distribuição do crédito aos consumidores, mas sem respeitá-los como titulares de dados.

Em movimento totalmente contrário à Constituição, às leis e à jurisprudência dominante, o cadastro positivo do consumidor autoriza às instituições financeiras a abrir cadastros com informações de pagamento dos titulares, fazer anotações e compartilhar os dados com outros bancos de dados, sem requerer consentimentos ou até mesmo comunicar sobre os tratamentos, conforme o art. 4º da Lei Complementar 166/2019, o que já foi denominado como cadastro positivo compulsório.[62]

A Portaria 5 da Secretaria de Direito Econômico do Ministério da Justiça, de 27.08.2002, que regulamenta o art. 51 do CDC, determina como abusiva as cláusulas que inviabilizam o exercício de direitos pelo titular consumidor. Rita Peixoto Ferreira Blum indica quais são os direcionamentos principiológicos da Portaria 5/2002 da SDE/MJ:

> A tutela almejada nesta norma é resguardar o direito do consumidor de ser previamente informado pelo fornecedor, de maneira a consentir ou não com a coleta dos seus dados e de conhecer a finalidade desta coleta. Indiretamente buscou-se assegurar a transparência, a harmonia, o equilíbrio e a boa-fé nas relações de consumo (2018, p. 135).

Determina a portaria que usar os dados do titular é abusivo quando: autorize o envio do nome do consumidor, e/ou seus garantes, a bancos de dados e cadastros de consumidores, sem comprovada notificação prévia; im-

---

o dever de notificação, por parte do órgão de proteção ao crédito, relativa a restrições derivadas de informações constantes de bancos de dados públicos, tais como os pertencentes a cartórios de protesto de títulos e de distribuição judicial, por serem de notoriedade pública. 2. O cadastro de emitentes de cheques sem fundo, mantido pelo Banco Central do Brasil, é de consulta restrita, não podendo ser equiparado a dados públicos. A negativação decorrente de dados contidos no CCF deve ser comunicada pela entidade cadastral. Precedentes. 3. Agravo interno desprovido" (AgInt no AREsp 463.108/SP, Rel. Min. Antônio Carlos Ferreira, 4ª Turma, j. 05.12.2017, *DJe* 11.12.2017).

[62] "Cadastro positivo compulsório entra em vigor nesta terça-feira". Disponível em: http://agenciabrasil.ebc.com.br/economia/noticia/2019-07/cadastro-positivo-compulsorio-entra-em-vigor-nesta-terca-feira. Acesso em: 19 nov. 2019.

ponha ao consumidor, nos contratos de adesão, a obrigação de manifestar-se contra a transferência, onerosa ou não, para terceiros, dos dados cadastrais confiados ao fornecedor; autorize o fornecedor a investigar a vida privada do consumidor. De acordo com a estrutura ontológica do CDC, a Lei do Cadastro Positivo de 2019 é frontalmente contra os direitos do titular consumidor.

Evidencia-se cristalinamente o conflito entre a nova Lei do Cadastro Positivo e todo o sistema protetivo envolvendo os titulares de dados. Mesmo que se considere como exceção, um caso especial para análise de crédito, verifica-se um destoante desequilíbrio entre a exceção que está se estipulando contra os direitos dos titulares, em benefício das instituições financeiras. Não há justificativa para se reforçar ainda mais a exceção perante a consolidação da jurisprudência que soube sopesar, com argumentos constitucionais e sistêmicos, o uso dos dados para análise de crédito. O descompasso e as iniquidades estipuladas pela Lei do Cadastro Positivo de 2019, em face da proteção de dados dos titulares, deverá ser objeto de discussão necessária no Poder Judiciário brasileiro.

4.5.9 Direito de revogação de consentimento

O titular tem o direito de revogar, a qualquer tempo, o seu consentimento, sem quaisquer motivações ou fundamentos, conforme determina o art. 8º, § 5º, da LGPD:

> O consentimento pode ser revogado a qualquer momento mediante manifestação expressa do titular, por procedimento gratuito e facilitado, ratificados os tratamentos realizados sob amparo do consentimento anteriormente manifestado enquanto não houver requerimento de eliminação, nos termos do inciso VI do *caput* do art. 18 desta Lei.

O direito à revogação do consentimento está adstrito ao entendimento de que algumas situações práticas devem ser contextualizadas e compreendidas. A revogação do consentimento não significa que automaticamente o responsável cessará de fazer a coleta, a manipulação ou o gerenciamento dos dados, se houver outro fundamento ou legítimo interesse, que fundamente a continuidade do tratamento.

Outro ponto a ser colocado, a retirada do consentimento não autoriza a eliminação dos dados. É nesse momento que se aplica o art. 16 da LGPD, em que os dados serão conservados para: o cumprimento de obrigação legal ou regulatória pelo controlador (inc. I); o estudo por órgão de pesquisa, garantida, sempre que possível, a anonimização dos dados pessoais (inc. II); a transferência a terceiro, desde que respeitados os requisitos de tratamento de dados dispostos nesta Lei (inc. III); ou uso exclusivo do controlador, vedado seu acesso por terceiro, e desde que anonimizados os dados (inc. IV).

Não raro, os controladores, ao término de uma relação jurídica, por rescisão contratual ou qualquer outro motivo, realizam a eliminação dos dados do titular. Como traz o § 5º do art. 18, essas situações jurídicas continuam a ser distintas. O requerimento de eliminação deve ser exercido pelo titular de forma expressa e por escrito. Sem isso, a revogação do consentimento somente cessará a continuidade do tratamento de dados realizado exclusivamente nessa base legal e não a eliminação dos dados. Se o controlador eliminar os dados sem pedido específico para isso, arcará com as indenizações por perdas e danos morais e materiais que seu ato lesivo deu causa (art. 42, *caput*, LGPD).

Além do dever objetivo de conceder o livre acesso aos titulares exercerem o seu direito de revogação de consentimento, deverão os controladores manter ou se utilizar de uma cadeia de consentimento estruturada. Somente assim, podem os titulares avaliar, aferir e verificar, com segurança, os momentos específicos em que foram concedidos ou retirados os consentimentos, bem como os pedidos de eliminação, a fim de que todos estejam resguardados juridicamente. A manutenção da cadeia de consentimento está diretamente relacionada com o dever objetivo dos controladores em serem transparentes com os direitos dos titulares de dados.

4.5.10 Direito de petição à Autoridade Nacional de Proteção Dados, aos órgãos de defesa do consumidor, aos controladores e ao Poder Judiciário

O direito de petição está assegurado constitucionalmente como uma das garantias do cidadão brasileiro no art. 5º, inc. XXXIV, alínea *a*, da CF/1988. O direito de petição é uma ferramenta jurídica do Estado Democrático de Direito contra o arbítrio e de que todos os cidadãos tenham ferramentas jurídicas para acessarem os órgãos do Poder Executivo, Legislativo ou Judiciário, a fim de evitar que o Estado, ou alguém em nome do Estado, possa obstar, por meio de favoritismos, os seus direitos individuais ou coletivos garantidos. Temístocles Brandão Cavalcanti assevera que

> [...] o direito de petição é amplo, devendo a autoridade pública encaminhar esse pedido em forma a que sejam apuradas as irregularidades apontadas. Para tanto, reconhece também, a todos os cidadãos, o direito de ser parte legítima, em qualquer processo administrativo ou judicial, destinado a apurar os abusos de autoridade e a promover a sua responsabilidade (CAVALCANTI, 1988, p. 426).

Capítulo 4 • OS PRINCÍPIOS E OS DIREITOS DO TITULAR DE DADOS | 149

O titular tem o direito de peticionar à ANPD para se informar, denunciar, consultar ou demandar contra os controladores de dados, públicos ou privados. O pedido encaminhado à ANPD deve ser apreciado e respondido. É um dever objetivo de a ANPD responder a todos os pedidos dos titulares sem eleições de tema ou seleção para os assuntos que mais lhe convier. Todos os pedidos devem ser encaminhados diretamente, cujas decisões devem ser fundamentadas, sob pena de serem rediscutidas judicialmente. Nesse sentido, José Afonso da Silva, citando Bascuñan, reconhece essa característica essencial do direito de petição:

> O direito de petição não pode separar-se da obrigação da autoridade de dar resposta e pronunciar-se sobre o que lhe foi apresentado, já que, separado de tal obrigação, carece de verdadeira utilidade e eficácia. A obrigação de responder é ainda mais precisa e grave se alguma autoridade a formula, em razão de que, por sua investidura mesmo, merece tal resposta, e a falta dela constitui um exemplo deplorável para a responsabilidade dos Poderes Públicos (SILVA, 1988, p. 444).

O direito de petição também é estendido ao controlador de dados, que, da mesma forma que a ANPD, deverá responder a todos os pedidos feitos pelo titular. Se o controlador de dados não responder sobre todos os itens pedidos, poderá o titular peticionar junto a ANPD pela ausência de respostas ou respostas insuficientes, os quais deverão ser atendidas. Cabe ressaltar que ao titular não há impedimento de ir diretamente ao Poder Judiciário questionar as atividades do controlador. O titular de dados não necessita ir primeiramente à ANPD buscar a decisão administrativa, conforme determina o art. 5º, inc. XXXV, da CF/1988, podendo recorrer diretamente ao Poder Judiciário para sanar o direito lesado ou prestes a ser lesado. Soma-se a isso o fato de o Poder Judiciário não estar vinculado às decisões proferidas pela ANPD.[63]

---

[63] É pacífico na doutrina e na jurisprudência a possibilidade de revisão de decisão administrativa pelo Poder Judiciário. Cabe aqui trazer a lição de Yoshiaki Ichihara que embasa estes fundamentos: "Por outro lado, a revisão dos atos administrativos da autoridade pelo Poder Judiciário insere-se logicamente no art. 153, § 4º, também da CF, com outro direito ou garantia individual, entre os assegurados aos brasileiros e estrangeiros residentes no país.

Como já dito anteriormente, se o direito à prestação jurisdicional é colocado como garantia fundamental, se o Estado se submete às leis que edita e às decisões judiciais, como decorrência do princípio do Estado de Direito, não se pode negar o direito à jurisdição, se existentes a ameaça ou a lesão de direito a que se refere o art. 5º, XXXV, da CF" (ICHIHARA, 2002, p. 358-359).

O § 8º do art. 18 determina que o titular de dados pode ir aos órgãos de defesa do consumidor para notificar ou peticionar sobre seus direitos lesados ou sob ameaça de lesão. A despeito de que a ampliação de acessos possa atrapalhar a unificação do entendimento sobre como aplicar na prática o sistema protetivo de dados, a abertura aos órgãos de defesa do consumidor é importante na efetividade dos direitos do titular. Por conta da extensão gigantesca do Brasil, os órgãos de defesa do consumidor, além do Poder Judiciário, são de extrema relevância para atender as necessidades do titular em casos que requeiram extrema urgência para serem analisados ou contestados perante os controladores, como casos de vazamento de dados.

A ampliação aos órgãos de defesa do consumidor torna-se ainda mais relevante, pois o § 3º do art. 18 da LGPD determina que o titular de dados somente exercerá os seus direitos "mediante requerimento expresso do titular ou de representante legalmente constituído, a agente de tratamento". Diante desses requisitos, os órgãos de defesa do consumidor, em face do tempo que já estão atuando e a consolidação da área consumerista no país, seriam de grande auxílio nos trâmites procedimentais aos titulares, realizando uma melhor conexão com os controladores, principalmente em relação à busca por informações claras e precisas.

Contudo, o meio de se exercer o direito de petição perante as entidades responsáveis ou aos controladores ainda não são explicitados na LGPD. O requerimento expresso pode ser por meio eletrônico ou digital? Em quais endereços deverão ser realizadas as comunicações? E se o controlador mudar de endereço e não comunicar? A comunicação pelo titular de dados ou seu representante constituído deverá ter aviso de recebimento? Se assim for, não se impossibilitará o direito de petição do titular de dados? São inúmeras questões práticas de efetivação do direito de petição em que não estão postas as soluções legais e que deverão ser enfrentadas pelas autoridades de proteção de dados e pelo Poder Judiciário.

Poderia auxiliar no enfrentamento das questões procedimentais inerentes à relação entre os titulares e os controladores uma reconfiguração do remédio constitucional do *habeas data*. Anteriormente já se discutiu sobre a ineficiência e a ineficácia do *habeas data* como meio processual do titular para acessar os seus dados.[64] Diante de uma reconfiguração de todo o sistema protetivo de dados, trazer de volta o remédio constitucional do *habeas data* pode facilitar a aproximação do titular e do controlador, sem possibilidade de ruídos ou confusões. A polissemia de pedidos e possibilidades poderia ser

---

[64] Ver o Capítulo 2.

encaminhada na solução fornecida por Oscar Puccinelli, traduzido e interpretado por Danilo Doneda, em que se estipula um desmembramento do *habeas data* em várias espécies cada qual direcionada para uma atividade específica:

> O autor identifica o *habeas data* "informativo", ao qual corresponderia o direito de acesso, pelo qual toda pessoa teria direito a conhecer os dados a ela referentes armazenados por terceiros. Tal espécie de *habeas data* apresenta as variantes de "exibitório", quando se pretende que se mostrem as informações armazenadas em si, ou "finalista", quando se pretende que se informe a finalidade para a qual os dados pessoais estão sendo ou serão utilizados. Também há o *habeas data* "aditivo", utilizado para acrescentar dados, que se dividiria nas submodalidades "atualizador" e "inclusivo". Outros tipos são o *habeas data* "retificador", para a correção de informações incorretas, o *habeas data* "exclusivo", para eliminar do banco de dados a informação que não pode ou não deseja que dele conste. Sendo essas as modalidades principais, o autor ainda se refere a uma série de modalidades "menores" do *habeas data*, como o "impugnativo" (para impugnar decisões automatizadas realizadas a partir de dados pessoais); o "suspensivo" (com o qual se bloqueia a transferência de dados pessoais até que haja uma posição sobre seu cabimento); o "dissociativo" (pelo qual o dado pessoal continua registrado, porém sua associação com uma determinada pessoa é apagada); o "assecuratório" (correlato ao princípio da segurança do tratamento dos dados pessoais por este *habeas data*, permitiria o conhecimento dos aspectos de segurança, técnicos ou não, envolvidos no tratamento); e por fim o "reparador" (que nada mais é que a ação indenizatória referente à situação verificada em outro *habeas data*) (DONEDA, 2019, p. 284).

O desmembramento do *habeas data* e sua reclassificação auxiliariam os controladores a desenvolverem administrativamente um processo rápido e direcionado, os órgãos de defesa do consumidor em alcançar o contraditório e a ampla defesa de forma sucinta e transparente e ao Poder Judiciário na formação mais adequada ao devido processo legal, o contraditório e a ampla defesa. A atualização do *habeas data* daria direcionamentos mais singelos e certos às demandas dos titulares, protegendo-os de possíveis distorções no meio do processo de exercício de seus direitos.

Por outro lado, prosseguindo-se na análise do direito de petição, não há previsão de sanções ou de multas contra a ANPD, caso ela não responda os pedidos do titular de dados. Em casos de petições sem respostas ou respostas parciais, cabe ao titular de dados ingressar no Poder Judiciário com Mandado de Segurança (art. 5º, inc. LXIX, da CF/1998) contra o Diretor-Presidente da ANPD (art. 55-D da LGPD). Nesse sentido, ainda é incerto como os órgãos de defesa do consumidor participarão do procedimento de comunicação e como serão responsabilizados em caso de não encaminharem as comunicações ou responderem as solicitações do titular.

Ato contínuo, ao contrário da ANPD, os controladores, se não responderem aos pedidos do titular, poderão ser multados nos termos dos arts. 52 e seguintes da LGPD, pois estariam infringindo deveres objetivos a que deveriam atender. A judicialização das normas da LGPD deverá ser, em face da complexidade de atores e de demandas, mais comum do que pretendiam o legislador e os controladores.

4.5.11 Direito de oposição

O direito de oposição ao tratamento é um direito processual do titular de dados para questionar, a qualquer momento, os métodos, as razões, as justificativas legais ou as escolhas tecnológicas que foram feitas pelos controladores, em casos de dispensa de consentimento (art. 18, § 2º, da LGPD).

Ao apresentar a sua oposição ao tratamento, o titular informa as razões do pedido, fundamentando-as, e que deverão pautar as respostas do controlador. Na LGPD, o direito de oposição não cessa automaticamente a atividade de tratamento, podendo o controlador continuar com a coleta, a guarda e a manipulação dos dados nos termos que foi consentida ou fora estabelecida o seu legítimo interesse. Ao contrário, na GDPR europeia, o direito de oposição suspende automaticamente o tratamento, devendo o responsável, para continuar a fazê-lo, "que apresente razões imperiosas e legítimas para esse tratamento que prevaleçam sobre os interesses, os direitos e as liberdades do titular dos dados, ou para efeitos de declaração, de exercício ou de defesa de um direito num processo judicial" (art. 21, n. 1, da GDPR).

A solução da legislação europeia atende melhor aos direitos do titular, principalmente no que se refere a definições de perfis ou a decisões automatizadas, que afetam diretamente os seus dados pessoais sensíveis. A continuidade do tratamento questionado pode tornar inócua a oposição. Tal situação é mais periclitante, quando estiverem envolvidos questionamentos de tratamento de dados de saúde e de crianças e de adolescentes, em que deveriam ser aplicados critérios de dupla proteção sobre o processamento, para se minimizar os riscos a serem oferecidos aos titulares.

Como é dever objetivo de os controladores cuidar dos direitos dos titulares, a oposição deveria ter o condão de cessar todas as atividades até que elas fossem devidamente justificadas perante a ANPD ou ao Poder Judiciário. Nada impede à ANPD instituir regulamento nesse sentido. Contudo, a LGPD não enfrenta essas questões e deixa sem efetividade os direitos dos titulares, que podem ter os seus dados, por um largo período, sendo tratados indevidamente.

4.5.12 Direito à gratuidade

Deve-se repetir sempre que possível: os dados pertencem ao seu titular. Não só pertencem. São originados e destinados ao titular. Em decorrência disso, quaisquer procedimentos ou tratamentos sobre os dados dos titulares, parte intrínseca dos seus direitos de personalidade, devem ser acessados livremente e sem obstáculos de qualquer natureza.

Países com tradição autoritária ou ditatorial sempre impuseram obstáculos para o exercício de direitos e das garantias constitucionais e legais. Aliás, é característico de regimes autocráticos a inviabilização dos direitos de acesso (BOBBIO, 2000). Um desses obstáculos criados é o financeiro. A instituição de taxas e custas constitui-se, via de regra, um meio indireto de bloqueio de acesso a direitos. O Brasil, bem como a maioria dos países da América Latina, após um grande período de regime ditatorial militar, cuja democracia ainda é recente e cheia de desafios, possui normas e leis que visam a ampliar o acesso de todos os cidadãos a informações e a dados que lhes foram negados anteriormente pelas mesmas instituições. Assim, o cidadão tem direito à assistência jurídica gratuita, caso comprove a insuficiência de recursos, e de propor, gratuitamente, *habeas corpus*, *habeas data* e ação popular e de receber as certidões de óbito e de nascimento (respectivamente art. 5º, incs. LXXIV, LXXVI e LXXVII, da CF/1988).

Como os direitos do titular não podem ser impedidos de serem exercidos, a gratuidade é condição indispensável para a consecução deles. Seria impensável imaginar que um controlador pudesse cobrar do titular quaisquer custas para tratar os seus dados, o que poderia inviabilizar todo o sistema protetivo. A gratuidade como direito não é somente a passiva de que os controladores não cobrarão taxas ou emolumentos dos titulares. É um direito à gratuidade ativo, em que os controladores devem cobrir, caso haja, os gastos que, porventura, os titulares venham a ter com o exercício de seus direitos, tais como pedidos requisitórios, questionamentos e oposições, o que envolveria custos de postagem de correio, logísticos, transporte, papel ou quaisquer outras burocracias, criadas ou necessárias, que possam dificultar o direito de acesso aos seus dados.

A gratuidade, em sua característica proativa, é necessária para a implementação dos direitos de acesso dos titulares aos seus dados, pois a desigualdade social é enorme no país e muitos não têm condições econômicas e financeiras para suportarem os custos inerentes a esses pedidos, o que inviabilizaria, indiretamente, o exercício deles. Nesse sentido, há que se reconhecer que a maioria da população brasileira é excluída digitalmente, o que impediria de acessar os seus dados por meio de formatos eletrônicos, sendo importante um outro tipo de formato, no caso em papel, para se efetivar o acesso aos dados. Em última instância, o controlador, público ou privado, ao prover os seus serviços, sopesará em seus custos a dificuldade que pode ter o titular de se conectar aos seus dados de forma livre e desimpedida.

A gratuidade consta na Lei de Acesso à Informação no art. 10 e seguintes e na LGPD no art. 18, § 5º. Não se pode olvidar que o *habeas data*, remédio constitucional para acessar dados e informações, é gratuito e atingiria a mesma finalidade das outras ferramentas legais de verificação e constatação do tratamento de dados. Contudo, enfrentaria o problema da morosidade do Poder Judiciário para se atender ao pedido do titular.

4.5.13 Direito de revisão sobre as decisões automatizadas

O titular de dados, ao exercer os seus direitos personalíssimos de se autodeterminar informativamente, sem depender de terceiros, sejam eles pessoas ou sistemas, tem o direito de ter acesso aos motivos e as razões em que são baseadas as decisões automatizadas. A motivação das decisões, judiciais ou não, é princípio constitucional que se espraia por toda a ordenação jurídica.[65] Não pode haver uma decisão emitida, por humanos ou não, que afete os direitos e os deveres, de titulares de dados ou não, que não passe pelo crivo da necessidade de uma fundamentação jurídico material que justifique as suas condições de validade. E para cada decisão emitida deve haver, em contrapartida, o direito de questioná-la em cada um de seus argumentos. É nisso que consiste o direito de revisão sobre as decisões automatizadas:

> O titular dos dados tem o direito de não ficar sujeito a nenhuma decisão tomada exclusivamente com base no tratamento automatizado, incluindo

---

[65] O princípio da motivação das decisões é analisado por Tércio Ferraz Sampaio Jr.: "[...] a decisão aparece como um sistema de procedimentos regulados em que cada agente age de certo modo porque os demais agentes estão seguros de poder esperar dele um certo comportamento. Não se trata de regularidades lógicos formais, mas, por assim dizer, ideológicas. O discurso dogmático sobre a decisão não é só um discurso 'informativo' sobre como a decisão deve ocorrer, mas um discurso 'persuasivo' sobre como se faz para que a decisão seja acreditada pelos destinatários. Visa despertar uma atitude de crença. Intenta motivar condutas, embora não se confunda com a eficácia das próprias normas. Por isso a 'verdade' decisória acaba se reduzindo, muitas vezes, à decisão prevalecente, com base na motivação que lhe dá suporte" (SAMPAIO JR., 1994, p. 344).

a definição de perfis, que produza efeitos na sua esfera jurídica ou que o afete significativamente de forma similar (art. 22, n. 1, da GDPR).

Diante da realidade atual, em face da imposição de sistemas de informação que tratam grandes volumes de dados, deve se atentar para os mecanismos e as práticas engendradas pela inteligência artificial, num primeiro momento, como memória e poder, que atuam sobre o titular de dados e sua autodeterminação. O que se denomina inteligência artificial nada mais é do que o resultado de um processo de aprendizado dos sistemas computacionais que, por meio de probabilidades e de cálculos matemáticos, conseguem processar mais rapidamente as informações existentes em seus arquivos memória. Ângelo Carvalho esmiúça o funcionamento das máquinas de aprendizado:

> O *machine learning* consiste na capacidade de os sistemas se adaptarem a novas circunstâncias e extrapolar padrões previamente estabelecidos, "aprendendo" com os dados já conhecidos e disso produzindo novas informações aptas a subsidiarem tomadas de decisão futuras. O *machine learning* diz respeito, portanto, à possibilidade de a análise estatística dos dados levar a soluções sequer cogitadas por seus programadores no desenvolvimento do *software*, aprimorando as decisões do sistema a partir de erros e acertos da própria máquina. Por esse motivo, tendo em conta as demandas sociais – e mesmo do mundo jurídico – por soluções que facilitem a solução ótima de problemas, o *machine learning* constitui peça fundamental dos sistemas de inteligência artificial (CARVALHO, 2017).

O direito de revisão de decisões automatizadas é necessário para o titular empoderar-se de ferramentas jurídicas para questionar, elucidar e se opor perante processos baseados em cálculos matemáticos e probabilidades, que não avaliam aspectos humanos. Critérios que são alheios e não previstos nas probabilidades matemáticas dos sistemas, tais como sentimentos, emoções, construções históricas e sociais, devem ser incorporados nos processos decisórios e considerados na decisão final. Dentro dessa perspectiva, é de suma importância entender que a aplicação de novas tecnologias ou processos tecnológicos devem permitir a contextualização dos dados e o enfrentamento de seus conteúdos, lugares de guarda, quem guarda e suas práticas de uso. Com esses alertas de que o humano importa no processamento de dados, cerca-se de melhor previsibilidade sobre os riscos de se utilizarem essas tecnologias e se estão ou não em total desvio ou conformidade com os direitos e as garantias fundamentais dos titulares.

A realização do procedimento de revisão das decisões automatizadas por humanos, além de ser um cuidado natural com possíveis erros cometidos durante o processo, melhora a confiança dos titulares no tratamento de dados pelos controladores. Aliás, o direito de revisão das decisões, humanas ou não, é previsto constitucionalmente (art. 5º, inc. LV, da CF/1998). Assim, ao cabo, devem-se considerar a visão e o ensinamento de George Orwell sobre como funcionam os processos de seletividade e de escolhas, feitos ou não por máquinas, orientadas por linguagens humanas, com ou sem inteligência artificial:

> "Existe um *slogan* do Partido que concerne ao controle do passado", disse, "Repita, por favor". "Quem controla o passado controla o futuro, quem controla o presente controla o futuro", repetiu Winston submisso. "Quem controla o presente controla o passado", disse O'Brien com um lento aceno de cabeça em aprovação. "Você acredita mesmo, Winston, que o passado tenha uma existência real?" O passado é "atualizado dia a dia" e o controle do passado depende de uma espécie de educação da memória. Verificar que todos os documentos escritos concordem com a ortodoxia do momento só constitui um ato automático da inteligência. Mas também é preciso, ao mesmo tempo, *lembrar* que os fatos ocorreram daquela determinada maneira. E se é necessário corrigir a própria memória, e reajustá-la com documentos escritos, é preciso que depois nos *esqueçamos* de tê-lo feito (*in* ROSSI, 2010, p. 34).

O processo de seletividade dos agentes, tal como explicitado por Orwell, é obliterado quando se discute inteligência artificial nos artigos acadêmicos, nos textos jornalísticos e nas informações institucionais. O triunfalismo tecnológico é motor desse pensamento que tende a tornar menos visível os processos de poder na constituição da memória artificial e sempre acaba por deslocar o foco para as facilidades e supostas benesses do mecanismo mais novo, mais atual, justificando a sua adoção dentro do modelo econômico vigente.[66]

---

[66] Constitui-se um problema quando o Poder Judiciário começa a adotar essas tecnologias em todos os seus campos, sem discutir com a população e operadores do direito. Recentemente, o Superior Tribunal de Justiça do Brasil passou a implantar, sem quaisquer consultas à sociedade, um sistema de inteligência artificial, que tem como objetivo uma suposta celeridade processual. Essa promessa vem sendo renovada desde a promulgação da Lei do Procedimento Eletrônico em 2006: "a inteligência artificial vem sendo discutida no âmbito das organizações públicas, inclusive no Poder Judiciário – como vimos recentemente em evento promovido pelo Conselho da Justiça Federal –, e tem se mostrado uma poderosa ferramenta, capaz de aprimorar a realização de diversas tarefas, desde as mais simples às mais complexas, abrindo a perspectiva de combater a escassez de pessoal, a baixa produtividade e o aumento dos custos". Disponível em: http://www.stj.jus.br/sites/STJ/default/pt_BR/Comunica%C3%A7%C3%A3o/noticias/Not%C3%ADcias/STJ-d%C3%A1-primeiro-passo-para-implantar-intelig%C3%AAncia-artificial-na-rotina-do-processo. Acesso em: 19 jun. 2018.

É no contexto do triunfalismo tecnológico que se verifica o poder inserto na retirada dos seres humanos, titulares de dados, dos processos decisórios englobados pelas inteligências artificiais, em face de uma suposta maior celeridade e acuidade nos resultados proporcionados por essas tecnologias. Contudo, há um processo de distanciamento ou de desconsideração do humano e de seus direitos na adoção da inteligência artificial realizada dessa maneira. Ao analisarem os dados, as máquinas, creditadas como inteligentes, avaliarão aspectos e garantias constitucionais? Terão a empatia pela vida humana e suas relações emotivas? A racionalidade será o motor de suas transformações?

Tavares traz luz ao debate ao reavivar os alertas de Pascal:

> "A memória", diz Pascal num dos seus Pensamentos, que serve como epígrafe a este artigo, "é necessária a todas as operações da razão". Enquanto inventor da primeira máquina capaz de realizar cálculos "sans aucun travail d'esprit" (22) e precursor do que hoje se chama inteligência artificial, Pascal teria necessariamente uma noção aguda de como a razão humana se funda na memória – ou de como não existe inteligência sem memória (PASCAL, 1999).

Adentrar nas nuances e nas contradições da inteligência artificial, desde o seu nascedouro, tal como toda a linguagem inventada pelo ser humano, faz surgir o como e os por quês de o sistema ser do jeito que é, desde a primeira linha de seu código fonte, e as escolhas que lhes formata o seu processo decisório. Os dados insertos nos bancos de dados são feitos por agentes que determinam o conteúdo que será apreendido e aprendido pela máquina. E o resultado da inteligência artificial pode ser algo assustador dependendo do processo de seletividade.[67] Ainda em relação à seletividade da inteligência artificial, a entrevista concedida ao jornal *El País* pela pesquisadora da Microsoft, Kate Crawford, expõe o problema do poder da formação do arquivo-memória num sistema de inteligência artificial:

> É preciso entender como funcionam os sistemas de inteligência artificial. Para ensiná-los a distinguir um cachorro de um gato, lhes damos milhões de imagens de cada um desses animais. São treinados para que aprendam a identificar. O problema é que esses mesmos sistemas, esse *software*,

---

[67] Cabe aqui o alerta de Wagner Meira Jr., doutor em Ciência da Computação e professor da Universidade Federal de Minas Gerais: "Em computação, chamamos de processamento autonômico a capacidade de o sistema computacional se regenerar de forma autônoma. No contexto de IA, isso pode ser mais complicado porque as razões de degradação e os resultados dessa degradação são pouco previsíveis" (apud SOPRANA, 2018).

está sendo usado pela polícia nos Estados Unidos para predizer crimes. Treinam o algoritmo com fotos de pessoas processadas, com dados dos bairros onde são registrados mais delitos ou mais prisões. Esses padrões têm um viés, reproduzem estereótipos, e o sistema de inteligência artificial os toma como verdade única. Estamos injetando neles as nossas limitações, nossa forma de marginalizar.[68]

Em razão dessa formatação enviesada e limitada da inteligência artificial, são preocupantes as adoções sem quaisquer discussões ou sugestões de todos os partícipes da cadeia de produção de memória do direito, dos agentes públicos e dos desenvolvedores de tecnologias. Utilizar da inteligência artificial sem uma postura crítica perante os resultados obtidos e sem apontar para situações paradigmáticas, criará um abismo ontológico e prático que não se atentará para as seguintes questões: o que se guarda, como se guarda, onde se guarda, quem seleciona e como é selecionado, entre outras. Essas indagações são necessárias para se entender todo o processo constitutivo da memória como poder dentro do direito na era das tecnologias de informação e de comunicação e na criação e na formatação de processos decisórios de automação que seriam, ou deveriam ser, humanos.

Reconhece-se, então, a partir dessa constatação, que no processo de adoção de sistemas de inteligência artificial para substituir pessoas ou auxiliar tomadas de decisão não deva ser realizado sem uma análise ampla, geral e transparente sobre todos os sistemas, os seus conteúdos e representações de memórias utilizados, os seus agentes e os modelos que serviram de fundamento para as respectivas escolhas. Sem esse cuidado e atenção, abre-se uma brecha gigantesca para manipulações, adulterações, não conformidades dos dados, enfim, sem segurança da informação ou jurídica que estabeleçam a veracidade daquela memória constituída e a que virá a ser produzida.

---

[68] E acrescenta: "São usadas base de dados. Uma das mais populares e mais usadas pelas empresas tecnológicas é o Image Net, que contém 13.000 imagens. Em 78% delas aparecem homens, e em 84%, brancos. Essas são as referências para qualquer sistema treinado com esse kit. A forma como etiquetamos as imagens está muito relacionada à nossa cultura e à nossa construção social. O Image Net foi criado reunindo fotos do Yahoo News entre 2002 e 2004. O rosto que mais aparece é o de George W. Bush, que era o presidente dos Estados Unidos naquele momento. Ainda hoje é uma das bases de dados mais utilizadas. Os sistemas de inteligência artificial parecem neutros e objetivos, mas não são. Contam uma versão muito particular da história para a gente". Disponível em: https://brasil.elpais.com/brasil/2018/06/19/actualidad/1529412066_076564.html. Acesso em: 20 jun. 2018.

Apesar de todos os problemas e críticas apresentados e discutidos anteriormente, a LGPD, ao enunciar o direito de revisão de decisões automatizadas no seu art. 20,[69] permite que a revisão das *decisões automatizadas* seja feita por *decisões automatizadas*. Não há a indicação de que a revisão, tal como previsto no projeto original,[70] seja realizada por pessoa natural, o que se deduz da retirada do § 3º do art. 20 por veto presidencial. A supressão traz incertezas e, muito pior, uma diminuição na efetividade do direito de revisão pelos titulares, que ficarão à mercê daquilo em que deveriam ser protegidos. Giovana Figueiredo Peluso Lopes reitera as críticas e indica os problemas principiológicos que o veto ocasiona no sistema protetivo de dados:

> *Na prática, o veto fará com que um pedido de revisão de uma decisão automatizada seja processado por um outro sistema também automatizado, ao invés de uma pessoa. Isto é problemático uma vez que reforça o padrão de opacidade desse tipo de sistema*, de maneira anacrônica à discussão internacional vigente sobre proteção de dados e transparência de modelos negociais, sobretudo no que tange ao uso cada vez mais disseminado de inteligência artificial na coleta e tratamento de dados" (grifos da autora) (LOPES, 2019).

Por uma questão de coerência lógica e principiológica, mesmo que não esteja explicitamente constando na norma, a revisão de decisões automatizadas deverá ser realizada por pessoa natural. Não há sentido em serem revistas pelo mesmo processo que são questionadas. A jurisprudência e a própria ANPD, em face da lacuna, poderão interpretar a norma de forma mais favorável ao titular, o que está dentro de todo o arcabouço da proteção de dados.

O controlador deverá dispor ao titular de dados quais são os critérios que está utilizando para definir os parâmetros do sistema automatizado (art. 20, § 1º, da LGPD).[71] Assim, toda a cadeia de consentimento, se for o caso, como

---

[69] "Art. 20. O titular dos dados tem direito a solicitar a revisão de decisões tomadas unicamente com base em tratamento automatizado de dados pessoais que afetem seus interesses, incluídas as decisões destinadas a definir o seu perfil pessoal, profissional, de consumo e de crédito ou os aspectos de sua personalidade."

[70] A redação original do § 3º da LGPD: "O titular dos dados tem direito a solicitar revisão, por **pessoa natural**, de decisões tomadas unicamente com base em tratamento automatizado de dados pessoais que afetem seus interesses, inclusive de decisões destinadas a definir o seu perfil pessoal, profissional, de consumo e de crédito ou os aspectos de sua personalidade" (grifei).

[71] "§ 1º O controlador deverá fornecer, sempre que solicitadas, informações claras e adequadas a respeito dos critérios e dos procedimentos utilizados para a decisão automatizada, observados os segredos comercial e industrial."

as regras estipuladas para o legítimo interesse, terão de ser claras, adequadas e acessíveis ao titular, sem as quais o tratamento passa a ser ilícito. Somente com informações claras que o titular de dados pode requerer a revogação do consentimento (art. 18, inc. IX, da LGPD) ou a oposição ao tratamento (art. 18, § 2º, da LGPD).

O § 1º do art. 20 determina que as informações sobre as decisões automatizadas devem ser requeridas pelo titular. Contudo, há uma lógica invertida no mandamento do parágrafo. Impõe-se ao titular o dever de requisitar as informações, o que retira dele o seu direito de ter acesso a informações transparentes, bem como o dever objetivo dos controladores de as fornecer sem que sejam solicitadas. Não há justificativas para que o legislador, numa situação em que máquinas tomam decisões em lugar de humanos, permita a inversão ou deturpação de todo um sistema protetivo. A lógica, sempre repisada na obra, em razão da interpretação sistemática da proteção de dados, é a de que o titular de dados se constitui como pedra angular de toda a cadeia de tratamento de dados, sendo o seu único e maior beneficiário, assim, a revisão da decisão automatizada deve ser realizada em seu benefício, de acordo com os princípios estabelecidos pelo art. 6º da LGPD.

Ainda no § 1º do art. 20 há uma limitação, excessivamente discricionária, para o exercício dos direitos do titular, que se refere aos segredos comerciais e industriais envolvidos no processamento. Se o controlador de dados alegar essa limitação, "a autoridade nacional poderá realizar auditoria para verificação de aspectos discriminatórios em tratamento automatizado de dados pessoais" (art. 20, § 2º, da LGPD). Comumente se constata o quanto as decisões automatizadas mantêm ou pioram as desigualdades vividas no mundo real. A essa decisão automatizada enviesada, que reforça preconceitos e desigualdades, não significa a construção de melhores práticas e soluções e sim a reificação dos problemas humanos anteriormente consolidados.

Foi realizada uma pesquisa sobre a implantação de reconhecimento facial para solução de crimes no Brasil. Constatou-se que 90% dos criminosos presos são negros.[72] A constatação de que há um viés racista na inteligência artificial não ocorre somente no Brasil.[73] O governo dos EUA reconheceu

---

[72] O título da reportagem é "151 pessoas são presas por reconhecimento facial no país; 90% são negras". Disponível em: https://www1.folha.uol.com.br/cotidiano/2019/11/151--pessoas-sao-presas-por-reconhecimento-facial-no-pais-90-sao-negras.shtml. Acesso em: 22 nov. 2019.

[73] "Porém, o problema vai além: em um sistema de automação, a máquina responderá de acordo com os dados que lhe são alimentados e os comandos preestabelecidos pelo seu programador. É o caso da cidade de Ferguson, no estado do Missouri, Es-

a situação em relatório divulgado, no qual se verificaram os preconceitos raciais e as práticas inconstitucionais realizadas por sistemas de inteligência artificial (EHRENFREUND, 2015). Existem vários estudos que posicionam, desde muito antes da inteligência artificial, a construção de algoritmos e de tecnologias que reforçavam estereótipos racistas e preconceituosos (LEWIS, 2019).[74]

---

tados Unidos. Apesar dos afro-americanos corresponderem à 67% da população do município, 85% das paradas de trânsito efetuadas pela polícia de Ferguson se procederam – propositalmente – sobre cidadãos negros, e 91% dessas paradas resultaram em algum tipo de citação. Quando o sistema físico é racista, o digital há de lhe refletir e seguir o mesmo caminho."

[74] "A fotografia digital tem alcançado alguns avanços. Agora existem recursos de balanceamento de cores de tom de pele duplos e também um recurso de estabilização de imagem – eliminando a trepidação natural que ocorre quando seguramos a câmera com a mão e reduzindo a necessidade de *flash*. No entanto, essa solução cria outros problemas. Se a fonte de luz for artificial, a tecnologia digital ainda terá problemas com a pele mais escura. É uma série de problemas que levam a soluções que deságuam em outros problemas. Pesquisadores como Joy Buolamwini, do MIT Media Lab, têm defendido a correção do viés algorítmico existente na tecnologia de imagem digital. Você a vê sempre que a pele escura é invisível para o *software* de reconhecimento facial. A mesma tecnologia que reconhece erroneamente os indivíduos também é usada em serviços para decisões de empréstimos e pesquisas de entrevistas de emprego. No entanto, o viés algorítmico é o estágio final de um problema de longa data. O premiado diretor de fotografia Bradford Young, que trabalhou com o diretor pioneiro Ava DuVernay e outros, desenvolveu novas técnicas para iluminar assuntos durante o processo de filmagem. Ava Berkofsky ofereceu seus truques para iluminar os atores da série HBO Insecure – incluindo truques com hidratante (o reflexo é melhor, pois a pele escura pode absorver mais luz que a pele clara). As correções de pós-produção também oferecem respostas que envolvem a digitalização do filme e a correção de cores. No total, a correção desse viés herdado exige muito trabalho." Tradução livre de: "Digital photography has led to some advancements. There are now dual skin-tone color-balancing capabilities and also an image-stabilization feature – eliminating the natural shaking that occurs when we hold the camera by hand and reducing the need for a flash. Yet, this solution creates other problems. If the light source is artificial, digital technology will still struggle with darker skin. It is a merry-go round of problems leading to solutions leading to problems. Researchers such as Joy Buolamwini of the MIT Media Lab have been advocating to correct the algorithmic bias that exists in digital imaging technology. You see it whenever dark skin is invisible to facial recognition software. The same technology that misrecognizes individuals is also used in services for loan decisions and job interview searches. Yet, algorithmic bias is the end stage of a longstanding problem. Award-winning cinematographer Bradford Young, who has worked with pioneering director Ava DuVernay and others, has created new techniques for lighting subjects during the process of filming. Ava Berkofsky has offered her tricks for lighting the actors on the HBO series Insecure – including tricks with moisturizer (reflective is best since dark skin can absorb more light than fair skin). Postproduction

A ANPD, independentemente de denúncia do titular de dados, deverá intervir junto aos controladores e atestará a adequação das informações prestadas em seus relatórios de impacto à proteção de dados pessoais com as práticas realizadas. Se houver dissonância que coloque em risco excessivo e inconstitucional o titular, o controlador terá que ser multado pela ANPD, nos termos do art. 52 da LGPD, e os tratamentos por ele realizados deverão ser interrompidos e os dados eliminados.

4.5.14 Direito de vedação a tratamento em seu prejuízo

O titular não pode ter os seus dados usados contra si mesmo ou em seu prejuízo. É o que determina o art. 21 da LGPD.[75] A determinação está diretamente conectada ao princípio jurídico, recorrente no direito penal, ao qual não está adstrito somente a ele, do *nemo tenetur se detegere*, ou seja, não se pode produzir prova contra si mesmo, não se autoincriminar. É um direito fundamental inserto na Convenção Americana de Direitos Humanos, em seu artigo 8.2, "g", que visa a proteger a pessoa não ser obrigada "a depor contra si mesma, nem a declarar-se culpada". O *nemo tenetur*, nas palavras do Ministro Celso de Mello, exaradas no HC 77.704, consiste no:

> [...] direito público subjetivo revestido de expressiva significação político-jurídica que impõe limites bem definidos à própria atividade persecutória exercida pelo Estado. Essa prerrogativa jurídica, na realidade, institui um círculo de imunidade que confere, tanto ao indiciado quanto ao próprio acusado, proteção efetiva contra a ação eventualmente arbitrária do poder estatal e de seus agentes oficiais (apud HAIDAR, 2005).

Antônio Magalhães Gomes Filho vai além na análise do direito de não se autoincriminar e o coloca como uma barreira ao direito de investigação:

> O direito à não autoincriminação constitui uma barreira intransponível ao direito à prova de acusação; sua denegação, sob qualquer disfarce, representará um indesejável retorno às formas mais abomináveis da repressão, comprometendo o caráter ético-político do processo e a própria correção no exercício da função jurisdicional (GOMES FILHO, 1997, p. 114).

---

corrections also offer answers that involve digitizing the film and then color correcting it. All told, rectifying this inherited bias requires a lot of work" (LEWIS, 2019).

[75] "Art. 21. Os dados pessoais referentes ao exercício regular de direitos pelo titular não podem ser utilizados em seu prejuízo."

Em face da transversalidade da proteção dos dados em toda a ordenação jurídica, os princípios afeitos à área penal também estão relacionados ao titular em caso de investigações, cíveis ou criminais, ou no caso de se utilizarem dos seus dados em tratamentos com finalidades distintas daquelas que foram coletados. Por exemplo, o titular cadastra-se no serviço de Nota Fiscal Eletrônica fornecida por todos os Estados brasileiros, em conjunto com a Receita Federal. Nas notas fiscais constam todas as informações de produtos adquiridos e serviços prestados ao titular. Supõe-se que o titular tenha comprado inúmeros produtos alimentícios gordurosos, que poderiam afetar ou piorar os seus problemas de coração. Algum tempo depois, o titular requer ao seu convênio de plano de saúde uma autorização para realizar uma cirurgia coronária. O plano de saúde não poderá utilizar os dados obtidos na nota fiscal, considerando-se que foram obtidos de forma legal, para negar-lhe o pedido de operação. Mesmo que se constate a desobediência do titular ao não seguir as orientações médicas, ou seja, consumiu produtos gordurosos, os dados obtidos não podem ser utilizados em prejuízo ao titular.

À mesma razão, a mesma lógica se impõe aos dados que possam ser fornecidos, de maneira cruzada pelos sistemas, a investigações ou provas em processos judiciais, a não ser que seja para beneficiar o titular de dados. Os dados obtidos em outras fontes, legal ou ilegalmente, que tragam prejuízos ao titular, devem ser considerados nulos e impedem a continuidade na linha investigatória ou probatória, não devendo nem ser consideradas nas fundamentações decisórias. Por exemplo, investigações policiais ou judiciais, sem mandado judicial que delimitem o alcance da atuação policial, que analisem os dados de geolocalização do investigado, por um largo período. Podem as informações ser utilizadas, antes do período investigatório e sem mandado judicial, serem utilizados contra o titular acusado? A aplicação do *nemo tenetur* determina que o titular não pode produzir dados e provas contra si mesmo. Os dados de geolocalização do celular são produzidos independentemente de o titular estar ciente ou não do seu recolhimento. Não poderiam as empresas que controlam os sistemas dos celulares, primordialmente o Google ou a Apple, fornecer esses dados para investigação criminal em prejuízo ao titular e, se o fizessem, estes não poderiam ser utilizados em prejuízo dele.

Em relação à implementação do direito de vedação de tratamento de dados em prejuízo do titular, existe um caso que expõe uma fratura e torna-se um desafio à sua efetividade. Nos últimos anos, copiando outros governos estrangeiros, o governo brasileiro demonstrou a intenção jurídica de construir um Banco Nacional de Perfil Genético. Em projeto enviado ao Congresso Nacional, e que se transformou na Lei 13.964/2019, denominada Pacote Anticrime, está prevista a instituição do banco genético para o:

> O condenado por crime doloso praticado com violência grave contra a pessoa, bem como por crime contra a vida, contra a liberdade sexual ou por crime sexual contra vulnerável, será submetido, obrigatoriamente, à identificação do perfil genético, mediante extração de DNA (ácido desoxirribonucleico), por técnica adequada e indolor, por ocasião do ingresso no estabelecimento prisional.

A lei institui ainda o cadastramento de todos os prisioneiros do sistema carcerário e identifica como "falta grave" a recusa em se submeter ao procedimento[76]. Leonardo Marcondes Machado, ao destrinchar o projeto, aponta, numa visão penalista, os problemas decorrentes da guarda dos dados genéticos:

> Segundo Machado de Carvalho, a utilização do corpo do imputado como forma de aplacar uma vontade de verdade em torno do caso penal remonta à metodologia inquisitiva e sua racionalidade eficientista. Nesse viés, a

---

[76] Lei de Execução Penal: "Art. 9º-A. O condenado por crime doloso praticado com violência grave contra a pessoa, bem como por crime contra a vida, contra a liberdade sexual ou por crime sexual contra vulnerável, será submetido, obrigatoriamente, à identificação do perfil genético, mediante extração de DNA (ácido desoxirribonucleico), por técnica adequada e indolor, por ocasião do ingresso no estabelecimento prisional.
§ 1º-A. A regulamentação deverá fazer constar garantias mínimas de proteção de dados genéticos, observando as melhores práticas da genética forense.
§ 2º A autoridade policial, federal ou estadual, poderá requerer ao juiz competente, no caso de inquérito instaurado, o acesso ao banco de dados de identificação de perfil genético.
§ 3º Deve ser viabilizado ao titular de dados genéticos o acesso aos seus dados constantes nos bancos de perfis genéticos, bem como a todos os documentos da cadeia de custódia que gerou esse dado, de maneira que possa ser contraditado pela defesa.
§ 4º O condenado pelos crimes previstos n° *caput* deste artigo que não tiver sido submetido à identificação do perfil genético por ocasião do ingresso no estabelecimento prisional deverá ser submetido ao procedimento durante o cumprimento da pena.
§ 5º A amostra biológica coletada só poderá ser utilizada para o único e exclusivo fim de permitir a identificação pelo perfil genético, não estando autorizadas as práticas de fenotipagem genética ou de busca familiar.
§ 6º Uma vez identificado o perfil genético, a amostra biológica recolhida nos termos do *caput* deste artigo deverá ser correta e imediatamente descartada, de maneira a impedir a sua utilização para qualquer outro fim.
§ 7º A coleta da amostra biológica e a elaboração do respectivo laudo serão realizadas por perito oficial.
§ 8º Constitui falta grave a recusa do condenado em submeter-se ao procedimento de identificação do perfil genético."

"intervenção corporal obrigatória" aos condenados, despida de um concreto fim processual probatório, efetivada sob a declaração oficial de servir a uma situação futura, incerta e hipotética, não estaria em consonância com um juízo de proporcionalidade apto a sustentar a compulsoriedade de tamanha intromissão (MACHADO, 2019).

Existem inúmeros problemas constitucionais na Lei Anticrime em questão e que atingem sobremaneira a vedação do tratamento de dados em prejuízo do titular, bem como a todo o sistema protetivo de dados. As indagações a serem realizadas direcionam-se, sem se restringir a elas, às políticas de segurança de informação e de proteção de dados pessoais envolvidas na guarda de longo prazo do material genético. O Estado guardará em seus sistemas ou terceirizará para empresas? Sob quais regras? Terão os titulares direito a eliminar as informações? Qual é o período da guarda? Quem terá acesso ao material? Somente o Ministério Público e os juízes? As Polícias Civil e Militar também terão acesso? E se vazassem ou fossem desvirtuados os dados genéticos, quem seria responsabilizado? O Estado ou os agentes que tinham a responsabilidade de guardá-los com segurança e não o fizeram? Seriam as autoridades condenadas à prisão e obrigadas a fornecerem os seus materiais genéticos? Por outro lado, e ainda buscando melhor compreensão das intenções do projeto, seria adequado guardar o material genético de investigados por tempo indeterminado? Qual é o objetivo? Instituir um tipo de pré crime, tal como o filme Minority Report? Ao cabo de tudo, considerando-se que a todas as perguntas feitas anteriormente se obtenham respostas satisfatórias, o banco de dados genéticos estaria de acordo com os direitos fundamentais? Seriam respeitados o direito do titular em não ter dados genéticos guardados em seu prejuízo?

A essas questões, que não foram realizadas na discussão do projeto, aprovado sem alterações, serão rediscutidas no STF na RE 973.837, para que não sejam os titulares somente motivos de vigilância e de controle sem quaisquer contrapartidas legais e institucionais. A vigilância sem controle de dados constitui-se a porta de entrada para o arbítrio e a erosão do Estado de Direito.

4.5.15 Direito à interpretação mais benéfica ao titular de dados

Existe um aumento exponencial da coleta de dados dos titulares com a utilização de sistemas de identificação biométrica (reconhecimento facial, impressão digital, reconhecimento da retina etc.), em razão da tecnologia estar cada vez mais acessível e com preço baixo. Contudo, as tecnologias, com ou sem inteligência artificial, são utilizadas sem a consciência crítica necessária para atender não somente a lei, mas ao que se destina aquele procedimento. Não parece razoável ou adequado, por exemplo, instituir biometria para acessar lugares públicos, tais como restaurantes, bares e casas de *show*. Assim, o vício no consumo de dados dos titulares sem a adequação a uma finalidade aumenta a probabilidade de que, um dia, os dados venham a ser utilizados em prejuízo do titular, pois não existem controles que assegurem o início ou o término do tratamento, ao que se destina, por que se guardam aqueles dados etc.

Em face disso, nota-se que a LGPD, mesmo que de maneira implícita ou sutil, concede ao titular o direito de que o tratamento de seus dados seja realizado em seu benefício. O art. 10, inc. II, determina que o legítimo interesse terá como objetivo a "proteção, em relação ao titular, do exercício regular de seus direitos ou prestação de serviços que o **beneficiem**, respeitadas as legítimas expectativas dele e os direitos e liberdades fundamentais, nos termos desta Lei".

Segue o mesmo caminho interpretativo o art. 50, § 3º, da LGPD, que impõe, ao fixar normas de boas práticas, ao controlador e ao operador levar "em consideração, em relação ao tratamento e aos dados, a natureza, o escopo, a finalidade e a probabilidade e a gravidade dos riscos e dos *benefícios* decorrentes de tratamento de dados do titular". A interpretação mais benéfica é tão importante para o sistema protetivo de dados que ela pode ser usada contra o próprio titular, em caso de ele requerer a revogação do seu consentimento a um determinado tratamento. Aí, tem o controlador o dever de informar o titular dos perigos que a revogação do consentimento pode acarretar ao titular. Nesse caso específico, pode o controlador, desde que fundamentado legalmente, se o risco for enorme, não aceitar a revogação do consentimento e instituir o legítimo interesse para continuar tratando os dados do titular, fundamentando-se em interesse público superior constitucionalmente assegurado.

O direito de o titular de dados ter uma interpretação mais benéfica em face das práticas dos controladores é consequência lógica do que fixa o art. 21 da LGPD, que veda o tratamento em seu prejuízo e que o complementa, trazendo sentido e harmonia exegética na cadeia de processamento dos dados.

Diante disso, os titulares têm a expectativa de que os controladores, mesmo em situações dúbias ou periclitantes, deverão sempre beneficiá-los, sob pena de estarem infringindo os princípios e direitos instituídos na LGPD. Se não for atendida a interpretação mais benéfica ao titular, poderão os controladores sofrer a atuação da ANPD e do Poder Judiciário, com a instituição das penas e das multas referentes à extensão da gravidade de cada caso.

4.5.16 Direito à comunicação urgente em caso de vazamento

A cadeia de tratamento de dados pessoais, sensíveis ou não, públicos ou privados, envolve diretamente os direitos personalíssimos do seu titular. Desde a coleta, a manutenção, a manipulação e a eliminação de dados direcionam-se diretamente a certos aspectos de quem foi, é ou será o titular. Os dados do titular estão atrelados a uma noção de autonomia pessoal, que decorrem da sua dignidade humana. Caso o titular perca o controle sobre os seus dados, dissociar-se-á de um atributo importante da sua existência e de sua autoafirmação como ser humano.[77] Assim, os seus dados devem ser protegidos e controlados tanto por seu titular quanto por aqueles responsáveis pelo seu tratamento como atributos da sua autonomia pessoal:

> A autonomia pessoal é esse atributo. Ela é a capacidade que as pessoas têm de escolher seus objetivos, resistindo a tentações e fazendo escolhas livres. O mínimo existencial seria composto então por aqueles elementos necessários para o exercício da autonomia. Ele incluiria não apenas os nutrientes e serviços médicos imprescindíveis para se manter vivo, mas também a proteção à integridade física, à liberdade de expressão, à liberdade religiosa, à privacidade, o acesso à educação, a proteção contra danos morais, entre outros aspectos (FRIAS et al., 2015).

Em face da necessidade inserta no tratamento de dados, quaisquer casos de vazamentos, que estão fora da cadeia de consentimento, legitimidade e da segurança a ser empreendida pelos controladores, são de alta periculosidade e risco para o seu titular. Poderão ser expostos dados pessoais sensíveis que podem atacar a autonomia pessoal do titular inerente a sua dignidade humana, aos seus valores. Tratar casos de vazamentos como corriqueiros ou sem qualquer significância para o titular é agir com desrespeito aos seus valores mais profundos. Além do aspecto íntimo que pode ser ferido com os

---

[77] Apresentam Frias e Lopes as três características da dignidade da pessoa humana: "Retomemos então as três definições de dignidade que apresentamos. A primeira delas diz que ser digno é possuir uma propriedade intrínseca, que não se faz por merecer e que não se pode perder. Essa proposta foi considerada excessivamente arbitrária para a função substancial. A segunda definição diz que a dignidade seria dada pelas condições em que se vive, mais especificamente, as pessoas são dignas quando possuem um mínimo existencial. Porém, para definir esse mínimo seria necessário identificar o que confere dignidade às pessoas, levando então à terceira definição de dignidade, aquela segundo a qual as pessoas são dignas – isto é, merecem igualdade de consideração de seus interesses – porque possuem algum atributo. Elas precisam fazer por merecer a dignidade e podem perdê-la caso percam esse atributo" (LOPES et al., 2015).

vazamentos de dados do titular, externamente, podem ser utilizados os dados para outros ilícitos: criar contas falsas em bancos, gerar documentos falsos, abertura de contas em serviços de internet, contratação de empréstimos.[78]

Por conta dos inúmeros problemas que podem acarretar os vazamentos de dados e a obrigação de informar com clareza as consequências acerca dos incidentes de segurança, devem os controladores notificar com urgência os titulares sobre os dados que foram objetos da falha. Os controladores devem não somente avisar do vazamento de forma genérica. São obrigados a detalhar todas as informações possíveis do que consiste no incidente: quais dados foram vazados; quanto tempo ficou exposta a segurança do ambiente; quais providências estão sendo tomadas; se foi um vazamento interno ou externo; se os dados já foram recuperados; quais as consequências e os riscos inerentes ao vazamento etc.

Ao relatar o vazamento, deve o controlador fornecer ao titular todas as informações cabíveis e possíveis para se evitarem mais perdas no incidente. Munido das informações corretas, o titular deve ser orientado a mudar senhas de contas em dispositivos ou serviços de internet, guardar os dados que estão em nuvem, formatar os seus dispositivos informáticos etc. É dever do controlador auxiliar o titular na proteção de seus dados pessoais que foram vazados e na melhor forma de se proteger das possíveis consequências danosas previstas no incidente em questão.

A falta de auxílio e de rapidez do controlador para prestar informações claras e precisas sobre o incidente corresponde a um grave ilícito no sistema protetivo de dados e acarretarão as multas administrativas previstas no art. 52 da LGPD, bem como nas ações coletivas e individuais dos titulares de dados. A RGPD afirma que a comunicação será realizada sem demora injustificada. A notificação deve ser feita em linguagem simples e de fácil entendimento para o titular, explanando, de forma completa, a natureza da violação em questão.

Contudo, as regras não estipulam prazos específicos para que o direito de comunicação urgente ao titular de dados sobre casos de vazamentos seja realizado, o que abre um espaço para ações discricionárias sobre a noção do que é urgente, o que poderia acarretar mais demora para comunicar. Tal lacuna legal, perante um tema relevante, pode se tornar problemática em casos de

---

[78] O CERT.BR – Centro de Estudos, Respostas e Tratamentos de Incidentes de Segurança no Brasil possui uma Cartilha de Segurança para a Internet em que orienta sobre quais são os possíveis golpes utilizados com vazamentos de dados, entre outros. Disponível em: https://cartilha.cert.br/golpes/. Acesso em: 25 nov. 2019.

vazamentos extensos e perigosos que atingem milhões de pessoas e que os minutos são importantes para evitar mais danos aos titulares.

A RGPD determina que o controlador deve informar sobre o vazamento à autoridade de dados em até 72 horas (art. 33, n. 1). Na LGPD, o art. 48, § 1º, determina que a comunicação do controlador à ANPD e ao titular de dados deve ser realizada num prazo razoável,[79] sem estipular prazo, o que traz de volta a incerteza jurídica sobre como o titular deve exercer os seus direitos. A comunicação à ANPD pode gerar, em face da gravidade do caso, um dever de comunicação a toda sociedade sobre os vazamentos ocorridos e quais providências estão sendo tomadas para evitar o agravamento, uma possível reversão do vazamento ou mitigamento dos danos (art. 48, § 2º, da LGPD).

Se o controlador não puder notificar na maior brevidade possível, deverá informar as razões do porquê de não ter realizado suas obrigações de comunicação ao titular sobre os vazamentos. Entre as justificativas aceitas pela LGPD para embasar a demora na comunicação ao titular, que estão inseridas no § 4º do art. 18, são: que não é o responsável pelo tratamento, indicando, se possível, o agente responsável (art. 18, § 4º, inc. I); ou indicar os motivos que o impediram de tomar a devida providência no tempo mais breve possível (art. 18, § 4º, inc. II). Mesmo diante dessas possibilidades, o controlador assume os riscos inerentes ao exercício de sua atividade perante o titular de dados, o que pode ensejar indenizações por perdas e danos morais e materiais (art. 42).

4.5.17 Direito à segurança da informação

O titular tem o direito de exigir dos responsáveis pelo tratamento à aplicação das melhores práticas de segurança da informação no tratamento dos seus dados. Mesmo que não ocorram vazamentos ou violações de dados pessoais, pode o titular peticionar à ANPD ou ao Poder Judiciário exigindo do controlador que aplique as técnicas mais adequadas para lhe assegurar

---

[79] Art. 48. O controlador deverá comunicar à autoridade nacional e ao titular a ocorrência de incidente de segurança que possa acarretar risco ou dano relevante aos titulares. § 1º A comunicação será feita em prazo razoável, conforme definido pela autoridade nacional, e deverá mencionar, no mínimo: I – a descrição da natureza dos dados pessoais afetados; II – as informações sobre os titulares envolvidos; III – a indicação das medidas técnicas e de segurança utilizadas para a proteção dos dados, observados os segredos comercial e industrial; IV – os riscos relacionados ao incidente; V – os motivos da demora, no caso de a comunicação não ter sido imediata; e VI – as medidas que foram ou que serão adotadas para reverter ou mitigar os efeitos do prejuízo.

um nível de segurança satisfatório. É isso que determina o art. 46 da LGPD: "Os agentes de tratamento devem adotar medidas de segurança, técnicas e administrativas aptas a proteger os dados pessoais de acessos não autorizados e de situações acidentais ou ilícitas de destruição, perda, alteração, comunicação ou qualquer forma de tratamento inadequado ou ilícito".

O controlador deve apresentar todas as medidas técnicas que vem tomando para assegurar esse direito como parte do dever de informar ao titular. Se não o fizer, poderá ser advertido ou multado pela ANPD.

O direito à segurança da informação do titular percorre desde antes do início do tratamento até depois do seu término (art. 47 da LGPD). Justifica-se a determinação legal, pois: antes do início, o controlador tem de criar as condições necessárias para que o titular forneça os seus dados num ambiente tecnológico confiável, sabedor de que os riscos apresentados não lhes trarão prejuízos significativos, caso ocorram violações de dados; durante o tratamento de dados como dever da atuação legal do controlador; e, após o procedimento ser terminado, existem situações jurídicas e tecnológicas em suspenso, decorrentes do tratamento ou de mandamento legal, que deverão ser respeitadas, em que serão continuadas as mesmas salvaguardas e os mesmos mecanismos de segurança da informação.

Em referência ao pós-término do tratamento, cabe ao controlador o dever de guardar os dados, com o mesmo nível de segurança, para atender requisitos legais contidos em diversas leis que são, a título de exemplo: o acesso de aplicações de internet por 6 meses ou mais, se for requerido por uma autoridade administrativa, por conta dos arts. 13 e 15 do Marco Civil da Internet; a guarda dos livros contábeis de acordo com o art. 1.194 do Código Civil, mesmo após o fechamento da empresa, por períodos que variam de dois anos (responsabilização dos sócios por atos feitos em nome da empresa) até dez (responsabilidade tributária ou civil por reparação de danos); as empresas seguradoras por um ano de documentos referentes ao sinistro de um segurado etc. A perda dos dados sob sua responsabilidade, em caso de violações ou incidentes, fará prova contra o controlador e ele deverá ser punido, devendo ressarcir todos os afetados no incidente.

Os requisitos de guarda com segurança da informação também estão relacionados com os direitos de oposição, de compartilhamento e de eliminação dos dados pelo titular, pois são situações jurídicas e tecnológicas que geram incertezas sobre os momentos em que elas serão implementadas e/ou efetivadas. Assim, os mecanismos de segurança devem continuar a ser aplicados, para que não haja problemas nas migrações de dados, na emissão dos relatórios, na confirmação da efetiva eliminação dos dados etc.

O direito à segurança da informação está mais diretamente relacionado com a instituição de uma cadeia de procedimentos verificáveis e auditáveis do que efetivamente a implementação, muitas vezes financeiramente custosas, de tecnologias de informação e de comunicação para se controlar e vigiar o fluxo de informações. Logicamente, a tecnologia facilita a implantação de práticas de proteção de dados, porém, não é essencial para a efetivação do direito. O objetivo da lei é auxiliar uma série de procedimentos e de treinamentos, que serão espraiados aos controladores, seus operadores, colaboradores e fornecedores, que estabelecerão uma cultura de segurança de informação sobre os dados do titular. De nada adianta o controlador investir uma imensa quantidade de dinheiro em sistemas de proteção, sem que ele, por exemplo, realize treinamentos e procedimentos corretos para viabilizar o livre acesso dos dados ao titular. A legitimidade do tratamento de dados e, por conseguinte, da segurança da informação será garantida pelo procedimento e não por tecnologias.

Nesse sentido, a segurança da informação imposta aos controladores, em face dos dados do titular, deve lhes permitir "adotar medidas de segurança, técnicas e administrativas aptas a proteger os dados pessoais de acessos não autorizados e de situações acidentais ou ilícitas de destruição, perda, alteração, comunicação ou qualquer forma de tratamento inadequado ou ilícito" (art. 46 da LGPD). Além das tecnologias, a segurança compreende a implementação de procedimentos sem os quais não se poderão emitir o relatório que será requerido pela ANPD, tal como determina o art. 38 da LGPD, em que "deverá conter, no mínimo, a descrição dos tipos de dados coletados, a metodologia utilizada para a coleta e para a garantia da segurança das informações e a análise do controlador com relação a medidas, salvaguardas e mecanismos de mitigação de risco adotados". Se a tecnologia estiver lá e não puder se traduzir em procedimentos de organização, de comportamento e de treinamento, não há segurança da informação para os titulares sobre as práticas de coleta, guarda e conservação de seus dados.

Existem parâmetros técnicos desenvolvidos pela ABNT ao editar as normas internacionais da ISO. As normas referentes à segurança da informação são as ISO 27001, ISO 27002 e, a mais recente, ISO 27701, relativa à privacidade e segurança da informação. A LGPD não instituiu nenhuma norma técnica para que seja seguida pelos controladores e operadores. Contudo, de acordo com o art. 39, inc. VIII, do Código de Defesa do Consumidor, não pode o fornecedor de produtos e serviços

> [...] colocar, no mercado de consumo, qualquer produto ou serviço em desacordo com as normas expedidas pelos órgãos oficiais competentes

ou, se normas específicas não existirem, pela Associação Brasileira de Normas Técnicas ou outra entidade credenciada pelo Conselho Nacional de Metrologia, Normalização e Qualidade Industrial (Conmetro).

Portanto, deverão os controladores, numa análise transversal do sistema protetivo de dados, adequar-se ou buscar como norte os procedimentos instituídos nessas normas da ABNT, principalmente as tocantes aos ISOs de segurança de informação e de privacidade. Não é a busca dos selos das normas técnicas ou mercadológicos que existem que a LGPD impõe aos controladores, e sim que os controladores persigam as melhores práticas de segurança de informação de acordo e no limite de suas capacidades econômico-financeiras, influenciadas ou não por esses parâmetros.

A RGPD, nesse ínterim, com relação à segurança da informação, impõe alguns critérios que vão além da técnica ou da tecnologia aplicada pelo responsável pelo tratamento. Devem-se considerar outros fatores e diferenças entre os controladores, suas capacidades econômicas, riscos do negócio, entre outros, o que consta do art. 25.1.[80] A segurança da informação implementada pelo controlador deve ser aquela assegurada, por meio de medidas técnicas e organizativas, "que, por defeito, os dados pessoais não sejam disponibilizados sem intervenção humana a um número indeterminado de pessoas singulares" (art. 25, n. 2, da RGPD). Sem esses cuidados indicados tanto pela LGPD quanto pela RGPD, não estará o controlador efetivando o direito do titular à segurança da informação.

4.5.18 Direito à inclusão digital: direito de não ser impedido de acessar serviços do controlador e o direito de não ser bloqueado por autoridades públicas

No meu mestrado foi desenvolvida a concepção da inclusão digital como direito fundamental. Não se tornará a discutir os diversos aspectos relativos à necessidade do direito nem se discutirá a relevância do tema perante o mundo

---

[80] "1. Tendo em conta as técnicas mais avançadas, os custos da sua aplicação, e a natureza, o âmbito, o contexto e as finalidades do tratamento dos dados, bem como os riscos decorrentes do tratamento para os direitos e liberdades das pessoas singulares, cuja probabilidade e gravidade podem ser variáveis, o responsável pelo tratamento aplica, tanto no momento de definição dos meios de tratamento como no momento do próprio tratamento, as medidas técnicas e organizativas adequadas, como a pseudonimização, destinadas a aplicar com eficácia os princípios da proteção de dados, tais como a minimização, e a incluir as garantias necessárias no tratamento, de uma forma que este cumpra os requisitos do presente regulamento e proteja os direitos dos titulares dos dados."

altamente digitalizado. O titular tem o direito de ser incluído digitalmente para poder manusear, questionar, gerenciar e até mesmo excluir ou eliminar os seus dados. Sem a inclusão digital, o titular não pode exercer os diversos direitos inerentes trazidos pelo sistema protetivo de dados, pois está diretamente interligada aos princípios do livre acesso aos dados e da transparência.

Contudo, e para sair da armadilha de uma reanálise do conceito, apresenta-se ao titular, em face da inclusão digital, alguns outros direitos que não estão explícitos na LGPD, mas que se encontram no sistema protetivo de dados como um todo. Um dos direitos que emergem em decorrência da inclusão digital é o *direito de não ser impedido de acessar os produtos e os serviços fornecidos pelos controladores*. Não pode o controlador impedir que o titular queira que os seus dados sejam coletados e tratados. O controlador somente pode impedir o titular de acessar os produtos e os serviços fundamentado na aplicação de um interesse público superior, por motivos legais ou decisões judiciais. Não pode o titular ser impedido de ter acesso a redes sociais, serviços públicos, serviços essenciais etc., sem lhe ser apresentada a decisão fundamentada e o devido processo legal aplicado, com o pleno exercício de seu direito constitucional ao contraditório e à ampla defesa. Sem esses pré-requisitos embasados nos direitos fundamentais, o impedimento ao titular constitui um ataque direto ao seu direito de inclusão digital, que deve protegido e implementado pelo Estado brasileiro.

A recusa do controlador de dados em realizar o tratamento está condenada explicitamente no art. 39, inc. IX, do CDC[81] e por outros direitos fundamentais que estão conectados à liberdade de expressão, liberdade de acesso e de informação, da dignidade humana etc. Dois exemplos devem ser trazidos para elucidar o direito que está a se delinear. O primeiro é o titular que queira acessar uma rede social para se conectar com amigos, publicar notícias, imagens e vídeos. Pode a rede social impedir o acesso do titular? Desde que não haja o cometimento de um ilícito ou por determinação judicial, o impedimento é ilegal e fere os direitos do titular. Como analisado anteriormente,[82] muitos dos arquivos memória existentes na internet possuem interesse público primordial. A relevância desses sistemas é tão significativa para a implementação de diversos direitos que o bloqueio do acesso a eles constitui exclusão de diversos benefícios sociais palpáveis, que geram diminuição na dignidade humana dos titulares.

---

[81] Art. 39, inc. IX, do CDC: "recusar a venda de bens ou a prestação de serviços, diretamente a quem se disponha a adquiri-los mediante pronto pagamento, ressalvados os casos de intermediação regulados em leis especiais".

[82] Ver Capítulo 3.

O segundo exemplo a que se pode aplicar o direito de não ser impedido de acessar os serviços do controlador, refere-se à negativa dos bancos em abrir contas corrente e salário. Não raro, os bancos impedem a abertura de contas aos titulares por estarem com o nome em cadastros negativos ou por terem simplesmente ingressado com ações judiciais e extrajudiciais contra eles. Logicamente, abertura de conta-corrente não se confunde com obtenção de créditos financeiros. É somente a possibilidade de poder ter direito à inclusão financeira, fazer poupança e acessar diversos outros serviços necessários para a dignidade humana. O impedimento, sem justificativas fundamentadas e constitucionais, torna abusiva a decisão do banco, que fornece serviço público relevante à sociedade.

Por outro lado, o que traz mais força ao direito aqui delineado, em face da vigência da nova lei do cadastro positivo, os bancos têm se utilizado dos dados dos titulares, sem o consentimento deles e sem serem obrigados a informar que estão realizando o tratamento, quais dados estão usando, o porquê e para o que, o que se constituem em práticas inconstitucionais. Em razão desses ilícitos existentes e os que podem ser perpetrados na ausência desses serviços, o titular não pode ser impedido de ter uma conta-corrente em banco, pois necessita dela para ter acesso às informações que estão sendo tratadas, como corrigi-las em caso de erros, como questioná-las etc. Fundado no direito de não ser bloqueado, o impedimento será afastado e o titular poderá fazer o seu cadastro no sistema, a fim de se autodeterminar perante os bancos. A jurisprudência brasileira, majoritariamente, já decide a favor do titular que queira ter uma conta-corrente, mas é impedido de fazê-lo,[83] implementando o direito de acessar os serviços sem ser obstruído.

---

[83] "A negativa indevida para a abertura de conta-salário sob a justificativa da existência de débitos pendentes caracteriza a prática de ato ilícito, passível de indenização por danos morais. Na origem, o autor ingressou com ação, objetivando receber indenização por dano moral e por dano material na modalidade de lucros cessantes em virtude da perda de vaga de emprego motivada pela negativa à abertura de conta-salário pelo banco. O Juízo *a quo* condenou o banco apenas ao pagamento da indenização por danos morais. Ambas as partes recorreram. Conforme observado pelo Desembargador, ficou comprovado, nos autos, que o autor fora selecionado para a vaga de emprego em questão e que a abertura da conta-salário era requisito indispensável para a contratação. Em continuidade, o Relator esclareceu que a conta-salário é um tipo especial de conta aberta por solicitação do empregador que contrata a prestação de um serviço de pagamento de proventos e similares. No caso dos autos, afirmou que a existência de pendências anteriores em nome do autor não constitui motivo idôneo para impedir a abertura da conta requerida, conforme estabelecido no art. 1º da Resolução 3.402/2006 do Banco Central do Brasil. Assim, a Turma Recursal manteve a sentença, por entender ilícita a conduta do banco, ao recusar a abertura

No mesmo passo da desobstrução que é produzida pelo direito fundamental à inclusão digital, em face dos princípios da publicidade dos atos públicos e governamentais, não podem os titulares de dados ser *obstados ou bloqueados por agentes públicos, no exercício de cargo público, em redes sociais ou quaisquer outros meios de comunicação, informação ou participação popular*. Esse direito está inserto no art. 7º, inc. III, da Lei de Acesso à Informação, que determina ao titular de dados o direito de obter a: "informação produzida ou custodiada por pessoa física ou entidade privada decorrente de qualquer vínculo com seus órgãos ou entidades, mesmo que esse vínculo já tenha cessado". Portanto, o presidente, os ministros de Estados, governadores, prefeitos, deputados, vereadores, o que inclui antigos mandatários, entre outros, não podem bloquear os titulares de dados de suas redes sociais ou de quaisquer outros meios de comunicação, físico ou digitais, que inviabilizem o direito de se obter o acesso à informação produzida por eles em prol do interesse público.

4.5.19 Direito de perseguição aos dados em qualquer lugar a qualquer tempo

Existe um direito do titular, acessório e não explícito, nas normas da LGPD e também na RGPD, que é de suma importância para o sistema protetivo de dados: o direito de perseguir os dados onde quer que eles estejam. Em face das características personalíssimas do direito à proteção de dados pessoais, o titular pode perseguir os seus dados a qualquer tempo e lugar e os controladores, encarregados de zelar pela segurança e confiabilidade, devem envidar todos os esforços necessários para cumprir com esse direito. O direito de persecução dos dados decorre do art. 11 do Código Civil, "os direitos da personalidade são intransmissíveis e irrenunciáveis, não podendo o seu exercício sofrer limitação voluntária". E o titular pode exigir que cesse a ameaça ou a lesão a seu direito (art. 12 do Código Civil) com a entrega, eliminação ou transferência dos seus dados, de acordo com a sua vontade.

O controlador não pode prestar somente a informação sobre a localização dos dados, tem que mostrar e indicar onde eles estão. Mesmo que se descubra que os dados sejam obtidos ilicitamente, o controlador atenderá os pedidos do titular cessando o tratamento, eliminando ou compartilhando os dados para sistemas de sua confiança e de acordo com a sua vontade.

---

da conta, o que inviabilizou a contratação para a vaga de emprego e constituiu causa suficiente para ofender direitos fundamentais do autor" (TJDFT, Acórdão 1071592, 07021928520178070004, Rel. Juiz João Fischer, 2ª Turma Recursal, j. 1º.02.2018, *DJe* 16.02.2018).

O direito de perseguição aos dados fica evidente em casos de vazamentos. O controlador tem que aplicar todos os esforços para recuperar ou eliminar os dados que foram vazados. Ao buscar os dados em nome do titular, o controlador deverá atender aos seus comandos e comprovar que aplicou todas as medidas necessárias para que eles voltem ao seu controle. Mas o direito de persecução dos dados não se aplica somente aos casos de vazamentos, está relacionado a todos os sistemas e procedimentos aplicados pelo controlador e que estão envolvidos no tratamento. Se, por exemplo, o controlador utiliza-se de três sistemas diferentes para construir um processo de decisões automatizadas e neles existirem informações do titular, o direito de perseguição deve buscar os dados em todos eles, que deverão estar descritos e informados nas políticas de segurança da informação e de proteção de dados.

Por outro lado, o direito de perseguição dos dados permite ao titular, quando for cientificado de que há tratamento ilícito de seus dados, determinar o cessamento das atividades, bem como obter todas as informações necessárias para saber como foram colhidos os seus dados, quem os forneceu, por quanto tempo e para quais finalidades.

O direito de perseguição é um direito preparatório para o cumprimento dos desejos e dos comandos do titular, pois desobstrui o acesso e torna mais transparente as informações sobre a localização dos dados. Nesse passo, o titular pode, munido de melhores informações sobre o tratamento, requisitar a retirada do consentimento, o compartilhamento, a eliminação dos dados, apresentar a oposição etc.

4.5.20 Direito dos titulares crianças e adolescentes

A LGPD faz distinção especial em relação a dois tipos de dados: os dados da saúde e os dados de crianças e adolescentes. Esses últimos serão analisados mais amiúde, pois fomentam um titular de dados *sui generis*. Entrelaçam-se nele normas e procedimentos diferenciados que todos os envolvidos no controle desses dados devem respeitar, a fim de garantir a proteção específica desse titular.

Todo titular de dados o é desde que nasce, com ou sem vida (art. 2º do Código Civil). Durante a gestação até a saída do útero, de feto a bebê, são recolhidos inúmeros dados do titular: tamanho, peso, conformações físicas, doenças genéticas etc. É possível até fazer exame de DNA no bebê durante a gravidez, depois de dez semanas de gestação.[84] Uma gestação

---

[84] "A técnica consiste na análise do DNA fetal livre — fragmentos do DNA da criança presentes no plasma sanguíneo da mãe. A partir de um simples exame, é possível

não é mais a espera pelo nascimento de um bebê. Ela é a resultante de uma série de práticas médicas, sociais e jurídicas, que fornecem inúmeros dados para os pais, para o sistema de saúde e para o Estado. Quantos meses nasceu? Os pais estão cumprindo os passos corretos do pré-natal? A mãe está se utilizando de bebida alcoólica ou remédios não indicados? O bebê sofreu violência obstétrica, no que pode ter gerado um aborto prematuro? Enfim, são inúmeras informações que são produzidas durante a gestação até o nascimento do bebê, que, mesmo que nasça morto, fornecerá dados a serem protegidos e resguardados pelos controladores e serem administrados por seus pais ou responsáveis legais.

Apesar de não compreendermos as informações obtidas com o tratamento de dados, elas apontam características físicas, psíquicas e genéticas, que definirão a personalidade do titular, moldando expectativas, práticas médicas, sociais e culturais, que o atingirão ao se desenvolver para uma fase adulta. Por isso, o cuidado com os dados fornecidos durante a infância e a adolescência devem ser redobrados e vistos por outro prisma. Os dados são fonte de autodeterminação do ser humano e de construção de uma vida. O mau uso deles pode acarretar traumas que podem afetar a dignidade humana e fazer perdurar o trauma por toda uma vida. A proteção de dados de crianças e de adolescentes é primordial para a construção de uma sociedade mais justa e digna.

A defesa dos dados do titular criança e adolescente, além da perspectiva individual e familiar, envolve o interesse social e da comunidade na aplicação de seus direitos fundamentais, a fim de que se desenvolvam plenamente em sua condição física, mental, espiritual e moral. A proteção das crianças e dos adolescentes deve ser integral e se pautar pelos arts. 227 da Constituição Federal de 1988[85] e pelos arts. 3º e o 4º do Estatuto da Criança

---

ter acesso à amostra gênica do bebê, sem precisar recorrer a métodos invasivos, que possuem chances, mesmo que baixas, de causar danos ao feto e até interromper a gravidez. "Uma amostra de sangue é diferente porque de qualquer forma a mãe teria que fazer exames de sangue, e só é necessário aproveitar um pouco mais do material para fazer esse teste", explica Jaqueline. A presença do DNA fetal aumenta com os estágios da gestação, e, por isso, o teste é realizável a partir da décima semana de gravidez". Disponível em: https://paineira.usp.br/aun/index.php/2018/08/03/metodo-nao-invasivo-determina-paternidade-ainda-durante-a-gestacao/. Acesso em: 6 out. 2020.

[85] Art. 227. É dever da família, da sociedade e do Estado assegurar à criança, ao adolescente e ao jovem, com absoluta prioridade, o direito à vida, à saúde, à alimentação, à educação, ao lazer, à profissionalização, à cultura, à dignidade, ao respeito, à liberdade e à convivência familiar e comunitária, além de colocá-los a salvo de toda forma de negligência, discriminação, exploração, violência, crueldade e opressão.

e do Adolescente,[86] para o qual remete o art. 14 da LGPD: "O tratamento de dados pessoais de crianças e de adolescentes deverá ser realizado em seu melhor interesse, nos termos deste artigo e da legislação pertinente".

Ao se aplicarem os direitos do titular criança e adolescente, deve ser imposta uma interpretação enviesada na perspectiva de uma *dupla proteção*, material e formal, em todos os aspectos do processamento dos dados. O que se exige do controlador não é somente a diligência e o zelo padrões a que deveria incorrer por tratar dados de um titular. O controlador será avaliado sob um escrutínio além do normal, do ordinário. As análises serão pautadas sob parâmetros de um interesse público e privado superior, com o intuito de assegurar às crianças e aos adolescentes a eliminação de quaisquer riscos a que possam ser colocados no uso dos serviços que coletam, manipulam e tratam os seus dados. Portanto, os dados do titular criança e adolescente devem ser, duplamente, transparentes, acessíveis, não discriminados, realizados com a máxima segurança disponível e que sejam considerados de absoluta prioridade, respeitando-se os seus melhores interesses.[87]

---

[86] Art. 3º A criança e o adolescente gozam de todos os direitos fundamentais inerentes à pessoa humana, sem prejuízo da proteção integral de que trata esta Lei, assegurando-se-lhes, por lei ou por outros meios, todas as oportunidades e facilidades, a fim de lhes facultar o desenvolvimento físico, mental, moral, espiritual e social, em condições de liberdade e de dignidade.
Art. 4º É dever da família, da comunidade, da sociedade em geral e do poder público assegurar, com absoluta prioridade, a efetivação dos direitos referentes à vida, à saúde, à alimentação, à educação, ao esporte, ao lazer, à profissionalização, à cultura, à dignidade, ao respeito, à liberdade e à convivência familiar e comunitária. Parágrafo único. A garantia de prioridade compreende: a) primazia de receber proteção e socorro em quaisquer circunstâncias; b) precedência de atendimento nos serviços públicos ou de relevância pública; c) preferência na formulação e na execução das políticas sociais públicas; d) destinação privilegiada de recursos públicos nas áreas relacionadas com a proteção à infância e à juventude.

[87] A jurisprudência majoritária entende neste sentido. Para ilustrar qual o direcionamento que se deve dar aos dados de crianças e adolescentes, o Ministro do STJ, Sálvio de Figueiredo Teixeira, na relatoria do REsp 124.621/SP, *DJU* de 28.06.1999, aponta o caminho: "[...] em se tratando de interesse de menores, é de convir-se pela relativização dos aspectos jurídicos, sobretudo em face da prevalência dos interesses do menor, como determina a legislação vigente (ECA, art. 6º; LICC, art. 5º) e já proclamava o art. 5º do Código de Menores de 1979. Neste sentido, o RMS n. 1.898-SP (DJ 17/04/95), de minha relatoria, com esta ementa, no que interessa: 'II – A legislação que dispõe sobre a proteção à criança e ao adolescente proclama enfaticamente a especial atenção que se deve dar aos seus direitos e interesses e à hermenêutica valorativa e teleológica na sua exegese'".

4.5.20.1 Do consentimento específico e destacado dos pais ou responsáveis legais

Com base na teoria da proteção integral, a criança e o adolescente são efetivos e ativos titulares de seus direitos, devendo ser assistidos por seus responsáveis legais, respeitando-se o seu caráter peculiar de pessoas em desenvolvimento. Em face disso, os pais ou responsáveis legais deverão ser notificados, mediante informação clara, específica e destacada, ao serem coletados os dados de crianças e adolescentes (art. 14, § 1º, da LGPD).

A priori, se o tratamento se iniciar sem consentimento dos pais ou responsáveis legais ou sem o preenchimento dos requisitos legais, ele será considerado ilícito, devendo serem cessadas as suas práticas e eliminados os dados obtidos, podendo, ainda, os titulares e seus representantes requererem à ANPD ou ao Poder Judiciário as indenizações (art. 42), bem como as sanções e multas previstas no art. 52 e seguintes da LGPD.

Nesse ponto específico deve-se fazer uma intervenção acerca da separação dos dados de crianças e de adolescentes. O ECA, em seu art. 2º, aponta que será criança até a idade de 12 anos e adolescente de 12 a 18 anos. Contudo, o art. 4º do Código Civil, determina que será relativamente incapaz a pessoa entre 16 e 18 anos. Qual idade se utilizar para fixar os dados de criança e os de adolescente, pois a LGPD delega a decisão para legislação específica sem mencionar qual? Seria melhor ter sido definida uma idade ou uma legislação específica para dirimir as dúvidas, que têm consequências distintas para os controladores.

O tratamento de dados de titulares crianças ou menores até os 16 anos, sem o preenchimento dos requisitos legais para o seu início, não pode ser convalidado por um posterior consentimento dos responsáveis legais, um dos pais ou pela sua maioridade, em face da *proteção dupla* que é concedida pelo sistema protetivo de dados às crianças e adolescentes. Assim, o tratamento será nulo *ab initio*.

A única exceção legal para o tratamento de dados de titulares adolescentes menores de 16 anos ser legalizado é o que está inserto no § 3º do art. 14:

> § 3º Poderão ser coletados dados pessoais de crianças sem o consentimento a que se refere o § 1º *deste artigo quando a coleta for necessária para contatar os pais ou o responsável legal*, utilizados *uma única vez e sem armazenamento*, ou para sua *proteção*, e em nenhum caso poderão ser repassados a terceiro sem o consentimento de que trata o § 1º deste artigo.

A exceção de que trata o § 3º do art. 14 para o tratamento de dados de crianças e absolutamente incapazes, em respeito ao princípio da minimização dos dados, só será permitida para contatar os pais ou responsáveis legais, por uma única vez e sem armazenamento, e se for para a proteção do menor, numa situação de extrema gravidade. Se o controlador não provar que preencheu todos os requisitos em conjunto (*o objetivo de contatar os responsáveis, a não guarda dos dados e a finalidade do tratamento ser de interesse público superior e urgente*), o processamento será considerado ilícito, devendo o controlador arcar com as sanções e multas cabíveis, bem como as indenizações por danos morais e materiais.

Por outro lado, os dados de adolescentes e de relativamente incapazes, mesmo que iniciados, podem ser convalidados por posterior regularização, desde que sejam suspensos até o preenchimento dos requisitos legais, com o preenchimento pelo controlador de todos os requisitos determinados no art. 14, § 3º, da LGPD.

Por conta das diferentes consequências jurídicas para o tratamento de dados de crianças e de adolescentes, qual o entendimento deve prevalecer para se fixar a idade limite entre a infância e a adolescência? Em conformidade com uma interpretação sistêmica das normas de proteção de dados da criança e do adolescente, deve prevalecer a lei civil, até mesmo por uma análise permitida pelo próprio ECA quando, em situações de autodeterminação do adolescente, direciona-se ao mesmo entendimento exposto. O art. 83 do ECA determina que o adolescente não necessitará de autorização dos pais ou dos responsáveis para viajar, quando tiver mais de 16 anos, desde que seja na mesma unidade da Federação. Portanto, compreende o ECA que aos 16 anos o adolescente já possui o mínimo discernimento para decidir se pode ir ou não a uma outra cidade ou em viagem. Diante disso, se o controlador fornecer todas as informações necessárias e de forma clara, respeitando todos os direitos, pode o titular adolescente autorizar o uso de seus dados e será convalidada a continuidade do tratamento, sem a necessidade de serem os mesmos eliminados ou cessados.

A interpretação mais ampliativa em relação aos adolescentes maiores de 16 anos visa a estabelecer uma transição mais consciente e de construção da personalidade do titular, reconhecendo sua independência, e, ao mesmo tempo, promovendo a sua inserção na sociedade. No mesmo sentido, Chiara Teffé analisa, por meio de critérios de proporcionalidade e de razoabilidade, o tratamento diferenciado do titular adolescente:

> A internet oferece possibilidades e benefícios para as crianças e adolescentes, facilitando a participação em discussões e atividades criativas e o acesso à informação e educação de qualidade. O acesso à internet nos últimos anos vem se afirmando como direito fundamental, por

proporcionar melhor qualidade de vida ao ser humano e servir de instrumento para a promoção de seu desenvolvimento. Diante disso, mostra-se necessário estabelecer políticas e normas equilibradas que, de um lado, protejam os menores de riscos e danos e, de outro, facilitem o acesso desses sujeitos à rede, de forma segura, responsável e ética (TEFFÉ, 2019, p. 56).

A RGPD, em seu art. 8.1, determina que "os dados pessoais de crianças é lícito se elas tiverem pelo menos 16 anos". Com relação aos dados de criança menores de 16 anos, os dados só poderiam ser tratados se autorizados por pais ou responsáveis legais (art. 8.1.). Contudo, a RGPD abre espaço para os Estados-membros redefinirem a idade para até 13 anos, não menos, conforme o entendimento que cada país tem sobre o discernimento de suas crianças. A título ilustrativo, as leis da Argentina e do Uruguai não possuem quaisquer menções especiais aos dados de criança e de adolescente, não regulando de forma diferenciada esse tipo de titular.

O controlador somente pode tratar os dados dos titulares crianças e adolescentes, mediante autorização expressa de pais ou dos responsáveis, contudo, os menores têm a capacidade para acessarem livremente seus dados, tal como qualquer outro titular adulto. Se os titulares crianças e adolescentes estiverem requerendo dados seus, os controladores têm o dever de lhes entregar as informações requeridas, sob penas das sanções cabíveis. A obrigação legal para os controladores refere-se à possibilidade de tratamento e não sobre a implementação do livre acesso ou uma limitação da capacidade do titular em questão.

4.5.20.2 Das práticas do controlador de dados de crianças e de adolescentes

De fato, surgem algumas dúvidas sobre como deve agir o controlador no tratamento de dados de crianças e de adolescentes. Deve o controlador, ao descobrir que trata dados de crianças e adolescentes, eliminar ou suspender os dados sem consentimento, específico e destacado, dos pais e responsáveis legais? E se não encontrar os responsáveis? Quais esforços deverão ser utilizados para procurá-los? Deve o controlador somente iniciar a coleta com a confirmação da idade do titular? Como ele se certificará de que a informação prestada é correta? O ônus da atividade é do controlador dos dados e, por isso, ele deverá assegurar, em razão do seu dever objetivo perante os titulares, que está realizando todos os esforços legais e tecnológicos possíveis para prover os serviços em conformidade com o sistema protetivo e as normativas de segurança da informação.

Contudo, em face do interesse público superior sobre os dados do titular criança e adolescente, o controlador é encarregado de realizar requisitos procedimentais mais específicos e detalhados. O controlador deverá manter pública, não só nas políticas de segurança de informação, mas também as informações sobre os tipos de dados coletados, a forma de sua utilização e os procedimentos para que o titular exerça os seus direitos (art. 14, § 2º, da LGPD). As informações devem "ser fornecidas de maneira simples, clara e acessível, consideradas as características físico motoras, perceptivas, sensoriais, intelectuais e mentais do usuário, com uso de recursos audiovisuais quando adequado" (art. 14, § 6º), facilitando o entendimento do titular e seus representantes legais. Ou seja, o controlador, ao modelar a maneira como fornece os seus serviços, fará com que o titular ou seu representante, ao longo de todo o processo de inserção dos dados em seu sistema, disponibilizando todos os recursos textuais e audiovisuais possíveis, seja notificado do porquê do uso dos dados, dos acessos a funções dos dispositivos informáticos, a forma da guarda, o tempo etc. E o mais importante no encadeamento de informações, o controlador indague e seja informado sobre a idade do titular que está acessando os seus serviços. Se for menor de idade, o controlador deverá, de alguma forma, suspender os seus serviços até que seja liberado por um de seus pais ou responsáveis legais. Ato contínuo, o controlador deverá empenhar todos os esforços necessários para obter o consentimento dos pais ou responsáveis legais, sem o qual não poderá continuar o tratamento (art. 14, § 5º). Se houver a constatação de desídia ou negligência na busca pelos pais ou responsáveis legais dos menores, o tratamento será considerado ilegal e o controlador arcará com as sanções advindas de seu ilícito.

É de suma importância que as informações prestadas tanto pelo titular e seus representantes quanto pelos controladores fixam a retidão das práticas e vinculam as partes. O titular não pode alterar a sua idade real para poder escapar dos procedimentos de verificação do controlador, nem o controlador pode fugir da responsabilidade de buscar as informações fidedignas sobre quem é o titular de quem está tratando os dados. Se essas informações forem falsas ou negligenciadas as consequências do uso delas sem autorização legal, elas fazem provas contra quem as deu, mesmo que tenha realizado a diligência correta para confirmá-las. Isso ocorre por conta do princípio da verdade em que deve se basear todo tratamento de dados e vincula a todos envolvidos na cadeia.

Do mesmo modo, os controladores não devem condicionar a participação dos titulares crianças e adolescentes ao fornecimento de mais informações além daquelas necessárias para se acessar e usufruir dos jogos, de aplicações de internet ou outras atividades que oferta (art. 14, § 4º). O mandamento está em consonância ao princípio da minimização dos dados para a utilização da ferramenta. Não pode o controlador, por exemplo, impedir o acesso a um aplicativo de jogo de xadrez em que o titular se nega a permitir o acesso à câmera fotográfica. Primeiramente, o controlador tem o dever objetivo de não exigir o acesso a esse dispositivo do celular ou do *notebook*, pois totalmente fora da finalidade do serviço em questão, qualquer que seja o titular. Por outro lado, mesmo se houver a possibilidade de a requisição ser negada pelo titular, creditando-se ao controlador a confiança de que ele está adstrito ao que é mostrado para o titular, não há necessidade do acesso da câmera fotográfica para o uso do jogo em questão.

Reforça-se que o controlador não pode acessar nenhuma funcionalidade além daquelas necessárias para o desenrolar de seus jogos em quaisquer circunstâncias. Contudo, em relação ao titular criança e adolescente, o alerta principiológico é redobrado e constitui-se de aviso contrário ao controlador. O controlador deve evitar esse tipo de captura das informações e do acesso às câmeras e aos áudios de crianças e de adolescentes, pois as colocam em riscos graves, além daqueles já trazidos pelo serviço.[88]

4.5.20.3 Do tratamento diferenciado aos titulares crianças e adolescentes

O controlador tem que estar atento na captura de dados de crianças e de adolescentes, bem como os pais e os responsáveis legais entenderem os riscos que estão sendo expostos os menores no cotidiano deles. O acompanhamento parental na inclusão de jogos e de aplicativos no celular de menores deve ser acompanhado constantemente, para que todos fiquem cientes das funções habilitadas e das informações acessadas por eles. Por outro lado, o controlador, que desenvolve jogos para crianças e adolescentes, tem a consciência clara de que está fornecendo produtos e serviços para esse titular, devendo

---

[88] Pedófilos utilizam-se, atualmente, dos jogos de celulares para acessar crianças e adolescentes. Se o controlador captura muitos dados do celular, supondo que seja um controlador lícito, ele colocará em grande risco os titulares crianças e adolescentes ao tratar as suas informações e imagens. A rede social Tik Tok está sendo utilizada por pedófilos para acessarem as crianças e adolescentes. Em abril de 2020, a "polícia Espanhola alertou que os pais que os pedófilos se passam por usuários interessados e trocam mensagens e vídeos com as crianças, os quais são usados para distribuição entre comunidades de assediadores". Disponível em: https://wtsoftware.com.br/news/controle-parental/app-espiao-pedofilos-usam-o-tik-tok-para-interagir-com-criancas/. Acesso em: 28 ago. 2020. Além dessa possibilidade, pode ser que o controlador, ou seja, o criador do jogo, seja o próprio pedófilo, que trata e manuseia os dados diretamente.

moldar as suas políticas de segurança da informação e de proteção de dados diretamente para esse titular especial.

Entretanto, existirão casos em que os titulares de dados de crianças e adolescentes surgem no meio de outros titulares adultos, mas não podem ser tratados de forma igual a eles. A confusão dos dados de crianças e de adolescentes juntamente aos de adultos ou outros titulares especiais é talvez o primeiro grande risco anunciado para a adequação dos controladores às normas de proteção de dados, nesse momento de transição de dados legados de outra prática jurídica para uma nova. A consolidação de práticas que não respeitavam a proteção de dados no seu modelo de negócio construiu uma cultura que sofrerá com a LGPD. As atitudes corriqueiras entranhadas no cotidiano empresarial brasileiro serão difíceis de serem esquecidas e novos padrões de proteção de dados custarão tempo e muito dinheiro para serem implementados. Exemplo clássico de uma certa cultura ultrapassada são as entradas de prédios comerciais e residenciais. Titulares crianças e adolescentes entram e saem dos edifícios sem serem tratados de forma diferenciada de outros titulares adultos. Desde a portaria até a saída dos prédios, informações, vídeos e imagens são capturados das crianças e dos adolescentes nos mesmos sistemas que os adultos. Porém, com a entrada em vigor da LGPD, os prédios comerciais e residenciais deverão exigir dos titulares crianças e adolescentes a autorização específica de seus pais ou responsáveis legais para poderem tratar seus dados. Ou se não tiverem, provar que anonimizaram os dados ou não realizaram qualquer tipo de tratamento, guarda ou manipulação deles.

O controlador tem o dever legal de tratar os dados de crianças e de adolescentes de forma diferenciada e com maior proteção do que os de adultos. Se não houver esse cuidado, poderão arcar com as penalizações advindas do tratamento ilícito. Pior que o prejuízo do controlador, o maior risco de um tratamento de dados ilícito ou sem segurança de informação encontra-se no imenso problema social que eles podem acarretar para o desenvolvimento de uma sociedade saudável para as crianças e adolescentes.

A grande questão no tratamento de dados de crianças e adolescentes é a conscientização da necessidade de se pensar e olhar com mais cuidado para esses titulares. E, na diferenciação, entender que a proteção dos titulares crianças e adolescentes constitui de imprescindível ferramenta para o desenvolvimento das melhores práticas protetivas.

4.5.21 Direito dos titulares mortos ou ausentes

Uma das questões pouco analisadas, em termos legislativos e doutrinários, refere-se aos direitos do titular de dados do morto (art. 6º do Código

Civil), declarado juridicamente morto (art. 7º do Código Civil) e declarado ausente (arts. 22 a 39 do Código Civil). O titular morto ou ausente detém em si todos os direitos morais e materiais para ainda estar atrelado aos dados que vivem independentemente dele. Os dados são extensão da vida do titular. É um outro tipo de vida que pode ainda significar descobertas e produzir outras informações relevantes para os vivos e para os mortos. Diante das possibilidades permitidas com a virtualização do homem e sua duplicação, e nesse ponto referindo-se às possibilidades de clonagem e de utilização de células-tronco, a concepção de ser humano envolve aspectos que estão além da própria existência material e consciente. O corpo não é mais a prisão da alma, tal como Giordano Bruno apregoava no século XVI. Nem o corpo é mais finito. Os dados e a genética libertaram a vida e possibilitaram outros arranjos e possibilidades, ainda não compreendidas em sua totalidade.

A morte ou a ausência, que são conceitos jurídicos indeterminados e abertos, apenas traçam um instante e um lugar jurídico que alteram as relações contratuais, extracontratuais e legais entre o titular, seus herdeiros, curadores e os controladores de dados. Por ser gatilho de inúmeras relações e conexões jurídicas e tecnológicas, que o silêncio das normas do sistema protetivo acerca da morte e da ausência do titular constitui-se em problema prático no tratamento de dados.

O tema da morte no direito brasileiro é regulado no Código Civil, normatizando, basicamente, aspectos materiais que são objeto de sucessão. Contudo, a morte produz um sem-número de efeitos na ordenação jurídica que estão além dos seus aspectos materiais, sendo analisados de forma tangencial e superficial. Parece que as normas refletem e são extensão do medo do homem de enfrentar a morte como parte intrínseca da existência. Invariavelmente, a morte é sempre analisada em suas repercussões materiais e patrimoniais. Aí, a morte se substancia somente na mudança real de titular de um direito, de transmissão da coisa, de alguém que não mais existe para outro ou outros, previstos em lei, que assumirão a titularidade. São nesses não enfrentamentos epistemológicos, em face da atual sociedade científica e tecnológica, que algumas lacunas surgem diariamente: o que será protegido no corpo e suas extensões? Os dados que o titular deixou em seu computador, o qual não gostaria que ninguém tivesse acesso, como serão protegidos? Serão divulgados? O que seria um inventário digital dos dados? É uma boa solução para o titular ter um túmulo digital, tal como fazem algumas redes sociais? O titular doou espermas para fecundação *in vitro*, após a sua morte eles poderão ser eliminados, já que são dados genéticos? As perguntas trazidas não podem encerrar a miríade de questionamentos possíveis em face da multiplicação das tecnologias e das possibilidades de existência do homem.

Os dados, como um processo de virtualização, possibilitam questionar um corpo reconstruído, projetado, com novas percepções, adições, soluções (LÉVY, 2011, p. 27-33). Assim, o titular não é uma unidade e sim uma ubiquidade física e virtual:

> Quando uma pessoa, uma coletividade, um ato, uma informação se virtualizam, eles se tornam "não presentes", se desterritorializam. Uma espécie de desengate os separa do espaço físico ou geográfico ordinários e da temporalidade do relógio e do calendário. É verdade que não são totalmente independentes do espaço-tempo de referência, uma vez que devem sempre se inserir em suportes físicos e se atualizar aqui ou alhures, agora ou mais tarde. No entanto, a virtualização lhes fez tomar a tangente. Recortam o espaço-tempo clássico apenas aqui e ali, escapando a seus lugares comuns "realistas": ubiquidade, simultaneidade, distribuição irradiada ou massivamente paralela. A virtualização submete a narrativa clássica a uma prova rude: unidade de tempo sem unidade de lugar (graças às interações em tempo de telepresença), continuidade de ação apesar de uma duração descontínua (como na comunicação por secretária eletrônica ou por correio eletrônico). A sincronização substitui a unidade de lugar, e a interconexão, a unidade de tempo. *Mas, novamente, nem por isso o virtual é imaginário, Ele produz efeitos* (LÉVY, 2011, p. 21 – grifei).

A morte, em sua transversalidade que produz efeitos, é apenas um instante de dissociação da alma com o corpo, do fim da consciência que individualiza o homem. A morte multiplica os atores e possibilidades sobre o titular de dados em seus aspectos materiais e imateriais, jurídicos, biológicos, filosóficos, sociais, psicológicos etc.

4.5.21.1 Do início, meio e fim do tratamento de dados do titular morto, declarado morto ou ausente

Para a normativa da proteção de dados, a morte é confirmada por meio da emissão da certidão de óbito,[89] documento hábil para se determinar o fim da existência da pessoa natural.[90-91] A morte do titular determina o momento

---

[89] Maria Celeste Santos, citando Marco Segre e Hilário Veiga de Carvalho, define o conceito legal do atestado de óbito: "O atestado de óbito tem por finalidade certificar a existência da morte e registrar a sua causa, quer do ponto de vista médico, quer de eventuais aplicações jurídicas – para permitir o diagnóstico da causa jurídica do óbito: seja o homicídio, o suicídio, acidente ou a morte chamada natural" (SANTOS, 1997, p. 343).

[90] Maria Celeste Santos (1997) fez um artigo completo e amplo sobre os aspectos jurídicos e médicos sobre a morte, formas de conservação do corpo e significados de cada tipo de estado físico ou biológico, que merecem ser conferidos em suas repercussões jurídicas.

[91] "Entendendo-se que a existência da pessoa natural termina com a morte, tem-se que admitir que o morto não é pessoa e sim coisa" (FRANÇA, apud SANTOS, 1997, p. 348).

em que ele não pode ter mais os seus dados tratados nem processados pelos controladores. Todos os consentimentos emitidos são automaticamente rescindidos e os legítimos interesses estão suspensos, até se verificarem as condições legais ou não de se continuarem os tratamentos, desde que os controladores sejam notificados da morte do titular pelos herdeiros ou responsáveis legais do espólio do titular. O hiato entre a morte física e a comunicação da morte aos controladores permite a continuidade do tratamento nos mesmos termos, como se o titular fosse vivo.

Questão de relevância no tratamento de dados do titular morto é o de se continuar ou não o tratamento de dados com a morte, a declaração de morte e a declaração de sua ausência, conforme os exemplos trazidos pelo art. 7º do Código Civil.[92] A dúvida relaciona-se para o momento exato em que deveriam cessar os tratamentos de dados do titular. Se não cessam, serão suspendidos ou interrompidos? Deletam-se todos os dados do titular? Se forem tratados com base somente no consentimento, o tratamento após a morte, desde que notificados os controladores, torna-se ilegal?

A morte do titular ou a declaração jurídica de morto, para gerarem efeitos práticos na ordem do sistema protetivo, dependem de atos jurídicos complexos para alterarem a continuidade, a suspensão ou a interrupção dos tratamentos. Em face das incertezas fáticas e jurídicas, deverão os dados permanecerem guardados pelos controladores, sem serem tratados ou processados, até que os atos jurídicos complexos, por exemplo, nomeação de um inventariante, decisão judicial que nomeia um curador, entre outros, sejam concretizados e comunicados. A jurisprudência e a ANPD deverão decidir sobre como serão tratados os dados dos mortos, que estarão num limbo jurídico até serem consolidados os posicionamentos perante essas e outras questões.

Ainda mais difícil e complexo são os dados do titular declarado ausente nos termos do art. 22 e seguintes do Código Civil.[93] A ausência não é a

---

Uma coisa que não perde a sua qualidade humana: "El cuerpo muerto o restos mortais no pierden la calidad humana, por lo que merecen respeto y consideración exclusiva, ello en reconocimiento de la protección 'ultraexistencial' del sujeto de derecho" (VARSI ROSPIGLIOSI, 2019).

[92] Artigo 7º do Código Civil – Pode ser declarada a morte presumida, sem decretação de ausência: I – se for extremamente provável a morte de quem estava em perigo de vida; II – se alguém desaparecido em campanha ou feito prisioneiro, não for encontrado até dois anos após o término da guerra. Parágrafo único. A declaração da morte presumida nesses casos, somente poderá ser requerida depois de esgotadas as buscas e averiguações, devendo a sentença fixar a data provável do falecimento.

[93] "O instituto da ausência, que no Código de 1916 vinha disciplinado no livro de Direito de Família, concernente à Parte Especial, foi deslocado de lá para a Parte Geral.

extinção da pessoa natural. Mas o seu reconhecimento de fato e de direito geram efeitos patrimoniais que o legislador civil decidiu regular. O procurador que administra os seus bens será o curador e responsável legal para assumir a sua representação legal na titularidade de dados (art. 22 do Código Civil). Se o ausente deixou procurador que não queira ou não possa mais exercer o mandato, o juiz nomeará um curador (art. 23 do Código Civil), que será escolhido entre o cônjuge, primeiramente, depois os ascendentes e/ou descendentes. Eles cuidarão do patrimônio do ausente, o que engloba a representação sobre a titularidade de seus dados.

A sucessão provisória se dará em um ano, com a existência de representante ou procurador. Se não deixou procuração ou representante, o prazo para a arrecadação dos bens é de três anos, que será comprovado da última notícia de sua existência, estando aptos os herdeiros a requerer os seus bens (art. 26 do Código Civil). Somente após 180 dias da sentença que declara a ausência, que se determina a sucessão provisória e serão gerados os seus efeitos jurídicos (art. 28 do Código Civil). Aí, poderão os herdeiros e sucessores assumirem as responsabilidades sobre o patrimônio material e imaterial do ausente. Como serão tratados os dados do titular nesse período de incerteza sobre a sua ausência? E se ele voltar, quem terá direitos sobre os seus dados? Se ele não voltar? Poderão ser utilizados os dados pelo controlador com base no consentimento? Deverá o controlador requerer a substituição do consentimento para os herdeiros? Os controladores deverão reforçar as justificativas legais para continuarem a tratar os dados do titular? Quem perceberá os frutos dos dados do ausente? No primeiro despacho, ao declarar a ausência, o juiz deverá explanar todas as possibilidades pormenorizadamente, a fim de que não surjam dúvidas para os herdeiros e controladores de dados. Aliás, os controladores podem intervir como terceiro interessado nas ações de declaração de ausência e sucessão provisória.

4.5.21.2 Da tutela individual, coletiva e difusa dos dados do morto e do ausente

O direito do titular está interligado aos seus direitos de personalidade, que são irrenunciáveis e intransmissíveis. Ao cessar a vida, altera-se a maneira como, juridicamente, são construídas novas relações sobre os dados

---

Considerando-se o fato que no Código Civil brasileiro há uma Parte Geral, e que a ausência não concerne propriamente ao direito de família, mas a um instituto que diz respeito a direitos patrimoniais do ausente, a serem preservados, entendeu-se que a ausência deveria ser colocada na Parte geral, como o foi no novo Código Civil, arts. 22 a 39" (ALVES, 2007, p. 20).

pessoais do titular. Os dados do titular morto serão guardados e protegidos pelos seus herdeiros (art. 12, parágrafo único, do Código Civil), nos termos do inventário (art. 611 e seguintes do CPC) ou do arrolamento (art. 659 e seguintes do CPC), em que se nomeará um inventariante para cuidar dos dados do titular morto. O inventariante e/ou os herdeiros têm o dever de comunicação do fato para os controladores, que terão de cessar o tratamento de dados do titular morto ou justificar a continuidade do processamento com base no legítimo interesse.

A tutela *post mortem* dos direitos do titular pelos seus herdeiros e familiares é admitida na jurisprudência do STJ.[94] Contudo, em relação aos dados, em face de sua característica transversal de ser público e privado, existe o reconhecimento na LGPD de poderem os dados serem tutelados, por seu interesse difuso e coletivo, por organismos de defesa do consumidor (art. 18, § 8º). A interpretação extensiva desse artigo permite a tutela dos dados do titular morto pela sociedade ou organizações sociais, quando os objetos e os conteúdos se referirem ao meio ambiente, aos bens e direitos de valor artístico, estético, histórico, turístico e paisagístico, à ordem econômica e urbanística, à honra e à dignidade de grupos raciais, étnicos ou religiosos e ao patrimônio público e social, tal como disposto no art. 1º da Lei da Ação Civil Pública. Corrobora com o posicionamento o art. 22 da LGPD: "A defesa dos interesses e dos direitos dos titulares de dados poderá ser exercida em juízo, individual ou coletivamente, na forma do disposto na legislação pertinente, acerca dos instrumentos de tutela individual e coletiva".

Nesse sentido, a LGPD entra em choque com a jurisprudência brasileira, mais individualista, sobre a restrição da tutela *post mortem* de direitos do titular,[95] que limitaria somente aos herdeiros mais próximos do morto

---

[94] Ver REsp 268.660/RJ, Rel. Min Cesar Asfor Rocha, 4ª Turma, j. 21.11.2000, in *RT* 789/201: "Os direitos da personalidade, de que o direito à imagem é um deles, guardam como principal característica a sua intransmissibilidade. Nem por isso deixa de merecer proteção a imagem de quem falece, como se fosse coisa de ninguém, porque ela permanece perenemente lembrada nas memórias, como bem imortal que se prolonga para muito além da vida, estando até acima desta, como sentenciou Ariosto. Daí por que não se pode subtrair da mãe o direito de defender a imagem de sua falecida filha, pois são os pais aqueles que, em linha de normalidade, mais se desvanecem com a exaltação feita à memória e à imagem da falecida filha, como são os que mais se abatem e se deprimem por qualquer agressão que possa lhes trazer mácula. Ademais, a imagem de pessoa famosa projeta efeitos econômicos para além de sua morte, pelo que os seus sucessores passam a ter, por direito próprio, legitimidade para postularem indenização em juízo".

[95] Fábio Siebeneichler de Andrade, ao se debruçar sobre o tema, trabalhou com jurisprudência relacionada ao direito de imagem do titular do direito morto para além

a decisão sobre a destinação dos dados e informações. Com a possibilidade aberta pela LGPD, poder-se-ia discutir o valor social dos dados em detrimento de uma perspectiva privatista de familiares, que impedem a consecução de direitos constitucionais de acesso e de informação. A transversalidade da proteção dos dados pessoais, em sua perspectiva de acesso a informações públicas, detonará uma série de entendimentos consolidados anteriormente e que precisam ser revistos, reconfigurados.

4.5.21.3 Discussões sobre os dados biométricos e genéticos do titular morto e ausente

Existe a possibilidade científica e tecnológica de os dados do titular, principalmente dos seus dados biométricos e genéticos, continuarem a existir e se perpetuarem indefinidamente. A perspectiva jurídica dos dados do titular morto, em face de sua ubiquidade, vai além de seus aspectos morais, podendo-se replicar a vida do titular continuamente sem que ele esteja em corpo presente. Não só replicar, mas esquadrinhar e escanear por completo e inúmeras vezes o que o titular produziu em vida, como e onde. Assim, os dados do titular podem ajudar a entender a sociedade, a economia e a história de um determinado povo num determinado lugar. A morte não destrói a utilidade dos dados coletados nem como entender a sociedade em que ele viveu. Entretanto, a qualidade de os dados serem úteis não transforma um tratamento ilegal em legal nem diminui os direitos do titular, vivo ou morto. No caso do morto, a aferição de legalidade deve ser ainda mais restrita e direcionada por seus herdeiros e/ou pela sociedade, que têm interesse na proteção de seus dados.

O debate acerca dos dados biométricos e genéticos é recente e vem sendo discutido sob a prevalência do discurso econômico utilitarista, neoliberalista e religioso, sem se atentar para os aspectos éticos, filosóficos, jurídicos, históricos e sociais. Não há uma discussão ampla sobre como serão compreendidos todos os aspectos humanos que agora estão envolvidos nas

---

dos herdeiros próximos: "A orientação tem sido, porém, de restringir a tutela *post mortem* dos direitos da personalidade apenas aos parentes mais próximos, a fim de estabelecer uma espécie de limite temporal tácito. A mesma preocupação, porém, não teve o Codificador brasileiro, na medida em que, tanto no texto do parágrafo único do artigo 12, quanto no teor do parágrafo único do artigo 20, não se circunscreve a legitimidade ativa apenas aos parentes mais próximos. A redação dada em ambos os casos permite a interpretação de que, mesmos descendentes distantes, uma ou várias gerações da pessoa falecida poderão pleitear a indenização e a eventual inibição da violação de direitos da personalidade" (ANDRADE, 2013, p. 108).

questões referentes aos dados dos titulares mortos. Como será forjado um outro sentido de humano com o avanço das ciências e das tecnologias, ainda será tema de profundas reflexões:

> É nessa situação que nos encontramos hoje. O progresso das ciências biológicas e o desenvolvimento das biotecnologias ampliam não apenas as possibilidades de ação já conhecidas, mas também possibilitam um novo tipo de intervenção. O que antes era "dado" como natureza orgânica e podia quando muito ser "cultivado", move-se atualmente no campo da intervenção orientada para a um objetivo. Na medida em que o organismo humano também é compreendido nesse campo de intervenção, a distinção fenomenológica de Helmuth Plessner entre "ser um corpo vivo" (*Leib sein*) e "ter um corpo" (*Körper haben*) adquire uma atualidade impressionante: a fronteira entre a natureza que "somos" e a disposição orgânica que "damos" a nós mesmos acaba se desvanecendo. Por conseguinte, para os sujeitos produtores, surge um novo tipo de autorreferência, que alcança o nível mais profundo do substrato orgânico. Sendo assim, dependerá da autocompreensão desses sujeitos o modo como desejarão utilizar o alcance da nova margem de decisão – de maneira *autônoma*, segundo considerações normativas que se inserem na formação democrática da vontade, ou de maneira *arbitrária*, em função de suas preferências subjetivas, que serão satisfeitas pelo mercado. Não se trata de uma atitude crítica cultural aos avanços louváveis do conhecimento científico, mas apenas de saber se a implementação dessas conquistas afeta a nossa autocompreensão como seres que agem de forma responsável e, em caso afirmativo, de que modo isso se dá (grifo do autor) (HABERMAS, 2010, p. 17-18).

A forma como se dá o entendimento de como serão aplicados ou não o avanço científico e tecnológico ainda não foi discutido de maneira profunda e significativa. As sustentações argumentativas são direcionadas casuisticamente a reboque de transformações que se colocam, quase sempre, como fato inevitável, um fardo civilizatório a ser imposto pela realização da utopia tecnológica. Postas, assim, sem possibilidades dialéticas de serem contraditadas e debatidas, os avanços tecnológicos e científicos encerram em si a aura de serem benéficos, positivos e úteis para humanidade. O pensamento contrário e crítico traz o desconforto da realidade que confronta a utopia e impõem um outro olhar sobre os desafios da implementação de um tipo de sonho científico. E é, nesse passo, contrário à utopia desenfreada das tecnologias e das ciências, que se entrecruzam as normas protetivas dos dados e dos direitos do titular, como cidadão, ser humano.

Ao fundo de toda a análise sobre o titular empreendida, surge, mesmo que de relance, uma aparente dicotomia entre cientificismo e respeito aos direitos fundamentais protetivos de dados perante a narrativa utópica do avanço científico e tecnológico. A aparência não se consolida na realidade e no funcionamento dialético das ciências e das tecnologias com o direito.[96] Ambas se nutrem uma da perspectiva da outra, normalizado e normalizador, imbricando-se em várias possibilidades normativas e tecnológicas. Como diria Goffredo Telles Júnior: "O Direito é a ordenação quântica das sociedades humanas". E partilhamos de uma visão mais filosófica e ética de Goffredo Telles Junior quando pensa o direito na ordem das probabilidades:

> A Ciência do Direito não anunciará jamais que um homem, ou um determinado grupo de homens, procederá desta ou daquela maneira, como a Física não pode prever o percurso que um eléctron ou um grupo de elétrons irá fazer. A Ciência do Direito dirá, isto sim, que não sabe como um homem, ou um determinado grupo de homens, irá proceder, mas que esse homem, ou esse grupo de homens, tem mais probabilidade de proceder da maneira X, do que da maneira Y. A maneira X de proceder é a que é mais conforme ao sistema ético de referência, dentro do qual age esse homem ou esse grupo de homens. É a maneira de proceder que o Direito Objetivo deve preconizar (TELLES JUNIOR, 1974, p. 285-286).

Ao se afastarem da realidade social, buscando soluções individuais para questões complexas, os campos científicos e tecnológicos tentam normalizar o direito impondo probabilidades e situações que engendram relações ainda mais dissonantes e iníquas. Perde-se com o distanciamento do humano as perspectivas de uma sociedade mais justa e se aprofundam os abismos sociais, que deveriam ser enfrentados e extirpados. No distanciamento da perspectiva do humano não existe avanço científico e tecnológico e sim sujeição. A fim de se evitar uma contradição forçada entre direito e ciência, há que se dissolver essa falácia aproximando-se o humano do tecnológico e construir as pontes éticas, morais, históricas, sociais e jurídicas.

---

[96] Miguel Reale refletiu em todas as suas obras as relações entre ciência e direito e viu neles a complementariedade e não a dicotomia: "Vale a pena transcrever, embora longo o pronunciamento de Broglie nestes termos: "A dupla natureza corpuscular e ondulatória que tivemos de atribuir aos elementos da matéria levou-nos a pensar que uma mesma realidade se nos pode apresentar sob dois aspectos, que, a princípio, pareciam irreconciliáveis, mas que, na realidade, nunca se encontram em conflito direto. De fato, quando um desses aspectos se patenteia, o outro esvai-se exatamente na medida necessária para que uma flagrante contradição possa sempre ser evitada. [...] Qualquer que seja o valor que se deva atribuir a tais extensões do conceito de complementaridade, não resta dúvida de que esse conceito é, em si mesmo, de grande importância, e parece susceptível de abrir horizontes completamente novos à reflexão filosófica" (REALE, 2003).

Como os dados do titular morto existem independentemente de sua vida, os dados genéticos e biométricos podem ser constantemente replicados e reutilizados. A imposição da vedação da incidência da LGPD para as pesquisas acadêmicas (art. 4º, inc. II, alínea *b*), com algumas exceções, pode possibilitar que os dados genéticos e biométricos sejam utilizados para pesquisas acadêmicas indefinidamente, desde que anonimizados (art. 7º, inc. IV).

Contudo, a discussão que quer se desenvolver em relação ao sistema protetivo de dados do titular morto direcionam-se a questões práticas sobre a utilização dos dados biométricos e genéticos *post mortem*. Nesse sentido, urge trazer a história da Henrietta Lacks, que

> [...] era uma norte-americana negra que trabalhava na plantação de tabaco da família na Virgínia até se ter mudado para Baltimore, Maryland, na década de 1940. Poucos meses antes de morrer, em 1951, descobriu um caroço no colo do útero. O médico que lhe cortou também tirou pedaços de tecido para uma biópsia, sem pedir autorização.[97]

A partir da recolha do material genético de Henrietta Lacks, descobriram que as suas células possuíam características únicas e especiais, que são reproduzidas até o presente, as quais denominam células HeLa. Entre as descobertas feitas utilizando-se das células HeLa estão inúmeros remédios farmacêuticos, o diagnóstico da Síndrome de Down, experimentos com ausência de gravidade etc. Os pesquisadores e a indústria farmacêutica têm obtido muitos bilhões de dólares com as células de Henrietta Lacks.[98] Contudo, a sua família, detentores dos direitos relativos aos dados pessoais de Henrietta Lacks, não conseguem administrar, obter informações ou serem remunerados sobre as células de sua parente.

Em termos de legislação de proteção de dados, o corpo de Henrietta Lacks e seus dados genéticos foram e são utilizados sem o consentimento da falecida e de sua família. E como o caso das células HeLa é paradigmático para outras situações análogas, a questão é saber se os familiares podem requerer que as células HeLa sejam eliminadas? Podem os familiares impedirem o compartilhamento das células para outros pesquisadores? Existe interesse público sobre as células HeLa? Sobre essa questão, deve-se aprofundar se o

---

[97] Disponível em: https://www.publico.pt/2013/04/03/jornal/o-genoma-das-celulas-imortais-de-henrietta-lacks-foi-sequenciado-a-familia-nao-gostou-de-nao-ter-sido-consultada-26313713. Acesso em: 13 dez. 2019.

[98] Para quem quiser se aprofundar mais sobre Henrietta Lacks existe um livro de Rebecca Skloot, A Vida Imortal de Henrietta Lacks (2011). Esse livro deu origem a um filme de mesmo nome com Oprah Winfrey.

interesse público pode ser construído e forjado na origem ilegal, pois temos ciência dos benefícios de seu uso? Melhor, uma utilização feita sob ato jurídico ilegal, em termos de proteção de dados, pode ser convalidada ou não?

Em termos indenizatórios, numa divagação argumentativa, se pudéssemos utilizar a LGPD brasileira no caso, os familiares da Henrietta Lacks teriam direito aos frutos sobre os usos das células HeLa, em conformidade com a interpretação sistemática do sistema protetivo de dados, bem como as indenizações por danos morais e materiais advindo do ilícito (art. 42). E conforme visto anteriormente, se considerarmos uma visão privatista da titularidade dos dados do morto, utilizando-se os mesmos parâmetros que são aplicados em casos de direitos autorais, poderiam os herdeiros até impedir o uso dos dados genéticos de Henrietta Lacks, por exemplo, se fossem utilizados contra as suas crenças religiosas. Numa visão que privilegia o interesse público jamais ocorreria o impedimento, mas não poderiam ser cobrados valores sobre os usos das células HeLa.

A dúvida jurídica que permeia situações análogas a essa das células HeLa, e que seria objeto de intervenção judicial ou administrativa, é se o uso indevido e sem consentimento dos dados genéticos do titular morto são nulos *ab initio*, somente anuláveis ou até mesmo se se pode convalidar o tratamento com base num suposto interesse público *a posteriori*.

Por ser a proteção de dados um direito fundamental a ser protegido, quaisquer usos ou práticas ilegais realizadas pelos controladores sobre dados dos titulares deverão, via de regra, serem considerados nulos, podendo os familiares pedirem indenizações pelo tratamento ilícito, apresentando a sua oposição à ANPD e ao Poder Judiciário, bem como requerendo a eliminação ou o compartilhamento ou a portabilidade dos respectivos dados. Não poderão ser convalidados tratamentos de dados que ferem os princípios da proteção de dados e os direitos do titular, pois o interesse público incide no início do tratamento e não *a posteriori* pelas supostas conquistas advindas do ilícito. O endereçamento dos dados deverá atender ao interesse dos herdeiros e, se for o caso, do interesse público, caso esteja envolvido, no início do tratamento, o que vier depois é somente motivo de indenizações e multas.

Nessa fase de implantação de uma legislação protetiva de dados, inúmeras situações que nasceram anteriormente à consolidação do sistema protetivo de dados poderão ser questionadas e revistas. A falta de previsão legal para as situações de transição deverá ser definida pela ANPD ou pelo Poder Judiciário, mas não poderão ser tratadas somente pelo viés utilitarista. Devem ser desenvolvidos mecanismos para que os direitos dos titulares sejam também contemplados nas decisões e que respeitem a sua dignidade humana e seus valores éticos.

4.5.21.4 Morte e privacidade: o que fazer com os dados do titular?

A morte é uma desconexão com a vida. Impossibilita a continuidade daquela *persona* que pereceu. Amealha-se cada pedaço de uma existência e se avalia o espólio de tudo aquilo que o titular pensou, sentiu, interagiu, se emocionou, compartilhou, se doou, transmitiu ao seu redor. O *curriculum vitae* do titular emerge ao conhecimento de todos, trazendo à tona as histórias dos amigos, dos filhos, dos amores, das relações profissionais, emocionais, comerciais e sentimentais. O titular morto tem os direitos e os meios jurídicos para fazer o seu testamento afetivo[99] de si para os outros:

> De efeito, a par da curadoria de dados dos usuários da internet, com a manutenção de perfis de pessoas falecidas, a serviço da memória digital, como já tem sido exercitada (Pierre Lévy, 2006), o instituto do testamento afetivo, notadamente no plano da curadoria de memórias da afeição, apresenta-se, agora, não apenas como uma outra inovação jurídica, pelo viés tecnológico.
>
> Mais precisamente, os testamentos afetivos poderão ser o instrumento, eloquente e romântico (um novo "L'hymne à L'amour"), de pessoas, apesar de mortas, continuarem existindo pelo amor que elas possuíam e por ele também continuarem vivendo (ALVES, 2016).

E no inventário de uma vida, em virtude de uma visão mais materialista, acaba-se por olvidar daquilo que o titular queria manter escondido, sigiloso ou esquecido. Com a morte, os herdeiros assumem o patrimônio do titular, empossando-se também de seus dados onde quer que eles estejam. A LGPD,

---

[99] Cabe trazer aqui as lições de Flávio Tartuce sobre as possibilidades legais e jurídicas de um testamento afetivo de coisas digitais ou não: "Vale lembrar que o Código Civil de 2002 admite que o testamento tenha um conteúdo extrapatrimonial, pela regra constante do seu art. 1.857, § 2º ('São válidas as disposições testamentárias de caráter não patrimonial, ainda que o testador somente a elas se tenha limitado'). Procurou-se, assim, afastar críticas anteriores existentes quanto ao art. 1.626 do Código Civil de 1916, que supostamente limitava o testamento a um conteúdo patrimonial ('Considera-se testamento o ato revogável pelo qual alguém, de conformidade com a lei, dispõe, no todo ou em parte, do seu patrimônio, para depois da sua morte'). No âmbito da herança digital, fala-se em testamento em sentido amplo, sendo certo que a atribuição de destino de tais bens digitais pode ser feita por legado, por codicilo – se envolver bens de pequena monta, como é a regra –, ou até por manifestação feita perante a empresa que administra os dados".

bem como todas as legislações que enfrentam as consequências jurídicas da morte, somente resvala as possibilidades acerca dos aspectos relativos à privacidade do morto, cujos dados são transmitidos a outrem.

Como todo direito fundamental, a morte não é cessão total de direitos. O titular morto resguarda em si todos os desejos que fez em vida para depois de seu perecimento. As vontades externadas e registradas antes da morte estão atreladas aos direitos que as protegiam. Desejos estes que não podem ser extintos com o falecimento. A mudança de vivo para morto, em relação aos dados, não altera o *status quo ante* de serem direitos personalíssimos. Se o titular em vida, bloqueava o acesso de seu celular para os seus familiares e amigos, por que depois de morrer a sua vontade não será mais respeitada? O que era em vida não pode ser derrogado com a morte.

No entanto, a postura que ressignifica e desvirtua a vontade do titular morto, afastando-o de sua intimidade e privacidade, é incentivada indiretamente pela LGPD e por práticas que atribuem aos controladores e aos familiares o gerenciamento de suas informações, sem quaisquer barreiras ou impedimentos que estejam em conexão com a sua história de vida (*curriculum vitae*). Os dados podem ser descontextualizados de forma totalmente diferente da qual o titular desejaria que o fossem. Guardadas as devidas proporções, ensinamentos de Gandhi poderiam ser utilizados para justificar guerras ou destruição de seres humanos, as obras de Maria Tereza de Calcutá para justificar as desigualdades sociais, enfim, nesses casos são evidentes o descompasso entre o titular e sua vida, mas que servem de exemplos sobre como a vida de uma pessoa deve iluminar o uso dos dados após a sua morte. Os dados não podem representar ou justificar algo que é incoerente com a história de vida do titular.

Em consequência do princípio da coerência e da previsibilidade, a fim de se respeitar a dignidade humana, a morte congela mudanças e desvirtuamentos da história desenvolvida pelo titular. Por esse norte, o uso dos dados terá como finalidade os contornos definidos por meio de expectativas com aquilo que o titular viveu, como viveu e como desejaria continuar vivendo. Não pode a LGPD ou qualquer outra norma protetiva de dados abrir uma autorização para tornar transparente aquilo que jamais deveria ser.

O uso dos dados pelos herdeiros se restringirá àquilo que deve ser necessário e de legítimo interesse para uma consecução legal, o que engloba, mas não se restringe, aos dados fiscais, tributários, direitos sobre coisas móveis e imóveis etc. Aquilo que exceder os ditames legais e que se confrontam com o direito à privacidade do morto, há que se respeitar as suas orientações feitas em vida, por meio de testamento ou até mesmo declarações em redes sociais, cartas, depoimentos etc., que deverão ser seguidos por todos os herdeiros ou por quem, em nome dele, administra os seus dados. E essas orientações devem adotar critérios de coerência com os desejos, pensamentos e gostos do titular, a serem protegidos tanto pelos herdeiros quanto por qualquer um que tenha interesse na preservação da memória e da história de vida do falecido.

Cabe ressaltar ainda que os dados do titular morto possuem, em sua transversalidade, um caráter público bem definido. Em alguns casos, poderão os dados do morto ter um interesse público superior, tais como o exemplo trazido da célula HeLa. Nada impede que outros titulares questionem os herdeiros e administradores dos bens de um titular morto sobre os usos atribuídos aos dados dele. Se o critério da coerência não estiver sendo aplicado, poderão os titulares ingressarem com ações individuais ou coletivas para defender interesse difuso contra os herdeiros ou administradores do espólio, para que cessem com o desvirtuamento das intenções e vontades do titular morto.

4.6 SOBRE A VEDAÇÃO E A LIMITAÇÃO DOS DIREITOS DO TITULAR DE DADOS

As críticas pertinentes à discricionariedade e aos conceitos juridicamente indeterminados que são utilizados nas limitações do acesso à informação e aos dados do titular, já foram realizadas em outro momento do trabalho. Como a metodologia é ser mais propositiva e prática, há que se analisar amiúde, e quem sabe tentar trazer um pouco de luz, acerca dos conceitos jurídicos indeterminados que constituem e se referem a vedações e a limitações do exercício do direito do titular de dados.

Em face do tema, bem como da dificuldade de efetivá-lo, deve-se trazer uma definição sobre os conceitos de limitação e vedação de direitos na sistemática da proteção de dados, bem como traçar a importância deles no contexto social em que tudo é virtualizado ou virtualizável.

Limitar é reconhecer que existe um direito e que esse direito deve ser exercido em sua potência a qualquer tempo. Contudo, por questões de interesse público, ou melhor, pela contextualização do direito individual na perspectiva social, o direito pode ser restringido, o que não significa o seu total afastamento ou inefetividade. A limitação deve atingir o ponto exato em que os efeitos do direito individual do titular atingem a comunidade e os valores socialmente defendidos e construídos, o que envolve perspectivas históricas, econômicas, sociais e culturais. A forma como eles são moldados, limitados, é definida pelo tempo vivido, presente. Em razão da amplitude do conceito de limitação, é de difícil definição sobre as maneiras de implementá-los, principalmente no tocante sobre como estabelecer o que é interesse público, mas não somente um interesse público, mas um interesse público superior (MUSAR, 2018), que limitará o direito individual do titular de dados.[100]

Antes de se analisar quais são os critérios legais estabelecidos para se restringirem os direitos dos titulares, é imprescindível apontar a diferença entre os conceitos de limitação e de vedação ao exercício dos direitos dos titulares. A confusão entre conceitos poderá dificultar a aplicação do sistema protetivo de dados de forma coerente e em harmonia aos princípios e às garantias constitucionais. Como dito anteriormente, limitar é reconhecer a existência de um direito e restringir o seu alcance. A vedação ao tratamento de dados, que se encontra no art. 4º da LGPD, atinge o nascedouro do direito, negando-o. Não há a incidência de direitos do titular em determinadas situações restritas na lei em relação a aspectos qualitativos dos dados.

Torna-se crucial a diferenciação entre limitação e vedação, pois alguns conceitos são recorrentes em várias legislações do sistema protetivo de dados e o estabelecimento de uma hierarquia é necessária para não se gerarem demandas e questionamentos vazios de sentido, mesmo quando a opção do legislador nacional não faça sentido nas práticas da proteção de dados.

O art. 4º da LGPD determina que a lei não se aplica aos tratamentos realizados "por pessoa natural para fins exclusivamente particulares e não econômicos" (inc. I), para fins exclusivamente jornalístico e artísticos (inc. II, alínea *a*), acadêmicos, aplicando-se a hipótese dos arts. 7º e 11 (inc. II, alínea *b*), segurança pública (inc. III, alínea *a*), defesa nacional (inc. III, alínea *b*), segurança do Estado (inc. III, alínea *c*), atividades de investigação e repressão de infrações penais (inc. III, alínea *d*) e os dados que estão sendo tratados fora do território nacional "e que não sejam objeto de comunicação, uso compartilhado de dados com agentes de tratamento brasileiros ou objeto de transferência internacional de dados com outro país que não o de prove-

---

[100] Natasa Musar, que foi presidente da Autoridade de Liberdade de Acesso à Informação na Eslovênia, narra em seu doutorado algumas passagens pitorescas de pessoas na mesma posição que ela sobre como aplicar o interesse público para justificar a limitação do acesso aos dados. Ao citar o Comissário da FCC (Federal Communications Commission) dos EUA, Michael Powell, Musar conta a confissão dele: "A noite posterior ao meu juramento eu esperei a visita de um anjo do interesse público. Após 5 meses no cargo, eu ainda não tive nenhum chamado divino". Tradução livre de: "The night after I was sworn in I waited for a visit from the angel of the public interest. Five months into this job, I still have not had any divine awakening" (2018, p. 47).

niência, desde que o país de proveniência proporcione grau de proteção de dados pessoais adequados ao previsto nesta Lei" (inc. IV).

Em relação aos critérios estabelecidos pelo art. 4º, o titular não poderá questionar, com base na LGPD, os controladores sobre o tratamento de seus dados, o que não o impede de buscar, tendo em vista a transversalidade do sistema, em outras legislações os meios e as ferramentas de se implementarem os seus direitos que foram, porventura, atingidos. Em face disso, é imperioso questionar, de pronto, qual é a razão de se vedar a incidência da LGPD, e por consequência dos direitos do titular, sobre esses dados e o tratamento feito pelos controladores, se a transversalidade permite a discussão dos tratamentos por outros meios? A escolha do legislador e os critérios estabelecidos para a vedação, como forma jurídica para obstar o alcance dos direitos do titular, efetivamente, não atendem as finalidades principiológicas do sistema protetivo de dados. Muito menos afastam a rediscussão daqueles assuntos que supostamente foram protegidos pelos efeitos jurídicos da vedação.

A RGPD, em caminho oposto ao legislador brasileiro, em consonância com os princípios do sistema protetivo de dados, determinou que haverá limitação de direitos do titular de dados somente nos assuntos versados no art. 23,[101] "desde que tal limitação respeite a essência dos direitos e liberdades fundamentais e constitua uma medida necessária e proporcionada numa sociedade democrática para assegurar, designadamente". Na Europa, a limitação reconhece os direitos em vez de impedi-los, *ab initio*, de serem efetivados e exercidos. Na prática, a opção do legislador brasileiro adiciona mais elementos para a judicialização das questões relativas ao sistema protetivo de dados, sem resolver os problemas advindos das suas escolhas. Vedar a incidência dos direitos dos titulares sobre os tratamentos somente desloca

---

[101] "a) A segurança do Estado; b) A defesa; c) A segurança pública; d) A prevenção, investigação, detecção ou repressão de infrações penais, ou a execução de sanções penais, incluindo a salvaguarda e a prevenção de ameaças à segurança pública; e) Outros objetivos importantes do interesse público geral da União ou de um Estado-Membro, nomeadamente um interesse econômico ou financeiro importante da União ou de um Estado-Membro, incluindo nos domínios monetários, orçamental ou fiscal, da saúde pública e da segurança social; f) A defesa da independência judiciária e dos processos judiciais; g) A prevenção, investigação, detecção e repressão de violações da deontologia de profissões regulamentadas; h) Uma missão de controlo, de inspeção ou de regulamentação associada, ainda que ocasionalmente, ao exercício da autoridade pública, nos casos referidos nas alíneas a) a e) e g); i) A defesa do titular dos dados ou dos direitos e liberdades de outrem; j) A execução de ações cíveis". Disponível em: https://eur-lex.europa.eu/legal-content/PT/TXT/HTML/?uri=CELEX:32016R0679&from=PT#d1e3551-1-1. Acesso em: 28 nov. 2019.

a discussão, afastando a construção sistêmica e analítica inserida no sistema protetivo de dados.

Para alimentar ainda mais a polissemia no sistema protetivo de dados, o art. 23 da LAIP determina que serão passíveis de classificações restritivas ou acesso restrito as informações públicas referentes praticamente, com algumas variações, aos mesmos temas e conceitos daquilo que foi classificado como vedação de tratamento de dados na LGPD. Assim, dentro de um mesmo sistema protetivo de dados, o titular vê-se, aparentemente, em encruzilhadas conceituais que o afastam ainda mais de seus direitos.

A visão a ser alcançada é a de compreender o titular como destinatário de todos os tratamentos de dados, públicos ou privados. Diante da situação jurídica criada pelo legislador para variações sobre o mesmo assunto, acesso e tratamento de dados, em que o direito do titular é vedado pela LGPD e, por outra, obstruído ou mitigado pela LAIP, em relação ao acesso às informações, deve-se buscar uma saída para esses cenários de imensa controvérsia, a fim de que os efeitos sejam minimizados. Ao atacar a polissemia de sentidos encaminha-se a outras perspectivas, mais complementares e significativas, tanto nas práticas jurídicas quanto nas tecnológicas, que podem ressignificar os contextos que excluem os titulares de seus direitos. Há que se definir criteriosamente, a partir das legislações vigentes e da doutrina, os conceitos trazidos nas vedações e nas limitações estabelecidas, a fim de que, ao final, não seja o titular de dados obliterado e afastado de seus direitos por excesso de critérios e de conceitos, que podem se tornar antitéticos em determinados pontos.

O primeiro conceito que perpassa a LGPD e a LAIP, e recorrentemente sempre utilizado como exceção na aplicação de direitos, refere-se à vedação ou a acesso restrito a dados e a informações sobre a *segurança pública*. A segurança pública, por definição constitucional, em seu art. 144, como "dever do Estado, direito e responsabilidade de todos, é exercida para a preservação da ordem pública e da incolumidade das pessoas e do patrimônio". Para José Afonso da Silva, "segurança pública é manutenção da ordem pública interna", sendo que a "ordem pública será uma situação de pacífica convivência social, isenta de ameaça de violência ou de sublevação que tenha produzido ou que supostamente possa produzir, a curto prazo, a prática de crimes". E amplia ainda mais esse conceito para elucidar que

> [...] a segurança pública consiste numa situação de preservação ou restabelecimento dessa convivência social que permite que todos gozem de seus direitos e exerçam atividades sem perturbação de outrem, salvo no gozo e reivindicação de seus próprios direitos e defesa de seus legítimos interesses (apud LIMA et al., 2013, p. 62-63).

Portanto, a segurança pública que veda o acesso e os direitos do titular, nos limites do sistema protetivo em questão, refere-se aos dados e informações que possam causar ou gerar distúrbios no convívio social, possíveis ameaças de violência ou de sublevações com objetivo de se realizarem crimes.

Complementarmente, relacionada com as limitações do acesso à informação, o art. 23, incs. III e VIII, da LAIP, descreve, de forma mais ampliativa e exemplificativa, uma definição de segurança pública, em que é possível se restringir o acesso às informações que colocam "em risco a vida, a segurança ou a saúde da população" (inc. III) e que comprometem as "atividades de inteligência, bem como de investigação ou fiscalização em andamento, relacionadas com a prevenção ou repressão de infrações" (inc. VIII). A definição ampliativa torna-se onerosa para a sociedade em face de sua discricionariedade e largueza, sem quaisquer estabelecimentos de critérios objetivos de serem alcançados.

Outro ponto a ser analisado em relação à limitação de acesso aos dados e às informações públicas, circunscreve-se ao critério temporal. Devem ser estabelecidos critérios ainda mais específicos com relação aos dados de segurança pública que são limitados. Os dados e as informações atingidos pela exceção da segurança pública e seus desdobramentos devem ser delineados por critérios temporais bem nítidos e específicos. A limitação não pode perdurar por anos e anos, pois aí não se protegeria mais a sociedade e a paz social, mas sim as pessoas detentoras atuais do poder, o que, em muitas vezes, serve para se proteger maus feitos.

O segundo critério de vedação a ser analisado é o da *segurança de Estado*, cujos dados não estão sob incidência da LGPD. Segurança de Estado pode-se confundir com o conceito de segurança nacional, e esse com defesa nacional, que é outro conceito que veda a incidência da LGPD. A segurança de Estado é uma espécie do gênero segurança nacional[102] e refere-se a interesses políticos da nação. A segurança do Estado envolve a defesa dos ideais políticos da nação e os dados necessários para cumprir os seus objetivos. O Centro de Pesquisa e Documentação de História Contemporânea do Brasil da Fundação Getulio Vargas (FGVCPDOC), assim define segurança de Estado:

> Quando se fala em crime contra a segurança do Estado, no entanto, pretende-se punir somente as ações que se dirigem contra os interesses políticos da nação. Os crimes contra a segurança do Estado são os crimes

---

[102] "Segurança Nacional é a incolumidade do Estado, em sua independência, soberania, estrutura constitucional, funcionamento e independência dos poderes, bem como a incolumidade dos direitos políticos do cidadão" (NETTO, 1978, p. 173).

políticos. Para que possa caracterizar-se o crime político é indispensável que a ofensa aos interesses da segurança do Estado se faça com particular fim de agir. É indispensável que o agente dirija sua ação com o propósito de atingir a segurança do Estado. Nos crimes contra a segurança interna, esse fim de agir é o propósito político-subversivo. O agente deve pretender, em última análise, atingir a estrutura política do poder legalmente constituído, para substituí-lo por meios ilegais. Pode-se dizer que o fim de agir é aqui um elemento essencial do desvalor da ação neste tipo de ilícito, sem o qual verdadeiramente não se pode atingir os interesses da segurança do Estado. A existência do fim de agir é uma indefectível marca de uma legislação liberal nessa matéria. Mas pode-se também dizer que essa exigência do fim de agir está na natureza das coisas. Não há ofensa aos interesses políticos da nação, se o agente não dirige sua ação deliberadamente para atingi-los.[103]

Se o Estado tratar dados dos titulares que visam a proteger as suas decisões políticas, eles serão vedados de serem questionados com base na LGPD. Com relação à LAIP, as limitações ao acesso, que podem ser objeto de restrições, relacionadas à segurança de Estado, numa visão mais exemplificativa, o que pode até ajudar na análise das vedações, são: "oferecer elevado risco à estabilidade financeira, econômica ou monetária do País" (art. 23, inc. IV); e "pôr em risco a segurança de instituições ou de altas autoridades nacionais ou estrangeiras e seus familiares" (art. 23, inc. VII).

Um outro conceito advindo da ideia de segurança nacional é a *defesa nacional*, vedada pelo art. 4º da LGPD. De acordo com a Política de Defesa Nacional brasileira,[104] a Defesa Nacional "é o conjunto de medidas e ações do Estado, com ênfase na expressão militar, para a defesa do território, da soberania e dos interesses nacionais contra ameaças preponderantemente externas, potenciais ou manifestas". Assim, os dados relativos a ações militares não estarão sob a égide da LGPD. Mas o alerta feito anteriormente sobre o critério temporal deve ser aplicado para a análise dos dados relativos à defesa nacional. O tratamento que se dá a eles, e se estão em conformidade com a Constituição Federal, principalmente no tocante às garantias individuais dos titulares de dados, não podem ser mantidos *ad eternum*, devendo-se conter o seu prolongamento do tempo, a fim de que não se proteja a falta de transparência.

---

[103] Disponível em: http://www.fgv.br/cpdoc/acervo/dicionarios/verbete-tematico/lei-de-seguranca-nacional. Acesso em: 6 out. 2020.

[104] Disponível em: https://www.defesa.gov.br/arquivos/estado_e_defesa/END-PND_Optimized.pdf>. Acesso em: 1º dez. 2019.

Na LAIP, o acesso será classificado como sigiloso, com base no critério de defesa nacional, quando os dados e as informações põem "em risco a defesa e a soberania nacionais ou a integridade do território nacional" (art. 23, inc. I), prejudicam ou causam "risco a planos ou operações estratégicos das Forças Armadas" (art. 23, inc. V); prejudicam ou causam "risco a projetos de pesquisa e desenvolvimento científico ou tecnológico, assim como a sistemas, bens, instalações ou áreas de interesse estratégico nacional" (art. 23, inc. VI).

Será vedada a incidência da LGPD sobre os dados de *atividades de investigação e repressão de infrações penais*. Crê-se que há excesso na inserção desses tipos de dados como vedados de serem aplicados pela LGPD da forma como foram descritos. Não há justificativa razoável para que a autoridade policial não realize, dentro da sua função institucional, os procedimentos de segurança necessários para tratar os dados do titular. Além disso, o excesso da norma que veda o direito dos titulares relaciona-se ao critério temporal, pois o STF já determinou que esses dados são sigilosos durante a investigação, contudo, após o término da investigação ou de parte dela, todos os investigados podem ter acesso a esses dados.[105] A LAIP, nesse sentido, em seu art. 23, inc. VIII, atribui caráter sigiloso às investigações ou às fiscalizações em andamento e não as que se encerraram.

A LGPD também determina que os dados referentes à *atividade jornalística ou acadêmica* serão afastados de sua aplicação. A restrição está em consonância com os direitos fundamentais de liberdade de expressão e de informação, que estão intrinsecamente conectados a essas atividades profissionais. A vedação da incidência da LGPD sobre as atividades jornalísticas e acadêmicas é de suma importância para a sociedade em seu desenvolvimento econômico e social, pois, ao se manterem afastadas e protegidas dos procedimentos protetivos de dados, evitam-se as possibilidades de que elas não se realizem em sua completude. Nesse caminho, a GDPR, em seu considerando n. 153, defende a liberdade de expressão e de informação como fatores de não incidência das normas protetivas de dados:

> O direito dos Estados-Membros deverá conciliar as normas que regem a liberdade de expressão e de informação, nomeadamente jornalística, académica, artística e/ou literária com o direito à proteção de dados pessoais nos

---

[105] É o que determina a 14ª Súmula Vinculante do STF: "É direito do defensor, no interesse do representado, ter acesso amplo aos elementos de prova que, já documentados em procedimento investigatório realizado por órgão com competência de polícia judiciária, digam respeito ao exercício do direito de defesa". Sobre esse ponto já houve a discussão no Capítulo 3.

termos do presente regulamento. O tratamento de dados pessoais para fins exclusivamente jornalísticos ou para fins de expressão académica, artística ou literária deverá estar sujeito à derrogação ou isenção de determinadas disposições do presente regulamento se tal for necessário para conciliar o direito à proteção dos dados pessoais com o direito à liberdade de expressão e de informação, tal como consagrado no artigo 11º da Carta.

A incidência da LGPD também será afastada quando os dados forem manipulados por pessoas naturais para fins exclusivamente particulares e sem objetivos econômicos de auferir lucros (art. 4º, inc. I). Depreende-se da norma que se a pessoa natural, mesmo que precariamente, estiver utilizando dados pessoais do titular para comercializar produtos ou serviços, ela deverá seguir a LGPD, respondendo, dentro de suas limitações, pelos tratamentos ilícitos que houver realizado.

A última vedação da LGPD ao direito dos titulares direciona-se aos dados

> [...] provenientes de fora do território nacional e que não sejam objeto de comunicação, uso compartilhado de dados com agentes de tratamento brasileiros ou objeto de transferência internacional de dados com outro país que não o de proveniência, desde que o país de proveniência proporcione grau de proteção de dados pessoais adequado ao previsto nesta Lei (art. 4º, inc. IV).

Assim, os dados em que se afasta a incidência deverão ser aqueles tratados fora do país e não podem ser comunicados, compartilhados ou objetos de transferência para agentes brasileiros. Algumas questões práticas se impõem em relação à comprovação da comunicação e do compartilhamento, o que dificulta a análise e a implementação da lei. Por outro lado, outras dúvidas surgem em relação aos critérios utilizados para se determinar se os dados estão mesmo sob legislação e tratamento alienígena.

Contudo, se os dados forem tratados em país com legislação sem o mesmo grau de proteção da brasileira, a LGPD deverá incidir sobre o tratamento realizado. A questão prática também será problemática em relação à efetividade da norma brasileira extraterritorialmente. Quais serão os mecanismos judiciais e extrajudiciais a serem impostos às empresas que se utilizam dos dados de brasileiros, sem seguir as normas protetivas? Quais serão as sanções? E como elas serão aplicadas? As respostas não se encontram na LGPD e, talvez, nem a ANPD tenha força institucional suficiente para alterar, num futuro próximo, essa perspectiva.

A RGPD, de maneira mais clara, tem norma explícita sobre a sua competência territorial. Os controladores europeus devem seguir as normas da RGPD. Os controladores não europeus, quando o tratamento de dados envolver um europeu, pessoas naturais ou jurídicas, deverão respeitar as leis europeias e não do país em que estão sendo tratados os dados, desde que sejam direcionadas "a oferta de bens ou serviços a esses titulares de dados na União, independentemente da exigência de os titulares dos dados procederem a um pagamento" (art. 3º, n. 2, alínea *a*). A extraterritorialidade da RGPD direciona-se à nacionalidade do titular de dados e à localização física, ou seja, europeu ou não, tem de estar na Europa. Dessa forma, a extraterritorialidade alcança: os controladores não europeus que, porventura, tenham filiais, sucursais ou representações na Europa; aqueles que ofertem serviços para países da União Europeia, mesmo que não sejam europeus; e aqueles que contratem terceirizados na Europa ou manipulem dados de europeus.

Diante do quadro institucional da RGPD, os controladores, europeus ou não, poderão ser multados ou sancionados por práticas que violem as normas de proteção de dados. Um controlador brasileiro poderá ser proibido de ser contratado por empresas europeias ou de prestar serviços em território europeu, além de ser multado em percentual significativo de seu faturamento.

Os critérios de vedação ou limitação dos direitos do titular de dados serão objetos de intenso debates e lutas, judiciais e extrajudiciais. Os conceitos jurídicos indeterminados, num ambiente institucional ausente ainda de contraditórios e de padrões a serem seguidos e copiados, são alvos de incertezas e inseguranças. A construção de caminhos para suprir os vazios que estão sendo produzidos, com o foco no titular de dados, será o grande desafio das discussões que serão desenvolvidas nos próximos anos.

Capítulo 5
AS RELAÇÕES JURÍDICAS DOS TITULARES DE DADOS PESSOAIS E OS RESPONSÁVEIS PELO TRATAMENTO

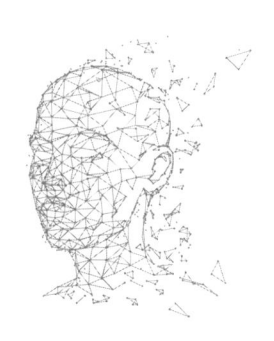

> "O direito é a relação da pessoa em seu procedimento para com o outro, o elemento universal de seu ser livre ou a determinação, limitação de sua liberdade vazia. Essa relação ou limitação, eu não tenho por minha parte de maquiná-la ou introduzi-la de fora, o próprio objeto é esse produzir do direito em geral, isto é, da relação que reconhece" (Georg Wilhelm Friedrich Hegel).

A partir dos princípios e dos direitos do titular de dados traçados no capítulo anterior, que se constituem em dever objetivo dos controladores, o escopo do estudo é analisar, dentro do atual contexto das tecnologias da informação e de comunicação, as estruturas jurídicas de relacionamento dos titulares com os controladores de seus dados: verificar a prática do consentimento, do legítimo interesse e todas hipóteses legais admitidas para se processarem e controlarem os dados, que não podem estar mais fora do âmbito traçado pelos princípios e direitos do titular, o que pode ensejar inúmeras multas, sanções e indenizações.

Na construção do relacionamento entre o titular de dados e os controladores, existem inúmeras variáveis que podem ensejar diferentes caminhos e soluções. A prática atual no tratamento é a de que o controlador é o efetivo dono dos dados do titular. Não há dever de informar sobre a forma como se tratam os dados. A transparência é praticamente inexistente, pois os termos de uso ou de privacidade são resultados de cópias de outros termos, que também nada dizem, retirados de algum lugar da internet, os quais não foram assinados, física ou digitalmente, ou sequer informados devidamente. É desconhecido o uso que se faz com os dados, quem os controla e processa e com quem são compartilhados. Os dados ficam anos e anos sendo tratados sem estarem conectados a uma finalidade ou adequação. Não raro, percebe-se que, após anos de relacionamento comercial, que não mais existe, os dados continuam registrados no sistema de controle de entrada de empresas e de governos ou em sistemas de relacionamento com o titular, que somente toma ciência disso quando o controlador de dados envia uma atualização do termo de privacidade.

Independentemente da existência das normas protetivas de dados, que se iniciaram no Código de Defesa do Consumidor até o advento recente da LGPD, evidencia-se um abismo entre o titular e quem controla os seus dados. O sistema protetivo de dados tem que oferecer ao titular não somente uma tábua de direitos, mas sim empoderá-lo de ferramentas jurídicas e tecnológicas para superar a distância que possui dos dados que lhes pertence, são-lhes referentes e os define. A sensação de despertencimento arrebata o titular. A despeito das precauções e dos cuidados que possam ter os controladores com os vazamentos de dados, o titular desprende-se das conexões com aquela informação que forneceu e com o conhecimento que produziu. Destituído do contato de si, o titular é enredado em práticas que monetizam a sua existência, lícita ou ilicitamente.

Existe uma rede complexa de atividades que se utilizam dos dados do titular para gerar lucros. Os controladores são mais valorizados pela quantidade de dados que tratam e coletam. Mesmo em situações que envolvam a obtenção ilegal de dados, como são os casos de vazamentos, os titulares são objetos de monetização, sem nada receberem por isso, que permitem aos criminosos: a abertura de contas bancárias; cadastros em inúmeros serviços públicos ou privados como se fossem do titular; uso dos dados de cartão de crédito; aplicar golpes de engenharia social em outros titulares etc.

Com base nesses cenários, analisar as relações jurídicas entre os titulares e os controladores é fundamental para o estabelecimento da legitimidade no tratamento de dados. A construção crítica da prática jurídica e tecnológica é de suma importância para o desenvolvimento da segurança de todo o sistema protetivo de dados. Para a consecução desses objetivos e da efetivação dos direitos dos titulares de dados, algumas questões deverão ser feitas: quais são as ferramentas jurídicas postas ao titular de dados? Como se construirá, processualmente, a relação entre o titular e o responsável pelo tratamento? Quais são as garantias do titular nas informações prestadas pelos controladores? O que o controlador deve entregar ao titular quando requisitado? Qual formato? Por quais meios? O enfrentamento dessas questões, que não exaurem a complexidade do tema, trarão outras indagações e mostrarão os desafios hercúleos a serem superados por todos os envolvidos no sistema de proteção de dados, principalmente o titular, que está, *a priori*, despossuído de seus dados e afastado dos meios necessários para concretizá-los.

5.1 TITULAR DE DADOS E OS CONTROLADORES: O USO DA TECNOLOGIA PARA AUTODETERMINAR A PRÓPRIA MEMÓRIA E VERDADE

No jogo de forças entre tecnologia e direito, o titular de dados não possui o controle direto sobre a sua existência digital. Por isso, repensar uma forma de se reequilibrarem as relações desiguais existentes entre o titular, os controladores, as empresas de tecnologia e o Estado é condição necessária para a efetivação do sistema protetivo de dados. O reequilíbrio passa necessariamente por uma nova formatação tecnológica da existência do titular de dados, o que reafirmará a sua autodeterminação informativa no aspecto jurídico. O titular de dados vive um distanciamento teórico e prático, que retira a sua capacidade de interceder sobre a realidade, virtual ou física, que lhe afeta. A sua existência é compartimentada e dividida em mais de um pedaço de jurídico: uma hora é usuário, outro consumidor, cliente, que nada o empodera ou lhe garante a consecução de seus direitos. É uma complexidade forjada sobre o mesmo objeto, por meio de semelhanças, que o afasta da verdade sobre si e do conhecimento que fomenta. É basicamente o mesmo alerta que Nietzsche faz a toda teoria do conhecimento no qual vive o titular: "Em rigor, o conhecer possui apenas a forma da tautologia e é *vazio*. Todo conhecimento por nós promovido consiste numa *identificação do não igual*, do semelhante, quer dizer, trata-se de algo essencialmente ilógico" (grifo do autor) (NIETZSCHE, 2008, p. 84). Ser titular de dados pessoais é uma *ilusão* jurídica e tecnológica.

A situação do cidadão ser titular de dados pessoais é a mesma que traz Walter Benjamin, ao citar Pirandelo, sobre a atuação do ator de cinema e sua relação com a tecnologia:

> *O ator de cinema sente-se exilado. Exilado não somente do palco, mas de si mesmo.* Com um obscuro mal-estar, ele sente o vazio inexplicável resultante do fato de que seu corpo perde a substância, volatiza-se, é privado de sua realidade, de sua vida, de sua voz, e até dos ruídos que ele produz ao deslocar-se, para transformar-se numa imagem muda que estremece na tela e depois desaparece em silêncio... A câmara representa com sua sombra diante do público, e ele próprio deve resignar-se a representar diante da câmara (grifos do autor) (BENJAMIN, 1994, p. 179-180).

Ao se distanciar pela tecnologia de si mesmo, o titular de dados foge da sua própria verdade como ser humano, pois distante e dissociado da tecnologia que o sujeita. Nomear alguém como titular dos dados é construir um conceito por semelhança de algo totalmente diferente do que está se querendo nomear. Ser titular de dados, atualmente, é algo bastante distante da verdade do que é ser humano.

O titular de dados deveria controlar e reter as suas informações e seus dados consigo, sem entregá-las aos controladores, públicos e privados. Nesse sentido, a partir do reconhecimento de que o digital deve ser inerente à condição humana, o titular de dados é o responsável direto pela condução de sua vida privada e pública, honra e intimidade. O gerenciamento das informações e dados, que são delegadas aos controladores de dados, instituições públicas e privadas, deveriam ser exercidas pelo titular, independentemente da faceta ou *nomen juris* que lhes atribuem. O empoderamento de sua condição humana se realizaria por meios tecnológicos que lhe garantiriam a autodeterminação e o controle do que é conhecido, obtido, recolhido e amealhado sobre si.

Sem essa constituição tecnológica de si de um sujeito digital, não pode o titular de dados ser designado como tal, pois lhe faltará a liberdade como condição humana. Na atual condição e estrutura *jus* tecnológica dos sistemas de informação e de comunicação, o cidadão é objeto de conhecimento e de modelos de negócios. Tal como um escravo que jamais será liberto de ser cativo, por ser somente fonte de um conhecimento alheio de si.

No modelo de negócios tecnológicos de início do século XXI, o titular de dados não produz a sua própria memória e sua verdade. Ele se autodetermina por esquecimentos de quem os capta e os encarcera. Nesse caminho, Hannah Arendt demonstra que tal formatação de sujeitos, inviabiliza a própria noção de liberdade:

> Onde os homens convivem, mas não constituem um organismo político – como, por exemplo, nas sociedades tribais ou na intimidade do lar –, o fator que rege suas ações e sua conduta não é a liberdade, mas as necessidades da vida e a preocupação com sua preservação. Além disso, sempre que o mundo artificial não se torna palco para ação e discurso – como ocorre com comunidades governadas despoticamente que os banem para a estreiteza dos lares, impedindo assim o ascenso de uma esfera pública – a liberdade não possui realidade concreta. Sem um âmbito público politicamente assegurado, falta à liberdade o espaço concreto onde aparecer. [...] A liberdade como fato demonstrável e a política coincidem e são relacionadas uma à outra como dois lados da mesma matéria (ARENDT, 2011, p. 194-195).

O titular de dados é continuamente afastado de sua condição humana, quando, de fato, ele deveria ser o centro de todas as informações e dados sobre si. É nele que se inicia e se encerra a existência digital de um dado ou informação, cujo controle jamais poderá fugir do tempo de sua vida, a não ser que permita o uso e a posse de suas informações por meios jurídicos e tecnológicos idôneos ou por ele efetivamente controlados.

A tentativa mais reconhecida nesse caminho da cidadania digital é a que a Estônia vem realizando na Europa. A Estônia mudou radicalmente a sua forma de pensar o governo de seus cidadãos, tornando-se mais transparente e cada vez mais digital. As eleições já ocorrem de forma digital e todos os serviços públicos são totalmente digitais e gratuitos.[1] Os estonianos prolongaram a ideia de governo digital para os estrangeiros com a plataforma e-Residency:

> A ideia do e-Residency, a residência eletrônica da Estônia, é justamente acabar com essas fronteiras para que qualquer pessoa possa se beneficiar dos serviços públicos do país inteiramente online e, por conseguinte, operar dentro do ambiente de negócios da União Europeia em qualquer lugar do mundo.[2]

As experiências estonianas são salutares e importantes para entender o conceito de cidadania digital. Contudo, elas apenas resvalaram na transformação digital que apregoam. De fato, a cidadania digital estoniana é somente uma substituição da identidade digital, em que todos os serviços públicos são unificados em um só. Não há nada além disso. Aliás, a cidadania digital, formatada dessa maneira, vai de encontro com os direitos fundamentais, tais como a privacidade, a intimidade e os sigilos de correspondência, profissionais etc.

---

[1] "O país, com 1,3 milhão de habitantes – população quase igual à de Porto Alegre –, permite que as pessoas abram uma empresa, licenciem um carro ou se matriculem em universidades pela internet. Um cartão agrega todos os tipos de documentos necessários. Informações presentes na carteira de identidade, na de motorista, no título de eleitor, no CPF, no passaporte, no histórico médico e no escolar estão conectadas em uma única plataforma digital. Os cidadãos não precisam peregrinar por vários órgãos públicos toda vez que necessitam do Estado. Tudo é feito na hora, de forma gratuita". Disponível em: https://gauchazh.clicrbs.com.br/politica/noticia/2018/06/com-governo-digital-estonia-e-exemplo-de-como-a-tecnologia-pode-ajudar-a-reduzir-a-burocracia-cjiqii7rm0fp701paro67b2yk.html. Acesso em: 14 nov. 2018.

[2] "Os benefícios para quem resolve aderir ao e-Residency são muitos: – Abrir e administrar uma empresa online – e com 'sede física' dentro da União Europeia; – Realizar transações bancárias online; – Ter acesso a provedores de pagamento internacionais; – Assinar digitalmente documentos (relatórios anuais, contratos etc.) dentro da empresa, bem como com parceiros externos; – Verificar a autenticidade de documentos assinados; – Criptografar e transmitir documentos com segurança; – Declarar impostos on-line". Disponível em: https://transformacaodigital.com/cidadania-europeia-estonia-lanca-visto-para-nomades-digitais/. Acesso em: 14 nov. 2018.

O exemplo de como somente a substituição do real para o digital não implementa os direitos fundamentais é trazido por Danilo Doneda (apud FARIAS, 2010), ao comentar sobre o Registro de Identidade Civil (RIC), que seria instituído pelo governo brasileiro no governo Luís Inácio Lula da Silva. Doneda faz considerações pertinentes sobre a tecnologia de identificação biométrica: "O *chip* pode ser um perigoso incentivo à banalização da utilização da informação biométrica. Esse tipo de identificação é severamente restringido em vários países". E não há ganho em perspectiva na adoção do modelo: "Modelos semelhantes ao cartão brasileiro já foram utilizados em outros países e tiveram desempenho insuficiente". Ao alertar sobre o problema da tecnologia biométrica, Doneda duvida dos benefícios jurídicos e tecnológicos para o cidadão digital: "O RIC retira do indivíduo grande parte dos poderes inerentes à sua identificação". Ou seja, o RIC não empodera o titular, mas o aliena de suas informações e de seus dados, os quais não poderá mais controlar.

Em fevereiro de 2022, o governo Jair Bolsonaro, por meio do Decreto 10.977, instituiu o novo modelo da Carteira de Identidade brasileira. Substituiu-se o *chip* biométrico pelo código de barras bidimensional no padrão (QR code – *quick response code*) e pela zona de leitura mecânica (*machine readable zone*). A Carteira de Identidade terá o formato físico e digital.

Contudo, nesse Decreto, não se estabelecem os padrões de segurança que serão implementados na confecção, na produção e na distribuição dessas carteiras. A falta de transparência nos mecanismos de segurança da informação, tal como determina o art. 46 da LGPD, colocam em riscos os dados fornecidos pelos titulares, que são dados pessoais sensíveis e biométricos. É de conhecimento geral no mercado de segurança da informação que os *QR code* são passíveis de muitas falhas e possibilidades de ser burlado. Em março de 2022, o aplicativo ConectSUS do governo federal, que informa sobre o quadro vacinal dos cidadãos, vem sofrendo inúmeros ataques na verificação e validação do *QR code*, o que permite aos invasores forjar a autenticidade de comprovantes.[3]

---

[3] "Além do método envolvendo funcionários de unidades de saúde, os vendedores estariam criando certificados falsos de vacina reconhecidos pelo ConecteSUS. Segundo um dos suspeitos que supostamente participa de grupos no Telegram, ainda dá para emitir documentos em PDF com *QR Code* ou código de segurança válido que pode ser lido pelo aplicativo do ConecteSUS. Esse segundo método não é novidade, porém. Desde janeiro deste ano, há relatos de pessoas conseguindo validar qualquer *QR Code* pelo ConecteSUS, devido a uma falha de segurança. Na época, o aplicativo aceitava códigos de todos os tipos, até mesmo chaves Pix. O Ministério da Saúde disse ter corrigido a falha de segurança no aplicativo em 25 de janeiro em celulares Android e

Independe da tecnologia aplicada, os mecanismos de segurança de informação têm de ser transparentes o suficiente, para que os titulares de dados possam avaliar da finalidade e da necessidade do tratamento realizado. Somente assim pode o governo federal, seja ele quem for, realizar a prestação de contas à sociedade dos objetivos que pretende alcançar com essas tecnologias e procedimentos. Da forma como estão sendo impostos determinados formatos e tecnologias, o titular cidadão fica exposto fisicamente a riscos que não possui a condição de avaliar o tamanho, a gravidade e a extensão deles.

O trilho da transformação digital do titular de dados não se implementa pela adoção acrítica dos mesmos modelos existentes ou de soluções semelhantes, em que são utilizadas tecnologias mais invasivas ou supostamente mais seguras, pois é provável que se realize mais vigilância e menos liberdade. Para ilustrar a necessidade de empoderamento do cidadão digital tome-se o exemplo simples e banal de se ingressar num prédio público ou privado. Identifica-se o indivíduo para se ingressar no prédio. Além dos dados pessoais fornecidos, imagens são registradas. Tudo isso feito de modo compulsório e baseados supostamente em interesses legítimos. Após 6 meses, ao retornar ao prédio, as informações continuam lá registradas. Qual seria a justificativa legal para manter essas informações e dados por tanto tempo? Qual é o interesse legítimo para se guardar tal informação? Se a retenção dos dados já cumpriu a sua função legal e tecnológica, por que o titular de dados não possui ferramentas para excluir os dados? Fundamentado nos princípios da proteção de dados, a retenção dos dados, legalmente, não se justifica. Então, por que não poderia o titular assumir o controle dos seus dados para retirá--los daquele banco de dados?

É somente a partir da perspectiva de total controle dos dados e das informações que há a confirmação da existência do titular. O titular de dados deve ser constituído de uma tecnologia que lhe permita dispor, reter, excluir e acessar as suas informações e dados, total ou parcialmente. Só assim poderá o titular negociar, fornecer, dispor, pelo tempo que achar necessário ou nos limites legais dos dados que são necessários para determinadas situações. Assim, o titular de dados definir-se-ia pelo absoluto controle de suas informações. Do contrário, o que não está sob o seu controle foi amealhado, retido e produzido sem o seu conhecimento. E é, portanto, ilegal.

---

no dia 26 do mesmo mês em iPhone e iPad (iOS). Sobre a venda de certificados falsos, o Metrópoles procurou a Polícia Federal, mas não obteve resposta". Disponível em: https://tecnoblog.net/noticias/2022/03/14/doses-falsas-de-vacina-com-registro-no--conectesus-sao-vendidas-via-telegram/. Acesso em: 24 mar. 2022.

Ao ser o titular de dados um indivíduo totalmente digital, ele se autodeterminará informativamente e construirá os caminhos de sua identidade. Difere do consentimento. O consentimento está fora do titular de dados. O objetivo é outro. Deve-se empoderar o cidadão de tecnologia juridicamente formatada, para que possa o cidadão ter o total controle de suas informações e de sua autodeterminação digital.

Unir o jurídico e o tecnológico no mesmo sujeito forja o titular de dados, que pode enfrentar os desafios que já estão surgindo num horizonte próximo e disruptivo, o que não eliminaria a constituição do Estado, que continuaria a garantir, a distância, o exercício efetivo da liberdade do titular. A ideia é de se constituir o indivíduo com mais direitos e não com menos. Camadas sobrepostas de direitos e de garantias seriam implementadas para abraçar a existência e constituição do sujeito digital. Sujeito esse que terá uma constituição totalmente diversa no futuro do que é concebida atualmente.

Contudo, o ideal do titular de dados em face do controlador na digitalização do sujeito ainda está distante em termos práticos. A mediação dos controladores, públicos ou privados, sobre os dados do titular são obstáculos para a constituição do titular autodeterminado em seus dados. A tecnologia, parte visível de um modelo econômico, que produz o meio de virtualização do titular não é sua ou por ele controlada. O direito estatal vigente apenas reconhece alguns direitos dos titulares, mas sem demonstrar ou apontar as maneiras de como ele deve servir de oposição, de obstáculo e de ferramenta contra a coleta maciça de seus dados. Não há meios de se autodeterminar sem o livre acesso às tecnologias, os dados e os direitos. Por isso, o direito empoderado deve colonizar as práticas tecnológicas dos controladores e elevar o titular como centro de todo e qualquer tratamento de dados.

5.2 TITULAR DE DADOS E OS CONTROLADORES: UM NOVO PROCESSO DE EFETIVAÇÃO DE DIREITOS PELA CONSTRUÇÃO DE PLURALISMOS JURÍDICOS

Na concepção atual das tecnologias de informação e de comunicação, o direito estatal perde totalmente a efetividade. O monopólio da violência e do direito pelo Estado não funciona nessa configuração de vida digital com *big data*, internet das coisas e de inteligência artificial. Vazaram dados de um milhão de pessoas: quem será preso? Como mensurar o tamanho dos danos? Quem sofreu? Qual patrimônio foi atingido? Nada disso pode ser mensurado nem mesmo por decisões automatizadas. O Estado não se aproxima do titular de dados colocando mais tecnologias entre eles. A inteligência artificial não pode julgar milhares de casos iguais e solucionar a miríade de problemas humanos.⁴ Existem experimentos ao redor do mundo sobre a utilização da inteligência artificial como meio de se solucionar questões humanas e a maioria das respostas obtidas são preocupantes. As decisões automatizadas reforçam discriminações e preconceitos contra os mesmos grupos que são excluídos social e digitalmente,⁵ os quais deveriam ser protegidos.

Problemas humanos a serem julgados por não humanos será o futuro do direito processual e a solução para questões de celeridade e efetividade? Para responder a essas perguntas, a título de exemplo, citamos dois casos que poderão apontar o futuro da inteligência artificial como meio auxiliar de tomada de decisões judiciais: um brasileiro com o Projeto de Lei no Senado (PLS 5.051/2019); e outro europeu com o lançamento de um documento emitido pelas Comissões do Parlamento Europeu, do Conselho Europeu e do Comitê Econômico e Social Europeu das Regiões.

O PLS do Senado brasileiro enfrenta a questão do caráter decisório dos julgados, baseados em máquinas com sistemas de inteligência artificial, e determina no seu art. 4º, *caput*, que os "sistemas decisórios baseados em Inteligência Artificial serão, sempre, auxiliares à tomada de decisão hu-

---

4   O Poder Judiciário brasileiro está construindo inúmeras soluções baseadas em inteligência artificial para acelerar o procedimento judicial. O CNJ apontou em seu relatório mensal soluções desenvolvidas baseadas em inteligência artificial realizadas pelos Tribunais (Disponível em: https://www.cnj.jus.br/judiciario-ganha-agilidade--com-uso-de-inteligencia-artificial/. Acesso em: 4 dez. 2019). O próprio CNJ tem o seu próprio sistema de inteligência artificial: Disponível em: https://valor.globo.com/noticia/2019/03/18/cnj-implanta-centro-de-inteligencia-artificial.ghtml. Acesso em: 4 dez. 2019. No entanto, a informatização processual foi impingida de cima para baixo sob os mesmos argumentos, sem ao menos avaliar as consequências de suas escolhas tecnológicas, mas a desculpa sempre foi mais forte: a celeridade do processo. Contudo, efetivamente, não houver ganhos efetivos em celeridade, em qualidade das decisões nem do acesso de todos os envolvidos na prestação jurisdicional. As mesmas práticas estão sendo construídas com a inteligência artificial e os ganhos não serão vistos ou conquistados.

5   "O COMPAS é um algoritmo amplamente usado nos EUA para orientar a sentença de condenados com base na previsão da probabilidade de uma reincidência criminal. Naquele que talvez seja o caso mais notório de preconceito da inteligência artificial, em maio de 2016, a organização de notícias ProPublica descobriu que o COMPAS é racialmente tendencioso. De acordo com a análise, o sistema prevê que os réus negros representam um risco maior de reincidência do que eles de fato praticam, acontecendo exatamente o inverso para os réus brancos. Equivant, a empresa que desenvolveu o *software*, contesta isso". Disponível em: https://www.diariodasaude.com.br/news.php?article=inteligencia-artificial-mostra-preconceitos-veja-5-exemplos&id=12734. Acesso em: 4 dez. 2019.

mana". O mesmo projeto define quem será o responsável pelo sistema ou seu supervisor, quem arcará com as sanções e as penas a serem aplicadas por mau uso.

No caso europeu, as comissões referidas criaram um documento chamado Construindo Confiança na Inteligência Artificial Centrada no Ser Humano (*Building Trust in Human Centric Artificial Intelligence*) (2019). O documento aponta as diretrizes que deverão ser seguidas por todos os Estados-membros acerca da implementação de processos decisórios baseados em sistemas de inteligência artificial. São sete pontos cruciais requeridos para qualquer sistema baseado em inteligência artificial: supervisão humana; robustez e segurança técnica, privacidade e governança de dados; transparência; diversidade, não discriminação e equidade; bem-estar social e ambiental; prestação de contas. As abordagens trazidas no documento apontam os caminhos que afastarão as possibilidades de total distanciamento do titular de seus dados, dos seus direitos e da relação deles com o mundo em que vive, mas não elucidam a complexidade das relações existentes na sociedade digitalizada.

Aí, por conta das abordagens jurídicas ainda incipientes sobre os sistemas de inteligência artificial, surgem novas indagações: quem será o responsável por sentenças julgadas fora e além do pedido? O juiz será o supervisor ou o presidente do tribunal que implantou o sistema? Um *drone* matou alguém: quem é o responsável? O fabricante do *drone*, da arma ou quem manipulou a distância? Em face disso, reconhece-se que a violência, o monopólio da força e do direito do Estado não solucionam os conflitos plúrimos existentes nesses parcos exemplos trazidos. Não há reparação quando as perdas não são contabilizadas, estão distantes de seus titulares e geralmente mediadas por sistemas e algoritmos que são indecifráveis, a não ser por quem os programou e tem acesso ao código fonte.

Por não ser mais o efetivo controlador de dados e dos arquivos memória dos titulares, o Estado não consegue se impor ou controlar comportamentos de forma consistente ou imediata. O direito estatal torna-se uma ficção distante perante o surgimento de atores humanos e inumanos diversos, não classificáveis, não alcançáveis.

Em face da ineficiência estatal programada, o titular de dados não é só um dominado por tecnologias de informação e de comunicação complexas e altamente inacessíveis, um grande segredo que jamais entenderá, mas por todas as malhas infindáveis de direitos e de deveres que lhe são alheios e não empoderados. A que modelo recorrerá o cidadão titular no caos que produz o esquecimento de si mesmo? É no direito que se deve enxergar a saída, mas não no seu modelo legal, de regras, normas e uniformização de comportamentos, pois é um modelo que vem demonstrando esgotamento e insuficiência com os desafios móveis e granulares das tecnologias.

O reconhecimento da insuficiência da forma da lei deve orientar a construção de saídas para o labirinto que se tornou a aplicação de normas protetivas de dados. Num processo de revisão de como funciona o sistema, buscando ser mais propositivo, devem-se retomar os princípios estruturais de como são constituídos os direitos e a necessidade histórica daqueles que são os verdadeiros titulares deles. O direito novo, instituído com os serviços de internet, impõe uma análise diferenciada, não estatal, dos fenômenos.

Entender os pluralismos jurídicos existentes ao lado e fora do direito estatal torna-se necessário para se construírem soluções. A produção de discursos jurídicos que estão sendo feitos por meio de códigos de sistemas e de termos de uso não pode ser ignorada ou colocada em compasso de espera de um discurso estatal homogeneizador e normalizador. A complexidade deve ser absorvida e apreendida, a fim de se moldar uma participação mais efetiva e plurissignificativa por parte do cidadão titular. Nesse sentido, Stefano Rodotá caminha no enfrentamento da ideia de centralismo jurídico:

> Assim, a lei não é mais vista como um instrumento rígido, e sim flexível; sua concreta atuação impõe um trabalho de adaptação atribuído a outros sujeitos, que não o legislador. Dessa inovação na técnica legislativa decorre, portanto, o aumento do número de sujeitos que podem intervir para a proteção da privacidade. Mais: considerando o processo regulador em seu conjunto, análises esquematizadoras puseram em evidência as relações entre sujeitos, regras e sanções, em uma perspectiva que recusa o "centralismo jurídico" (RODOTÁ, 2008, p. 136).

O percurso metodológico do direito novo passará pela sistemática fornecida por Boaventura de Sousa Santos e o estudo que se desenvolveu em O Direito dos Oprimidos (2015). A ideia não é ir atrás das mesmas respostas, mas entender como em ambientes de ausência de Estado, como são estruturadas soluções em que a força e a violência não resolvem os problemas e não constroem caminhos de implementação de direitos.

Santos passou o começo dos anos 1970 estudando o direito criado e existente na favela do Jacarezinho, da cidade do Rio de Janeiro, o qual chamou de Pasárgada, em homenagem a um poema de Manuel Bandeira. É patente até os dias de hoje que a favela é um local onde há ausência efetiva de Estado e de suas instituições. Na ausência de Estado, programada ou não, surgem atores que reivindicam a posição na fixação e na construção de um discurso jurídico e de regras de convivência. No estudo apresentado por Santos, percebe-se que não há presença de milícias ou de traficantes, forças atualmente presentes e que institucionalizaram a sua força nos discursos jurídicos e nos processos decisórios dos habitantes das favelas. Em razão desse recorte metodológico, para este estudo, as conclusões são relevantes para as condições que pretendo enxergar no direito novo existente no meio ambiente das tecnologias de informação e de comunicação e dos dados pessoais dos titulares.

Ao chamar de direito de Pasárgada, Santos justificou a existência de um discurso jurídico e que possui espaços retóricos mais amplos e efetivos que o direito estatal. Por meio de 7 categorias, Boaventura Sousa Santos compara os dois modelos a partir de: recursos tópico retóricos; modelo decisório; autonomia relativa do pensamento jurídico; constituição do universo processual; formalização da interação; linguagem de referência; e divisão do trabalho jurídico.

Os *recursos tópicos retóricos* referem-se aos discursos jurídicos que fazem "um grande uso de *topoi* e, simultaneamente, um escasso uso de leis". O *modelo decisório* é "mediação *versus* adjudicação. O direito de Pasárgada assenta no modelo de mediação que, ao contrário do modelo de adjudicação, está expressamente orientado para a contabilização plena dos méritos relativos das posições no litígio e que, por essa via, maximiza o potencial de persuasão do discurso e o consequente potencial de adesão à decisão". A *autonomia relativa do pensamento jurídico* no direito de Pasárgada, ao ser fortemente influenciado pelo recurso tópico retórico, é "um discurso jurídico não legalístico e, por isto, o pensamento jurídico que projecta é um pensamento essencialmente quotidiano e comum". A *constituição do universo processual*, que é altamente reversível no direito de Pasárgada, "não exige a fixação à partida da distância (a respeitar) entre o objecto real e o objecto processado do litígio". *Formalização da interacção*, que é muito mais informal que o direito estatal, "sendo muito pouco rígidas as distinções entre forma e conteúdo ou entre processo e substância". A *linguagem de referência*, como discurso jurídico em Pasárgada, é sempre "vertido em linguagem comum e os elementos tecnológicos que por vezes inclui são sempre uma tecnologia leve que propicia uma melhor apropriação da realidade sem para isso ter de expropriar competências linguísticas". E, por fim, a *divisão do trabalho jurídico* é de baixa especialização e não profissionalização do juiz e algumas confusões das posições das partes na estrutura do julgamento, o que acabam por gerar "transgressões que permitem dramatizar a legitimação da estrutura, a qual, na ausência de recursos institucionais ou coercitivos, não pode ser imposta rígida e mecanicamente" (SANTOS, 2015, p. 33-36).

Não há como se comparar este estudo com o direito de Pasárgada, mas pensar uma estruturação sistemática do discurso jurídico e consequências dele são necessárias para se construir uma formatação do que seria, a partir daí, o direito novo, que engloba proteção de dados pessoais, segurança da informação e *compliance*.[6] O direito de Pasárgada aponta alguns caminhos que são interessantes, relacionais ao direito novo e que podem ser úteis na aproximação efetiva da proteção de dados junto ao direito estatal.

Os *recursos tópicos retóricos* utilizados são os mesmos. Existem poucas leis no desenvolvimento dos códigos dos serviços de internet. Geralmente, os serviços desenvolvidos por meio de tecnologias de informação e de comunicação são disruptivos e enfrentam uma série de regulamentações, que os colocam em posição mais privilegiada economicamente dos que estão estabelecidos no mercado e arcaram com os custos das normativas estatais existentes. Exemplo ilustrativo dessa perspectiva é o do transporte de pessoas feitos por não profissionais, promovido por aplicativos como o Uber e a 99. Até alguns anos atrás, eles não seguiam completamente a regulamentação da lei dos transportes e de trânsito[7] e reinventaram um mercado dominado por cooperativas de táxis e pequenos transportadores clandestinos.[8] Aliás, todos os serviços de grandes empresas de internet que dominam o mercado são desenvolvidos, necessariamente, ignorando a lei existente. A lógica é outra:

> Estamos no fim de uma era que tem se concentrado quase exclusivamente na inovação de produtos e serviços, e estamos no início de uma nova era que se concentra em "modelos de negócios de comportamento". Estes mo-

---

[6] "*Comply*, em inglês, significa 'agir em sintonia com as regras', o que já explica um pouquinho do termo. *Compliance*, em termos didáticos, significa estar absolutamente em linha com normas, controles internos e externos, além de todas as políticas e diretrizes estabelecidas para o seu negócio. É a atividade de assegurar que a empresa está cumprindo à risca todas as imposições dos órgãos de regulamentação, dentro de todos os padrões exigidos de seu segmento. E isso vale para as esferas trabalhista, fiscal, contábil, financeira, ambiental, jurídica, previdenciária, ética etc.". Disponível em: https://endeavor.org.br/pessoas/compliance/. Acesso em: 11 nov. 2018.

[7] "Art. 231. Transitar com o veículo: [...] VIII – efetuando transporte remunerado de pessoas ou bens, quando não for licenciado para esse fim, salvo casos de força maior ou com permissão da autoridade competente: Infração – média; Penalidade – multa; Medida administrativa – retenção do veículo."

[8] Nas grandes cidades, a fiscalização sobre esses serviços aumentou consideravelmente. Na cidade de São Paulo, esse serviço é realizado pelo Departamento de Transporte Público (DTP). Contudo, em cidades menores a fiscalização é bem menos rígida. O que se deve ressaltar é que esse processo de fiscalização e incorporação dessas empresas disruptivas demora a se concluir. São processos que demandam o atendimento de demandas sociais, econômicas e financeiras complexas e extensas. A negociação para a legalização dessas atividades constrói-se lentamente com seus retrocessos e avanços.

delos vão além do questionamento de como podemos fazer o que fazemos melhor e mais barato, pois eles questionam também como podemos fazer o que fazemos mais rápido, com mais qualidade e criando experiências de fato significativas e impactantes[9] (SANTIAGO et al., 2015).

O *modelo decisório* do direito novo dos dados não é o da adjudicação do direito estatal. O poder estatal não alcança a construção e o desenvolvimento dos modelos de negócios e, quando eles alçam um patamar gigante, não há como impor quaisquer sanções ou criminalizações sem atingir um custo socioeconômico alto, o que mediatiza o poder estatal. São ilustrativos os casos do Uber e do WhatsApp. Não há possibilidade de simplesmente fechá-los ou suspendê-los, em face da dependência financeira e até mesmo emocional de muitas pessoas que os utilizam diariamente. O direito estatal da proteção de dados sempre estará em situação de não efetividade. O direito novo poderia ser o da mediação entre empresas, Estado e titulares de dados, a fim de que haja uma forma mais efetiva de construir modelos jurídicos e tecnológicos sustentáveis para todos. Mas não o é. Quem possui o código fonte do sistema utiliza-se de um sistema próprio que é híbrido (novo e estatal), dependendo dos seus interesses financeiros sobre aqueles dados. Se houver interesse, media-se. Se não, excluem-se os dados de quem traz prejuízos ao modelo de negócios.

O direito novo dos dados possui uma *autonomia relativa do pensamento jurídico* que é baseada na lógica dos códigos e da tecnologia. É um discurso jurídico que se desenvolveu por meio dos antigos termos de uso e que agora enveredou-se para políticas de segurança de informação, dados pessoais e de privacidade. É um discurso próprio, altamente tecnicista e inalcançável aos titulares.

A *constituição do universo processual* do direito novo dos dados está inserto nos seus termos de uso e políticas de segurança de informação, sem

---

[9] E continuam: "Quando a Apple criou o iTunes, ela não criou, simplesmente, um serviço mais rápido, mais barato e mais eficiente para a distribuição de músicas. Ela alterou a própria natureza da relação entre a música e as pessoas. O eBay não criou uma plataforma de leilões, mas sim mudou a forma como olhamos para a experiência de compras e como a própria comunidade consumidora desempenha um papel importante nesse movimento. O Google não inventou o primeiro sistema de busca na internet, mas o seu mecanismo mudou a forma como interagimos virtualmente e possibilitou que comportamentos fossem rastreados e analisados, permitindo que os anunciantes identifiquem com precisão cirúrgica o seu público-alvo e personalizem o seu conteúdo publicitário de uma forma que era inconcebível antes" (SANTIAGO et al., 2015).

quaisquer opções de interferência pelos titulares de dados. São procedimentos que se estabelecem por necessidades tecnológicas, comerciais e financeiras, mas não jurídicas. Mesmo aquelas que são impostas pelo direito da proteção de dados, por exemplo, a exclusão total dos dados, não há nada que garanta que tal regra seja cumprida, pois existem regras no modelo de negócios que os impedem de excluir totalmente de seus sistemas. Dados são dinheiro e poder para os controladores, públicos e privados. Cabe ainda lembrar que não há respeito aos procedimentos instituídos por direitos fundamentais (devido processo legal, ampla defesa e contraditório, por exemplo). A decisão é sempre unilateral e é baseada nos seus termos de uso e políticas de segurança.

A *formalização da interação* é realizada pelos códigos-fonte dos sistemas. O titular de dados só tem acesso aquilo que lhe é apresentado pelo sistema, o que não quer dizer que seja o que de fato está ocorrendo efetivamente nas linhas dos códigos-fonte.

A *linguagem de referência* é totalmente dissonante do discurso jurídico estatal, o qual tenta apreendê-la. É uma linguagem altamente especializada e técnica. Quando se utiliza de linguagem jurídica é para subvertê-la em prol do modelo de negócio adotado, que, via de regra, não persegue uma intenção legal. Titular de dados torna-se meramente um usuário e seus direitos são regulados pelo código dos sistemas.

A *divisão do trabalho jurídico* é praticamente ignorada, sendo contratados, via de regra, mas não sempre, profissionais do direito para fazerem termos de uso ou política de segurança de informação, as quais, geralmente, não possuem aderência com as tecnologias e processos aplicados aos sistemas. Aos titulares que não respeitam os termos e políticas, sem quaisquer procedimentos de devido processo legal, contraditório ou ampla defesa, cabe à exclusão sumária por aquele perfil criado. A coerção e a força estão nos controladores que dominam os sistemas e suas regras de funcionamento e não no direito estatal, que dificilmente consegue reverter as decisões implementadas, podendo, no máximo, aplicar sanções de ordem pecuniária, que são baixas e não possuem nem caráter punitivo nem educativo.

A partir dessas análises, confirma-se a existência de um direito novo que está fora do direito estatal da proteção de dados e que o influencia e determina comportamentos a todos que estão inseridos neles, com ou sem consentimento. O direito novo é dos controladores de dados. É um direito tecnológico e jurídico, com requisitos técnicos e específicos, geralmente inalcançáveis pelos titulares e reguladores. As fontes e as origens dos dados não são verificáveis, nem o compartilhamento nem a utilização além do que foi requisitado.

Diante disso, percebe-se que, tecnológica e juridicamente, o titular de dados continua alheio no processo em que é somente fonte de energia, informação e de obtenção de dados, mas não se autodetermina delas. Há um desequilíbrio de forças entre os que possuem efetivamente os dados, os controladores, com os que deveriam regulá-los, mas não conseguem, o Estado e os titulares, que estão destituídos de empoderamento nesse processo. A saída está direcionada para uma reação do titular dentro da perspectiva do direito novo, atualmente privilégio dos controladores.

5.3 TITULAR DE DADOS E A CADEIA DE CONSENTIMENTOS E LEGÍTIMOS INTERESSES (CCLI)

O embate do direito novo será travado entre o titular e os controladores na esfera tecnológica lá onde os dados são coletados, manipulados, gerenciados, compartilhados e eliminados. O titular de dados não será mais um agente passivo da sua própria existência, muito menos um eterno paciente da atuação estatal.

A solução não se encontra nos conceitos desenvolvidos de *privacy by design* (privacidade pelo desenho do produto ou serviço) ou *privacy by default* (privacidade por padrão), em que os controladores de dados deveriam, numa perspectiva do titular, aplicar os seus direitos fundamentais à privacidade, à honra, à dignidade humana etc. A perspectiva deveria ser direcionada para o próprio titular, por meio de sistemas de controle e de acesso, tecnológicos e jurídicos, que pautariam os controladores, públicos ou privados, sobre os consentimentos, as oposições e os questionamentos aos legítimos interesses atribuídos a determinados tratamentos.

Da forma como é feito atualmente, em face da capilaridade dos controladores, o titular não tem condições físicas, mentais e cognitivas para entender com quantas pessoas e empresas se relaciona, como distribuem os seus dados, quem os trata, como os trata, para quem os compartilha, enfim, não há nada que facilite a hipossuficiência jurídica e tecnológica do titular. A granularidade do sistema protetivo de dados também proporciona o distanciamento do titular de seus dados e de quem os controla.

Apesar de o titular, teoricamente, ser o protagonista de todo o tratamento de dados, na prática, ele é esquecido de sua condição jurídica e tecnológica, tornando-se um mero espectador dos dados que produz. Para se afastar dessas práticas que escondem o titular de seus dados, o que não é evitado pelas leis de proteção de dados, deve-se criar uma cadeia de consentimento e legítimo interesse (CCLI) que construa procedimentos significativos de legitimidade para o tratamento de dados. Uma cadeia forjada de procedimentos jurídicos e tecnológicos que trariam ao titular o livre acesso e a transparência, que atualmente são determinados pelos controladores de dados.

A CCLI reuniria todos os consentimentos do titular, quem estaria tratando os dados, quais dados, quem os compartilhou, em que base legal, as oposições e os pedidos de retirada, o prazo de tratamento, uma possível remuneração a ser paga pelo uso temporário dos dados etc. O titular de dados poderia atribuir a exclusividade jurídica a uma determinada CCLI, tornando ilegal quaisquer outros tratamentos realizados, na base de consentimento, e que não estejam sendo realizados nessa cadeia específica. A exclusividade não é condição *sine qua non* para o funcionamento da CCLI. O titular poderia atribuir a várias CCLI a autorização para gerenciar seus dados e que, somente por meio delas, seriam iniciados ou finalizados os tratamentos de seus dados.

Logicamente, os controladores podem manter seus tratamentos em legítimo interesse fora de uma determinada CCLI. Contudo, o custo de se manter o tratamento em apartado de uma CCLI aprovada pelo titular, seria muito alto em termos financeiros e jurídicos. A reunião de controladores e titulares num mesmo sistema CCLI incentivaria melhores práticas de todos envolvidos no tratamento, traria uma fiscalização mais eficiente por parte da ANPD e desenvolveria o sistema protetivo de dados mais adequado a toda sociedade.

A CCLI e todos os sistemas inerentes ao seu desenvolvimento devem ser criados e desenvolvidos por entidades de defesa dos titulares ou autoridades administrativas independentes ou agências reguladoras próprias para isso. Os sistemas devem ser auditáveis e abertos a todos os controladores e titulares de dados. Assim, nessa formatação, a CCLI facilitaria também a ANPD em suas atividades reguladora e fiscalizatória, pois diminuiriam as possibilidades de investigação e acelerar-se-iam as tomadas de decisões sobre tratamento de dados, lícitos ou não. Todo o ecossistema da proteção de dados seria impulsionado pela adoção da CCLI e seus procedimentos de concessão ou de retirada de consentimentos e de justificativas de legítimo interesse de uso dos dados dos titulares.

5.4 CARÁTER VINCULATIVO AOS DIREITOS DOS TITULARES DOS RELATÓRIOS DE IMPACTO À PROTEÇÃO DE DADOS PESSOAIS E DOS PLANOS DE RESPOSTA A INCIDENTES DE SEGURANÇA

O Relatório de Impacto à Proteção de Dados Pessoais (RIPDP) está previsto no art. 5º, inc. XVII, da LGPD, e tem como função apresentar uma "documentação do controlador que contém a descrição dos processos de tratamento de dados pessoais que podem gerar riscos às liberdades civis e aos direitos fundamentais, bem como medidas, salvaguardas e mecanismos de mitigação de risco".

Com base no relatório, o titular pode verificar a adequação e lisura do tratamento de dados realizados pelo controlador. O RIPDP aproxima o controlador e suas práticas aos direitos do titular, que pode questionar as escolhas feitas e acompanhar se estão sendo desenvolvidos os melhores procedimentos para aquele tipo de tratamento, utilizadas as tecnologias mais adequadas e os treinamentos mais corretos. Se o RIPDP estiver em dissonância com os termos de consentimento, do legítimo interesse e de seus direitos constitucionais, o controlador estará realizando tratamento de forma ilícita, o que enseja ao titular o direito de peticionar à ANPD ou ao Poder Judiciário, para que o tratamento seja corrigido e adequado aos termos assinados e com o sistema protetivo de dados.

Independentemente do direito de petição do titular, pois é seu direito ter livre acesso a todas as informações necessárias sobre os seus dados, pode a ANPD solicitar ao controlador que apresente o seu relatório, caso fundamente o tratamento apenas no interesse legítimo (art. 10, § 3º, da LGPD), no que constitui um dos requisitos para esse tipo de processamento de dados. Aliás, numa análise sistemática, amplia-se o entendimento para o tratamento de dados baseado no consentimento também, pois a emissão do RIPDP pelos controladores está refletida no dever objetivo inserto no art. 38, *caput*, da LGPD em que: "poderá determinar ao controlador que elabore relatório de impacto à proteção de dados pessoais, inclusive de dados sensíveis, referente a suas operações de tratamento de dados". Deve-se ressaltar também que os controladores agentes do Poder Público deverão possuir um RIPDP, tal como impõe o art. 32 da LGPD.

O RIPDP está para o termo de consentimento ou o termo que fixa o legítimo interesse tal como uma oferta para o consumidor, nos moldes do art. 30 do CDC,[10] constituindo-se como parte do contrato moderno de uma sociedade de massas.[11] O RIPDP é mais um passo na evolução da teoria

---

[10] "Toda informação ou publicidade, suficientemente precisa, veiculada por qualquer forma ou meio de comunicação com relação a produtos e serviços oferecidos ou apresentados, obriga o fornecedor que a fizer veicular ou dela se utilizar e integra o contrato que vier a ser celebrado."

[11] Newton De Lucca, citando Antonio Herman Vasconcelos e Benjamin, assinala a contribuição da oferta para a teoria moderna do contrato: "Não se deve interpretar o vocábulo oferta utilizado pelo Código de Defesa do Consumidor em seu sentido clássico. O fenômeno é visto pelo prisma da realidade massificada da sociedade de

contratual moderna. O relatório não é somente um programa meramente educativo, como se fosse uma liberalidade do controlador. Não é essa postura da LGPD ao tratar do RIPDP no parágrafo único do art. 38:

> Observado o disposto no *caput* deste artigo, o relatório deverá conter, no mínimo, a descrição dos tipos de dados coletados, a metodologia utilizada para a coleta e para a garantia da segurança das informações e a análise do controlador com relação a medidas, salvaguardas e mecanismos de mitigação de risco adotados.

O desejo do legislador expresso no art. 38 da LGPD direciona ao controlador a obrigação de expor no relatório as suas práticas, tecnologias, métodos e técnicas que aplicará ao tratamento de dados, vinculando as expectativas do titular, que pauta a sua confiança nos procedimentos ali descritos, e a ANPD que, por meio dele, investigará e verificará as condições práticas desenvolvidas pelo controlador ao implementar os seus serviços. A despeito da linguagem condicional dos verbos utilizados "poderá" e "deverá", o RIPDP é mais do que um sistema de governança de dados, é um documento que vincula todos os envolvidos na cadeia de proteção de dados.

Na RGPD é ainda mais explícita a vinculação jurídica entre o controlador e seu RIPDP com os titulares e a autoridade nacional de proteção de dados. Se o tratamento de dados resultar num grande risco para o titular, deverá o controlador fazer uma consulta prévia à autoridade de proteção de dados, a fim de saber se pode iniciar o processamento em questão (art. 36.1. da RGPD) e para os titulares (art. 35.9 da RGPD). A partir disso, pode todo o sistema de proteção de dados entender os objetivos do controlador e como busca desenvolver as finalidades a que se propôs no início do tratamento. Afinal, quando expõe a possibilidade de uma consulta prévia, a RGPD impõe ao controlador um dever objetivo de ser diligente em sua análise do tratamento que realizará, em face da importância e dos riscos envolvidos no tratamento em questão.

Interligado com o RIPDP, está o Plano de Resposta a Incidentes de Segurança (PRIS). No relatório de impacto, os controladores avaliam os

---

consumo em que as ofertas não mais individualizadas e cristalinas. Oferta, em tal acepção, é sinônimo de *marketing*, significando os métodos, técnicas e instrumentos que aproximam o consumidor dos produtos e serviços colocados a sua disposição nos mercados pelos fornecedores. Qualquer uma dessas técnicas, desde que suficientemente precisa, pode transformar-se em veículo eficiente de oferta vinculante. *Aí reside uma das maiores contribuições do direito do consumidor à reforma da teoria clássica da formação dos contratos"* (grifos do autor) (DE LUCCA, 2003, p. 160).

riscos que estão envolvidos no tratamento de dados dos titulares, os quais devem apresentar também a ANPD. Aprovado o RIPDP, ele pautará as ações dos controladores no uso dos dados e vinculará a todos sobre as expectativas esperadas no desenvolvimento das atividades. Se, na melhor aplicação do plano, ainda assim, existirem riscos no tratamento dos dados, principalmente no tocante aos vazamentos deles, deve o controlador possuir sempre uma extensão ao RIPDP, que é o plano de resposta a incidentes de segurança (PRIS).

A LGPD no art. 50, § 2º, alíneas *g* e *h*, prevê a necessidade, como boa prática de governança de dados e boa segurança, do PRIS. Não só a existência do plano, mas também que ele "seja atualizado constantemente com base em informações obtidas a partir de monitoramento contínuo e avaliações periódicas" (art. 50, § 2º, alínea *h*). Em caso de algum incidente de segurança, o controlador deverá informar a ANPD e aos titulares, com a maior brevidade possível, acerca do relato sobre o que se passou e quais as medidas que serão estabelecidas ali por diante, em conformidade ao PRIS. É o que determina o art. 48 da LGPD. As medidas previstas no § 1º do art. 48 serão apresentadas a ANPD, mas elas já devem ter sido realizadas antes do incidente, a fim de que a resposta aos problemas sejam as mais breves possíveis. A falta de um PRIS por parte do controlador é uma falha grave no seu dever objetivo de prover segurança de informação ao tratar os dados dos titulares. De igual modo, a ISO 27701, norma específica de privacidade, que amplia as ISO 27001 e ISO 27002, determina que o controlador deve possuir o plano de resposta a incidentes de segurança:

> Como parte do processo de gestão de incidentes de segurança da informação global, convém que a organização estabeleça responsabilidades e procedimentos para a identificação e registro de violações de dados pessoais. Adicionalmente, convém que a organização estabeleça responsabilidades e procedimentos relativos à notificação para as partes envolvidas nas violações de dados pessoais (incluindo o tempo de tais notificações) e à divulgação para as autoridades, levando em conta a regulamentação e/ou legislação aplicadas.

Portanto, o controlador está vinculado legalmente à ANPD e ao titular por ter que, não só possuir o PRIS, mas divulgá-lo como extensão de suas práticas de segurança de informação. Se não realizar os procedimentos na forma estabelecida tanto pela LGPD como pelas ISO 27001, ISO 27002 e ISO 27701, tal como previsto no art. 39, inc. VIII, do CDC, estará o controlador, ao processar os dados, colocando em risco a integridade dos direitos dos titulares, bem como fora da licitude, podendo arcar com as indenizações e as multas que possam advir da sua desídia para com as normas técnicas para o tratamento.

5.5 DO TÉRMINO DO TRATAMENTO DOS DADOS DO TITULAR PELO CONTROLADOR

Fato comum na vida do titular de dados é receber de um controlador, cujo serviço há anos não acessa, a informação sobre as alterações no termo de privacidade em seu *e-mail*: "Nossas configurações de privacidade foram atualizadas". E algumas perguntas ressoam na mente do titular: "Ainda tenho relações com essa empresa? Por que os meus dados ainda estão lá, já que faz anos que eu não entro naquele *site*?". As relações entre titular e controlador transformavam o uso dos dados em atividade sempre perene, eterna. Como os dados coletados pelos controladores tornam as empresas mais valiosas, a retenção deles se constituiu em regra a ser seguida por todos os modelos de negócios. Quanto mais dados, maior é a avaliação. A lógica se estendeu e continuará em vigor no Brasil para além da vigência da LGPD, por mais que o Marco Civil da Internet já tenha condenado e tornado ilícita a prática, principalmente no seu art. 7º.

Contudo, com a LGPD, algo pode mudar. Existe uma nova relação em que o titular assume o controle de seus dados e fatos anteriormente corriqueiros, tais como os *e-mails* de alteração de termo de privacidade, bem como outras atividades que constatem o uso contínuo de dados, farão prova contra os controladores que assumirem tratar os dados fora dos princípios e dos direitos estabelecidos no sistema de proteção de dados. O art. 15. da LGPD, atendendo aos princípios da finalidade, da necessidade e da minimização do uso dos dados, determina que o tratamento será terminado quando: se verificar que a finalidade foi alcançada ou deixaram de ser necessários ou pertinentes para se alcançar a finalidade almejada (inc. I); o fim do período de tratamento estabelecido (inc. II); pela comunicação do titular informando a revogação do consentimento, resguardado o interesse público (inc. III); por determinação da ANPD, em caso de violação legal (inc. IV).

O inc. I do art. 15, regulamentando o princípio da finalidade, impõe ao controlador que cesse o tratamento quando a finalidade para o que os dados foram coletados cessou, bem como a necessidade e a pertinência deles. Por exemplo, o titular consentiu em entregar os dados para o controlador para uma promoção de Natal, a fim de ganhar um carro. Passado o período natalino, o controlador não pode mais processar os dados da promoção. Não só processar, o controlador deverá eliminar os dados do titular, conforme o art. 16 da LGPD impõe.

Não raro, principalmente em promoções e em descontos promovidos por lojistas, o titular vê-se enredado no meio de inúmeros *e-mails* comerciais negociados a empresas com as quais jamais realizou quaisquer contratos ou cessões. Com a LGPD, esses *e-mails* enviados sem consentimento ou relações de legítimo interesse são ilícitos e podem gerar sanções financeiras e administrativas contra quem os enviou. Os controladores não podem se utilizar dos dados além daqueles objetivos e fins determinados e que fundamentaram a coleta.

Nesse passo, estende-se a mesma lógica para quando os dados perderem a necessidade ou pertinência de serem tratados, tal como os dados do titular morto. Não há mais necessidade ou pertinência em continuar sendo tratados os dados do morto, se não forem nas exceções trazidas pelo art. 16. Os dados de crianças que ingressam em prédios comerciais, parques de diversões ou quaisquer outros lugares de entretenimento, que recolham esses dados, não podem ser mais tratados além da permanência da criança no recinto, por conta do caráter de dupla proteção que eles possuem. Exemplo recorrente de perda da pertinência do tratamento direciona-se aos dados do trabalhador que não mais trabalha na empresa, mas que ainda faz parte da imagem institucional em *sites* e folhetos. As informações deverão ser automaticamente eliminadas e somente guardadas as que são necessárias para se garantir um cumprimento legal do contrato de trabalho.

Em relação aos outros incisos do art. 15, eles são claros e diretos sobre o término do relacionamento entre o controlador e o titular, os dados devem ser eliminados. Considera-se terminada a relação jurídica quando: encerrado o tempo previsto para o tratamento; o controlador não pode manter nem guardar os dados; em caso de revogação do consentimento do titular; e, por ordem da ANPD, em caso de tratamento ilícito. A única exceção trazida relaciona-se ao interesse público envolvido no caso da revogação do consentimento. E qual seria esse interesse público? Seriam as exceções trazidas nos incisos do art. 16 da LGPD? A discussão sobre o conceito jurídico indeterminado, que foi empreendido nos capítulos anteriores, mas que sempre retornarão, necessitará de uma regulação por parte do Poder Judiciário e da ANPD, a fim de se buscar uma definição sobre o que seria interesse público e como ele afastaria o direito de revogação do consentimento e a eliminação de todos os dados do titular.

A conservação dos dados é exceção prevista nos incisos do art. 16, entretanto, a regra é a eliminação após o término do tratamento. As exceções que determinam ao controlador conservar os dados são: cumprimento de obrigação legal ou regulatória pelo controlador (inc. I); estudo por órgão de pesquisa, garantida, sempre que possível, a anonimização dos dados pessoais (inc. II); transferência a terceiro, desde que respeitados os requisitos de tratamento de dados dispostos nesta Lei (inc. III); e uso exclusivo do controlador, vedado seu acesso por terceiro, e desde que anonimizados os dados (inc. IV). As exceções trazidas são claras e objetivas e atendem a perspectiva de se respeitarem os direitos do titular de dados. O cumprimento legal, regulatório ou até mesmo de uma ordem judicial necessita da conservação dos dados, i.e., para uma investigação criminal. O uso de dados para estudos, desde que anonimizados, são importantes para o desenvolvimento da sociedade e atendem ao interesse público, sem apresentar riscos aparentes para o titular, os quais deverão vir acompanhados de mecanismos de segurança adequados para garantir a integridade deles. Os dados usados pelo controlador, sem a possibilidade de transferência, desde que anonimizados, podem ser guardados. Em relação ao inciso III, a guarda é somente feita para que os dados sejam transferidos. Após a conclusão da transferência, os dados deverão ser eliminados de todos os sistemas.

Em relação às exceções, a dúvida que paira, e que não foi sanada pela legislação, relaciona-se com o período de conservação dos dados. Como a definição não existe na LGPD, serão utilizados os critérios do Marco Civil da Internet até a ANPD determinar o período de guarda? Se forem estipulados esses critérios, que são os únicos disponíveis no momento, o período de guarda é de seis meses, podendo ser prorrogáveis indefinidamente pelo mesmo período. Ao se utilizar o critério em questão, nos mesmos moldes do Marco Civil, retornarão as críticas realizadas sobre o porquê do prazo alongado, quais são as garantias dos direitos dos titulares, quais são as justificativas, enfim, deve-se ter em vista, a partir de agora, que o titular deve ser contemplado na avaliação do porquê se fixarem determinadas regras e se elas o colocam em risco. Aí, com base no novo parâmetro, que deve ser fixado o prazo para a conservação dos dados nas exceções do art. 16.

5.6 DOS VAZAMENTOS DE DADOS DOS TITULARES

O objetivo não é demonstrar que o vazamento de dados pode acarretar inúmeras sanções e multas para os controladores. Não se desenvolve aqui um estudo sobre o alarma ou sobre o nefasto quadro indenizatório dos vazamentos, que estão contidos no art. 52 e seguintes da LGPD e no art. 12 do Marco Civil da Internet. Não é certo também que as sanções serão aplicadas nem as multas. Existem inúmeros fatores para que as penalidades sejam executadas: a advertência da ANPD; o preparo do Poder Judiciário para avaliar o que deveria ou não ser feito pelos controladores; o entendimento de qual valor seria necessário para cobrir os danos imateriais causados; se a suspensão parcial ou total das atividades da empresa atingiria o objetivo etc. São necessárias infindáveis estruturas decisórias que avaliarão as consequências dos vazamentos de dados. Reduzir o direito dos titulares à indenização, a sanções ou a multas somente normaliza uma situação altamente periclitante e que está por trás do acesso indevido aos dados: o aspecto sensível da exposição da dignidade humana do titular, bem como sua privacidade, sua intimidade, sua honra.

No encaminhamento epistemológico acerca do que é o vazamento de dados, ele se constitui na materialização do distanciamento do titular de si mesmo, de seus dados, de sua autodeterminação. O titular confia ao controlador todas as suas informações e seus dados, seguro de que as soluções tecnológicas e de segurança da informação apresentadas serão suficientes para que o acesso ao produto, ao serviço, ao benefício ou ao direito seja realizado sem riscos. Mesmo que seja prevista a possibilidade de um vazamento de dados, ela flutua como uma ideia no campo das possibilidades. Quando ela realmente se efetiva, o titular compreende o alcance prejudicial que ela se desdobra. Os vazamentos podem permitir aos atacantes vantagens que poderão ser usadas contra os titulares, tais como permitir a abertura de contas bancárias, o cadastramento em inúmeros serviços públicos ou privados, usar os dados de cartão de crédito, aplicar golpes de engenharia social, entre outras. Com base nessas e outras possibilidades ilimitadas, analisar as relações jurídicas entre os titulares e os controladores é de suma importância para o entendimento da extensão dos danos de todos os envolvidos na prestação de serviços, na construção dos produtos e na utilização sustentável do modelo de negócios que se utiliza de dados.

Na maioria das vezes, as análises sobre vazamento de dados confundem as causas com as suas consequências, monetárias ou não. Qualquer vazamento de dados é parte de um processo, mal desenhado ou não, que culmina na perda pelo controlador dos dados do titular para outrem que não está nos termos e contratos de consentimento ou legítimo interesse. Antes de prosseguir na análise sobre todo o processo que gera o vazamento de dados, há que se fazer uma análise arqueológica sobre essa nova figura jurídica.

5.6.1 Vazamento de dados: definição e delimitação jurídica

Deve-se ressaltar que, dentre as leis de proteção de dados estudadas, nenhuma delas adotou o *nomen juris* vazamento de dados para caracterizar o acesso indevido de terceiros sobre os dados do titular. Quando as leis se referem a vazamento de dados, elas o denominam violação de dados pessoais, violação da segurança dos dados e/ou incidentes de segurança de informação. Nesse sentido, a RGPD define em seu art. 4.12 a violação de dados pessoais como: "uma violação da segurança que provoque, de modo acidental ou ilícito, a destruição, a perda, a alteração, a divulgação ou o acesso, não autorizados, a dados pessoais transmitidos, conservados ou sujeitos a qualquer outro tipo de tratamento". As normas técnicas da ISO também adotam a mesma definição da RGPD. A LGPD não traz uma definição sobre violação de dados pessoais.

Contudo, mesmo havendo definição legal, por que se adotar vazamento e não violação de dados pessoais? Antes de se enfrentarem as razões para se escolher um em detrimento de outro, há que se apresentar do que surge o conceito de vazamento de dados. Vazamento de dados está mais ligado ao termo traduzido do inglês *data leakage*. Também é utilizado o termo *data breach*, que significa violação de dados, que é o utilizado pelas legislações nacional e estrangeiras. Em inglês, os termos são utilizados indistintamente e se referem ao mesmo fenômeno.

A adoção do termo violação de dados pessoais nas legislações de proteção de dados traz alguns problemas em torno da polissemia de sentidos inerentes ao fenômeno que se pretende normalizar. Tanto na LGPD quanto na RGPD, o termo violação refere-se indistintamente para quaisquer infringências às normas de proteção ocorridas no transcurso do tratamento, dentro ou fora dos termos previstos para a realização daquela coleta ou manipulação dos dados. Ou seja, quaisquer descumprimentos da lei são violações de dados de pessoais, o que abrange desde a forma contratual de obtenção de consentimento até o acesso indevido aos dados do titular. Tudo que não é em conformidade, está violando a lei.

Em razão disso, ao estudar o fenômeno do acesso indevido por terceiro a dados do titular em posse do controlador, deveria ter sido adotado o termo vazamento em vez de violação, o que atingiria mais diretamente o fato que se pretende normalizar sem quaisquer possibilidades de interpretações enviesadas e plurissemânticas. E é, por isso, que o termo vazamento de dados é mais singular e claro para entender o referido fenômeno do acesso indevido.

5.6.2 Dos requisitos necessários para o controlador evitar ou afastar os efeitos do vazamento de dados

O vazamento de dados, como dito anteriormente, é um processo, jurídico e tecnológico, falho que culmina num incidente de segurança de informação, em que terceiro tem acesso indevido a dados de titulares, sob a guarda do controlador.

Na tomada de decisão sobre aplicar ou não indenizações, sanções ou multas, deve a ANPD ou o Poder Judiciário entender como esse processo se constrói e, a partir daí, compreender a inevitabilidade ou não do incidente, das suas extensões e os riscos a que os direitos dos titulares foram expostos. No percurso de tratamento de dados deve o controlador realizar as seguintes ações em cumprimento com os ditames legais, com o fulcro de demonstrar que agiu no sentido de proteger os dados do titular:

a) Mapeamento dos Dados (*Data Mapping*): a maioria das empresas no Brasil e no mundo[12] não possui dados estruturados.[13] Assim, é muito mais difícil para o controlador acessar os dados do titular e cumprir com todos os seus deveres perante a ANPD, em que deverá comunicar sobre as medidas de segurança que está aplicando ao tratamento de dados. O mapeamento dos dados ajuda na aplicação dos princípios da proteção de dados e minimiza o uso massivo de dados pelos controladores, que, não raro, nem sabem o motivo de utilizarem de tantas informações;

b) Descoberta de dados (*Data Discovery*): além dos dados não serem estruturados, muitos controladores possuem sistemas legados, ou preexistentes, que são ou substituídos ou compartilhados com outros sistemas. Nos sistemas legados, os dados ficam perdidos, na maioria das vezes, de forma não estruturada, impedindo o reconhecimento, tanto pelo controlador quanto pelo titular, de saber se estão sendo tratados ou não, de que forma, a maneira

---

[12] "Mais algumas informações para que você observe que os dados não estruturados devem obrigatoriamente ser tratados por sua empresa: 93% de todos os dados no meio digital serão não estruturados em 2020; A massa de dados não estruturados aumenta 64% a cada ano; 25% das violações de dados ocorrem devido aos usuários utilizarem dispositivos desprotegidos; 62% dos profissionais de segurança da informação têm baixa confiança no conhecimento de quais locais os usuários armazenam os dados não estruturados; 65% das empresas adotam a nuvem, SaaS e acesso por dispositivos de qualquer localidade. Disponível em: https://fiandeira.com.br/lgpd-RGPD-e-dados-nao--estruturados-quais-sao-suas-relacoes-e-como-protege-los/. Acesso em: 10 jan. 2020.

[13] É importante definir o que são dados estruturados e dados não estruturados. Dados não estruturados são aqueles que os "bancos de dados em geral não contém todas as informações possíveis sobre algo lá guardado. Um dado é uma forma organizada de informação, mas ela ocorre desde que campos específicos sejam preenchidos para que a recuperação deles se dê de forma automatizada. Mas documentos de texto, por exemplo, não são enxergados em toda sua amplitude. Seria inviável classificar cada palavra do texto e relacioná-las com contextos, momentos, pessoas, citações etc. Isso é pior para vídeos e áudios. Em redes sociais, quando as pessoas colocam suas emoções no que escrevem, tudo fica ainda mais impossível. Imagine que você entrou em uma sala de um colecionador. O acervo está etiquetado e organizado. Mas não se pode ter uma ideia completa do significado daquilo tudo de uma forma automática". Por outro lado, os dados estruturados são "dados que contém uma organização para serem recuperados. É como se fossem etiquetas, linhas e colunas que identificam diversos pontos sobre aquela informação e tornam o trabalho da tecnologia bem simplificado". Disponível em: https://docmanagement.com.br/03/06/2015/a-diferenca-entre-dados--estruturados-e-nao-estruturados/. Acesso em: 10 jan. 2020.

que estão sendo protegidos. Nesse caso, deve o controlador descobrir esses dados nos sistemas, legados e atuais, estruturá-los, pseudoanonimizá-los ou anonimizá-los, a fim de cumprir com as medidas de segurança de informação necessárias para assegurar os direitos dos titulares;

c) **Relatório de Impacto à Proteção de Dados Pessoais (RIPDP):** após estruturar os dados, mapeá-los e anonimizá-los ou pseudoanonimizá-los, o controlador tem que, obrigatoriamente, fazer o RIPDP para informar aos titulares e à ANPD sobre os riscos inerentes ao tratamento de dados por ele realizado. O RIPDP, dentro da estrutura da proteção de dados, é de suma importância para tratar dados pessoais sensíveis, de crianças e de saúde. Só a partir do RIPDP, pode a ANPD verificar da pertinência do serviço do controlador, bem como avaliar até se ele pode ser prestado. Se os riscos forem muito altos, a ANPD poderá determinar que o controlador suspenda as atividades ou pare de tratar dados definitivamente;

d) **Comunicar a ANPD:** o controlador tem o dever objetivo de comunicar à ANPD, bem como ao titular de dados, sobre os riscos inerentes ao tratamento que está realizando, tal como determinado no art. 48 da LGPD;

e) **Assegurar a confidencialidade, integridade, disponibilidade e resiliência permanentes dos sistemas e dos serviços de tratamento:** o controlador não pode informar de maneira vaga que cumpriu com as normas da ANPD, principalmente aqueles controladores que manipulam dados sensíveis, de crianças e de saúde, por conta do princípio da dupla proteção a ser aplicada nesses tratamentos. Eles têm que fazer além do que o previsto para garantir que os riscos serão diminutos e controláveis, caso venha a ocorrer o incidente de segurança. E, em ocorrendo o vazamento, têm de estar preparados os controladores para agir de forma rápida para evitar que o incidente seja ainda mais danoso e sem controle;

f) **Realizar processos contínuos para testar, apreciar e avaliar regularmente a eficácia das medidas técnicas e organizativas para garantir a segurança do tratamento:** o controlador não tem que estar apto a realizar o tratamento de dados somente no momento que enviar as notificações para a ANPD e for aprovado. O controlador tem que estar sempre reatualizando os seus processos e sistemas, no mínimo, de 6 em 6 meses, a fim de que, com as diferentes tecnologias que possam surgir, ele seja capaz de estabelecer a segurança da informação que está sendo processada em seus sistemas. A falta de atualização é motivo para a aplicação de multas e de sanções, bem como se tornam avenidas abertas a possíveis vazamentos de dados, que possam vir a ocorrer durante o tratamento de dados do titular;

g) Treinamento dos colaboradores: mais de 36% dos incidentes de segurança da informação são realizados internamente e não vindo de fora do controlador (HELP NET, 2016). Com base nessa informação, é importante que todos os treinamentos de conscientização sejam aplicados constantemente, a fim de que surpresas, fora da tecnologia e dos procedimentos implementados, surjam no tratamento de dados pelo controlador;

h) Garantias jurídicas para o tratamento dos dados: os controladores acabam investindo muito dos seus recursos para a área de projetos e de tecnologia. Contudo, olvidam do investimento na área jurídica, que, por falta de capacitação e entendimento da proteção de dados, não consegue prover os meios necessários para fazer cumprir o sistema protetivo de dados. Diante da ausência da área jurídica capacitada, o controlador poderá falhar na aplicação dos direitos dos titulares e não cumprirá as exigências da ANPD em termos de adequação e transparência. Como sempre disse ao longo de minha vida profissional, não há segurança jurídica sem segurança da informação e vice-versa. Se os termos e relações jurídicas estão em dissonância com as práticas executadas pelo controlador, existe aí uma falha que expõe o titular a violações de dados pessoais, que podem culminar ou não no vazamento de seus dados. Estar ciente de que as garantias jurídicas têm que acompanhar as tecnológicas e procedimentais envolvidas no tratamento de dados é dever objetivo do controlador;

i) Equipe e Plano de Resposta a Incidentes de Segurança: caso venha a ocorrer a violação ou o vazamento de dados, o controlador tem que ser capaz de ter respostas rápidas, que diminuam ou restrinjam o alcance dos danos causados aos titulares. A falta de uma equipe treinada para realizar os procedimentos necessários e requisitados por lei para uma resposta eficiente a um incidente de segurança, somados ao descumprimento das normas, gera a possibilidade de se agravarem mais os riscos apresentados no tratamento. Os problemas advindos com os vazamentos estão além dos financeiros, pois envolvem os direitos e as garantias fundamentais dos titulares. A equipe, com base num plano anteriormente proposto e aprovado por todos dentro do controlador, terá a capacidade de comunicar a todos os titulares e, proativamente, aplicar todas as ações previstas e necessárias para cessarem os efeitos do vazamento, que são jurídicos e tecnológicos.

O controlador que não possuir todos os requisitos implementados ou minimamente estabelecidos, colocará em risco os dados do titular e descumprirá com a LGPD. Ou seja, em procedimentos mal executados e implementados, automaticamente consta-se a violação de dados e outras normas protetivas, já que é dever legal dos controladores em tê-los minimamente estruturados. Além disso, potencialmente, o controlador estará exposto a possíveis acessos indevidos a seus sistemas, gerando um risco enorme para os dados do titular, no que poderá receber sanções e penalidades por descumprimento da LGPD.

O controlador deve compreender que os requisitos preparatórios e procedimentais são necessários para que o risco do tratamento seja diminuído. Ao se respeitar o titular, as autoridades administrativas e judiciais avaliarão mais favoravelmente os controladores, em caso de vazamentos, e poderão afastar multas e sanções pesadas, aplicando outras medidas correcionais mais singelas.

5.6.3 Pós-vazamento de dados: os direitos do titular de dados

O tratamento de dados não acaba com o término da relação entre titular e controlador. O tratamento prossegue para além do vínculo contratual entre as partes. O controlador, eliminando ou não toda informação obtida do titular, possui obrigações legais a que impõem o Poder Judiciário e ANPD. E, nesse mérito, envolvem-se questões fiscais, criminais, responsabilidades civis, enfim, uma miríade de possibilidades que dão características de perenidade ao tratamento de dados. O vazamento de dados, ao se concretizar, também se constitui numa das obrigações legais do controlador. É uma obrigação legal que deve incluir na sua abrangência o titular de dados e não só as autoridades administrativas e judiciais.

Há um esquecimento, propositado ou não, em casos de vazamento de dados, no dever dos controladores de comunicar aos titulares, bem como a sociedade, sobre os efeitos nefastos do acesso indevido por terceiros para o sistema protetivo como um todo. A tendência geral dos controladores é evitar ao máximo dar informações sobre a quantidade e a qualidade dos dados vazados em seus sistemas. Não só sobre o que foi vazado, mas como foi executada a mitigação dos danos decorrentes do vazamento. Onde estão os dados? Se estiverem na *deep web*,[14] tem como rastreá-los? Como confiar nas investigações e nas ações tomadas pelo controlador para retirar os dados dos terceiros atacantes? Quem vai garantir que cessaram os efeitos negativos?

---

[14] "Hackers estão vendendo 617 milhões de combinações de logins e senhas criptografadas. As credenciais vêm de 16 serviços online como Dubsmash, MyFitnessPal, Fotolog e 500px; e estão à venda na dark web por um total de US$ 20 mil em bitcoin. Alguns sites estão resetando as senhas dos usuários e avisando sobre o vazamento. Invasores tentam usar esses dados para acessar contas do Gmail e Meta". Disponível em: https://tecnoblog.net/278796/617-milhoes-contas-vazamento-dark-web/. Acesso em: 12 jan. 2020.

Quem se responsabilizará pelos dados usados para, por exemplo, abrir uma conta bancária que obteve empréstimos e negativou o nome do titular?

O vazamento de dados, a despeito da pouca importância com que tem se noticiado e se investigado, tanto pelo governo brasileiro quanto pelos controladores, é um desestabilizador nas relações econômicas, profissionais e pessoais dos titulares, da sociedade, enfim, do sistema protetivo como um todo. Não se pode atribuir à ANPD, ao Poder Judiciário ou até mesmo ao Ministério Público a capacidade e o ônus de encerrar os problemas advindos com o vazamento, sem envolver diretamente os titulares. É com pesar que se nota a recorrência dos comportamentos desidiosos nos casos de vazamentos de dados no Brasil. Não há comunicação sobre os vazamentos. Quem acessou, o que, por onde e por quanto tempo? Quais indenizações serão pagas aos titulares? Como foram retirados os dados da internet, da *deep web* e de outros controladores que os compraram[15]? O controlador, protegido ou não por seguros de riscos cibernéticos, faz um cálculo financeiro dos riscos envolvidos e olvida-se daqueles valores imateriais que envolvem os direitos dos titulares. Exemplo da postura que ignora a dignidade do titular é o caso do vazamento de dados da empresa Netshoes. A empresa foi alvo de dois vazamentos de dados gigantescos em 2017 e 2018, que atingiu cerca de 2,5 milhões de pessoas. Os dados pessoais vazados envolviam informações de endereço residencial, RG, CPF, números de telefone celular, entre outros dados sensíveis. A empresa não entrou em contato com nenhum dos titulares atingidos pelos massivos vazamentos.[16] Diante disso, o Ministério Público Federal do Distrito Federal enviou notificação judicial para a empresa, que aceitou pagar uma multa no valor de R$ 500.000,00, para o fundo de direitos difusos. Mas e os titulares? Quais são as indenizações devidas aos titulares? E a comunicação dos incidentes que não foram realizadas?

---

[15] "Um esquema de venda de dados pessoais foi revelado no último sábado (20). Eles eram extraídos até mesmo de entidades públicas como INSS, Forças Armadas e serviços federais. Até mesmo autoridades eram expostas, como o presidente Jair Bolsonaro. De acordo com a reportagem do jornalista Pablo Fernandez, da BandNewsFM, o destino final dessas informações, que incluem número de telefones, CPF, RG, endereços, dados bancários e de familiares, é o mercado de *call center*". Disponível em: https://olhardigital.com.br/noticia/esquema-de-venda-de-dados-no-brasil-mostrava-informacoes-ate--mesmo-do-presidente-jair-bolsonaro/85038. Acesso em: 12 jan. 2020.

[16] Tenho acesso a essas informações, pois fui contratado como advogado de mais de 1,5 mil titulares que tiveram os seus dados pessoais sensíveis vazados. A empresa foi citada em ação coletiva e continuou se negando a informar sobre o que tinha realizado para cessar as atividades ilícitas, nem informou o que estava realizando para evitar novos vazamentos.

Enfim, o cálculo jurídico financeiro pendeu aos interesses do controlador negligente e o ônus ficou com a sociedade e os titulares que estão com os dados vazados.[17] A vida dos titulares não pode ser objeto de cálculos econômico-financeiros dos controladores, que tentam encobrir suas imperícias e negligências, advindas de práticas que desrespeitam os direitos envolvidos no tratamento de dados, impondo riscos excessivos a todos.

O controlador tem o dever objetivo de informar a todos os titulares, envolvidos ou não no vazamento, continuamente, sobre as medidas externas e internas que realizou para cessar os efeitos nefastos dos acessos indevidos. Entre outras providências, e não limitadas a somente estas, informar as causas do vazamento, as medidas de segurança da informação tomadas para se evitar um novo vazamento, quais tecnologias aplicadas, os treinamentos dos colaboradores, apontar aos titulares as consequências e os riscos dos dados vazados, quais são as propostas de indenização pelo descumprimento do contrato de coleta de dados.

A falta de transparência e de acesso a essas informações que deveriam ser fornecidas pelos controladores são descumprimentos aos direitos dos titulares, que estão alheios de seus dados e das informações necessárias para poderem se autodeterminar perante os desafios de uma sociedade altamente digital e vigilante.

5.7 TITULAR DE DADOS, LIVRE ACESSO E TRANSPARÊNCIA: A PRÁTICA

Diante dos problemas demonstrados nas relações entre controladores e titulares, e como ainda não foram instituídas as cadeias de consentimento e de legítimo interesse (CCLI), que auxiliariam a gestão dos dados dos titulares, empoderando-os de ferramentas jurídicas e tecnológicas, algumas dúvidas surgem das atuais práticas legais e tecnológicas: quais informações devem os controladores entregar para o titular? Que formato? Como o titular sabe que os seus dados não estão nas diversas bases e sistemas utilizados pelos controladores? Quais são os pedidos que podem ser feitos pelos titulares com base na lei e nas tecnologias envolvidas? Qual é o prazo para entregar as informações? O que se considera demora injustificável, que gera indenização?

---

[17] Por incrível que possa parecer, todos os dados vazados no caso Netshoes continuam livres na internet. Os dados ainda são provas do ilícito e da falta de cuidado da empresa Netshoes. São mais de 2,5 milhões de titulares que continuam sob riscos gigantescos de serem vigiados ou monitorados por atacantes inescrupulosos, que se utilizam desses dados para auferirem lucros e dividendos.

A todas e outras perguntas que serão realizadas adiante não são instituídas práticas legais ou tecnológicas de adequação à normativa protetiva de dados. Os direitos dos titulares não podem ser efetivados por inexistência de procedimentos ou de parâmetros instituídos aos controladores, que não se veem obrigados a responder sobre os pedidos feitos.

Karen Lawrence Oqvist e Filip Johnssén traçaram, a partir da GDPR, um direcionamento ao controlador sobre quais informações ele deve entregar ao titular:

a) A qualificação do controlador, os detalhes do contrato e os responsáveis indicados por ele para o tratamento;
b) Os contatos do encarregado do tratamento de dados pessoais;
c) Os objetivos do tratamento de dados e a base legal para realizá-lo;
d) Os legítimos interesses pretendidos pelo controlador ou operadores;
e) Os destinatários ou categorias de destinatários dos dados pessoais, se existirem;
f) Em sendo aplicável, as razões por que o controlador pretende transferir os dados pessoais para um outro país ou organização internacional (incluindo os procedimentos utilizados para a transferência);
g) O período de guarda;
h) Comunicação dos direitos dos titulares;
i) Se aplicável, comunicar sobre os direitos de retirada do consentimento;
j) Informar sobre o direito de peticionar uma reclamação perante uma autoridade de dados;
l) Informar se o tratamento de dados pessoais é parte de um mandamento legal ou uma obrigação ou requisito contratual e as possíveis consequências em caso de vazamento de dados;
m) A existência de decisões automatizadas, incluindo-se definições de perfis, e informar como essas decisões são realizadas;
n) As categorias de dados coletados (tradução livre) (apud MALDONADO, 2018, p. 97).

Contudo, baseando-se na LGPD e nas especificidades nacionais, o elenco de informações apresentadas por Oqvist e Johnssén não são suficientes. No Brasil, é recorrente o entendimento de que os controladores de dados não têm realizado os procedimentos corretos para a proteção da privacidade e dos direitos dos titulares. Não são fornecidos os meios tecnológicos e jurídicos para o encaminhamento do direito de petição, de retirada do consentimento, de eliminação de dados etc. O titular, mesmo requisitando informações sobre seus dados, acaba por não encontrar meios nem respostas adequadas e confiáveis. Vários obstáculos são interpostos entre o titular e seus dados:

quem é o responsável eleito pelo controlador para responder às requisições? Quanto tempo para se responder as requisições? Como endereçar as correções no tratamento de dados? Os dados estão corretos? Como corrigi-los? Os pedidos dos titulares seriam facilitados, se houvesse o estabelecimento de uma cadeia de procedimentos para que se determinasse o início, o meio e o fim do tratamento, o que o legitimaria perante todos os atores envolvidos. Porém, não existem esses procedimentos. E o que há?

5.7.1 Da pesquisa feita aos controladores de dados

O objetivo é trazer as questões práticas necessárias para a efetivação dos direitos dos titulares. Com esse intuito, deve-se analisar a aderência das normas aos usos dos dados e de seus tratamentos e, na constatação da lacuna, descobrir o que diminui ou restringe a amplitude dos direitos dos titulares, em face dos princípios do sistema protetivo de dados.

As respostas não serão encontradas na análise metalinguística das leis ou doutrinas. A única maneira de se obter o conhecimento sobre a proteção de dados pessoais se dá na aplicação das leis sob as práticas dos controladores, públicos e privados. Somente assim poderemos responder à pergunta feita ao final do item anterior: se não há procedimentos de legitimação dos tratamentos de dados dos titulares pelos controladores, o que há?

O sistema protetivo de dados não depende somente da vigência da LGPD, conforme demonstrado ao longo da obra. Os princípios e os direitos estão espraiados na ordenação jurídica e devem já ser cumpridos por todos. A percepção equívoca de que, somente a partir da LGPD, iniciam-se as multas e as sanções impede a todos a visão correta do que deveria se fazer, mas não o fazem, em relação aos direitos dos titulares sobre seus dados e suas informações. Cabe lembrar que o Marco Civil da Internet regula proteção de dados e impõe multas pesadíssimas para quem descumpri-lo, de acordo com o seu art. 12. A noção de distanciamento das práticas ao direito deve ser enfrentada em seus fundamentos, para que não seja deslocada para a LGPD em vigência, tornando a efetividade do direito dos titulares somente uma quimera a depender de algo a ser sempre implementado adiante.

O início da aproximação do titular com seus dados se estabelece por saber quais informações são coletadas, armazenadas e gerenciadas pelos controladores. A implementação do direito à informação faz funcionar o livre acesso, a transparência, o direito de se eliminarem os dados, a emitir o consentimento informado, enfim, traz sentido a todo o sistema. Para isso, o que não é muito comum na área do direito, a partir de um modelo de requisição dos dados pessoais pelo titular, a fim de se avaliarem todos os direitos e os princípios da proteção de dados e que envolvem: as atuais práticas de tratamento de dados feitos por controladores; como eles armazenam as informações; qual base legal; os procedimentos para eliminação dos dados; as recuperações de dados em caso de vazamento; os contratos com fornecedores e funcionários que manuseiam os dados; os sistemas de segurança utilizados na guarda e proteção de dados etc. A intenção do questionário não foi abranger todos os direitos do titular, mas entender os pontos mais básicos da atuação dos controladores sobre eles e o que é efetivamente resguardado e informado.

5.7.2 Escopos de cada questão

O questionário, em cada pergunta, direciona-se a um direito do titular contido na LGPD, na GDPR ou no Marco Civil da Internet. São nove perguntas que serão explicadas em seu sentido e o que se espera na construção dos direitos do titular[18]:

1ª) A primeira pergunta enfrenta os arts. 3º e 4º da LGPD. O titular de dados tem que saber se os seus dados estão sendo tratados pelo controlador. Para tanto, requer-se uma cópia dos dados que estão sendo processados pelo controlador ou um acesso até eles. Ao se confirmar o processamento, localizar-se-á a base legal para o tratamento, para a limitação ou para a vedação com base na LGPD. O reconhecimento é importante para o restante das perguntas, pois, como se discutiu no capítulo anterior, se a incidência da LGPD for vedada, o encaminhamento das perguntas será outro, o que não afasta o direito à informação.

Uma outra pergunta, embutida na primeira, relaciona-se com a localização física dos dados, se estão ou não no Brasil e qual lugar efetivamente se encontra a informação. Os controladores têm o dever objetivo de informar corretamente sobre a localização dos dados, com quem mantêm relações comerciais e sob quais cláusulas, pois é de conhecimento notório que os controladores estão sempre em busca de servidores mais baratos em qualquer lugar do mundo, o que lhes é permitido pela atual configuração mercadológica dos serviços em nuvem (*cloud services*).

Com o sistema protetivo, a localização dos dados torna-se relevante para se saber se eles estão protegidos por legislação mais ou menos benéfica ao titular, no que incidirá ou não a legislação nacional (art. 4, inc. IV, da LGPD).

---

[18] As perguntas podem ser acessadas no site do Instituto SIGILO neste endereço: https://sigilo.org.br/modelo-carta-requisicao-dados-pessoais/. Acesso em: 11 mar. 2022.

Outro ponto importante sobre a localização dos dados de brasileiros, sendo tratados fora, envolvem a incidência das regras de compartilhamento (arts. 9º, inc. V, 11, §§ 3º e 4º, 18, inc. VII, § 6º, e 27, *caput* e inc. II, da LGPD) e de transferência internacional (art. 33 e seguintes da LGPD), que, se não forem respeitadas, constatarão que o tratamento em questão é ilícito e desrespeita os direitos do titular.

2ª) O objetivo da segunda pergunta é verificar os princípios da adequação e da finalidade do tratamento de dados feitos pelos controladores. O titular de dados tem o direito de saber a finalidade do tratamento, em qual base legal e por quanto tempo. A ausência de resposta ou meios para que o titular acesse os seus dados coloca o controlador em falta com o seu dever objetivo de informar e, por conseguinte, em risco de ser considerado o tratamento em ilícito.

3ª) Informar sobre todos os dados compartilhados com terceiros, contratualmente ou não, é de responsabilidade do controlador. Não somente informar se os dados foram compartilhados, como foram, com que razão, com ou sem consentimento, quais salvaguardas protetivas etc. Às vezes, o controlador, em face do tempo que trata os dados, não sabe com quem poderia ter compartilhado. Ele tem que informar com quem poderiam estar os dados, para o titular buscá-los em outro lugar.

4ª) O controlador deve informar por quanto tempo está processando os dados do titular, se são, públicos ou privados, limitados ou vedados. A base legal para a coleta dos dados é de suma importância para o titular estabelecer quais direitos estarão protegidos ou não. Por outro lado, a depender da quantidade de tempo que estão sendo tratados os dados, o controlador pode estar infringindo os princípios da necessidade, da finalidade e da adequação, recaindo a ilegalidade sobre o tratamento.

5ª) Na prática, muitos controladores adquirem os dados do titular por meio de outras fontes, de maneira legal ou ilegal. O titular tem o direito de saber se o responsável pelo tratamento realiza essas práticas e com quem negocia. Somente assim o titular pode pedir para serem eliminados os dados, bem como ir atrás de quem os está negociando ilegalmente. O titular tem o direito, em face do seu direito personalíssimo, de perseguir seus dados e suas informações em qualquer lugar a qualquer tempo.

6ª) O controlador de dados deve informar se está baseando o seu tratamento em decisões automatizadas, com ou sem intervenção humana. Se estiver, tem que informar quais bases de dados se utiliza, o porquê, qual é o objetivo a ser alcançado e como chegou nos resultados obtidos. Com essas informações, o titular pode questionar os modelos decisórios e os usos, legais ou não, feitos pelos controladores de seus dados.

7ª) Essa pergunta é mais detalhada do que as outras e refere-se a vazamento de dados. O objetivo é entender os procedimentos de segurança da informação que o controlador possui ao proteger os dados do titular. Em caso de vazamento, a despeito de todas as tecnologias envolvidas, saber se o controlador possui equipe de resposta a incidentes, procedimentos internos para investigação de dados, se ele comunica e é transparente sobre como opera situações com os vazamentos, se ele conseguiu evitar danos maiores, se descobriu a origem e os motivos do vazamento, se há mais riscos para o titular ou se todos eles já foram mitigados e possíveis orientações aos titulares sobre os vazamentos, se os dados foram anonimizados ou pseudonimizados etc., todas as informações necessárias para o titular entender o que realmente aconteceu no incidente.

Se o controlador não possui procedimentos necessários para enfrentar e mitigar os vazamentos, mesmo que ele aplique as melhores tecnologias, isso não fará com que o titular de dados seja atendido em seus direitos. O titular, se não obtiver informações necessárias sobre os incidentes de segurança, poderá processar o controlador pelas responsabilidades decorrentes pelo tratamento de dados que fez. O tratamento deve acompanhar os dados do titular até a sua eliminação, sua transferência ou seu compartilhamento a outro controlador.

8ª) O titular de dados, em termos de previsibilidade das práticas do controlador, precisa saber quais procedimentos de segurança da informação ele está cumprindo. A pergunta direciona para a ISO 27001, contudo, e a lei não determina quais regras seguir, constitui-se apenas de um parâmetro para a resposta do controlador, que deve informar claramente quais regras e procedimentos está impondo ao tratamento dos dados do titular. A pergunta busca visualizar como o controlador aplica as normas de proteção de dados para as suas práticas e como o titular pode acreditar na lisura de todo o processo de tratamento de dados. A pergunta na alínea *a* atinge aspectos procedimentais das práticas do controlador e na alínea *b* quais tecnologias que utiliza para verificar se elas são adequadas e suficientes para o tratamento daqueles dados coletados ou se não o são.

9ª) Um dos aspectos mais relegados acerca do tratamento configura-se na contratação de colaboradores e terceirizados que vão direta ou indiretamente manusear ou ter contato com os dados do titular. Via de regra, os termos de privacidade ou de segurança de informação são superficiais sobre a participação das pessoas e das empresas contratadas para manusear efetivamente os dados. Entretanto, o titular tem o direito não só de perseguição de seus dados, mas de ter a mesma proteção em toda a cadeia de pessoas, de empresas e de tecnologias, que autorizou o tratamento ou sobre o qual a coleta se funda. O controlador, ao ser questionado, comumente tergiversa sobre os participantes na cadeia, olvidando-se de dar mais informações sobre eles, o que fazem, suas finalidades e seus modos de intervir no tratamento de dados. Muitas vezes, o controlador presta informações dizendo que isso é segredo do negócio. Como já se aventou anteriormente, não existe segredo comercial com os dados do titular.

O titular tem o direito de saber se os colaboradores e os terceirizados são treinados para lidar com segurança da informação, se houve algum vazamento de dados que os envolve, se alguém já cometeu delito no manuseio de dados, quais tecnologias são utilizadas para monitorar os trabalhos desenvolvidos por eles etc. Essas informações são necessárias ao titular e estão em consonância com o mandamento legal da LGPD e raramente são colocadas no Relatório de Impacto à Proteção de Dados Pessoais (RIPDP).

5.7.3 Aspectos a serem analisados pelas respostas dos controladores

O objetivo do questionário é entender alguns aspectos referentes ao que efetivamente os controladores estão aplicando da LGPD há menos de 1 ano de início de vigência da lei até o início da sua vigência, em agosto de 2020. Não só isso. Com o questionário pode-se entender como os controladores enxergam os titulares dentro de suas organizações, se estão preparados para atender suas demandas e traçar um marco para um estudo retroativo de como eram realizados os tratamentos de dados antes das exigências legais.

O questionário foi enviado por cartas em papel, tal como permitido pela lei, que deveriam ser atendidos pelos controladores para se confirmar a existência do tratamento, o acesso aos dados, a possibilidade de correção e a oposição ao tratamento. Somente assim, poderiam os titulares avaliarem se os seus direitos estavam sendo concretizados pelos controladores.

Além do formato de perguntas sequenciais, o qual se esperava que fossem respondidas item por item, aguardava-se que os controladores sugerissem formatos diferenciados, até mesmo digital, para se acessarem com mais facilidade os dados do titular, bem como fornecessem oportunidades de se intervir diretamente no tratamento. A intenção era encontrar possibilidades de uma nova relação, além daquela estabelecida de ser consumidor de produtos e de serviços e iniciar um diálogo com o controlador na perspectiva do sistema protetivo de dados e dos direitos personalíssimos do titular.

O questionário também tem como objetivo analisar o limite temporal de resposta dos controladores e se eles atendem aos requisitos impostos pela LGPD em relação ao prazo razoável de atendimento. Se as respostas correspondem com o requerido nas inúmeras legislações existentes e como, a partir de agora, poderiam ser propostas melhoras nesse quesito.

E, por fim, analisar a qualidade das informações existentes no controlador, se elas estão corretas, são verdadeiras, são exatas e se adstritas a uma finalidade daquele tratamento.

5.7.4 Justificativas legais para se responder ao questionário

Independentemente de a LGPD estar vigente ou não, ao tempo do envio dos questionários, os controladores tinham a obrigação legal de responder a todos os pedidos feitos. Além dos princípios constitucionais envolvidos no tratamento de dados e da possibilidade de se utilizar do remédio constitucional do *habeas data*, o art. 7º do Marco Civil da Internet, principalmente no tocante aos incisos VI a X, eles determinam ao controlador que: informe com clareza sobre o uso dos dados do titular em seus serviços de internet e as tecnologias de segurança da informação utilizadas; não compartilhe os dados a terceiro, sem o consentimento do titular mediante um termo à parte do contrato; apresente justificativas para a coleta dos dados e suas finalidades; tenha o consentimento expresso do titular para fazer o tratamento dos dados e elimine todos os dados quando estiver encerrado o tratamento, mantendo aqueles justificáveis legalmente.

Somando-se a isso, o Código de Defesa do Consumidor em seu art. 43 também determina que o titular tenha acesso aos seus dados em sistemas do controlador, para corrigi-los, questioná-los e até mesmo se opor ao tratamento deles. E não se esquecer do que também determinam a Lei do Cadastro Positivo, a Lei de Crimes Econômicos, Código Civil, entre outras normativas que envolvem o sistema protetivo de dados.

Diante do quadro legal, torna-se indubitável a necessidade de os controladores responderem aos pedidos. Se não o fizerem, descumprirão mandamentos legais, bem como direitos aplicáveis e exigíveis dos titulares de dados. A não resposta ao questionário, bem como a não entrega dos dados ao titular, constituem pressupostos para o ingresso de demandas judiciais e extrajudiciais contra os controladores.

5.7.5 Da escolha somente de controladores privados

O questionário abordou unicamente pessoas jurídicas de direito privado, sem endereçar aos órgãos públicos. Alguns motivos foram determinantes para a escolha. A necessidade de respostas rápidas para a conclusão do questionário, sem a possibilidade de intervenção de inúmeras instâncias decisórias em órgãos públicos, ainda não adequados, a endereçar incidentes de proteção de dados pessoais.

A abordagem pela perspectiva dos dados pessoais privados, que só o titular poderia acessar, facilitaria a análise em relação à segurança da informação aplicada pelos controladores e os possíveis subterfúgios que poderiam ser utilizados para se impedir o livre acesso do titular aos seus dados. Por outro lado, se fossem incluídos órgãos públicos, tais informações poderiam sofrer obstáculos e surpresas institucionais que atrapalhariam as respostas que se buscavam na pesquisa, no que poderiam se confundir com acesso à informação pública e atrapalharia a construção dos resultados.

5.7.6 Respostas enviadas pelos controladores

Foram enviados dois questionários: o primeiro em agosto de 2019 e outro em janeiro de 2020.

5.7.6.1 *Primeiro questionário – agosto de 2019*

Das 34 empresas que foram enviadas a pesquisa, somente 4 apresentaram respostas: Banco Itaú, Serasa, Mastercard e Resultados Digitais.

O Banco Itaú enviou uma carta resposta em que informa que está reestruturando o seu sistema: "Ressaltamos que estamos nos estruturando em face da nova Lei Geral de Proteção de Dados (LGPD) e para isso desenharemos um canal específico de atendimento para as questões envolvendo o tema de tratamento de dados pessoais, para melhor atender os nossos clientes". Contudo, não apresentou os caminhos nem meios para o titular interceder ao tratamento realizado.

O Serasa respondeu informando que os dados são sigilosos e que não poderia fornecê-los. Essa foi a mesma resposta da Mastercard que, por meio de seu Vice-Presidente Financeiro, juntou na carta resposta os termos de privacidade de seus serviços em inglês, o que desrespeita o Código de Defesa do Consumidor, que determina o uso do português em comunicação aos titulares consumidores. A Resultados Digitais, por meio de seu encarregado de dados pessoais à época, Renato Leite Monteiro, deu resposta telefônica de que não tratava os dados do requerente.

5.7.6.2 Segundo questionário – janeiro de 2020

Esgotou o prazo concedido pelo requerente, ou seja, foi estipulado um mês para a resposta, o que é mais do que razoável em termos de LGPD, e nenhum dos controladores respondeu aos pedidos. Contudo, o requerente teve seus perfis em redes sociais, principalmente o Linkedin, visitados por representantes e por advogados dos controladores, bem como seu nome pesquisado em empresas de análises de crédito.

5.7.7 Conclusões da pesquisa

Em face dos resultados apresentados, constata-se que há um enorme caminho a ser trilhado para a implantação do sistema protetivo de dados, que tenha como foco o titular. As poucas respostas apresentadas nos questionários demonstram o descuro contínuo com as leis vigentes e com o titular de dados, que é parcamente considerado como objetivo final dessas práticas. Os controladores não conseguiram apresentar respostas adequadas para o Código de Defesa do Consumidor nem para o Marco Civil da Internet vigentes. Não disponibilizaram um meio físico ou virtual para se retificar ou corrigir as informações e os dados coletados e tratados por eles. Enfim, o titular permaneceu alheio e sem direção sobre seus dados pelas respostas apresentadas.

Em relação às respostas não apresentadas, o titular de dados pode constatar que é efetivamente objeto nessas relações iníquas que possui com os controladores, que nem o consideram relevante para uma resposta simples sobre o que realizam com os seus dados. As não respostas demonstram que a adequação, se ocorrer, estará eivada desse pensamento de que o titular somente é objeto de práticas tecnológicas e científicas de extrativismo de dados e não de fim para implementação de serviços e produtos.

Capítulo 6
INTELIGÊNCIA ARTIFICIAL E O TITULAR DE DADOS: ESTUDO DE CASOS SOBRE O RECONHECIMENTO FACIAL E O DIREITO À INVISIBILIDADE

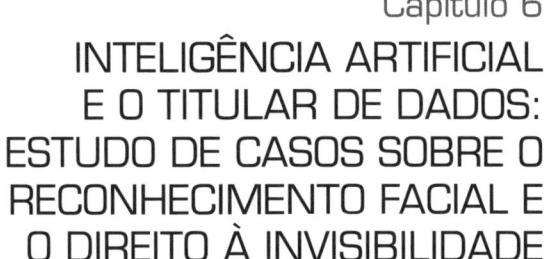

> "A sociedade não pode desistir do fardo de decidir o próprio destino, abdicando dessa liberdade em prol do regulador cibernético." (Stanislaw Lem)

A memória, o esquecimento e a produção de verdades, em seus desdobramentos pelas e nas tecnologias de informação e de comunicação, enveredam-se por caminhos complexos, multifacetados e tortuosos de significação e ressignificação, que atingem o direito em todos os seus aspectos. Isso também ocorre porque o direito é também um lugar de produção de memórias, de esquecimentos e de verdades. É necessário repensar o direito e retirá-lo de seu caráter universal. Ao perseguir esse caminho, desconstituir o direito de algo que não lhe é mais inerente e que não faz mais sentido. Não se está a questionar a tridimensionalidade do direito, tal como concebida por Miguel Reale.[1] Muito pelo contrário. A tridimensionalidade do direito, tal como pensada por Reale, é o meio pelo qual o direito deixará a imanência para produzir relações atuais e significativas. Entretanto, reconhece-se que, tal como estão dadas as problematizações e as soluções perante as tecnologias de informação e de comunicação, a memória do direito está dissociada de uma realidade ou uma materialidade de humano.

---

[1] "Direito não é só norma, como quer Kelsen, Direito, não é só fato como rezam os marxistas ou os economistas do Direito, porque Direito não é economia. Direito não é produção econômica, mas envolve a produção econômica e nela interfere; o Direito não é principalmente valor, como pensam os adeptos do Direito Natural tomista, por exemplo, porque o Direito ao mesmo tempo é norma, é fato e é valor" (REALE, 2003, p. 91).

Percebe-se, a partir do surgimento do titular, no contexto da proteção de dados, o intenso deslocamento da experiência do direito como fenômeno, como experiência. Compreender a mudança que transforma o cidadão, agora titular de dados, em pedra angular de toda uma série de práticas possibilita um entendimento diferente sobre uma ideia e concepção do direito. São esses deslocamentos, irreconhecíveis dentro de uma hermenêutica enraizada e hermética, que devem ser implementados sob uma nova dinâmica social amplamente dominada por uma *praxis* metamorfoseante e líquida, para se usar um termo cunhado por Baumann em sua série de livros sobre a modernidade.

O direito caminhou da tradição que normalizava comportamentos, da ideia do direito natural que pautava a vida e gerava sentidos, para uma outra pautada pela racionalidade, a qual foi constituída lentamente com o desenvolvimento da técnica e de um modelo econômico baseado em outro mecanismo, fundado no cientificismo. A racionalidade científica deslocou a prática jurídica da produção de sentidos, de verdades, para ser normalizada por outros saberes e poderes. Na miríade de influências e possibilidades das práticas jurídicas normalizadas que se deve indagar: que sujeito o direito constrói? O que se empodera e protege por meio das axiologias e práticas jurídicas em face dos modelos econômicos e científicos atualmente prevalentes? O que resta de humano em nós da inundação de memória e esquecimentos digitais? O humano será apenas um traço na areia, tal como previra Foucault em A Palavra e as Coisas?[2] E, como pergunta metodológica, como o direito, em seu formato de proteção de dados, é uma resposta efetiva a tudo isso?

A experiência do direito impõe-se paulatinamente como lugar de memória e de esquecimentos, de reprodução de lutas já vividas, de poderes constituídos e cristalizados, de representação da dominação e de quem foi dominado. O registro perene da institucionalização de um processo complexo das práticas sociais, políticas, econômicas e culturais existentes. É nesse processo que se verifica o aumento exponencial da produção legislativa, da noção do direito como lei. A verborragia legislativa é necessária para um direito sem o sentido da tradição e dentro da perspectiva econômica e científica.

---

[2] "O homem é uma invenção cuja recente data a arqueologia de nosso pensamento mostra facilmente. E talvez o fim próximo.

Se estas disposições viessem a desaparecer tal como apareceram, se, por algum acontecimento de que podemos quando muito pressentir a possibilidade, mas de que no momento não conhecemos ainda nem a forma nem a promessa, se desvanecessem, como aconteceu, na curva do século XVIII, com o solo do pensamento clássico – então se pode apostar que o homem se desvaneceria, como, na orla do mar, um rosto de areia" (FOUCAULT, 2002, p. 536).

Tudo deve ser memória, nada pode ser esquecimento. Mesmo quando há o reconhecimento dos esquecimentos, devem se interpor outros mecanismos de ampliação de interpretação das leis: analogias, costumes, princípios gerais do direito. Nada pode escapar da memória poder do direito.

Ao mesmo tempo que o direito se torna uma possibilidade de memória total ou onipresente, em seu excesso, afasta-se continuamente da ideia de homem natural, do universal humano. Vê-se a cisão de uma concepção racional oitocentista, vinda do direito natural, de sujeito de direito com o de pessoa.[3] Basta lembrar que para Kelsen, mesmo ainda no século XX, são interligados o conceito de pessoa e o de direito: "pessoa é o homem enquanto sujeito de direitos e deveres" (2006, p. 191).

Na abstração da pessoa como sujeito de direito, ou seja, uma representação fictícia desenvolvida da memória jurídica, num processo de hipervirtualização da realidade, esvazia-se a noção do humano e de direitos naturais, que trariam sentido a uma concepção de vida e de existência moral e ética, para uma outra permeada por outras ideias mais materialmente abertas e porosas. Com isso, ampliam-se as possibilidades e os caminhos a um tipo *sui generis* de humano, esvaziado e amoral, que pode ser reconstruído e reinventado em seu historicismo, cultural, social, econômico e científico, porque não passa nada além de memória. Surge daí a perspectiva de que o direito, resultante dessas práticas, pode ser uma virtualização da realidade, uma potencialização além do físico. Como consequência, o direito poderia forjar sujeitos, humanos ou não e eles serem reconhecidos como sujeitos de direito.

A noção de sujeito de direito é ampliada para além do humano para amoldar as necessidades de um modelo econômico baseado na racionalidade científica e em uma tecnologia onipresente. Produzem-se verdades que são extensão de uma concepção de um humano, mas que com ele não se relaciona. A tríade capital, razão e tecnologia torna-se mais do que um objeto ou um valor a ser protegido. Existe todo um aparato estatal para garantir a sua efetivação dentro da perspectiva de sujeito de direitos e obrigações. Um complexo de sujeitos de direitos que não possuem conexão com o real. O capital se dissemina como virtualização de realidades multifacetadas e distópicas com o auxílio das tecnologias de informação e de comunicação: uma memória para produzir esquecimentos de uma realidade que não pode

---

[3] Friedrich Carl von Savigny caminhava neste sentido: "[...] a ideia primitiva de pessoa, ou seja, de sujeito de direito deve coincidir com a ideia de homem, e a identidade primitiva desses dois conceitos pode-se formular nos seguintes termos: cada indivíduo e, o indivíduo apenas, detém capacidade de direito" (apud LEONARDO, 2010, p. 552).

ser conhecida ou apreendida. São verdades sem nome, sem rosto que só se realizam nos objetos necessários à sua própria consecução e construção.

A partir do processo de retirada lenta e gradual do humano do direito, inserem-se os discursos que imputam às tecnologias a solução de problemas sociais e econômicos. Um mundo em que sistemas de inteligência artificial e seus subprodutos tornam-se a chave mestra para as respostas a todos os questionamentos. Não existirão mais entraves insolúveis, se empresas e governos tiverem acesso a mais e mais dados e sistemas de processamento cada mais volumosos e rápidos. As tomadas de decisão serão mais eficientes. Espalha-se a confiança de que a falta de intervenção humana diminuirá as falhas e os erros serão mínimos. É a máxima eficiência fornecida pela tecnologia.

O reconhecimento facial é parte da lógica discursiva embutida na inteligência artificial: mais eficiência e minimização dos erros. O pensamento de que nada nem ninguém poderá se esconder perante as tecnologias de reconhecimento facial, pois o banco de dados já selecionou, dentre milhões de possibilidades, aquele que é realmente o responsável por um ilícito ou tem a permissão de acessar ou não algum ambiente. Entretanto, inúmeros são os exemplos que mostram as falhas desses mecanismos de inteligência artificial, que elas não cumprem com o que prometem, o que, de maneira nenhuma, têm afastado a confiança nesses sistemas.

A inteligência artificial está posta como uma inevitabilidade. E, diante do incontestável, devem-se buscar meios de introduzi-la nas práticas jurídicas e judiciais. O Conselho Nacional de Justiça (CNJ) emitiu a Resolução332, "que dispõe sobre a ética, a transparência e a governança na produção e no uso de inteligência artificial (IA) no Poder Judiciário", em que se definem os termos técnicos, as regras de governança e os aspectos relacionados à proteção de dados. O Poder Judiciário brasileiro acredita que os seus problemas serão solucionados sempre com a tecnologia mais nova e atual. Foi assim com o procedimento eletrônico, agora é a inteligência artificial e amanhã será qualquer outro objeto mais novo e inovador. Mas a permanência dos problemas e da morosidade do sistema judiciário continuam e não são solucionadas, pois estão em outro lugar, invisível aos olhares dos cidadãos titulares.

Diante dos desafios a serem enfrentados nos discursos que adotam a inteligência artificial como solução e das práticas que resultam da sua adoção acrítica, algumas perguntas surgem: como conciliar as tecnologias de vigilância e de controle com os direitos inerentes aos titulares de dados? Como resguardar a privacidade e a proteção de dados do titular perante o discurso e tecnologias que, na prática, inviabilizam o exercício delas? Existe direito de oposição à inteligência artificial e seus subprodutos? As leis e as resoluções abrangem e auxiliam os titulares? Entender o *locus* do surgimento da inteligência artificial, suas ambições ontológicas, sua configuração recente como necessidade humana, se é mesmo uma necessidade humana, e sua conexão com o direito, principalmente com o direito do titular de dados, faz funcionar uma série de questionamentos que põem em xeque o humano como sujeito de direitos.

6.1 INTELIGÊNCIA ARTIFICIAL, MITO E ORÁCULO

Numa configuração de sociedade que produz cada vez mais dados, os sistemas de inteligência artificial são as soluções mais eficientes para a tarefa de classificação, de separação, de organização e de estruturação de informações e de conhecimentos. O funcionamento da inteligência artificial, no paradigma informacional, encaminha-se para uma análise preditiva daquela memória colacionada, em todos os seus aspectos de áudio, de vídeo e de texto. Ou seja, a inteligência artificial tem "a capacidade de identificar a probabilidade de *resultados futuros* com base em dados, algoritmos estatísticos e técnicas de *machine learning*" (FIA, 2018, grifei). No funcionamento da inteligência artificial, há uma confluência entre memória, esquecimento e verdade com o direito e uma constituição de sujeito com vistas ao futuro, ao previsível, ao humano dócil, domesticado, controlado e útil. Aí se pergunta: qual é a novidade da inteligência artificial na História humana? A forma, os processos e os objetivos da inteligência artificial nunca foram realizados antes?

A História, além da possibilidade de registros e de conservação das memórias no presente de passados apreensíveis, constitui-se de um campo de conhecimento sempre aberto a múltiplos futuros e visões. A apropriação ou o esquecimento das memórias produzem sujeitos diversos, plúrimos, distintos. São inúmeros fatores que influem nas diferentes percepções da memória obtida. Contudo, gostaria de resgatar a ideia que me parece ser importante na atual constituição de sujeito de direitos, que não necessariamente estão conectados com uma ideia de humano: a importância dos meios, dos sistemas e das pessoas que interpretam as memórias, com intuito de forjar determinados comportamentos, antecipar situações e propor possíveis soluções a problemas variados.

Pensar que a análise preditiva em busca de resultados futuros é característica inerente à inteligência artificial e uma novidade na História, constitui-se num grande equívoco. A inteligência artificial funciona como uma chave de interpretação de memórias, a partir de quem cria, mantém e controla o seu funcionamento. Da mesma forma, na Antiguidade Clássica grega utilizavam-se de chaves de leitura da realidade para traduzir e reduzir as complexidades, a fim de que se apreendessem as coisas pelas palavras. Existiam duas práticas sociais e históricas que faziam o uso dessa estrutura analítica de processos de constituição de sujeitos e organização da sociedade: os mitos e os oráculos.

Os mitos são chaves de sistematização da existência que têm como objetivo, com exemplos trazidos nas histórias dos deuses, traduzir a complexidade da sociedade e, ao mesmo tempo, torná-la mais formatada às expectativas das pessoas e à produção de um sentido. Os mitos criam valores e moralidades para serem repartidos por todos. Impõem limites interpretativos, racionalizam os posicionamentos, restringem as probabilidades de se solucionarem os fatos e controlam as expectativas de como eles serão partilhados por todos. A função do mito é servir de processo disciplinar e educacional para a sociedade. Por meio de contínuas repetições, os comportamentos possam ser reverberados continuamente no presente e no futuro. Lídia Prado, dentro de uma perspectiva junguiana, demonstra a função social do mito como criador de modelos e arquétipos para construção de sentidos:

> Atualmente, os mitos são tidos como expressão de modalidades de existência, modelos que possibilitam ao indivíduo inserir-se na realidade, constituindo *protótipos* de todas as atividades humanas dotadas de significação. Pois bem, a noção de mito trazida pela Psicologia do Inconsciente, em especial a expressa por Carl Gustav Jung, é perfeitamente compatível com essa visão. Isso porque, segundo a noção junguiana, os mitos condensam experiências humanas típicas (que vêm sendo vividas, repetidamente, durante milênios), constituindo representações espontâneas – provenientes da *psique* coletiva – de verdades psicológicas (2011, p. 104).

Para reter na memória do grego a força do mito, existiam outras chaves de leitura da realidade. Uma delas refere-se ao poder dos reis sobre os destinos de seus povos e como conduzi-los em seus aspectos públicos e privados. O poder secular dos reis está relacionado diretamente com a função e a existência dos oráculos, como *modus operandi* da reificação da mitologia e da manutenção das estruturas de dominação. Os oráculos tinham como objetivos primordiais interligar os deuses e os homens em diversos assuntos de governo, guerras, sociais, sentimentais etc.[4] Poucos eram selecionados para exercerem a função de condutores dos desejos dos deuses.[5] A despeito

---

[4] Não só os gregos usufruíam dos seus oráculos. Há relatos de que gregos, persas, fariseus e outros povos mediterrâneos se consultavam com os oráculos gregos.

[5] "A mitologia e a literatura épica fazem remontar a prática da adivinhação à época heroica: os deuses confiaram a uns poucos heróis o poder de ler o destino, interpretando os sinais" (MINOIS, 2016, p. 49).

existirem diversos modos de ler o futuro[6], o oráculo era socialmente reconhecido como o local por onde os deuses se manifestavam diretamente ao mundo secular e por ele comandavam, junto com os reis, os diversos povos e etnias que por lá transitavam.[7] O oráculo era a confirmação e realização do poder dos mitos, dos deuses e dos reis.

Os oráculos cumpriam várias funções para os gregos. Era o local da peregrinação e do haruspício, pois os gregos jamais ingressariam numa guerra sem consultá-los para saber se ganhariam ou perderiam as batalhas. Os oráculos não só orientavam sobre o final designado pelos deuses, mas como proceder nas estratégias políticas e de guerra, podendo-se evitar a realização de combates. Existia ainda a possibilidade de se realizarem ritos e feitiços que poderiam alterar o destino traçado pelos deuses. As magias poderiam evitar o futuro trágico ou não desejado previsto para uma solução mais adequada aos reis e aos comandantes gregos. O escopo social do oráculo direcionava-se, em todos os seus modos de atuação, para a pacificação social, pois tendia a harmonizar os discursos e a entender as demandas de cada um dos povos consultantes e, no microcosmo, atender os desejos de seus habitantes.

A função mais importante do oráculo é a de ser memória viva de todos os povos gregos e estrangeiros. Se utilizarmos como exemplo o Oráculo de Delfos, um dos mais famosos oráculos da Grécia antiga, nota-se que milhares de pessoas passavam por ele todos os anos.[8] Numa imagem mais emblemática, guardada as devidas proporções, era como se fosse a peregrinação para Meca dos muçulmanos. É na reunião de povos de todos os cantos e lugares, que o Oráculo de Delfos, bem como todos os mais de 300 oráculos gregos, constituíam-se em enormes receptáculos das diversas memórias e

---

[6] Idem, p. 51-52.

[7] "A partir da época arcaica, a adivinhação intuitiva toma a forma específica dos oráculos, estabelecidos permanentemente em locais privilegiados, onde se manifesta a palavra divina, por intermédio de um inspirado. O termo oráculo, aliás, designa ao mesmo tempo o inspirado, o texto da mensagem divina e o local onde ele se manifesta. De uma obscuridade sábia ou descabelada, esses oráculos são verdadeiros enigmas, cuja decifração necessita da perspicácia de especialistas, como os quatro 'Píticos' que os reis de Esparta enviam a Delfos para consultar Apolo. Na verdade, admitia-se grande flexibilidade nas interpretações, que podiam ser feitas até mesmo pelos não especialistas, o que levava a dar razão aos mais astuciosos, como veremos" (Ibidem, p. 52-53).

[8] "Durante todo esse período, Delfos é o verdadeiro centro da diplomacia das cidades gregas. Delegações vêm de quase toda parte para consultar Apolo sobre os assuntos mais diversos, mas na grande maioria sobre questões puramente religiosas" (Ibidem, p. 57).

informações trazidas pelos viajantes. As predições e haruspícios eram mais acurados e precisos, pois os harúspices tinham todos os dados necessários dos peregrinos sobre as cidades estados da Grécia inteira e do estrangeiro. As consultas abrangiam questões práticas, tais como se Esparta poderia entrar em guerra contra Atenas ou vice-versa? Quantos persas estavam no exército de Xerxes? Informações que eram táticas e estratégicas para as relações sociais, econômicas e geopolíticas da época. Os oráculos não são somente receptáculos passivos de informações. Para não criar sentimentos beligerantes ou gerar discórdias desnecessárias, os oráculos atuavam diretamente na consulta feita, podendo dar duas versões diferentes, uma para cada consultante. Visões essas que diretamente os beneficiariam.[9]

Os sacerdotes dos oráculos não confiavam somente no conhecimento fornecido pela adivinhação, mas, principalmente, no que lhes era informado pelos fiéis que os visitavam: quantos soldados tinham, suprimentos, conluios, apoio das oligarquias, situação econômica, entre outras informações. A memória acumulada dos peregrinos e transeuntes, com aquela trazida pelo ato divinatório, que se revela na conjunção dos mitos com os rituais de divinação, tornam a previsão realizada pelo oráculo moldável a um futuro possível de ser concretizado. Cabe ressaltar que o processo decisório dos oráculos, em raras vezes, contrariava as oligarquias dominantes e os reis.

O que garantia, enfim, o poder dos oráculos? Os oráculos eram os donos das memórias de todos os povos gregos e estrangeiros que por lá passavam. É o poder da memória que justifica o ritual de predição do futuro. O futuro é feito de possibilidades e de cálculos sociais do presente. A conjunção dos sinais ritualísticos indica como traduzir as vontades divinas dentro das perspectivas seculares de quem tem interesse no resultado. O reconhecimento entre todos de como funciona a engrenagem da memória divinatória é que institucionaliza a importância dos oráculos como fonte decisória dos deuses e dos homens, estabelecendo conexões entre os fatos porvir, os fatos passados com as relações de poder do presente. A predição do oráculo, diante disso, reencarnava o desejo dos deuses, reificava o poder dos reis e justificava a dominação dos subalternos. O grego, como indivíduo, era constituído do caldo que mistura a mitologia, a reencarnação dos desejos dos deuses e a vontade de seus governantes. Não havia escapatória para outros caminhos, para um sujeito diferente. O grego era resultante das equações que sempre olhavam para o futuro para constituí-lo no presente.

---

[9] "No início do século V, os espartanos, aos quais os oráculos haviam prometido a vitória, descobrem que os atenienses haviam recebido as mesmas garantias" (Ibidem, p. 57).

Ao longo da história, de maneira semelhante, o comportamento do grego da antiguidade clássica foi replicado a romanos, às práticas da Igreja Católica, das religiões asiáticas, dos adivinhos, enfim, o controle da memória, do consciente e do inconsciente coletivo, é fator determinante de domínio e do poder sobre a sociedade. Assim, pode se estabelecer, reconhecendo-se esse *modus operandi*, resguardada as diferenças tecnológicas, históricas, econômicas e culturais, que a inteligência artificial, tal como está posta atualmente, como memória total dos dados, manipulada por pessoas por meio de sistemas informáticos, é um simulacro dos procedimentos de estabilização valorativa do futuro com constituição de um sujeito no presente, nas mesmas perspectivas do mito e do oráculo.

A inteligência artificial pode decidir sobre a vida e a morte[10] e as condições físicas e psicológicas de pessoas,[11] traça futuros possíveis, formula cálculos infinitos e incompreensíveis para o humano, tudo isso a uma velocidade e a capacidade de acumular dados impressionante. Entretanto, os processos históricos, econômicos, culturais e sociais envolvidos não são novos ou inéditos. Por isso, tendo em vista o processo de constituição de sujeitos e a forma como funcionam os sistemas de inteligência artificial, devem-se esmiuçar as suas práticas, a fim de compreendê-las mais nitidamente: como acessar os códigos fontes das aplicações de inteligência artificial, quem controla, como o faz e como regulá-lo? Como atestar que as resultantes oferecidas não foram condicionadas por conta de um desenho de *software*, que tende a reforçar decisões já predefinidas anteriormente por quem controla a inteligência artificial? Como podemos assegurar que a escolha feita pela inteligência artificial atende a todos os requisitos legais? Cabe indagar também se a inteligência artificial reforçaria uma estabilização de situação iníquas e

---

[10] Elon Musk, dono da empresa Tesla, uma das maiores empresas de tecnologia do mundo, afirmou: "'É um risco para a existência da nossa civilização', advertiu o empresário aos governadores em uma reunião que aconteceu no sábado, em Rhode Island". "Até as pessoas não vejam robôs matando gente na rua não se entenderão os perigos da inteligência artificial". Disponível em: https://brasil.elpais.com/brasil/2017/07/17/tecnologia/1500289809_008679.html. Acesso em: 26 jul. 2019.

[11] "De acordo com os cientistas que lideraram o projeto, Norman é um exemplo de que os dados são ainda mais importantes do que o algoritmo". E segue: "Norman sofreu de uma extensa exposição aos cantos mais escuras do Reddit, e ele representa um estudo de caso sobre os perigos de a inteligência artificial que dá errado quando dados tendenciosos são utilizados em algoritmos de aprendizado de máquina", afirmou a equipe – que também é responsável pela Nighmare Machine e pela Shelly, a primeira inteligência artificial que escreve terror – no *site*". Disponível em: https://revistagalileu.globo.com/Tecnologia/noticia/2018/06/cientistas-criaram-primeira--inteligencia-artificial-psicopata.html. Acesso em: 26 jul. 2019.

discriminatórias, mantendo-as para fazer prevalecer o interesse daqueles que a controlam e a manipulam.

A novidade inserta no atual momento histórico é o surgimento e empoderamento de direitos atribuídos ao titular de dados (cidadão, eleitor, consumidor etc.) nos sistemas de tomada de decisão. O titular é inserido como ator e partícipe de um processo que, além de aliená-lo de seus dados e de seu corpo, exige dele uma ressignificação de seus direitos e de sua dignidade. Contudo, a questão que se enfrenta é se o empoderamento de direitos trará ao titular de dados o domínio sobre as tecnologias necessárias, para que eles sejam efetivados. Terá o titular o controle sobre o governo de si ou continuará a ser dominado por uma maneira, uma arte de governar, que agora se manifesta por meio da inteligência artificial?

6.2 INTELIGÊNCIA ARTIFICIAL E O TITULAR DE DADOS: A CONSTITUIÇÃO DO SUJEITO DO FUTURO

A inteligência artificial, para afastar a inúmeras críticas que sofre, tem como fundo discursivo positivo o de ser uma melhoria na forma de governar espaços e pessoas[12]. Muitas das aplicações em inteligência artificial têm se direcionado para a transformação das cidades em cidades inteligentes. O conceito de cidades inteligentes (*smart cities*) engloba a ressignificação do modo de vida das pessoas por meio da reestruturação dos espaços. Cidades em que pessoas e espaços serão esquadrinhados em tempo real por sistemas de inteligência artificial, que auxiliarão na melhora da qualidade de vida de todos e num melhor governo das inúmeras variáveis que envolvem o processo de decisões do perímetro urbano. A ideia positiva acerca do conceito de cidades inteligentes, como subproduto da inteligência artificial, é difundida na sociedade sem, contudo, responder às críticas pertinentes que lhe são feitas:

---

[12] "Qualquer tentativa de atualizar a compilação clássica de Raymond Willians sobre os termos que traçam os contornos culturais contemporâneos, Palavras-chave: um vocabulário de cultura e sociedade, deve reservar destaque para a palavra 'smart' – esse substantivo essencial e predominante da era digital que tanto promete e que oferece tão pouco de concreto. Tudo é smart os dias de hoje, desde as escovas de dentes até o crescimento ('smart growth'), passando pelas casas ('smart houses') – uma tentativa de capturar uma constelação de significados de expansão rápida e ao mesmo tempo ilusória, ambígua. O termo é frequentemente usado como sinônimo sexy e antenado de 'flexível', 'sagaz', 'autoajustável', 'inteligente', 'autônomo', 'engenhoso', 'esguio' ou mesmo 'ecologicamente responsável' – termos positivos, resplandecentes, que indicam uma emancipação, prometem sustentabilidade e nos asseguram de que nada será desperdiçado. Quem poderia ser contra tudo isto?" (grifos do autor) (MOROZOV; BRIA, 2019, p. 15).

O próprio conceito da *smart city*, incansavelmente promovido por toda uma indústria de empresas de consultoria, por feiras e exposições sobre cidades inteligentes, também já foi alvo de uma boa dose de críticas. Ainda que não sejam particularmente numerosos, seus críticos souberam, no entanto, se fazer ouvir ao atacar as abstrações irreais das visões utópicas por trás da *smart city* em razão da sua falta de conexão com os problemas de pessoas reais do mundo real, as cruzadas tecnocráticas em busca da dominação de nossa existência diária nas cidades (agora por meio de sensores em vez de zoneamento urbano) e sua obsessão quase pornográfica por vigilância e controle, além da sua incapacidade de qualquer pensamento que coloque os cidadãos (e não as corporações ou os planejadores urbanos) no centro do processo de desenvolvimento (MOROZOV; BRIA, 2019, p. 16-17).

A análise crítica de Morozov sobre o processo social envolvido na adoção da inteligência artificial, como uma realidade hipervirtualizada e utópica, permite o deslocamento contínuo do sujeito de direitos, pois não atrelada mais a uma visão de humano. É o atual estágio de transformações jurídicas e tecnológicas que foram desenvolvidas no quarto final do século XX e começo do século XXI. Uma metalinguagem contínua que desdobra por semelhança o humano e a humanização das coisas.[13]

O processo de desumanização do sujeito de direito direciona-se a possibilidades infinitas de proteção jurídica. Foram estabelecidos como sujeitos de direitos a natureza,[14] os animais[15] e, mais recentemente, num desenho

---

[13] "Humanizar significa 'tornar humano, dar condição humana, humanizar'. É também definida como 'tornar benévolo, afável, tratável' e ainda 'fazer adquirir hábitos sociais polidos, civilizar'. Já humano, vem de natureza humana, significando também 'bondoso, humanitário'". (WALDOW; BORGES, 2011). Aliás, este processo de desumanização já era percebido por Marx no século XIX com a fetichização da mercadoria e o valor atribuído a ela, análise que foi desenvolvida na obra O Capital, mas que já estava presente na sua juventude acadêmica: "Com a valorização do mundo das coisas, aumenta-se em proporção direta a desvalorização do mundo dos homens" (MARX, 2004, p. 111).

[14] "Entretanto, subsistem fortes motivos que justificam a extensão de personalidade, apesar das críticas e dos argumentos no sentido de que os direitos da Natureza não vão além em eficácia do que os atuais mecanismos de proteção antropocêntricos. Tais motivos seriam classificados como argumentos utilitaristas. Conceder personalidade jurídica à Natureza, representada judicialmente por qualquer pessoa e não só pelo Ministério Público, possibilitaria uma tutela específica, com foco integral no meio ambiente. É exatamente o que faz a Constituição Equatoriana ao legitimar qualquer interessado à proteção do meio ambiente. Vimos bem o grau de proteção que o Rio Vilacamba recebeu quando em juízo foi defender seus direitos" (GUSSOLI, 2014).

[15] *Vide* Declaração Universal dos Direitos dos Animais pela ONU. Disponível em: http://portal.cfmv.gov.br/uploads/direitos.pdf. Acesso em: 14 maio 2019.

mais futurista, os robôs, que serão, em breve, os próximos.[16] É no contexto socioeconômico e jurídico imposto que deve ser compreendida a expansão do alcance das normas jurídicas para além do humano e o que ele representaria em sua forma atual, real. Por meio de um processo histórico de desvinculação do real para um modelo virtual, formatado nos moldes preconcebidos por quem controla a economia, a ciência e as tecnologias, que o humano está se desconectando. Pior, preparado para ser desconectado. São inúmeros direitos atribuídos e sujeitos constituídos, criados, necessários ou não, que deveriam se conectar ou refletir, ilusoriamente, as lutas e os combates palpáveis, mas que não passam nada além de memória, pois destituídas das ferramentas de serem realizadas em prol de algo ou alguém em busca de um sentido.

A produção de memória em larga escala faz surgir uma camada imensa de intermediários para traduzi-la, interpretá-la. Não só pessoas intervêm no processo de interpretação, sistemas são construídos para gerar interpretações que encontrem as contradições, forneçam uma lógica por trás da massa de dados e construam um sentido na utilização deles. Os sistemas *big data*, que manipulam e "reinterpretam" a memória produzida, nas suas estruturas lógicas predefinidas também por outros sistemas e/ou por seus programadores, produzem as significações, os esquecimentos e as verdades daquelas memórias acessadas, refletindo as seletividades estabelecidas e retratadas nelas. Automaticamente, os sistemas *big data* realizam processos e procedimentos decisórios num padrão de sujeito moldado *a priori*, o qual não temos acesso aos critérios utilizados, pois são construídos por um ou

---

[16] Marco Aurélio de Castro Júnior (2009) defendeu a existência de uma personalidade jurídica dos robôs em seu mestrado, neste sentido: "Afinal, arremata Lehman-Wilzig: 'O que significa ser uma pessoa? Como visto, certamente não se pode arguir que ser pessoa é ser humano. Poderia um artefato ser humano? Para mim, a resposta é clara: sim. Um robô poderá fazer muitas coisas das quais discutimos: locomover e reproduzir; predizer e escolher; aprender; compreender e interpretar; analisar, decidir; sentir'" (CASTRO JR., 2009, p. 199-200). Em entrevista concedida em 2013, justifica ainda mais necessidade do tema: "A tecnologia sempre me fascinou e sempre procurei me manter atualizado com ela. A despeito disso eu não gosto de ficção científica. Eu não sei precisar como surgiu esta ideia, mas percebi que o desenvolvimento da tecnologia poderia levar a um estágio em que obsoleto poderia ser o Homem, então o que me pareceu mais próximo de nós em termos tecnológicos foi o robô. Pesquisando no Yahoo (não havia Google) deparei-me com um artigo de Robert A. Freitas Jr. chamado 'The legal Rights of Robots'. Fiquei encantado, preocupado, entusiasmado e entendi que havia um mundo novo a descobrir". Disponível em: http://www.cartaforense.com.br/conteudo/entrevistas/personalidade-juridica-do-robo/12375. Acesso em: 17 maio 2019. Mais adiante, Carlos Affonso Souza amplia a discussão sobre a personalidade jurídica dos robôs (2017).

vários programadores, seus chefes e os donos daquele sistema. Os sistemas de inteligência artificial, por sua vez, são propriedades de grandes corporações privadas, que possuem capacidade para investir nessas tecnologias, que não são auditadas ou controladas por nenhum governo ou Estado. Aí, o Estado, que não aplica mais recursos a serviços de utilidade pública, compra as soluções de inteligência artificial das grandes corporações para prover os seus serviços, sem, contudo, exigir uma contrapartida social desses sistemas.

São nesses esquecimentos de manipulação da memória que são desenhados os contornos do que o sistema poderia processar, calcular e "aprender" (*machine learning*, ou seja, em tradução literal aprendizado de máquina). Em decorrência dos desenvolvimentos tecnológicos e sociais, há a preocupação com a ampliação do uso da inteligência artificial para várias áreas. Yochai Benkler questiona a falta de transparência na construção das inteligências artificiais:

> Inserido na caixa-preta do algoritmo, preconceitos sociais se tornam invisíveis e indecifráveis. Quando construídos somente para lucros, os algoritmos necessariamente divergem do interesse público – assimetrias informacionais, poder de barganha e influências externas permeiam esses mercados. Por exemplo, os lucros do Meta e do YouTube vêm das pessoas que permanecem em suas páginas e nas propagandas oferecidas especialmente direcionadas a elas. Isso pode se tornar ilegal ou perigoso. O Departamento norte-americano de Desenvolvimento Urbano e Doméstico condenou o Meta por possibilitar a discriminação de anúncios pessoais (podendo selecionar a raça e a religiosidade dos que terão acesso a essa listagem). O algoritmo de recomendação do Youtube foi condenado por incentivar a campanha de pessoas contra as vacinas. Eu vejo esses serviços como sinais da indústria de alta tecnologia: elas trazem lucros, mas os custos são da sociedade (as companhias declaram que elas trabalham para assegurar que seus produtos são socialmente responsáveis)[17] (BENKLER, 2019 – tradução livre deste excerto).

---

[17] "Inside an algorithmic black box, societal biases are rendered invisible and unaccountable. When designed for profit-making alone, algorithms necessarily diverge from the public interest — information asymmetries, bargaining power and externalities pervade these markets. For example, FacebookMeta and YouTube profit from people staying on their sites and by offering advertisers technology to deliver precisely targeted messages. That could turn out to be illegal or dangerous. The US Department of Housing and Urban Development has charged FacebookMeta with enabling discrimination in housing adverts (correlates of race and religion could be used to affect who sees a listing). YouTube's recommendation algorithm has been implicated in stoking anti-vaccine conspiracies. I see these sorts of service as the emissions of high-tech industry: they bring profits, but the costs are borne by society. (The companies have stated that they work to ensure their products are socially responsible)".

Além das questões relacionados à caixa-preta dos algoritmos e o custo social de sua utilização,[18] a inteligência artificial relaciona-se com ideia implícita de que ela poderia tomar decisões, o que é um paradoxo. A capacidade de tomada de decisão sempre diferenciou a humanidade dos animais ou seres inanimados. Por meio de um processo seletivo, pode-se escolher dentre várias opções a decisão mais conveniente para um determinado momento ou situação. Contudo, quando a variável aumenta exponencialmente, reconhecidamente o ser humano não possui condições cognitivas para interpretar uma gama colossal de informações e probabilidades.

A inteligência artificial não faz escolhas ponderadas,[19] o que levaria em conta situações emocionais, políticas, culturais, sexuais etc., sobre todos os aspectos relacionados a certas demandas e situações. Não há avaliação ética ou moral. É um programa de matemática aplicada para seleção de possibilidades sistêmicas, utilizando-se regras de probabilidades para alcançar cenários anteriormente traçados e vislumbrados.

---

[18] A inteligência artificial, a despeito dos ganhos obtidos com a maior eficiência nas análises dos dados existentes, produz um custo social para os Estados que se reverberam na diminuição dos postos de trabalho, e consequente aumento das desigualdades sociais, e na exclusão digital, cultural e educacional dos titulares de dados. A possibilidade existente de que os empregos serão deslocados para outras áreas mais técnicas e especializadas, podendo ser repostos, não afasta o entendimento de que essa mudança requer investimentos e formação educacional para ser implementada. Por outro lado, automaticamente, a inteligência artificial torna-se instrumento de exclusão dos titulares de dados, que não possuem a total compreensão e informação sobre os objetivos a serem desenvolvidos com cada sistema. Em face disso, existem debates sendo realizados para que os detentores dessas tecnologias de inteligência artificial sejam economicamente responsabilizados pelos custos sociais dos ganhos que obtiverem com a produção de desigualdades e exclusões sociais, que deverão ser arcados pelos Estados e a sociedade civil como um todo.

[19] Ponderar é o ato de pensar excessivamente acerca de algo, de refletir. Ponderar origina-se da palavra em latim *ponderare*, que significa pesar, avaliar, pensar sobre, ou seja, é um ato estritamente humano. Ponderar está estritamente ligada a uma perspectiva filosófica da racionalidade. Na Crítica da Razão Pura, Kant entende que a razão pura fundamenta tanto a Filosofia quanto a Matemática, campo da inteligência artificial, contudo alerta: "Não convém de modo nenhum à natureza da Filosofia, sobretudo no campo da razão pura, engalanar-se com uma aparência dogmática e exibir os títulos e as insígnias da Matemática, ciência a cuja ordem ela não pertence... Isso são vãs pretensões que nunca podem ter sucesso, mas que, pelo contrário, devem comprometer a Filosofia a reflectir sobre o seu desígnio para descobrir as ilusões de uma razão que desconhece os seus limites e, por meio de uma clarificação suficiente dos nossos conceitos, conduzir a presunção da especulação a um modesto, mas fundamentado conhecimento de si mesmo" (apud SANTOS, 2014). Kant no século XVIII já afastava a possibilidade de a Matemática substituir a Filosofia.

Entretanto, *en passant*, em processos de análise preditiva complexo, há a sensação de que se assemelha a um processo cognitivo humano, o que pode trazer certo desconforto quando uma inteligência artificial consegue escrever textos de forma, aparentemente, autônoma, dentro de uma base pré-selecionada, tal como realizaram recentemente.[20] O assombro impacta a percepção. Torna-se visível o excesso de admiração com a tecnologia, que nos guiará em direção a um humano melhor e mais desenvolvido e que, ao mesmo tempo, a qualquer momento, pode nos substituir. O assombro deve ser enxergado em suas perspectivas positivas e negativas. Reconhece-se na tecnologia, principalmente nas inteligências artificiais, a possibilidade de tornar a vivência no planeta formatada de maneira mais equalizável e sustentável. Num sentido hegeliano, a inteligência artificial nos levaria, sem sustos, para a síntese de tudo em direção ao êxtase absoluto, uma catarse da humanidade ao poder supremo. Na faceta negativa do assombro, o sujeito reconhece-se objeto faticamente dispensável na estrutura do despertencimento de si. É objeto até nas escolhas que acredita fazer, mas que lhes são delimitadas e impostas por esses sistemas complexos. Ao se ver face a face com a lógica do absurdo e da desconstrução do eu, o outrora humano reage, exalta-se, mas sem capacidade de lutar e combater aquilo que não é mais dele, para ele e com ele. A maravilha do assombro ao se confrontar com o real causa perplexidade e desconfiança de que algo não está mais dentro de si, está acerca de si. Reverbera-se essa ideia quando o sujeito se encara como objeto na formatação da vida dada pela tríade capital, razão e tecnologia.

Experiências trazidas na internet mostram os assombros do despertencimento, ao ser confrontado com o real. Um documentário específico demonstra a sensação de assombro do humano quando confrontado com o uso da tecnologia: *Surveillance Man* (2018). Por mais de 50 minutos, o enredo é o mesmo. Um homem carrega uma câmera em locais públicos e filma os passantes. É um *flaneur* registrando a vida na cidade. O problema é que ele é visível, localizado e pode ser questionado por quem está sendo filmado. As reações são as mais díspares possíveis. Existem aqueles que aceitam ser filmados e interagem com o *cameraman*. Outros que questionam o porquê da filmagem. E, na maioria dos casos, as pessoas reagem agressivamente contra ele. Brigam. Chamam a polícia. Xingam. Perseguem-no. Contudo,

---

[20] "Pesquisadores do grupo de pesquisa sem fins lucrativos OpenAI só queriam treinar seu novo *software* de geração de texto para prever a próxima palavra em uma frase. Só que ele superou todas as suas expectativas e foi tão bom em imitar a escrita de seres humanos que eles decidiram puxar o freio da criação enquanto imaginam os danos que poderiam ser causados se caísse em mãos erradas". Disponível em: https://gizmodo.uol.com.br/inteligencia-artificial-open-ai/>. Acesso em: 20 maio 2019.

o *cameraman*, a não ser que esteja em perigo, continua filmando a reação das pessoas. A resposta para as indagações são sempre as mesmas: "É um lugar público e eu quero filmar você". Nada mais. Uma só vez, num banco, o *cameraman* diz para a pessoa, que não deseja ser filmada, que ele estava fazendo o mesmo que o empregador dela e a reação não é a mesma. Esse é o grande questionamento não só do documentário, mas do assombro a que somos levados ao tomarmos consciência de nós num mundo de hipervisibilidade e invisibilidade.

Existem câmeras e registros do cidadão titular a todo o momento. A vida do cidadão titular é devassada a cada segundo na "liberdade" concedida pela internet de dentro dos celulares, contudo, não enxergamos quais são os mecanismos, os seus meandros, como elas funcionam e o que elas captam. Elas nos são invisíveis para nos tornar visíveis e rastreáveis, mas que não são questionadas em suas razões de funcionarem dessa maneira, das suas necessidades e o porquê não as contestar. Simplesmente existem e se justificam por elas mesmas. A grande ironia provocada pelo *Surveillance Man* é a sua visibilidade, o reconhecimento da sua existência, tornando-se um alvo para a indignação dos sujeitos, que se revoltam contra o que acreditam ser prejudicial para a ideia deles de privacidade. A reação de indignação é sincera e salutar. É o assombro que os invade e gera a apropriação de um direito de ser invisível, de não ser monitorado. Vê-se nos gestos raivosos a centelha de um sentimento que nos é retirado dia a dia por meio de subterfúgios tecnológicos, que produzem a memória que descoloniza a humanidade. A alma partiu e vê o corpo agonizante de cima por milhares de ângulos, de câmeras e de sistemas de inteligência artificial da memória infinita e inesgotável.

É uma memória que não nos pertence também. A memória total produzida não é mais coordenada e articulada por meio do poder estatal ou do interesse público. Memória que foi privatizada e reestruturada em prol de finalidades corporativas, que estão fora do alcance efetivo da lei, de um procedimento investigatório, da transparência, do devido processo legal, do contraditório, enfim, do estado de direito e do titular de dados. A matéria inorgânica da inteligência artificial advém dessa memória, usurpada e usurpadora, privatizada e desconectada do alcance do titular e do Estado. Nem uma suposta arquitetura de privacidade[21] do *software* (*privacy by design e privacy*

---

[21] Nos trabalhos acadêmicos, em artigos e em livros recentes, de forma ingênua e acrítica, têm-se colocado os conceitos de *privacy by design* ou *privacy by default* como soluções para os problemas de falta de transparência e de responsabilização das empresas, gigantes ou não, relacionados com a privacidade e a proteção de dados. Esses conceitos foram desenvolvidos por Helen Nissenbaum (2010), ou seja, no pró-

by default)²² consegue afastar essa análise, pois não existem as condições que poderiam gerar a certeza de que, efetivamente, seguiram-se todas as regras, visíveis ou não, de construção daquela programação, do sistema. Muito menos a existência de uma autoridade nacional de proteção de dados pode prover a confiança de que todos os aplicativos e os sistemas informáticos existentes estarão em consonância com as regras, pois faltam os meios e a estrutura para se fazerem cumprir as normas e estabelecer comportamentos em conformidade com os direitos estabelecidos, mesmo eles em sua formatação digital.

Em face desses problemas relatados, alguns governos e entidades não governamentais²³ estão construindo um caminho para buscar uma solução aos desvios verificados no desenvolvimento da inteligência artificial. O governo estadunidense adota os seguintes princípios éticos: *responsabilidade,*

---

prio desenvolvimento do *software* estariam inseridas as regras que respeitassem a privacidade dos usuários pela ferramenta. Na prática, a concepção desses conceitos não são verificáveis ou transparentes. Sem a aderência necessária, eles são apenas direcionados pelos departamentos de *marketing* das empresas sem conexão com os direitos dos titulares.

22 O art. 25 do Regulamento Geral de Proteção de Dados da União Europeia normatizou esses conceitos: "Proteção de dados desde a concepção e por padrão: 1. Tendo em conta as técnicas mais avançadas, os custos da sua aplicação, e a natureza, o âmbito, o contexto e as finalidades do tratamento dos dados, bem como os riscos decorrentes do tratamento para os direitos e liberdades das pessoas singulares, cuja probabilidade e gravidade podem ser variáveis, o responsável pelo tratamento aplica, tanto no momento de definição dos meios de tratamento como no momento do próprio tratamento, as medidas técnicas e organizativas adequadas, como a pseudoanomização, destinadas a aplicar com eficácia os princípios da proteção de dados, tais como a minimização, e a incluir as garantias necessárias no tratamento, de uma forma que este cumpra os requisitos do presente regulamento e proteja os direitos dos titulares dos dados. 2. O responsável pelo tratamento aplica medidas técnicas e organizativas para assegurar que, por defeito, só sejam tratados os dados pessoais que forem necessários para cada finalidade específica do tratamento. Essa obrigação aplica-se à quantidade de dados pessoais recolhidos, à extensão do seu tratamento, ao seu prazo de conservação e à sua acessibilidade. Em especial, essas medidas asseguram que, por defeito, os dados pessoais não sejam disponibilizados sem intervenção humana a um número indeterminado de pessoas singulares. 3. Pode ser utilizado como elemento para demonstrar o cumprimento das obrigações estabelecidas nos n. 1 e 2 do presente artigo, um procedimento de certificação aprovado nos termos do artigo 42".

23 A título de exemplo pode-se citar: Digital Ethics Labs (https://digitalethicslab.oii.ox.ac.uk/), The Alan Turing Institute (https://www.turing.ac.uk/), AI Now (https://ainowinstitute.org/), Leverhulme Centre for the Future of Intelligence (CFI) (http://lcfi.ac.uk/), Future of Humanity Institute (https://www.fhi.ox.ac.uk/), The Center for Internet Society (http://cyberlaw.stanford.edu/), Berkman Klein Center (https://cyber.harvard.edu/) e Open Robotics Ethics (http://www.openroboethics.org/).

em que todos os seus funcionários e colaboradores irão aplicar as análises e julgamentos cuidadosos e apropriados no desenvolvimento e uso da inteligência artificial; *igualdade*, serão aplicados padrões para minimizar os erros sistemáticos da inteligência artificial; *rastreabilidade*, serão somente desenvolvidas e distribuídas ferramentas de inteligência artificial quando todos os funcionários, colaboradores e direção tiverem perfeito entendimento da tecnologia, dos processos e métodos operacionais aplicáveis, incluindo metodologias transparentes e auditáveis, as fontes dos dados e os procedimentos e documentação do design executado; *confiabilidade*, a inteligência artificial terá usos específicos e transparentes, sendo executada com segurança e de maneira eficaz, a fim de que esteja sujeita a constantes testes e assegure, dentro dos limites traçados, os usos definidos durante o seu ciclo de existência; e, por último, *governança*, a inteligência artificial deve ser desenhada e construída para cumprir com todas as suas finalidades, bem como ter a capacidade de detectar e evitar as consequências não desejadas, podendo ser desligada ou desativada dos sistemas quando demonstrem um comportamento não previsto.[24] As políticas desenvolvidas relacionadas com a inteligência artificial ética podem ser encontradas no *site* da Philosophy and Theory of Artificial Intelligence.[25]

Ao se compreender o contexto da inteligência artificial como instrumento de poder, tecnologia matemática de criação de saberes e produção de verdades, dentro da perspectiva crítica, desvendar algumas práticas invisíveis aos titulares de dados e que os sujeitam sem que haja quaisquer contrapartidas em seu benefício. E, para entender alguns aspectos da inteligência artificial, que já estão mais desenvolvidos, deve-se estudar o reconhecimento facial.

O reconhecimento facial[26] é uma tecnologia que vem sendo desenvolvida há anos e com a inteligência artificial teve os seus resultados alavancados a um outro patamar. A reconfiguração do reconhecimento facial pela inteligên-

---

[24] Disponível em: https://www.defense.gov/Explore/News/Article/Article/2094085/dod-adopts-5-principles-of-artificial-intelligence-ethics/. Acesso em: 5 maio 2021.

[25] Disponível em: http://www.pt-ai.org/TG-ELS/policy. Acesso em: 5 jan. 2021.

[26] Pedro Pisa explica como funciona a tecnologia de reconhecimento facial: "O rosto de uma pessoa é formado por diversas características, que são chamados pontos nodais. Existem cerca de 80 pontos nodais na face humana. Alguns exemplos de pontos nodais são a distância entre os olhos, o comprimento do nariz, o tamanho do queixo e a linha da mandíbula. Cada um desses pontos nodais é medido e armazenado em uma base de dados, formando a assinatura facial. A obtenção da assinatura facial completa a etapa de extração de características".

"Nesse momento, percebe-se uma diferença fundamental entre as etapas de rastreamento da face e a extração de características. O rastreamento baseia-se em formas geométricas comuns nos rostos de todas as pessoas, admitindo algumas variações. Já

cia artificial invisibilizou o sistema que vigia e controla, sem ser controlado. Como o titular não sabe que está sendo vigiado, quais são as ferramentas, jurídicas e tecnológicas, que estão disponíveis para ele se insurgir contra a vigilância? Quais são os argumentos jurídicos que serão defendidos contra o invisível do reconhecimento facial? Quem justificará o excesso de tomadas de decisões equivocadas baseadas em reconhecimento facial? O responsável pelo reconhecimento facial é o desenvolvedor do programa, quem vende ou quem o utiliza? E os dados ficam com quem e por quanto tempo? Quem são os operadores intermediários dessas tecnologias? E o direito de oposição dos titulares contra as tecnologias de reconhecimento facial como serão exercidos?

6.3 MODELOS DE NEGÓCIO BASEADOS EM RECONHECIMENTO FACIAL: A MONETIZAÇÃO REIFICANTE DO SUJEITO DESCONECTADO DE SI E DE SEUS DIREITOS

As conjunturas sociais, econômicas, políticas, históricas e jurídicas colocadas sem o reconhecimento de suas complexidades, multidisciplinaridades e interconexões tornam-se terreno fértil para análises estruturais equívocas e parciais dos fenômenos em suas causas e efeitos. Em certo sentido, aspectos relevantes dessas estruturas, que forjam comportamentos e sujeitos, estão sendo olvidados pelos legisladores, julgadores e doutrinadores. Afasta-se de uma compreensão mais ampla dos fenômenos e de suas causas para analisarmos somente os impactos e os reflexos que as tecnologias de informação e comunicação impõem ao direito e vice-versa. Num primeiro relance, a resposta pode ser positiva, mas ela será insustentável no desenrolar das diversas possibilidades existentes.

Ignorar a multidisciplinaridade dos campos de conhecimento e suas causas está impondo ao direito uma série de questionamentos e de dúvidas sobre a sua relevância no modelo econômico e científico de alta velocidade e de constante mudança que nos é imposto diuturnamente. A partir do padrão da inovação constante, mutável e destituidora do humano, regular os efeitos das inovações e suas transformações fraturam o direito e o dissocia de suas teorias e suas práticas, o que demonstra o quanto ele foi colonizado de fora para dentro pelas tecnologias de disrupção.

---

a extração das características do rosto humano consiste em calcular as especificidades de cada rosto, buscando nos detalhes as diferenças entre as pessoas".
"No entanto, para consideramos a totalidade da tecnologia de reconhecimento facial, precisa-se reconhecer o rosto que acabou de ser capturado em uma base de dados. Para isso, compara-se as características extraídas da imagem capturada com as características armazenadas no banco de dados em busca do dono daquele rosto" (PISA, 2012).

O conceito de inovação disruptiva foi cunhado por Clayton Christensen e significa um processo pelo qual um produto ou serviço se enraíza inicialmente em aplicações simples, no fundo de um mercado, geralmente por meio de acúmulo de informações, e depois sobe implacavelmente o mercado, acabando por deslocar os concorrentes estabelecidos,[27] bem como os meios de controle e regulação. A disrupção, por meio das tecnologias de informação e de comunicação, aproveita situações periféricas daquilo que os mercados estruturados não se apropriam para resolverem determinados problemas, enfrentando as normas jurídicas estabelecidas.

Em relação ao direito, a inovação disruptiva enfrenta toda uma consolidação de leis e de decretos que serviram para moldar um mercado, consumidores, cidadãos e modelo de negócios. Empresas como Uber, AirBnB, Alibaba, as emergentes *fintechs*, 99 Google, Meta, LinkedIn, entre outras tantas, utilizam-se da ausência ou esquecimento forçado da existência dos mecanismos jurídicos para desenvolverem serviços e produtos. Soluções que se amoldam à confluência do econômico, do científico e do tecnológico e possibilitam a aceitação do discurso da inovação disruptiva, que destrói direitos e práticas sociais estabelecidas e consolidadas.

A inovação disruptiva forja-se na vigilância constante e na captura gigantesca de dados (extrativismo de dados). Somente dessa maneira pode se alimentar constantemente o aprendizado das máquinas (*machine learning*) e oferecer mais possibilidades para vender publicidade e serviços diferenciados, como subprodutos de outros,[28] direcionados para os titulares consumidores. Para realizar com eficácia a vigilância e o recolhimento contínuo de dados, sem serem contestados pelo titular, a inovação disruptiva funda-se no modelo *freemium*. O modelo gratuito de negócios é a barganha que justifica a perda de direitos e de garantias fundamentais, para que as empresas de internet forneçam a vigilância e o uso massivo de dados pessoais.

A mudança conceitual trazida pela inovação disruptiva que, necessariamente, tem que ser contra o direito estabelecido, expõe uma crise pouco enfrentada em seus motivos. O modelo de negócios praticado é construído na ausência do humano, da ideia de comunhão social e do direito. Dentro de um arcabouço em que a virtualização do humano, por meio de dados, é reflexo de ser do sujeito de direito desterritorializado, constituído por predições do destino e do futuro das pessoas fornecido pelas inteligências artificiais. Nesse arcabouço do despertencimento do humano que se permite a erosão de direitos sociais, que produziam o que outrora denominávamos o Estado de

---

[27] Disponível em: http://claytonchristensen.com/key-concepts/. Acesso em: 13 ago. 2019.
[28] Ver MOROZOV e BRIA, Cidades Inteligentes (2019).

bem-estar social. Os modelos de negócios baseados em inovação disruptiva impõem um olhar diferenciado sobre direitos e deveres. Retira-se o colchão social e atribui-se uma responsabilização privada das políticas públicas e do direito. Difunde-se, para se enfrentar a degradação de direitos, a visão positiva de que o empreendedorismo individual transformará as condições socioeconômicas, o que se constitui numa falácia.[29]

Por meio de *startups* e aplicativos das *Big Tech*,[30] formatados em inteligência artificial, que ilegalmente recolhem ao longo dos anos milhões de dados pessoais sem consentimento informado de seus titulares, produzem-se uma série de análises e de informações sobre o comportamento dos titulares, os seus gostos individuais[31], sua alimentação,[32]

---

[29] O Uber não resolverá os problemas de transporte urbano das cidades, pelo contrário, ele agravará ainda mais o trânsito, conforme nos aponta pesquisa trazida pela Revista da FAPESP (Disponível em: https://revistapesquisa.fapesp.br/2019/06/07/aplicativos-de-transporte-pioram-o-transito/. Acesso em: 16 jan. 2020). O AirBnB não resolverá os problemas de falta de hotéis e apartamentos na cidade, nem melhorará a renda das pessoas. Enfim, a construção que deveria ser discutida e aplicada socialmente torna-se uma entrega, sem quaisquer questionamentos, a modelos privados, mas que geram altos custos sociais a médio e longo prazo. O maior exemplo, em termos ambientais, são os restos tecnológicos descartáveis por estas tecnologias disruptivas. A cidade de Curitiba vem enfrentando problemas com o "cemitério" de bicicletas da *startup* Yellow: "*O motivo para a insatisfação é que as bicicletas ficam a céu aberto, trazendo poluição visual, a falta de limpeza do local, e também o barulho feito pelos funcionários da companhia à noite, quando vão levar novas (ou velhas) bicicletas para o 'cemitério'.* Após reclamações, a Yellow chegou a cobrir o terreno com uma lona preta, mas que só tampa o que está acontecendo ali para quem vê de longe. Pessoas que passam ali perto continuam vendo as 'magrelas' jogadas e o mato crescendo entre elas" (grifei). Disponível em: https://canaltech.com.br/curiosidades/cemiterio-de-bicicletas-yellow-atrapalha-moradores-de-regiao-de-curitiba-158856/. Acesso em: 16 jan. 2020.

[30] *Big Tech* são as grandes empresas de internet que estão representadas, via de regra pelas empresas do Vale do Silício, que são Google, Amazon, Meta e Microsoft e mais algumas estrangeiras, tal como o AliBaba.

[31] "Cohen conclui dizendo que até mesmo o conceito de 'pop star' está em perigo. 'Máquinas podem compor músicas excelentes, e não têm ego. O Instagram democratizou completamente a fotografia, será que o mesmo acontecerá com a música? Será que usaremos IA para nos ajudar a compor, da mesma forma que usamos um corretor ortográfico ao digitar? Espere até os músicos realmente começarem a trabalhar com IA e veja o que eles serão capazes de criar. Como seria 'Dark Side of the Moon' com IA? Do que o Pink Floyd seria capaz com as ferramentas de 2019?'". Disponível em: https://olhardigital.com.br/noticia/como-a-inteligencia-artificial-esta-mudando-a-industria-da-musica/87702. Acesso em: 19 ago. 2019, às 14h39min.

[32] "A chilena NotCo, fundada em 2015, é um dos cases globais mais expressivos. Com o *software* Giuseppe, a *startup* chamou a atenção do dono da Amazon, Jeff Bezos, e re-

suas compras[33] e até seu estado de saúde.[34] A coleta contínua de dados pessoais e informações justificam um discurso de que as pessoas, individualmente, deverão responder, participar e serem responsabilizadas nesse processo de sua virtualização, do afastamento de sua condição humana, de seus direitos. Evgeny Morozov aponta as consequências dos modelos de negócios disruptivos:

> As ferramentas dos dividendos da vigilância funcionam apenas num nível: o do cidadão como indivíduo. Elas o tornam totalmente transparente e manipulável, criando um simulacro de "solução de problemas", ao mesmo tempo que permitem que governos e empresas persigam com liberdade os próprios projetos. Parafraseando Foucault, todos nos tornamos eminentemente rastreáveis e eminentemente suscetíveis a "fazer a melhor escolha". Nossos maus hábitos podem ser detectados, analisados e corrigidos em tempo real, dissolvendo muitos dos problemas que hoje sobrecarregam os serviços sociais. Assim, a noção de política como um empreendimento comunitário se metamorfoseia num espetáculo individualista e favorável ao consumidor, em que as soluções – que agora chamamos de aplicativos – são buscadas no mercado, e não na praça pública (MOROZOV, 2018, p. 114).[35]

---

cebeu, no início deste ano, um aporte de US$ 30 milhões". E continua: "O *software* usa inteligência artificial para gerar 'fórmulas de alimentos conhecidos baseando-se apenas em ingredientes vegetais, imitando o sabor e a textura dos alimentos que se desejam replicar', explicam seus fundadores Matias Muchnick, Pablo Zamora e Karim Baksai". Disponível em: https://www.duasrodas.com/blog/inovacao/inteligencia-artificial-no--desenvolvimento-de-novos-alimentos-e-bebidas/. Acesso em: 19 ago. 2019.

[33] "Com a IA conseguimos parametrizar sistemas e algoritmos, e ter mais opções de critérios para a tomada de decisão em tempo real. E mais, eu ainda consigo identificar tendências, padrões e minimizar riscos". Disponível em: https://blog.me.com.br/inteligencia-artificial-inovacao-b2b/. Acesso em: 19 ago. 2019.

[34] "A Target, loja de departamentos norte-americana, encontrou uma maneira de descobrir se suas clientes estão grávidas, antes mesmo de elas comprarem as primeiras fraldas para seus bebês". E isso é possível pois "Pole (cientista de dados) faz testes atrás de testes, analisando e cruzando dados para descobrir alguns padrões. Um deles deu origem às previsões de gestações. Segundo o jornal, muitas pessoas compram cremes, mas as mulheres grávidas compram maiores quantidades de loções e, normalmente, sem perfume". Disponível em: https://olhardigital.com.br/noticia/varejista-norte--americana-descobre-gravidez-de-clientes-com-a-ajuda-de-software/24231. Acesso em: 19 ago. 2019, às 14h27min.

[35] Continua Morozov: "Essa individualização da política não nos surpreende, pois os métodos que nos proporcionaram os dividendos da vigilância abandonaram de propósito toda busca sistemática de fatores e causas de mudança social que transcendam o indivíduo. Ao trocar as explicações causais por uma capacidade de ação

A precarização de direitos fundamenta o modelo de negócios *freemium* de extrativismo de dados voltados para a inteligência artificial e vendas de publicidade. É um sistema baseado numa ideia vaga de economia compartilhada, em que cada um fornece o que possui (casa, automóvel, ferramentas, computadores etc.), o que sabe fazer (mão de obra especializada, manutenção, entregas etc.) ou o tempo necessário para fazer (dar aulas, dicas, referências, conhecimento etc.). Logicamente, são práticas sociais e econômicas que visam a escamotear questões estruturais que estão ao largo do Estado de bem-estar social e do próprio funcionamento do direito.

Os desafios do modelo econômico ao direito expõem as fraturas que viabilizam financeiramente o extrativismo de dados em detrimento das garantias constitucionais sociais e individuais. A deterioração das relações econômicas, trabalhistas e sociais expõem ainda mais as terríveis desigualdades entre ricos e pobres, dominantes e dominados, expropriadores e expropriados, controladores e titulares de dados pessoais. Na perspectiva latino-americana, é uma nova forma de colonização, sem a estrutura jurídica que a identificava, por meio de um positivismo algorítmico. Acreditou-se que a internet nos traria a liberdade de pensamento e de expressão, enaltecendo esses direitos. Ela se transforma dia após dia em mecanismo de vigilância e de controle psicológico. Só pela compulsão dos desejos dos titulares que se pode justificar a produção massiva de dados pessoais sem a contrapartida em direitos e em desenvolvimentos sociais. A escravidão digital será envelopada e reforçada em novos formatos e soluções: avaliação de usuários, verificação de comportamentos nas redes sociais, conexões, pensamentos.

Na vigilância contínua dos titulares que o reconhecimento facial é uma ferramenta necessária para dois movimentos complementares: como prática de controle social das camadas mais baixas, que se ampliará como rescaldo do modelo econômico que empobrece, solapa a condição humana e retira os seus direitos;[36] e a monetização em que os dados de bilhões de titulares, sem

---

[*actionability*], seus proponentes abdicaram efetivamente da teoria e, portanto, têm de fingir ignorância ou ingenuidade toda vez que deparam com um problema que não pode ser facilmente reduzido à escolha individual. Será que de fato temos de realizar um experimento de controle aleatório para saber como os lobistas ou os banqueiros ocupam o seu dia? O mundo pode ser insanamente complexo – mas também constrangedoramente simples: as grandes empresas continuam a buscar lucros, os governos ainda querem erguer impérios burocráticos, os serviços de inteligência ainda querem se apropriar do poder. A 'teoria' pode ter acabado, mas por que dispensar o óbvio?" (MOROZOV, 2018, p. 114-115).

[36] Constitui-se em fenômeno mundial a flexibilização dos direitos e das conquistas trabalhistas. É um processo que veicula a ideia de que, com menos direitos, criam-se

o seu conhecimento e consentimento, são vendidos e utilizados para se venderem serviços e produtos derivados do aprimoramento dessas ferramentas.

Para o controle social, o reconhecimento facial, como toda tecnologia de inteligência artificial, tem como fulcro ser conservadora. As máquinas de aprendizados são instruídas por semelhança e tendem a ignorar as diferenças, sublimando-as. As tomadas de decisões serão aquelas parecidas com quem determinou o molde, ou seja, quem programou aquele modelo. Cory Doctorow descreve o processo de modelagem do conhecimento por semelhança:

> Ultimately, machine learning is about finding things that are similar to things the machine learning system can already model. Machine learning systems are good at identifying cars that are similar to the cars they already know about. They're also good at identifying faces that are similar to the faces they know about, which is why faces that are white and male are more reliably recognized by these systems – the systems are trained by the people who made them and the people in their circles.
>
> This is what makes machine learning so toxic. If you ask an ML system to predict who the police should arrest, it will suggest that they go and arrest people similar to the ones they've been arresting all along. As the Human Rights Data Analysis Group's Patrick Ball puts it, "A predictive policing system doesn't predict crime, it predicts policing"[37] (DOCTOROW, 2020).

---

mais empregos a todos, o que é uma falácia. As promessas não foram realizadas e a flexibilização das regras trabalhistas apenas expõem as pessoas a condições subumanas de trabalho, sem proteção da previdência ou seguro-desemprego. A construção da precarização das relações é o objetivo desse modelo econômico: "Nas palavras de Bourdieu (1998), essa transição apoia-se na flexibilidade como 'estratégia de precarização', inspirada por razões econômicas e políticas, produto de uma 'vontade política' e não de uma 'fatalidade econômica', que seria dada, supostamente, pela mundialização. Nela, considera-se a precarização como um '... regime político [...] inscrita num modo de dominação de tipo novo, fundado na instituição de uma situação generalizada e permanente de insegurança, visando a obrigar os trabalhadores à submissão, à aceitação da exploração' (Bourdieu, 1998, p.124-125)" (DRUCK, 2011).

[37] Tradução livre: "Ultimamente, máquinas de aprendizado são forjadas a procurar coisas que são semelhantes a coisas que as máquinas de aprendizado já possuem um modelo. Os sistemas das máquinas de aprendizado são excelentes para identificar carros que são semelhantes com carros que eles já conhecem. Elas são boas em identificar rostos que são similares a rostos que elas já conhecem, e é por isso que os rostos que são de pessoas brancas e homens são mais confiáveis para esses sistemas – os sistemas são treinados por pessoas que os fazem e as pessoas de seus círculos mais próximos.

"Esse é o motivo que faz as máquinas de aprendizado tão tóxicas. Se você perguntar a um sistema de máquina de aprendizado para predizer quem a polícia deveria prender, ele sugerirá para eles irem atrás para prender pessoas similares àquelas que sempre foram presas. Tal como o analista de dados de um grupo de direitos humanos,

Ao ser conservadora, a inteligência artificial, reconhecimento facial ou não, mantém o controle sobre os desviados, os anormais, os que, enfim, não são parecidos com quem controla, com sua ideologia, suas crenças e suas visões de mundo. Aí, o reconhecimento facial servirá para monitorar, localizar, vigiar e controlar socialmente titulares de dados indesejáveis, mirando aqueles cujas narrativas são desqualificadoras e preconceituosas.

Ao tornarem os indesejáveis hipervisíveis na invisibilidade dos sistemas, a inteligência artificial, nessa faceta de vigilância e controle, consegue monetizar mais os serviços que são oferecidos, *a priori*, gratuitamente. Pesquisadores noruegueses descobriram recentemente essa conexão:

> For the report, the Norwegian Consumer Council hired Mnemonic, a cybersecurity firm in Oslo, to examine how ad tech software extracted user data from 10 popular Android apps. The findings suggest that some companies treat intimate information, like gender preference or drug habits, no differently from more innocuous information, like favorite foods[38] (SINGER; KROLIK, 2020).

A monetização é construída por meio de parceiros comerciais, que esperam os metadados das informações pessoais e geolocalizáveis:[39]

> Grindr's app, for instance, includes software from MoPub, Twitter's ad service, which can collect the app's name and a user's precise device location, the report said. MoPub in turn says it may share user data with more than 180 partner companies. One of those partners is an ad tech

---

Patrick Ball, coloca: 'Um sistema de policiamento preventivo não prevê o crime, prevê a política'".

[38] Tradução livre: "Para o relatório, o Conselho Norueguês de Consumidores contratou a Mnemonic, uma empresa de cibersegurança de Oslo, para analisar como os *softwares* das empresas de propaganda digital extraem os dados dos usuários nos 10 mais populares aplicativos de Android. Os resultados sugerem que algumas companhias lidam com informação sensível, tal como gênero sexual ou consumo de drogas, não muito diferentemente daquelas informações inócuas, tais como comida favorita".

[39] Os donos dos aplicativos não mais escondem a intenção de recolherem mais e mais dados para poderem vender aos outros: "Se a Gillette, por exemplo, quiser lançar uma nova lâmina de barbear, a Rappi poderá enviar 100 mil amostras para pessoas com idades entre 27 e 35 anos que moram em determinados bairros. 'A Rappi pode entregá-las em uma semana a todos os usuários que já compraram uma lâmina da Gillette e isso é um ataque que ninguém tem', disse Techera". Disponível em: https://www.terra.com.br/noticias/tecnologia/coleta-de-dados-e-arma-da-rappi-maior-aposta--do-softbank-na-america-latina,1a7deef79ed3cd6fe326d56f6c136e7dql3hes8d.html. Acesso em: 16 jan. 2020.

company owned by AT&T, which may share data with more than 1,000 third-party providers[40] (SINGER; KROLIK, 2020).

A argumentação de que as tecnologias de inteligência artificial, em face dos dados e das análises apresentados, são somente benéficas e positivas não se sustenta. Como não se sustenta a argumentação de que elas ajudarão as empresas e os governos a tomarem as melhores decisões em nome dos titulares. Muito menos pode-se admitir que elas trarão mais segurança para os titulares. A adoção das tecnologias de inteligência artificial, sem quaisquer contrapartidas ou limitações, por si só, coloca em enorme risco à vida, à liberdade de expressão, à liberdade de informação, à liberdade de se locomover, à segurança física dos titulares de dados e um sem-fim de direitos protegidos e garantidos. Contudo, sistemas de inteligência artificial já estão espalhadas sem os titulares nem sequer saberem.[41] Em razão disso, é direito dos titulares torná-los visíveis, a fim de que eles possam se tornar invisíveis perante as tecnologias de vigilância e de controle.

6.4 DIREITOS ESPECÍFICOS DO TITULAR QUE TORNAM VISÍVEIS O RECONHECIMENTO FACIAL E AS TECNOLOGIAS DE INTELIGÊNCIA ARTIFICIAL

No quadro caótico apresentado, em que a inteligência artificial é imposta como inevitável, e talvez até seja mesmo, que o direito, por meio do sistema de proteção de dados, constitui-se numa reação a essa dominação silenciosa e invisível, engendrada pelos modelos econômicos, científicos e tecnológicos, transforma-se em mecanismo de luta e de resistência dos titulares de dados.

---

[40] Tradução livre: "O aplicativo Grindr, por exemplo, inclui um software da MoPub, serviço de propaganda do Twitter, que pode coletar do aplicativo o nome do usuário e a localização do dispositivo, diz o relatório. MoPub, por sua vez, diz que pode dividir os dados do usuário com mais de 180 companhias parceiras. Um de seus parceiros é uma companhia de propaganda controlada pela AT&T, que pode compartilhar dados com mais de 1.000 prestadores de serviços terceirizados".

[41] Uma empresa de reconhecimento argumentou que não necessita de consentimento para recolher os dados dos titulares e justifica que tem o direito constitucional dos EUA, ou seja, liberdade de expressão, de usar os dados das pessoas que publicam o seu conteúdo *on-line* e reforça: "Ele disse que tem os direitos da Primeira Emenda da Constituição dos Estados Unidos ao seu lado para acessar, coletar e armazenas bilhões de arquivos contendo imagens de rostos de pessoas". Empresa de reconhecimento facial diz que não precisa de autorização para coletar dados. Disponível em: https://olhardigital.com.br/fique_seguro/noticia/empresa-de-reconhecimento-facial-diz--que-nao-precisa-de-autorizacao-para-coletar-dados/96429. Acesso em: 18 fev. 2020.

Afinal, serve a lição de Rudolf von Ihering: "A paz é o fim que o direito tem em vista, a luta é o meio de que se serve para o conseguir" (IHERING, 2006, p. 1).

O direito, ao ser memória total da realidade, virtualizando-a, tem como característica prescrever comportamentos e sujeitos determinados. É o dever ser dentro de uma realidade vislumbrada que proporciona um distanciamento do real, do humano, o que se constitui, nas palavras do Tércio Ferraz Sampaio Jr., de forma crítica, a contradição sobre a "essência" ou realidade do direito:

> Em geral, o que se observa é que grande parte das definições (reais) do direito, isto é, do fenômeno jurídico em sua "essência", ou são demasiado genéricas e abstratas e, embora aparentemente universais, imprestáveis para traçar-lhe os limites, ou são muito circunstanciadas, o que faz que percam sua pretendida universalidade. Exemplo do primeiro caso é a afirmação de que o direito é a intenção firme e constante de dar a cada um o que é seu, não lesar os outros, realizar a justiça. No segundo, temos afirmações do tipo: direito é o conjunto das regras dotadas de coatividade e emanadas do poder constituído (SAMPAIO JR., 2003, p. 34-35).

A forma de ser do fenômeno jurídico deve ser atualizada e contrabalançada com o reforço dos valores, tais como dignidade da pessoa humana, justiça, igualdade, liberdade, como norteadores do direito, para que ele seja mais palpável e factível na prática. Somente com o resgate do direito como ferramenta social de transformação e de enaltecimento do humano, que se inicia o processo de subsunção do titular de dados nas práticas tecnológicas envolvidas, no caso, mas não se restringido somente a ela, da aplicação da inteligência artificial. Munir o titular de valores que lhes possibilite ser invisível a essas práticas, que intentam dominá-lo sem realizar a implementação de seus direitos e de suas garantias fundamentais, realiza uma verdadeira transformação da perspectiva atual de despertencimento. É o direito do titular ser humanizado e invisível a essas tecnologias que o desumaniza, pois o transforma apenas em governamentalidade[42] monetizável. Em reação aos cálculos, matemáticos ou não, que o direito fornece ao titular de dados os instrumentos para se constituir perante as tecnologias e às decisões automatizadas.

Com a gênese do titular de dados e de todos os direitos inerentes a ele prescritos na Constituição Federal, na LGPD, no Marco Civil da Internet, no

---

[42] "Por esta palavra, 'governamentalidade', entendo o conjunto constituído pelas instituições, os procedimentos, análises e reflexões, os cálculos e as táticas que permitem exercer essa forma bem específica, embora muito complexa, de poder que tem por alvo principal a população, por principal forma de saber a economia política e por instrumento técnico essencial os dispositivos de segurança" (FOUCAULT, 2008a, p. 143).

Código de Defesa do Consumidor e todas as demais leis, nacionais e internacionais, do sistema protetivo de dados, há uma inversão no fluxo de desenvolvimento e de criação de serviços, por meio de dispositivos informáticos. Antes de serem criados serviços e produtos novos, que se utilizam dos dados do titular, eles terão que passar por uma prévia aprovação não só da ANPD, tal como determina o art. 48 da LGPD, mas também dos órgãos de defesa do consumidor (art. 18, § 8º c.c. o art. 22 da LGPD e o art. 39, inc. VIII, do CDC) e dos titulares de dados como extensão dos princípios e dos direitos estabelecidos na LGPD, principalmente em relação ao princípio da transparência.

Em face disso, deve o controlador, antes de iniciar o tratamento de dados por decisões automatizadas, o que se estende também para depois do seu término, realizar as implementações aos seus serviços recomendadas a seguir.

6.4.1 Comunicação prévia virtual e real sobre a implementação do reconhecimento facial: implementação de práticas de visibilidade

Se o controlador, independentemente dos riscos inerentes ao tratamento, lançar seus serviços sem a aprovação prévia e, mais, sem a notificação de visibilidade de como o fará, quando começou, onde estará e por quais motivos, processará ilicitamente os dados dos titulares.

A comunicação não é aquela constante em termos jurídicos afixados num *site* distante da aplicação dos sistemas. Deve ser palpável e verificável a *olho nu*, no ato da captura de imagens ou de vídeos, que serão utilizados para alimentar o banco de dados do reconhecimento facial. O titular tem de ser confrontado com os sistemas de reconhecimento facial, como de toda tecnologia de inteligência artificial, e ser informado de que ali está sendo realizada uma coleta de seus dados e por determinados motivos. E se o embasamento legal for insuficiente para justificar o legítimo interesse, que deve ser restrito e específico, que seja recolhido o seu consentimento em termo apartado ou que, de outra forma, seja evidente a permissão para o tratamento (art. 8º, § 1º, da LGPD).

Na imensa maioria das vezes, os titulares não sabem se estão sendo utilizados recursos de seus dispositivos, se estão sendo monitorados nas ruas ou vigiados em estabelecimentos comerciais. Não raro, são surpreendidos os titulares com relatórios de autoridades de proteção de dados ou de órgãos de defesa do consumidor, que estão sim, sem saber o alcance, recolhendo os seus dados, mas sem saber quais, o porquê etc.[43]

---

[43] O Consumer Report, uma associação sem fins lucrativos de defesa do consumidor nos EUA, liberou um relatório investigativo sobre os aplicativos de celular e o que

Aquilo que está invisível nas malhas das cidades inteligentes, da vigilância de estabelecimentos comerciais, do controle institucional, tem que se tornar visível para o titular. A ausência de visibilidade obstrui o exercício da transparência pelo titular e, assim, será afastado do pleno adimplemento dos seus direitos contemplados no sistema protetivo de dados: o direito de se opor ao tratamento, de corrigir os dados, de questionar a decisão automatizada, entre outros direitos.

Por exemplo, recentemente ingressei, em conjunto com Felipe Alves de Carvalho e Moisés Muniz Lobo, com uma ação contra a Linha 4 Amarela do Metrô de São Paulo, que informava, por divulgação na mídia, ter instalado um sistema de reconhecimento facial nas estações para entender o comportamento das pessoas que ali transitavam. Como não havia a prestação de quaisquer informações ou esclarecimentos sobre o que estava sendo realizado pela empresa o titular passava pelos sistemas sem saber quais dados eles recolhiam, quais motivos e sem poder contraditar a coleta. Os pedidos da demanda questionavam vários pontos do serviço, contudo, um dos mais importantes fundamentos era a de que não havia sinalização ou quaisquer comunicações sobre os motivos e objetivos que a Linha 4 Amarela realizaria aquele tipo de serviço. Não havia o fornecimento de informações prévias aos titulares. Ao final, depois de uma perícia realizada, foi constatado que a Linha 4 Amarela não recolhia dados biométricos dos titulares, o que se constituiu uma surpresa para a própria empresa.

6.4.2 Da múltipla autorização prévia e expressa

Com o sistema de proteção de dados, a lógica de aplicação de direitos deve ser invertida, sem necessitar de uma ação direta do titular. O

---

eles acessam. Para a surpresa deles, muitos deles acessam dados sem quaisquer justificativas: "'CR is alarmed by recent security incidents involving Ring, Wyze, Guardzilla and other connected camera products', said Ben Moskowitz, Director of the Digital Lab at Consumer Reports. 'Due to the sensitive nature of the data these devices collect, we are urging manufacturers to incorporate additional security measures and better protect consumers'". Tradução livre: "Consumer Report está alarmada com os recentes incidentes envolvendo os aplicativos Ring, Wyze, Guardzilla e outros que conecta-se às câmeras do celular', disse Ben Moskowtiz, Diretor do Digital Lab no Consumer Reports. 'Devido à natureza sensível que os dispositivos coletam, nós pedimos aos produtores para incorporarem medidas de segurança adicionais e melhores proteções aos consumidores'". Disponível em: https://advocacy.consumerreports.org/press_release/consumer-reports-urges-ring-wyze-guardzilla--and-others-to-raise-security-and-privacy-standards-for-connected-cameras/. Acesso em: 14 jan. 2020.

controlador tem o dever objetivo de justificar que realizará o tratamento e sob quais mecanismos ou procedimentos, devendo comunicar a todos os envolvidos sobre o que, quando e onde está processando os dados. E mais, deverá provar empiricamente que não está se utilizando de subterfúgios para obter os dados e os manter além do prazo necessário. Não é só a inversão do ônus de não querer estar dentro do serviço, tal como inserta no art. 42, § 2º, da LGPD, numa postura passiva a ser defendida judicial ou extrajudicialmente. O dever objetivo do controlador é maior. Requer uma múltipla autorização prévia e expressa, que percorre desde a ANPD até o titular de dados. Um múltiplo *opt-in* para poder coletar dados e tratá-los com inteligência artificial.

A discussão do consentimento prévio ou *opt-in* na legislação e doutrina brasileira não é novidade.[44] O sistema *opt-in* foi pensado para tratar das questões relativas ao *spam*.[45] O *opt-in* é o consentimento preliminar que autoriza o envio do *e-mail* comercial. Em relação aos *e-mails* comerciais, instituiu-se a prática do duplo *opt-in*, ou seja, o consentimento antes e depois do envio. As normativas previstas para o *spam* determinavam a sua ilegalidade se não cumprisse o *opt-in* ou, em casos de legislações mais rígidas, a possibilidade do duplo *opt-in*.

A analogia do reconhecimento facial e das tecnologias de inteligência artificial com as práticas de *spam* serve como referência, pois elas são similares em coleta e em tratamento não autorizado de dados. Os titulares não têm sequer opção de negar o acesso aos seus dados. No caso do reconhecimento facial, ainda mais do que o *spam*, ressalta-se a invasão da privacidade e ataque direto aos direitos do titular, insculpidos nas normas protetivas infra e constitucionais.

A União Europeia, em sua Diretiva relativa à privacidade e às comunicações eletrônicas (Diretiva 2002/58/CE), no considerando 40, estabelece que há invasão de privacidade por parte dos controladores, quando eles realizam tratamento de dados sem autorização e consentimento prévio e expresso do titular:

---

[44] Ver o Estudo sobre a Regulamentação Jurídica do Spam no Brasil feito por Ronaldo Lemos, Danilo Doneda, Carlos Afonso de Souza e Carolina Rossini (2007). Disponível em: https://www.cgi.br/media/comissoes/ct-spam-EstudoSpamCGIFGVversaofinal.pdf. Acesso em: 15 jan. 2020.

[45] Spam, de acordo com a definição do Anti-Spam do Registro.br, "é o termo usado para referir-se aos *e-mails* não solicitados, que geralmente são enviados para um grande número de pessoas. Quando o conteúdo é exclusivamente comercial, esse tipo de mensagem é chamado de UCE (do inglês *Unsolicited Commercial E-mail*)". Disponível em: https://www.antispam.br/conceito/. Acesso em: 15 jan. 2020.

Devem ser previstas medidas de protecção dos assinantes contra a *invasão da sua privacidade* através de chamadas não solicitadas para fins de comercialização directa, em especial através de aparelhos de chamadas automáticas, aparelhos de fax e de correio electrónico, incluindo mensagens SMS. Essas formas de comunicações comerciais não solicitadas podem, por um lado, ser relativamente baratas e fáceis de efectuar e, por outro, acarretar um ónus e/ou custo ao destinatário. Além disso, em certos casos o seu volume pode também provocar dificuldades às redes de comunicações electrónicas e ao equipamento terminal. No que diz respeito a essas formas de comunicações não solicitadas para fins de comercialização directa, justifica-se que se obtenha, antes de essas comunicações serem enviadas aos destinatários, *o seu consentimento prévio e explícito*.[46]

A interpretação do reconhecimento facial, bem como de todas as tecnologias baseadas em inteligência artificial, deve seguir as regras de hermenêutica jurídica do *ubi eadem ratio ibi idem jus* (onde houver o mesmo fundamento haverá o mesmo direito) e *ubi eadem legis ratio ibi eadem dispositio* (onde há a mesma razão de ser, deve prevalecer a mesma razão de decidir), ou seja, o titular tem que ser protegido de práticas invasivas de tratamento, que lhe retiram o poder de decidir e de avaliar a transparência, a necessidade e a adequação dos serviços, bem como o livre acesso ao processo decisório automatizado. Os sistemas de reconhecimento facial implantados atualmente em agências bancárias, lojas de departamento, em bares, em restaurantes, por sua invisibilidade, colhem ilegalmente dados dos titulares, que estão à mercê deles, sem saber por quanto tempo e o porquê de seus dados serem recolhidos.

6.4.3 Do legítimo interesse para se utilizar do sistema de reconhecimento facial: interpretação restritiva

Um ponto que ainda não foi discutido em relação ao reconhecimento facial é a aplicação do legítimo interesse para se utilizar desse mecanismo de inteligência artificial. A grande questão é: há legítimo interesse na aplicação do reconhecimento facial, que afastaria o consentimento?

A resposta desdobra-se em dois paradigmas sobre o fenômeno jurídico em relação ao reconhecimento facial em específico, muito mais do que as outras tecnologias baseadas em inteligência artificial: dados privados ou públicos recolhidos por controladores com finalidades privadas; dados públicos e privados recolhidos por controladores, a fim de atender interesse público.

---

[46] Disponível em: https://eur-lex.europa.eu/legal-content/PT/TXT/HTML/?uri=CELEX:3 2002L0058&from=PT. Acesso em: 15 jan. 2020.

6.4.3.1 Do uso do legítimo interesse sobre dados do titular para fins privados

Quando os dados do titular forem obtidos por meio do reconhecimento facial, para fins privados, sem o consentimento, não é passível de enquadrá-lo em legítimo interesse. O tratamento assim realizado é ilícito, que pode gerar as sanções, as multas e as indenizações previstas no art. 52 e seguintes da LGPD. Não há interesse jurídico justificado para o controlador prover serviços de reconhecimento facial para o titular, que não será beneficiado com ele. Não só não será beneficiado, mas também será alvo de vigilância e de controle, em detrimento da sua privacidade, sua honra, sua vida privada, entre outros direitos e princípios garantidos constitucionalmente. No sopesamento dos direitos envolvidos, não há legítimo interesse nos serviços de reconhecimento facial para fins privados.

O reconhecimento facial não está embasado em direitos constitucionais que poderiam afastar aqueles que protegem o titular. O reconhecimento facial é desnecessário sem estar atrelado a uma perspectiva de vigilância e de controle. Ao ser visibilizada a não conformidade jurídica desse mecanismo, ele é automaticamente rechaçado na sua perspectiva de legítimo interesse. E essa interpretação da falta de legítimo interesse vem sendo realizada por vários governos e empresas ao redor do mundo. Por exemplo, ao ser confrontado em suas práticas, o Meta desabilitou o reconhecimento facial de suas redes sociais, que são obtidas sem o consentimento do titular.[47]

Nesse ponto, questiona-se até a validade de uma manifestação de vontade jurídica, por meio do consentimento, em casos de utilização das tecnologias de reconhecimento facial, se ela não seria viciada e inválida. Orlando Gomes, ao tratar do tema do consentimento, contextualiza o ambiente em que se é dado o consentimento:

> O consentimento para ser perfeito, não basta que a vontade de celebrar o contrato seja livre e séria. Inexiste propósito de contratar *in abstrato*. A declaração de vontade há de ser emitida em correspondência ao conteúdo do contrato que o declarante tem em vista, atento ao fim que o move a contratar. Muitas vezes ocorre divergência entre a *vontade real* e a de-

---

[47] "O Meta anunciou uma mudança na forma como funciona sua tecnologia de reconhecimento facial em fotos publicadas na rede social. A partir de hoje, a empresa não irá mais analisar automaticamente os rostos contidos em novas imagens. Para fazer isso, ela pedirá, antes, a permissão do usuário". Disponível em: https://exame.abril.com.br/tecnologia/Meta-vai-desligar-reconhecimento-facial-em-fotos/. Acesso em: 16 jan. 2020.

clarada. Quando se origina de certa causa, diz-se que o *consentimento* é viciado. São vícios do consentimento o *erro*, o *dolo* e a *coação* (grifos do autor) (GOMES, 1998, p. 49).

Mais à frente, Orlando Gomes, ao se direcionar para os termos contratuais, informa que o objeto do contrato tem de ser "*possível, lícito, determinável*" (grifos do autor) (GOMES, 1998, p. 56), para o consentimento ser perfeito. Assim, se o consentimento for dado em infringência a normas constitucionais e infraconstitucionais, pode ser discutido se até o consentimento, em caso de reconhecimento facial, é legal e válido.

6.4.3.2 Do uso do legítimo interesse sobre dados do titular para interesse público

No caso de dados de titular recolhidos para fins públicos, sem o consentimento, a análise tem que circunscrever o legítimo interesse como restrito e delineado a situações específicas e por um breve período. O reconhecimento facial, por seus inúmeros problemas já levantados anteriormente, não é tecnologia apta, para se dizer o mínimo, a auxiliar a tomada de decisões públicas ou de interesse públicos. Por mais que a tendência seja o do desenvolvimento da tecnologia, os riscos inerentes são altos demais tanto para a sociedade quanto para os titulares de dados.

Se os riscos são altos demais, a discussão tem que estar além de decisões tecnocráticas e deve ser construída socialmente, a fim de gerar mais do que a sensação de segurança da informação. Caso se aprove o uso dos dados públicos e privados para questões de interesse público, principalmente nos temas sensíveis de segurança pública, devem ser desenvolvidos padrões e procedimentos que efetivamente possibilitem a responsabilização e a proteção dos dados dos titulares, que deverão ter acesso aos dados obtidos e a transparência total sobre as atividades de controle.

Para se desenvolver a análise crítica do tema, parte-se do exemplo da cidade de Cambridge, berço da famosa universidade do *Massachussetts Institute of Techonology* (MIT), nos EUA. Cambridge proibiu, em janeiro de 2020, quaisquer tecnologias de reconhecimento facial no município, seguindo outras cidades que já realizaram essa exclusão.[48] A escolha foi

---

[48] "Cambridge se tornou na segunda-feira (13) a mais nova cidade dos Estados Unidos a banir tecnologias de reconhecimento facial pelo poder público do município. Berço de uma das mais importantes instituições de tecnologia do mundo – o Massachusetts Institute of Technology (MIT) – e da Universidade de Harvard, Cambridge tem peso simbólico na questão, assim como São Francisco, outro *hub* de tecnologia que não

nítida em prol da privacidade e da proteção de dados pessoais. As referidas cidades enxergam na malha infindável de controladores a inviabilidade de eles serem responsabilizados e auditados. Na ação realizada contra a Linha 4 Amarela do Metrô de São Paulo,[49] por meio de pesquisa nos termos de uso da tecnologia, juntaram-se aos autos inúmeros contratos entre o controlador e vários operadores que estavam sediados em Miami, Estados Unidos, os quais recebiam os dados em estado puro. Não se constavam nos termos jurídicos ou contratos, divulgados no *site* da empresa, quais seriam os mecanismos de proteção e de guarda envolvidos no tratamento, os dados usados, por quanto tempo, a finalidade e adequação dos serviços.

Portanto, em face do emaranhado de termos jurídicos e tecnologias envolvidas, mesmo que seja de interesse público, imaginando que haja melhora sensível da investigação policial, por exemplo, a adoção sem critérios, sem procedimentos de segurança da informação e sem proteção de dados pessoais não trazem benefícios aos titulares de dados. Além das críticas anteriormente realizadas, o reconhecimento facial deve ser realizado com a máxima cautela e como projeto de uma sociedade livre e transparente, enaltecendo direitos e não os restringindo.

6.4.4 Do tempo e o do término do tratamento do reconhecimento facial

Algo que deve ser discutido em relação especificamente ao reconhecimento facial, mas que engloba também as tecnologias de inteligência artificial, relaciona-se ao tempo de guarda dos dados e do término do tratamento. Qual é o tempo que o controlador, admitindo-se que o tratamento é legal, pode utilizar-se dos dados do titular? Poderão ser guardados indeterminadamente os dados do titular, para que se possa implementar essa tecnologia?

A discussão do tempo de permanência dos dados em sistemas, sem possibilidade de eliminá-los, é análoga ao que se desenvolveu no Capítulo 3 do livro em relação aos bancos de dados de domínio público. No caso do reconhecimento facial, existe um outro agravante. O sistema necessita de um acúmulo gigantesco de modelos e de exemplos para ficar cada vez mais acurado nas decisões automatizadas que for realizar. Assim, pressupõe-se

---

permite esse tipo de vigilância municipal". Disponível em: https://tab.uol.com.br/noticias/redacao/2020/01/16/cambridge-bane-reconhecimento-facial-entenda-por-que-temos-de-pensar-nisso.htm. Acesso em: 16 jan. 2020.

[49] Os contratos e termos de uso do controlador estão disponíveis neste endereço: https://www.pereiragoncalves.adv.br/documentos-linha-4-amarela/. Acesso em: 17 jan. 2020.

que os dados devam ficar o maior tempo possível nos sistemas, além daquele prazo suficiente para se iniciar ou para concluir uma investigação, por exemplo. Quem controlará o prazo de uso dos dados pessoais do titular? Serão informados os titulares sobre a eliminação dos dados?

No ano de 2019, o Comitê Europeu para a Proteção de Dados, após consulta pública, reconheceu que, a despeito dos significativos avanços da inteligência artificial para melhorar "a vida de todos os cidadãos europeus", facilitando "o diagnóstico e os cuidados de saúde" e aumentando "a eficiência na agricultura", o reconhecimento facial acarreta enormes riscos à privacidade:

> Em julho de 2019, esta entidade – que aconselha a Comissão Europeia sobre legislação em preparação – lançou inclusive uma consulta pública relativa à utilização de dados em dispositivos de vídeo, alertando para problemas no reconhecimento facial em equipamentos como telemóveis. No documento publicado no seu *site* e consultado pela Lusa, CEPD avisa que "o uso de dados biométricos e, em particular, o reconhecimento facial acarreta riscos" para a privacidade dos utilizadores.[50]

Como não existe atualmente nenhum procedimento de acesso e de transparência em relação ao reconhecimento facial e às tecnologias de inteligência artificial, não há possibilidade de se compreender a extensão das situações que possam surgir com a implantação delas perante os direitos dos titulares. Se não forem estabelecidos limites temporais e espaciais sobre essas práticas, o titular será dissolvido por elas e todos os direitos elencados no sistema protetivo de dados serão em vão, nulos.

6.5 DIREITO À INVISIBILIDADE DO TITULAR DE DADOS E O DIREITO NOVO

A inteligência artificial forjou-se pelo deslocamento das práticas baseadas em modelos econômicos, científicos e tecnológicos, que impactam as estruturas sociais, históricas e culturais da humanidade. As extensões e as variáveis desses deslocamentos são desconhecidas e não compreendidos em todas as suas possibilidades por todos os envolvidos, principalmente, por quem é titular de dados, totalmente isolado e hipossuficiente nessas relações.

Para traçar linhas de compreensão e de entendimento das tecnologias de inteligência artificial, os experimentos mais avançados estão sendo construídos por aplicativos e por sistemas utilizados pelas redes sociais e mecanismos

---

[50] Disponível em: https://www.tsf.pt/mundo/bruxelas-define-regras-para-proteger--dados-pessoais-em-inteligencia-artificial-11720969.html. Acesso em: 18 jan. 2020.

de buscas. Durante anos as redes sociais e os mecanismos de buscas na internet utilizam-se da inteligência artificial para desenvolver melhores e intuitivas pesquisas, jogos, sistemas pagamentos, conectividade e engajamento em seus serviços. Para tanto, criam vários sistemas e mecanismos tecnológicos em decorrência da sua utilização massiva, que são introjetados nos códigos, sem a percepção dos titulares. O mais utilizado dos subprodutos da inteligência artificial é o reconhecimento facial, que serve para identificar pessoas em fotos, eliminar imagens que estejam fora dos termos de uso deles, entre outros fins.

As redes sociais e os mecanismos de buscas aproveitam-se da sua imensa capilaridade e alcance para criar a modelagem da inteligência artificial, pois processam uma quantidade massiva de dados, o que lhes permite ter melhor acuidade possível no aprendizado de seus sistemas. Para isso, utilizam-se dos titulares para gerar conteúdos e moderá-los, incentivando-os a partilhar pensamentos e posições ideológicas. Da análise dos conteúdos que são postados nos serviços dessas empresas, que são feitos pelos próprios titulares, gratuitamente, e por colaboradores remunerados, obtém-se a contextualização dos dados. Assim, as informações e os dados postados e obtidos dos dispositivos informáticos são enriquecidos, para que, num futuro próximo, o sistema esteja apto a não necessitar mais de colaboradores e realize decisões automatizadas mais rápidas e adequadas a uma expectativa anteriormente criada.

Com a inteligência artificial, os sistemas das redes sociais podem auxiliar na indicação de pessoas próximas, tipos de personalidade mais similares, eliminação do conteúdo indesejado, orientar pesquisas com base no que se investigou durante anos, preencher automaticamente linhas de pensamentos, indicar restaurantes, lugares para passeio, enfim, as decisões automatizadas formatarão o titular de dados a: ser continuamente engajado na utilização das redes sociais, o que traz mais valor para venda de publicidade dentro dos sistemas; a predizer o futuro entre as milhares de variáveis e de opções; e a delinear comportamentos no presente dos titulares. A inteligência artificial já está tão enraizada nas redes sociais, que os titulares esperam, sem o saber, que elas realizem determinadas funções automaticamente. A invisibilidade é necessária para que os titulares produzam mais e mais dados sem questionarem se estão sendo infringidos um ou mais de seus direitos. É o dilema do *surveillance man* que foi apresentado anteriormente[51].

O engajamento contínuo, incentivado por uma tecnologia invisível, a ser forjado nas redes sociais, por outro lado, e trazendo o aspecto humano, resulta em duas vítimas principais: os funcionários das redes sociais e os titulares de

---

[51] Ver item 6.2 *supra*.

dados. Há inúmeros relatos de que os funcionários desenvolveram algum tipo de distúrbio mental no manuseio e na filtragem das postagens realizadas nas redes sociais.[52] Mesmo com as filtragens realizadas pelos sistemas das redes sociais, os titulares também não escapam de sofrer os mesmos distúrbios mentais ou outros mais graves.[53] Ou seja, a forma como a inteligência artificial controla invisivelmente a memória dos titulares não é mentalmente saudável tanto para quem a manipula quanto para quem a consome. O uso intenso das redes sociais nos últimos 10 anos pode ser um indicativo das possibilidades de como a inteligência artificial, sub-repticiamente, pode afetar o humano do titular, que não tem, mas deveria ter, o conhecimento sobre a forma e os riscos em que ela atua.

O exemplo das redes sociais ilustra bem um dos aspectos da inteligência artificial, mas não retrata todas as suas possibilidades, seus benefícios ou seus malefícios, que são apresentados à sociedade de forma geral. A PriceWaterHouse, empresa de auditoria, informou em relatório de setembro de 2018 que a inteligência artificial vai retirar 26% dos postos de trabalho.[54] Ao se olhar por esse prisma, a inteligência artificial suscita inúmeras questões necessárias e desconhecidas sobre a sua utilização e que não são enfrentadas nos debates que justificam a sua adoção irrestrita e inevitável: os donos da inteligência artificial vão recompensar a sociedade pelos custos sociais do desemprego causado? Os empregos serão deslocados para outras áreas? Quem assume as perdas de implementação da inteligência artificial? O Estado, as empresas ou a sociedade civil? Qual é o ganho social que a inteligência artificial apresenta? Os direitos dos titulares são respeitados nesse processo? Se não o são, em troca do que se precarizam os direitos dos titulares para a implementação da inte-

---

[52] "Uma das tarefas mais ingratas da indústria de tecnologia é o trabalho como moderador de conteúdo. Ser bombardeado diariamente por teorias da conspiração, vídeos de fetiches sexuais bizarros e, até mesmo, cenas reais de assassinato e extermínio em massa de pessoas pode ter efeitos devastadores na saúde mental desses moderadores. E, ainda que empresas como o Meta, a Google e o Twitter garantam que oferecem as proteções necessárias para que essas pessoas tenham uma vida profissional saudável, a realidade pode não ser assim tão segura quanto essas empresas tentam vender". Disponível em: https://canaltech.com.br/redes-sociais/moderacao-de-conteudo-a--fabrica-de-transtornos-mentais-do-Meta-134213/. Acesso em: 18 jan. 2020.

[53] "Pesquisa realizada em 2017 pela Royal Society for Public Health indica que os britânicos de 14 e 24 anos acreditam que Meta, Instagram, Snapchat e Twitter têm efeitos prejudiciais sobre o seu bem-estar". Disponível em: https://epocanegocios.globo.com/Vida/noticia/2018/05/consumo-excessivo-de-midias-sociais-esta-ligado-doencas--mentais.html. Acesso em: 18 jan. 2020.

[54] Disponível em: https://www.pwc.com/gx/en/issues/artificial-intelligence/impact-of--ai-on-jobs-in-china.pdf. Acesso em: 20 jan. 2020.

ligência artificial? O invisível da existência da inteligência artificial desvia-se do enfrentamento das questões reais de suas consequências, danosas ou não.

A inteligência artificial transforma a perspectiva do que seja o titular sem ao menos informá-lo quais serão os resultados. Aí, a inteligência artificial é invisível e imprevisível, pois não se tem conhecimento do que ela fará com os dados dos titulares. Talvez, nem os donos dessas tecnologias têm dimensão do que encontrarão ao final do túnel. O Meta desistiu de um de seus sistemas de inteligência artificial, pois ele apresentou soluções fora das previstas inicialmente.[55] Situação equivalente também aconteceu com o Google.[56]

Porém, um fato é incontestável acerca da inteligência artificial e sua capilaridade invisível: ela torna visível pessoas,[57] coisas[58] e situações[59] que jamais imaginaríamos que ocorressem ou existissem soluções para determinados problemas. O objetivo da inteligência artificial é desnudar aquilo que não poderia ser detectado pelo olhar e capacidade inteligível humana. Ao

---

[55] Disponível em: https://olhardigital.com.br/noticia/Meta-desativa-inteligencia-artificial-que-criou-linguagem-propria/70075. Acesso em: 20 jan. 2020.

[56] Disponível em: https://olhardigital.com.br/pro/noticia/sistema-do-google-inventou-uma-lingua-propria-que-humanos-nao-entendem/64122. Acesso em: 20 jan. 2020.

[57] "Sorria, você está sendo filmado. E continuará a ser por muitos anos. E em cada vez mais lugares. Estudos de consultorias internacionais estimam um aumento na venda de dispositivos de monitoramento equipados com recursos de inteligência artificial. Principalmente aqueles fabricados na China e que hoje já são vendidos e utilizados em dezenas de países de todo o planeta". Disponível em: https://exame.abril.com.br/tecnologia/com-inteligencia-artificial-e-forca-chinesa-vigilancia-cresce-no-mundo/. Acesso em: 20 jan. 2020.

[58] Com a ajuda da tecnologia da IBM: "Pesquisadores identificaram esse peculiar conjunto de esboços no deserto de Nazca no final da década de 1920. Desde então, a região virou alvo de diversos grupos de estudo – e se tornou até patrimônio mundial reconhecido pela Unesco, em 1994. Tamanha *visibilidade* não implica, no entanto, que as famosas linhas tenham deixado de guardar segredos. A maior prova disso é que pesquisadores da Universidade Yamagata, no Japão, encontraram recentemente 143 novas figuras, que estavam escondidas todo esse tempo no local". Disponível em: https://super.abril.com.br/historia/inteligencia-artificial-revela-desenho-inedito-nas-linhas-de-nazca/. Acesso em: 20 jan. 2020.

[59] "'O questionamento que nos fazemos constantemente é como podemos ser mais eficientes e ágeis nas análises e decisões que tomamos. A Inteligência Artificial da TOTVS vem para tornar isso real e para dar *visibilidade* a informações preciosas, a custos reduzidos, empoderando as pequenas e médias indústrias em relação aos seus negócios', explica Angela Gheller Telles, diretora dos segmentos de Manufatura e Logística da TOTVS". Disponível em: https://avozdaindustria.com.br/ind-stria-40-totvs/intelig-ncia-artificial-na-ind-stria-melhora-resultados-em-processos-produtivos-e. Acesso em: 20 jan. 2020.

amealhar uma imensidão de dados e analisá-los à exaustão, a inteligência artificial está em busca de algo ou de nada, pois só o encontrará ao final do processo de tratamento e recombinação das variáveis um resultado qualquer. A inteligência artificial visibiliza a incapacidade humana para lidar com o imenso volume de dados, ao mesmo tempo, que sujeita o titular a sua constante vigilância e controle em busca de algo ou de nada.

Nesse ponto, em que é evidente que o excesso de vigilância e de visibilidade, reconhece-se que os benefícios, se existem, não se comparam com a diminuição do alcance dos direitos e das garantias constitucionais e infraconstitucionais dos titulares. Diante dos desafios e das profundas transformações positivas ou negativas, as tecnologias inerentes à inteligência artificial, bem como os seus subprodutos, devem ser analisadas e contestadas em toda a sua complexidade. A perspectiva defendida será sempre a do direito. Contudo, não se esquece de outros campos do conhecimento e de práticas sociais, econômicas, biológicas, ambientais etc., que envolvem as análises e as repercussões da inteligência artificial como uma prática tecnológica, inserida num modelo de capitalismo financeiro, que produz verdades e sujeitos.

Dentro do arcabouço jurídico do sistema protetivo de dados, a inteligência artificial é legal? Os controladores informam aos titulares que realizam tratamento de dados com essa tecnologia? Os titulares de dados sabem dos riscos inerentes ao tratamento? Quais são os mecanismos que os titulares podem se utilizar para se oporem à inteligência artificial? Quais são os resultados obtidos nos tratamentos? São informados aos titulares? São dados pessoais que estão sendo tratados ou eles estão nas vedações ou limitações previstas na LGPD? Atualmente, nenhuma dessas perguntas apresenta respostas plausíveis e transparentes no que se referem aos titulares, o que se constitui em temática nebulosa e de difícil compreensão para o campo jurídico. Tanto isso é verdade que a Comissão Europeia está considerando banir de lugares públicos o reconhecimento facial por cinco anos, até entender como poderia regulá-lo, a fim de se evitarem abusos no uso das tecnologias.[60]

As discussões sobre a legalidade ou não da inteligência artificial retiram do titular a capacidade de enfrentá-la no seu contexto difuso e ubíquo, afastando-o da realidade que o controla e vigia sem seu conhecimento. Não é mais o direito à privacidade, conceito esgarçado e fora de contexto, que pode ser uma reação a essas disciplinas e exames de vigilância e de controle feitos pelas tecnologias de informação e de comunicação. Não há como mais falar

---

[60] Disponível em: https://www.bbc.com/news/technology-51148501. Acesso em: 20 jan. 2020.

de privacidade perante empresas que já acumularam todas as informações e os dados possíveis e impossíveis, ao longo de tantos anos, e sem serem contestadas, judicial ou extrajudicialmente. Não há privacidade que sobreviva a uma empresa como a Clearview:

> O sistema, cuja espinha dorsal é um banco de dados de mais de *três bilhões de imagens que a Clearview alega ter tirado do Meta, YouTube, Venmo e milhões de outros* sites – vai bem além de qualquer coisa até hoje criada pelo governo dos Estados Unidos ou pelas gigantes do Vale do Silício.
>
> Agentes das polícias estadual e federal disseram que embora tivessem conhecimento limitado de como a Clearview trabalha e quem está por trás dela, utilizaram o seu aplicativo para conseguir resolver casos de furtos em lojas, roubos de identidade, fraudes com cartão de crédito, assassinatos e exploração sexual infantil.
>
> Até agora, o uso de tecnologia que identifique rapidamente uma pessoa com base no seu rosto era tabu, considerado uma invasão radical da privacidade[61].

A partir do simples reconhecimento que essas empresas, conhecidas ou não, já acumularam tantos dados e informações inimagináveis que aplicar as regras de proteção de dados dos titulares somente na constituição das normas, seria o mesmo que torná-las sem efetividade. Os controladores que amealharam os dados teriam vantagem competitiva perante os que obedeceram às normas, mesmo que passassem a cumpri-las agora. Por isso que a discussão feita no Capítulo 3, acerca dessas empresas serem bancos de dados públicos ou não, é importante para o resgate de uma privacidade perdida e para a construção de um futuro menos panóptico.

Para adicionar mais elementos às análises anteriormente feitas e tornar mais palpável os problemas que podem surgir com a expansão sem limites das *Big Tech*, é preocupante o encaminhamento da internet das coisas para a internet do corpo. As *Big Tech* estão adquirindo mais e mais empresas de tecnologia que têm como objetivo analisar, estimular e construir a conexão e interfaces entre o cérebro humano com dispositivos informáticos ou até mesmo a internet (SALAS, 2020), o que denominam de *neurocapitalismo*.[62]

---

[61] Disponível em: https://link-estadao-com-br.cdn.ampproject.org/c/s/link.estadao.com.br/noticias/empresas,a-empresa-secreta-que-pode-acabar-com-a-privacidade-como-a-conhecemos,70003165298.amp. Acesso em: 21 jan. 2020.

[62] "O homem que impulsionou um projeto de seis bilhões de dólares nos EUA para investigar o cérebro enumera com preocupação os movimentos dos últimos meses. O Meta investiu um bilhão de dólares (4,36 bilhões de reais) em uma empresa que

O neurocapitalismo é o deslocamento da inteligência artificial do virtual para o real. É um outro tipo de biopoder, diferente do foucaultiano.[63] É um *neuropoder* individualizado e ubíquo.

A fim de demonstrar que o neuropoder não é somente uma quimera, estão sendo desenvolvidas tecnologias de análises neurológicas que podem capturar a mente do ser humano:

> Ballarín, que é um engenheiro de telecomunicações e especialista em cibersegurança, testou alguns dispositivos. Ele *hackeou um fone de ouvido chamado EEG* e conseguiu interceptar os dados neurais enviados pelo dispositivo a um telefone celular conectado a ele. "Se você puder processar estes sinais, poderá obter informação relativa a doenças, capacidades cognitivas ou até mesmo os gostos e preferências do usuário, no que pode ser algo muito pessoal, tal como preferências sexuais que você nem sequer discute com o seu parceiro", ele alerta[64] (grifo do autor) (MARTÍN, 2020).

Na simbiose entre a inteligência artificial e a neurociência estão sendo desenvolvidas tecnologias e procedimentos em busca de soluções para problemas humanos, tais como paralisia ou extremidades amputadas. Porém, encontram-se meios para irem além e poderem intervir diretamente sobre os desejos, as vontades e os segredos humanos. Alerta Rafael Yuste que: "Em

---

trabalha na comunicação entre cérebros e computadores. E a Microsoft desembolsou outro bilhão na iniciativa de inteligência artificial de Elon Musk, que investe 100 milhões na Neuralink, uma companhia que implantará fios finíssimos no cérebro de seus usuários para aumentar suas competências. E Yuste tem informações de que o Google está sigilosamente fazendo esforços semelhantes. Chegou a era do neurocapitalismo" (SALAS, 2020).

[63] "A biopolítica tem como seu objeto a população de homens viventes e os fenômenos naturais a ela subjacentes. Regula e intervém sobre taxas de natalidade, fluxos de migração, epidemias, longevidade. Não é um poder individualizante, como as disciplinas, mas massifica os indivíduos a partir de sua realidade biológica fundamental (Foucault, 1976/2010a). A anátomo-política do corpo encontra a biopolítica da população. Na intersecção formada pelo cruzamento das duas linhas de força está a sexualidade. Enquanto elemento político e vital, a sexualidade remete tanto ao homem em sua dimensão corporal, quanto ao homem como membro de uma espécie que se reproduz" (FURTADO; CAMILO, 2016).

[64] Tradução livre de: "Ballarín, who is a telecommunications engineer and a cybersecurity expert, has tested a few devices himself. He hacked a brand-name EEG headset and managed to intercept the neural data sent by the device to a paired cell phone. 'If you can process these signals, you can get information regarding disease, cognitive capabilities or even a user's tastes and preferences, which may be something quite personal, like sexual preferences that you wouldn't even discuss with a partner,' he warns".

curto prazo, o perigo mais iminente é a perda de privacidade mental" (apud SALAS, 2020). Se há o risco de perda da privacidade, é porque esses novos procedimentos não invasivos de controle visam a tornar visível aquilo que era para ser segredo ou sigiloso: o pensamento.

Rafael Yuste denomina o direito de se lutar contra a colonização não invasiva do cérebro e dos pensamentos como *neurodireito*. A ideia do conceito é proteger o cérebro das possibilidades permitidas pelas tecnologias de inteligência artificial em neurociência. Entretanto, o conceito de neurodireito pode estabelecer um direcionamento ontológico para a proteção do cérebro em si e não da sua extensão representativa, a que se efetivamente quer se proteger, que é o pensamento. O valor se localiza no ato de pensar, de se autodeterminar e não no biológico. O último reduto que o humano poderia se esconder da visibilidade invasiva das tecnologias está em risco de não existir mais. Um humano desnudado em tudo que lhe é caro, por completo.

A *hipervisibilidade* imposta aos titulares pelas tecnologias de inteligência artificial, por conta das possibilidades de limitação e de vedação da aplicação da LGPD e outras normativas protetivas, deve ser contraposta por um direito que possa ser uma reação a essas práticas individualizadas e ubíquas, mas que atualmente não se reverbera, claramente, nas leis existentes. Por isso, surge o direito à *invisibilidade* do titular de dados, deslocamento do princípio constitucional da privacidade, para enfrentar as tecnologias que o visibiliza, em todas suas reverberações públicas e privadas, corpóreas e incorpóreas, para que seja objeto de uma governamentalidade que o reduz a cálculos de uma matemática desumanizante e individualizada.

O direito à invisibilidade atua nas práticas e nas tecnologias sub-reptícias e ubíquas que lhe retiram a possibilidade de questioná-las e enfrentá-las em seus motivos, desenvolvimentos e consequências. Somente com o direito à invisibilidade, o titular de dados reage, preventiva e proativamente, a uma ideia generalizada de que tem de aguardar as consequências das práticas da inteligência artificial para se defender perante elas. O direito à invisibilidade torna visível a inteligência artificial para impedi-la de ser utilizada sem a compreensão e anuência dos titulares, que lhe são, atualmente, meros objetos de estudos científicos.

Deve-se ressaltar que não há uma condenação simples e rasa da inteligência artificial. Nem é a intenção da obra. As tecnologias de inteligência artificial são e serão importantes para uma formatação de humano totalmente diferente do que vivenciamos até o presente. Contudo, as possibilidades de ganhos, que serão imensas, não podem nos desviar dos dilemas práticos, ontológicos e éticos que experimentaremos daqui por diante. Faz-se necessário resgatar o humano esquecido no triunfalismo tecnológico e reinseri-lo, em patamar de igualdade, nas discussões e projetos desenvolvidos com aplicação da inteligência artificial.

Pensar no direito à invisibilidade como reação do titular a essas práticas fornece infinitas possibilidades de novos direitos, que a ele serão atrelados e que terão grandes significados no desenvolvimento da inteligência artificial: direito de não ter a sua memória acessada, alterada, destruída ou adulterada por sistemas de inteligência artificial; direito à integridade mental; direito de não ser classificado socialmente por governos e empresas etc.

A invisibilidade do titular de dados é o encontro do direito com a ficção científica. É o futuro que se atualiza no presente e que deve ser enfrentado em prol do titular de dados, objeto dessas práticas de vigilância e controle. A reação a elas tem que ser construída pelo e para o direito como um resgate do humano que foi virtualizado e deslocalizado de si.

REFERÊNCIAS

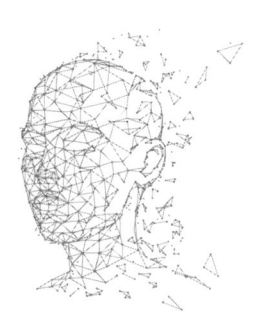

AB2L. Disponível em: https://www.ab2l.org.br. Acesso em: 20 dez. 2019.

AI NOW. Disponível em: https://ainowinstitute.org/. Acesso em: 20 dez. 2019.

AGÊNCIA BRASIL. Disponível em: https://www.agenciabrasil.gov.br. Acesso em: 20 dez. 2019.

AGENCIA ESPAÑOLA DE PROTECCIÓN DE DATOS. Instituto Nacional de Tecnologías de la Comunicación. *Estudio sobre la privacidad de los datos personales y la seguridad de la información en las redes sociales*. Madrid, 2009.

AGENCIA IBEROAMERICANA PARA LA DIFUSIÓN DE LA CIENCIA Y LA TECNOLOGIA. Disponível em: http://www.dicyt.com/.

AGÊNCIA NACIONAL DE SAÚDE SUPLEMENTAR. Disponível em: http://www.ans.gov.br/.

AGÊNCIA UNIVERSITÁRIA DE NOTÍCIAS (AUN). Disponível em: https://paineira.usp.br/aun/.

AMAZONAS ATUAL. Disponível em: https://www.amazonasatual.com.br.

ALMEIDA JR., Oswaldo Francisco. Mediação da informação e múltiplas linguagens. *Pesquisa Brasileira em Ciência da Informação*, v. 2, n. 1, p. 89-103, 2009.

ALMEIDA, Patrícia Martinez; SILVEIRA, Vladimir Oliveira da. O direito ao esquecimento e a privacidade. *In*: DE LUCCA, Newton; SIMÃO FILHO, Adalberto; LIMA, Cintia Rosa Pereira de (coord.). *Direito & internet III*: Marco Civil da Internet (Lei n. 12.965/2014). São Paulo: Quartier Latin, 2015. t. I, p. 619-642.

ALVES, Jones Figueirêdo. A extensão existencial por testamentos afetivos. *Instituto Brasileiro de Direito de Família* (IBDFAM), 1.º ago. 2016. Disponível em: http://www.ibdfam.org.br/artigos/1138/A+extens%C3%A3o+existencial+por+testamentos+afetivos. Acesso em: 20 dez. 2019.

ALVES, José Carlos Moreira. Os efeitos jurídicos da morte. *IV Jornada de Direito Civil*, Brasília, v. I, p. 17-27, 2007.

ANDRADE, Antonio Rodrigues de; ROSEIRA, Catarina. A informação como elemento de integração entre propósito, processos e pessoas: um estudo em instituições portuguesas. *Gest. Prod.*, São Carlos, v. 25, n. 1, p. 107-116, mar. 2018. Disponível em: http://www.scielo.br/scielo.php?script=sci_arttext&pid=S0104-530X2018000100107&lng=en&nrm=iso. Acesso em: 4 set. 2018.

ANDRADE, Fábio Siebeneichler de. A tutela dos direitos da personalidade no direito brasileiro em perspectiva atual. *Revista Derecho del Estado*, n. 30, p. 93-124, ene./jun. 2013. Disponível em: http://www.scielo.org.co/pdf/rdes/n30/n30a05.pdf. Acesso em: 12 out. 2020.

ANDRADE, Fábio Siebeneichler de. A tutela dos direitos da personalidade no direito brasileiro em perspectiva atual. *Rev. Derecho Privado*, Bogotá, n. 24, p. 81-111, jan. 2013. Disponível em: http://www.scielo.org.co/scielo.php?script=sci_arttext&pid=S0123-43662013000100004&lng=en&nrm=iso. Acesso em: 16 dez. 2019.

ANDROIDPIT. Disponível em: https://www.androidpit.com.br. Acesso em: 20 dez. 2019.

ARENDT, Hannah. *A condição humana*. 10. ed. Rio de Janeiro: Forense Universitária, 2005.

ARENDT, Hannah. *Entre o passado e o futuro*. Tradução Mauro W. Barbosa. São Paulo: Perspectiva, 2011.

ÁVILA, Thiago. O que faremos com os 40 trilhões de *gigabytes* de dados disponíveis em 2020? *Open Knowledge Brasil*, 29 set. 2017. Disponível em: https://br.okfn.org/2017/09/29/o-que-faremos-com-os-40-trilhoes--de-gigabytes-de-dados-disponiveis-em-2020/. Acesso em: 5 jun. 2018.

A VOZ DA INDÚSTRIA. Inteligência Artificial na indústria melhora resultados em processos produtivos e de vendas, 11 abr. 2019. Disponível em: https://avozdaindustria.com.br/ind-stria-40-totvs/intelig-ncia-artificial-na-ind--stria-melhora-resultados-em-processos-produtivos-e. Acesso em: 20 jan. 2020.

BARBOZA, Estefânia Maria de Queiroz; KOZICKI, Katya. Judicialização da política e controle judicial de políticas públicas. *Revista Direito GV*, [S.l.], v. 8, n. 1, p. 059-085, jan. 2012. ISSN 317-6172. Disponível em: http://bibliotecadigital.fgv.br/ojs/index.php/revdireitogv/article/view/23970/22728. Acesso em: 11 out. 2018.

BARROS, Dirlene Santos; AMELIA, Dulce. Arquivo e memória: uma relação indissociável. *Transinformação*, Campinas, v. 21, n. 1, p. 55-61, abr. 2009. Disponível em: http://www.scielo.br/scielo.php?script=sci_arttext&pid=S0103-37862009000100004&lng=en&nrm=iso. Acesso em: 4 set. 2018. http://dx.doi.org/10.1590/S0103-37862009000100004.

BATISTA, Carmem Lúcia. *Informação pública*: entre o acesso e a apropriação social. 2010. Dissertação (Mestrado em Ciência da Informação) – Escola de Comunicações e Artes, Universidade de São Paulo, São Paulo, 2010.

BAUMAN, Zygmunt. *Modernidade líquida*. Tradução Plínio Dentzien. Rio de Janeiro: Zahar, 2001.

BBC. Disponível em: https://www.bbc.com. Acesso em: 20 dez. 2019.

BENJAMIN, Walter. *Magia e técnica, arte e política*: ensaios sobre literatura e história da cultura. Tradução Sérgio Paulo Rouanet. 7. ed. São Paulo: Brasiliense, 1994.

BENKLER, Yochai. Don't let industry write the rules for AI. *Nature*, v. 569, maio 2019. Disponível em: https://www.nature.com/magazine-assets/d41586-019-01413-1/d41586-019-01413-1.pdf. Acesso em: 31 maio 2019.

BERGAMI, Paul Robert. Qualidade em TI – Segregar para atingir a qualidade. *TI Especialistas*, 2 jan. 2014. Disponível em: https://www.tiespecialistas.com.br/qualidade-em-ti-segregar-para-atingir-qualidade/. Acesso em: 8 nov. 2018.

BERKMAN KLEIN CENTER. Disponível em: https://cyber.harvard.edu/. Acesso em: 20 dez. 2019.

BERNARDI, Renato. *A inviolabilidade do sigilo de dados*. São Paulo: Fiuza, 2005.

BIONI, Bruno Ricardo. *Proteção de dados pessoais*: a função e os limites do consentimento. Rio de Janeiro: Forense, 2019.

BITTAR, Eduardo Carlos Bianca. *Ética, educação, cidadania e direitos humanos*. Barueri: Manole, 2004.

BLUM, Rita Peixoto Ferreira. *O direito à privacidade e à proteção dos dados do consumidor*. São Paulo: Almedina, 2018.

BOBBIO, Norberto. *O futuro da democracia*. Tradução portuguesa de Marco Aurélio Nogueira. 10. ed. São Paulo: Paz e Terra, 2000. Título original: Il futuro della democrazia.

BOBBIO, Norberto. *Teoria da norma jurídica*. São Paulo: Edipro, 2001.

BOBBIO, Norberto. *Democracia e segredo*. Organização Marco Revelli. Tradução portuguesa Marco Aurélio Nogueira. São Paulo: Unesp, 2015.

BONACCORSO, Norma Sueli. *Aspectos técnicos, éticos e jurídicos relacionados com a criação de bancos de dados criminais de DNA no Brasil*. 2010. Tese (Doutorado em Direito Penal) – Faculdade de Direito, Universidade de São Paulo, São Paulo, 2010. Disponível em: doi:10.11606/T.2.2010.tde-04102010-141930. Acesso em: 17 jan. 2020.

BONAVIDES, Paulo. *Curso de direito constitucional*. 26. ed. São Paulo: Malheiros, 2000.

BORGES, Jorge Luís. Funes, o memorioso. Disponível em: http://www.gradadm.ifsc.usp.br/dados/20141/SLC0630-1/Funes,%20o%20Memorioso.pdf. Acesso em: 11 jul. 2018.

BRANCO, Sérgio. *Memória e esquecimento na internet*. Porto Alegre: Arquipélago Editorial, 2017.

BRASIL. Supremo Tribunal Federal. Recurso Extraordinário n.º 973.837. A criação de banco de dados com material genético do apenado não viola o princípio da não autoincriminação (*nemo tenetur se detegere*), vez que decorre de condenação criminal transitada em julgado. Relator: Min. Gilmar Mendes, 28 de fevereiro de 2020. Disponível em: http://portal.stf.jus.br/processos/detalhe.asp?incidente=4991018. Acesso em: 23 mar. 2022.

BRAUNER, Maria Cláudia Crespo; BÖLTER, Serli Genz. O ser humano e o corpo: contribuições da bioética e do biodireito para a proteção dos direitos da personalidade. *In*: CALGARO, Cleide; PEREIRA, Agostinho Oli Koppe (org.). *Direito ambiental e biodireito*: da modernidade à pós-modernidade. Caxias do Sul: Educs, 2012. p. 185-207.

BULOS, Uadi Lammêgo. *Curso de direito constitucional*. 7. ed. rev. e atual. São Paulo: Saraiva, 2012.

CANAL TECH. Disponível em: https://www.canaltech.com.br. Acesso em: 20 dez. 2019.

CAPURRO, Rafael. Privacy a intercultural perspective. Disponível em: http://www.capurro.de/privacy.html. Acesso em: 10 abr. 2019.

CARVALHO, Angelo Gamba Prata de. O uso da inteligência artificial no mundo jurídico. Limites e perspectivas – Parte 1. *Jota*, 16 jun. 2017. Disponível em: https://www.jota.info/opiniao-e-analise/artigos/o-uso-da-inteligencia-artificial-no-mundo-juridico-16062017. Acesso em: 22 nov. 2019.

CARVALHO, Igor Chagas de. *Direito ao esquecimento*: reação à expansão sistêmica dos meios de comunicação de massa? 2016. 142 f. Dissertação (Mestrado em Direito) –Universidade de Brasília, Brasília, 2016. Disponível em: http://repositorio.unb.br/bitstream/10482/20972/1/2016_IgorChagasCarvalho.pdf. Acesso em: 19 maio 2017.

CASSIRER, Ernst. *Mito e linguagem*. 4. ed. São Paulo: Perspectiva, 2000.

CASTELLS, Manuel. *A Era da Informação*: economia, sociedade e cultura. São Paulo: Paz e Terra, 1999. v. 3.

CASTEL, Robert. *A discriminação negativa*: cidadãos ou autóctones? Petrópolis: Vozes, 2008.

CASTRO JR., Marco Aurélio de. *Personalidade jurídica do robô e sua efetividade no direito*. Dissertação (Mestrado) – Programa de Pós-Graduação em Direito,

UFBA, Salvador, 2009. Disponível em: http://repositorio.ufba.br/ri/handle/ri/10719. Acesso em: 17 jan. 2020.

CENTRO DE COMUNICACIÓN OFICIAL URUGUAYO. Dirección Nacional de Impresiones y Publicaciones Oficiales (IMPO). Disponível em: https://www.impo.com.uy/. Acesso em: 17 jan. 2020.

CERT.BR. Disponível em: https://www.cert.br. Acesso em: 17 jan. 2020.

CETESB. Declaração do Rio sobre o meio ambiente e desenvolvimento. *Proclima*, 2013. Disponível em: https://cetesb.sp.gov.br/proclima/wp-content/uploads/sites/36/2013/12/declaracao_rio_ma.pdf. Acesso em: 6 out. 2020.

CLAYTON CHRISTENSEN. Disponível em: http://claytonchristensen.com/key-concepts/. Acesso em: 17 jan. 2020.

COMISSÃO DO PARLAMENTO EUROPEU. Building Trust in Human – Centric Artificial Intelligence. Brussels, 08.04.2019. Disponível em: https://ec.europa.eu/digital-single-market/en/news/communication-building-trust-human-centric-artificial-intelligence. Acesso em: 17 fev. 2020.

CONSALTER, Zilda Mara. *Direito ao esquecimento*: proteção da intimidade e ambiente virtual. Curitiba: Juruá, 2017.

CONSELHO FEDERAL DE MEDICINA VETERINÁRIA. Disponível em: https://portal.cfmv.gov.br. Acesso em: 17 fev. 2020.

CONSELHO NACIONAL DE JUSTIÇA (CNJ) Disponível em: https://www.cnj.jus.br. Acesso em: 17 fev. 2020.

CONSUMER REPORTS. Disponível em: https://www.consumerreports.org/cro/index.htm. Acesso em: 17 fev. 2020.

CORREIO BRAZILIENSE. Disponível em: https://www.correiobraziliense.com.br. Acesso em: 17 fev. 2020.

COUNCIL OF EUROPE. Disponível em: https://www.coe.int. Acesso em: 17 fev. 2020.

CRETELLA JR., José. *Comentários à Constituição de 1988*. Rio de Janeiro: Forense Universitária, 1988. v. 1.

DALLARI, Dalmo de Abreu. O *habeas data* no sistema jurídico brasileiro. *Revista da Faculdade de Direito*, São Paulo, v. 97, p. 239-253, 1.º jan. 2002.

DCI – Diário do Comércio, Indústria e Serviços. Disponível em: https://www.dci.com.br/. Acesso em: 17 fev. 2020.

DE LUCA, Cristina. Por que é preciso incluir proteção de dados entre os direitos fundamentais. *Tilt UOL*, 13 ago. 2019. Disponível em: https://porta23.blogosfera.uol.com.br/2019/08/13/por-que-e-preciso-incluir-protecao-de-dados-entre-os-direitos-fundamentais. Acesso em: 24 out. 2019.

DE LUCCA, Newton. Títulos e contratos eletrônicos: o advento da informática e seu impacto no mundo jurídico. *In*: DE LUCCA, Newton; SIMÃO FILHO, Adalberto. *Direito & internet*. Bauru: Edipro, 2000. p. 21-100.

DE LUCCA, Newton. *Direito do consumidor*: teoria geral da relação de consumo. São Paulo: Quartier Latin, 2003.

DE LUCCA, Newton. *Da ética geral à ética empresarial*. São Paulo: Quartier Latin, 2009.

DE LUCCA, Newton; NAJJARIAN, Ilene Patrícia de Noronha. Criptomoedas: novos meios de pagamento. *In*: PARENTONI, Leonardo; MIRANDA, Bruno; LIMA, Henrique. *Direito, tecnologia e inovação*. Belo Horizonte: D'Plácido, 2018. p. 767-792. v. I.

DEVMEDIA. Disponível em: https://www.devmedia.com.br. Acesso em: 17 fev. 2020.

DIÁRIO DA SAÚDE. Disponível em: https://www.diariodasaude.com.br. Acesso em: 17 fev. 2020.

DIGITAL ETHICS LABS. Disponível em: https://digitalethicslab.oii.ox.ac.uk/. Acesso em: 17 fev. 2020.

DI PIETRO, Maria Sylvia Zanella de. Prefácio: *In*: MARTINS JÚNIOR, Wallace Paiva. *Transparência administrativa*: publicidade, motivação e participação popular. 2. ed. São Paulo: Saraiva, 2010.

DOCTOROW, Cory. Our neophobic, conservative ai overlords want everything to stay the same. *Los Angeles Review of Books*, 1.º jan. 2020. Disponível em: http://blog.lareviewofbooks.org/provocations/neophobic-conservative-ai--overlords-want-everything-stay/. Acesso em: 14.01.2020.

DONEDA, Danilo. Proteção dos dados pessoais como um direito fundamental. *Espaço Jurídico Journal of Law [EJJL]*, v. 12, n. 2, p. 91-108, 2011.

DONEDA, Danilo. *Da privacidade à proteção de dados pessoais*: elementos da formação da Lei geral de proteção de dados. 2. ed. rev. e atual. São Paulo: Thomson Reuters Brasil, 2019.

DRUCK, Graça. Trabalho, precarização e resistências: novos e velhos desafios? *Cad. CRH*, Salvador, v. 24, número especial, p. 37-57, 2011. Disponível em: http://www.scielo.br/scielo.php?script=sci_arttext&pid=S0103--49792011000400004&lng=en&nrm=iso. Acesso em: 13 jan. 2020. http://dx.doi.org/10.1590/S0103-49792011000400004.

DUAS RODAS. Disponível em: https://www.duasrodas.com. Acesso em: 13 jan. 2020.

ENDEAVOR. Disponível em: https://www.endeavor.org.br. Acesso em: 13 jan. 2020.

EHRENFREUND, Max. 17 disturbing statistics from the federal report on Ferguson police. *The Washington Post*, 4 mar. 2015. Disponível em: www.washingtonpost.com/news/wonk/wp/2015/03/04/17-disturbing-statistics--from-the-federal-report-on-ferguson-police/?noredirect=on. Acesso em: 22 nov. 2019.

EL PAÍS. Disponível em: https://www.elpais.com.br. Acesso em: 13 jan. 2020.

ÉPOCA NEGÓCIOS. Disponível em: https://epocanegocios.globo.com. Acesso em: 13 jan. 2020.

EUR-Lex. Disponível em: https://eur-lex.europa.eu. Acesso em: 13 jan. 2020.

EXAME. Disponível em: https://exame.abril.com.br. Acesso em: 13 jan. 2020.

FARIAS, Ana Laura. Sem adesão de três estados, registro de identificação civil não atenderá 37% da população. *Agência de Notícias para a Difusão da Ciência e Tecnologia*, 3 set. 2010. Disponível em: http://www.dicyt.com/noticia/sem-adesao-de-tres-estados-registro-de-identificacao-civil-nao--atendera-37-da-populacao. Acesso em: 17 fev. 2020.

FERRAZ JR., Tercio Sampaio. Sigilo de dados: o direito à privacidade e os limites à função fiscalizadora do Estado. *Revista da Faculdade de Direito da Universidade de São Paulo*, v. 88, 1993.

FERRAZ JR., Tercio Sampaio. *Introdução ao Estudo do Direito*: técnica, decisão, dominação. 4. ed. São Paulo: Atlas, 2003.

FIANDEIRA TECNOLOGIA. Disponível em: https://fiandeira.com.br/. Acesso em: 17 fev. 2020.

FLORENCE, Jean. A propósito do segredo. Université Catholique de Louvain – Bélgica. *Psicologia: Teoria e Pesquisa*, v. 15, n. 2, p. 163-166, maio/ago. 1999.

FOLHA DE SÃO PAULO. Disponível em: https://www.folha.uol.com.br. Acesso em: 17 fev. 2020.

FONSECA, Márcio Alves. *Foucault e o direito*. São Paulo: Max Limonad, 2002.

FOUCAULT, Michel. *A palavra e as coisas*. Tradução Salma Tannus Muchail. 8. ed. São Paulo, Martins Fontes, 2002.

FOUCAULT, Michel. Microfísica do Poder. Tradução Roberto Machado. 21ª edição. Rio de Janeiro: Graal, 2005.

FOUCAULT, Michel. *Nascimento da biopolítica*. Tradução Eduardo Brandão. São Paulo: Martins Fontes, 2008a.

FOUCAULT, Michel. *Segurança, território, população*. Tradução Eduardo Brandão. São Paulo: Martins Fontes, 2008b.

FRIAS, Lincoln; LOPES, Nairo. Considerações sobre o conceito de dignidade humana. *Revista Direito GV*, São Paulo, v. 11, n. 2, p. 649-670, dez. 2015. Disponível em: http://www.scielo.br/scielo.php?script=sci_arttext&pid=S1808--24322015000200649&lng=en&nrm=iso. Acesso em: 25 nov. 2019. http://dx.doi.org/10.1590/1808-2432201528.

FUNDAÇÃO GETULIO VARGAS. Disponível em: https://www.fgv.br. Acesso em: 17 fev. 2020.

FUNDAÇÃO INSTITUTO DE ADMINISTRAÇÃO – FIA. Inteligência Artificial: o que é, como funciona e exemplos. 17 ago. 2018. Disponível em: https://fia.com.br/blog/inteligencia-artificial/. Acesso em: 17 fev. 2020.

FURTADO, Rafael Nogueira; CAMILO, Juliana Aparecida de Oliveira. O conceito de biopoder no pensamento de Michel Foucault. *Revista Subjetividades*, Fortaleza, v. 16, n. 3, p. 34-44, dez. 2016. Disponível em: http://pepsic.bvsalud.org/scielo.php?script=sci_arttext&pid=S2359--07692016000300003&lng=pt&nrm=iso. Acesso em: 4 set. 2020. http://dx.doi.org/10.5020/23590777.16.3.34-44.

FUTURE OF HUMANITY INSTITUTE. Disponível em: https://www.fhi.ox.ac.uk/. Acesso em: 17 fev. 2020.

GIZMODO. Disponível em: https://gizmodo.uol.com.br/. Acesso em: 17 fev. 2020.

GLOBO.COM. Disponível em: https://www.globo.com. Acesso em: 17 fev. 2020.

GOMES, Orlando. *Contratos*. Rio de Janeiro: Forense, 1998.

GOMES FILHO, Antônio Magalhães. *Direito à prova no processo penal*. São Paulo: RT, 1997.

GONÇALVES, Carlos Roberto. *Direito civil esquematizado*. 2. ed. São Paulo: Saraiva, 2012. v. 1.

GONÇALVES, Luciana Helena. *O direito ao esquecimento na era digital*: desafios da regulação da desvinculação de urls prejudiciais a pessoas naturais nos índices de pesquisa dos buscadores horizontais. 2016. 146 f. Dissertação (Mestrado em Direito) – Fundação Getulio Vargas, São Paulo, 2016. Disponível em: http://bibliotecadigital.fgv.br/dspace/bitstream/handle/10438/16525/Dissertacao_Luciana_Goncalves_finaliSsimo.pdf?sequence=7&isAllowed=y. Acesso em: 12 jul. 2018.

GONÇALVES, Victor Hugo Pereira. A limitação do tráfego de dados no provimento de acesso à internet via banda larga. *Artigos PGSA Advogados*, maio 2007. Disponível em: https://www.pereiragoncalves.adv.br/limitacao--trafego-dados-acesso-internet-banda-larga/. Acesso em: 16 out. 2019.

GONÇALVES, Victor Hugo Pereira. *Inclusão digital como direito fundamental*. Dissertação (Mestrado) – Faculdade de Direito da USP, São Paulo, 2012.

GONÇALVES, Victor Hugo Pereira. Direito fundamental à exclusão digital. *In*: DE LUCCA, Newton; SIMÃO FILHO, Adalberto; LIMA, Cintia Rosa Ferreira de. *Direito & internet III*. São Paulo: Quartier Latin, 2015. v. I, p. 188-206.

GONÇALVES, Victor Hugo Pereira. *Marco Civil da Internet comentado*. São Paulo: Atlas, 2017.

GONZALEZ DE GOMEZ, Maria Nélida. Novos cenários políticos para a informação. Scielo. *Ciência da Informação*, Brasília, v. 31, n. 1, p. 27-40, jan. 2002. Disponível em: http://www.scielo.br/scielo.php?script=sci_arttext&pid=S0100-19652002000100004&lng=en&nrm=iso. Acesso em: 4 set. 2018.

GRECO FILHO, Vicente. Interceptação telefônica: considerações sobre a Lei n.º 9.296, de 24 de julho de 1996. São Paulo: Saraiva, 1996.

GRUPO DE TELEINFORMÁTICA E AUTOMAÇÃO (GTA) UNIVERSIDADE FEDERAL DO RIO DE JANEIRO (UFRJ). Disponível em: https://www.gta.ufrj.br/. Acesso em: 17 maio 2019.

GUSSOLI, Felipe Klein. A natureza como sujeito de direito na Constituição do Equador: considerações a partir do caso Vilacamba. *XVI Jornada de Iniciação Científica de Direito da UFPR*, 2014. Disponível em: http://www.direito.ufpr.br/portal/wp-content/uploads/2014/12/Artigo-Felipe-Gussoli-classificado--em-1%C2%BA-lugar-.pdf. Acesso em: 17 maio 2019.

HABERLE, Peter. A dignidade humana e a democracia pluralista – seu nexo interno. Tradução Peter Naumann. *In*: SARLET, Ingo Wolfgang (org.). *Direitos fundamentais, informática e comunicação*: algumas aproximações. Porto Alegre: Livraria do Advogado, 2007. p. 11-28.

HABERMAS, Jürgen. *O futuro da natureza humana*: a caminho de uma eugenia liberal? Tradução Karina Jannini. 2. ed. São Paulo: WMF Martins Fontes, 2010.

HABERMAS, Jürgen. *Técnica e ciência como "ideologia"*. Tradução Felipe Gonçalves Silva. São Paulo: Unesp, 2014.

HAIDAR, Rodrigo. Justiça cassa decisão que obrigou réu a fazer prova contra si. *Revista Consultor Jurídico*, 27 jul. 2005. Disponível em: https://www.conjur.com.br/2005-jul-27/trf_4_cassa_decisao_manda_reu_prova_si?pagina=3. Acesso em: 6 out. 2020.

HELP NET SECURITY. Real damage done by malicious, careless and compromised insiders. 16 set. 2016. Disponível em: https://www.helpnetsecurity.com/2016/09/16/malicious-careless-compromised-insiders. Acesso em: 17 fev. 2020.

HOBSBAWM, Eric. *Era dos extremos*: o breve século XX. São Paulo: Companhia das Letras, 1995.

HUGHES, Eric. A Cypherpunk's manifesto. *Activism Net Cypherpunk*, 9 mar. 1993. Disponível em: https://www.activism.net/cypherpunk/manifesto.html. Acesso em: 10 abr. 2019.

ICHIHARA, Yoshiaki. Processo administrativo tributário. *In*: MARTINS, Ives Gandra da Silva (coord.). *Processo administrativo tributário*. 2. ed. São Paulo: RT: Centro de Extensão Universitária, 2002. p. 358-359.

IHERING, Rudolf von. *A luta pelo direito*. Tradução João Vasconcelos. São Paulo: Forense, 2006.

INSTITUTO BRASILEIRO DE DEFESA DA PROTEÇÃO DE DADOS PESSOAIS, *COMPLIANCE* E SEGURANÇA DA INFORMAÇÃO SIGILO. Disponível em: https://www.sigilo.org.br. Acesso em: 17 fev. 2020.

INSTITUTO INFORMATION MANAGEMENT. Disponível em: https://docmanagement.com.br/. Acesso em: 17 fev. 2020.

JACOBI, Pedro Roberto. *Ampliação da cidadania e participação*: desafios da democratização da relação poder público/sociedade civil no Brasil. São Paulo, 1996. Tese (Livre Docência) – Faculdade de Educação da Universidade de São Paulo, São Paulo. Disponível em: https://teses.usp.br/teses/disponiveis/livredocencia/48/tde-25102005-105004/publico/PedroJacobi.pdf. Acesso em: 8 nov. 2019.

JORNAL CARTA FORENSE. Disponível em: http://www.cartaforense.com.br/. Acesso em: 17 fev. 2020.

KAMINSKI, Omar. O grande *firewall*: mudanças na regulamentação da Internet na China. *Revista Consultor Jurídico*, 20 ago. 2002. Disponível em: https://www.conjur.com.br/2002-ago-20/china_dois_lados_moeda_politica_net. Acesso em: 5 ago. 2019.

KANASHIRO, Marta Mourão. *Biometria no Brasil e o registro de identidade civil*: novos rumos para identificação. 2011. Tese (Doutorado em Sociologia) – Universidade de São Paulo, São Paulo, 2011.

KARNAL, Leandro *et al*. História dos Estados Unidos: das origens ao século XXI. São Paulo: Contexto, 2007.

KELSEN, Hans. *Teoria pura do direito*. São Paulo: Martins Fontes, 2006.

KUHN, Thomas S. *A estrutura das revoluções científicas*. Tradução Beatriz Vianna Boeira e Nelson Boeira. 13. ed. São Paulo: Perspectiva, 2017.

KUNZLER, Carolina de Morais. A teoria dos sistemas sociais de Niklas Luhmann. *Estudos de Sociologia*, Araraquara, v. 16, p. 123-136, 2004. Disponível em: https://periodicos.fclar.unesp.br/index.php/estudos/article/viewFile/146/144. Acesso em: 31 out. 2018.

LAFER, Celso. A reconstrução dos direitos humanos: a contribuição de Hannah Arendt. *Estudos Avançados*, São Paulo, v. 11, n. 30, p. 55-65, ago. 1997. Disponível em: http://www.scielo.br/scielo.php?script=sci_arttext&pid=S0103--40141997000200005&lng=en&nrm=iso. Acesso em: 6 out. 2020. https://doi.org/10.1590/S0103-40141997000200005.

LAFER, Celso. OMC – A decisão sobre pneus reformados. *Migalhas*, 21 jan. 2008. Disponível em: https://www.migalhas.com.br/dePeso/16,MI52607,31047--OMC+a+decisao+sobre+pneus+reformados. Acesso em: 24 set. 2018.

LEGISLATION OF UNITED KINGDOM. Disponível em: https://www.legislation.gov.uk. Acesso em: 17 fev. 2020.

LEMOS, Ronaldo; DONEDA, Danilo Maganhoto; SOUZA, Carlos Affonso Pereira de; ROSSINI, Carolina Almeida A. Estudo sobre a regulamentação jurídica do *spam* no Brasil. *Fundação Getulio Vargas*, abr. 2007. Disponível em: https://www.cgi.br/media/comissoes/ct-spam-EstudoSpamCGI-FGVversaofinal.pdf. Acesso em: 15 jan. 2020.

LEONARDO, Rodrigo Xavier. Sujeito de direito e capacidade: contribuição para uma revisão da teoria geral do direito civil à luz do pensamento de Marcos Bernardes de Mello. *In*: EHRHARDT JR., Marcos; DIDIER JR., Fredie. *Revisitando a teoria do fato jurídico*: homenagem a Marcos Bernardes de Mello. São Paulo: Saraiva, 2010.

LEVERHULME CENTRE FOR THE FUTURE OF INTELLIGENCE (CFI). Disponível em: http://lcfi.ac.uk/. Acesso em: 15 jan. 2020.

LÉVY, Pierre. *O que é virtual?* Tradução Paulo Neves. 2. ed. São Paulo: Editora 34, 2011.

LEWANDOWSKI, Enrique Ricardo. *Globalização, regionalização e soberania*. São Paulo: Juarez de Oliveira, 2004.

LEWICKI, Bruno. Realidade refletida: privacidade e imagem na sociedade vigiada. *Revista Trimestral de Direito Civil – RTDC*, v. 7, n. 27, p. 211-219, jul./set. 2006.

LEWIS, Rachel. The racial bias built into photography. *The New York Times*, 25 abr. 2019. Disponível em: https://www.nytimes.com/2019/04/25/lens/sarah--lewis-racial-bias-photography.html. Acesso em: 22 nov. 2019.

LIMA, Cíntia Rosa Pereira. Direito ao esquecimento e internet: o fundamento legal no direito comunitário europeu, no direito italiano e no direito brasileiro. *Revista dos Tribunais*, São Paulo, v. 103, n. 946, p. 77-109, ago. 2014.

LIMA, R. S.; SILVA, G. A. C.; OLIVEIRA, P. S. Segurança pública e ordem pública: apropriação jurídica das expressões à luz da legislação, doutrina e jurisprudência pátrios. *Revista Brasileira de Segurança Pública*, v. 12, p. 58-83, 2013.

LISBOA, Roberto Senise. *Manual de direito civil*. Teoria geral do direito civil. 6. ed. São Paulo: Saraiva, 2010. v. 1.

LOPES, Giovana Figueiredo Peluso. LGPD e revisão de decisões automatizadas. *Revista do Centro de Pesquisa em Direito, Tecnologia e Inovação – Centro DTIBR*, 31 jul. 2019. Disponível em: https://www.dtibr.com/post/lgpd-e--revis%C3%A3o-de-decis%C3%B5es-automatizadas. Acesso em: 22 nov. 2019.

LOPES JR., Aury. Lei 12.654/2012: é o fim do direito de não produzir prova contra si mesmo (*nemo tenetur se detegere*)? *Boletim IBCCRIM*, São Paulo, ano 20, n. 236, p. 5, jul. 2012.

MACHADO, Leonardo Marcondes. Projeto "anticrime"" e Banco Nacional de Perfil Genético: nem tudo que reluz é ouro. *Revista Consultor Jurídico*, 5 mar. 2019. Disponível em: https://www.conjur.com.br/2019-mar-05/academia--policia-banco-nacional-perfil-genetico-nem-tudo-reluz-ouro#[3]. Acesso em: 24 nov. 2019.

MACHADO, Roberto. *Nietzsche e a verdade*. 3. ed. rev. São Paulo: Paz e Terra, 2017.

MALDONADO, Viviane Nóbrega. *Direito ao esquecimento*. São Paulo: Novo Século, 2017.

MALDONADO, Viviane Nóbrega. Direitos dos titulares de dados. *In*: MALDONADO, Viviane Nóbrega (coord.). *Comentários ao GDPR*: Regulamento Geral de Proteção de Dados da União Europeia. São Paulo: Thomson Reuters Brasil, 2018. p. 85-110.

MALTEZ, J.; VALE, J. do. Biometria: processamento de imagens para reconhecimento de padrões na íris. *Departamento de Engenharia Informática*, Universidade de Coimbra, 2005. Disponível em: https://student.dei.uc.pt/~jmaltez/SII/TrabalhoPesquisa.pdf. Acesso em: 8 out. 2018.

MARANHÃO, Juliano. Ambiente virtual transforma profundamente categorias jurídicas. *Revista Consultor Jurídico*, dez. 2016. Disponível em: https://www.conjur.com.br/2016-dez-05/juliano-maranhao-ambiente-virtual-transforma-profundamente-direito#author. Acesso em: 15 abr. 2019.

MARQUES, Claudia Lima. *Confiança no comércio eletrônico e a proteção do consumidor*: um estudo dos negócios jurídicos de consumo no comércio eletrônico. São Paulo: RT, 2004.

MARQUES, Claudia Lima. *Contratos no Código de Defesa do Consumidor*. 5. ed. São Paulo: RT, 2005.

MARQUES, F. P. J. A. Internet e transparência política. *In*: XXIII ENCONTRO ANUAL DA ASSOCIAÇÃO NACIONAL DOS PROGRAMAS DE

PÓS-GRADUAÇÃO EM COMUNICAÇÃO – COMPÓS, 2014. *Anais...*, Belém. Disponível em: http://compos.org.br/encontro2014/anais/Docs/GT05_COMUNICACAO_E_POLITICA/artigoformatadocompos2014--gtcomunicacaoepolitica_2173.pdf. Acesso em: 12 set. 2018.

MARTÍN, Bruno. Cybersecurity to guard against brain hacking. *OpenMind BBVA*, 21 jan. 2020. Disponível em: https://www.bbvaopenmind.com/en/technology/digital-world/cybersecurity-to-guard-against-brain-hacking/amp/?__twitter_impression=true. Acesso em: 24 jan. 2020.

MARTINEZ, Pablo Dominguez. *Direito ao esquecimento*: a proteção da memória individual na sociedade da informação. Rio de Janeiro: Lumen Juris, 2014.

MARTINS, Guilherme Magalhães. O direito ao esquecimento na Internet. *In*: MARTINS, Guilherme Magalhães (coord.). *Direito privado e Internet*. São Paulo: Atlas, 2014. p. 3-28.

MARX, Karl. *Manuscritos econômicos e filosóficos*. São Paulo: Boitempo, 2004.

MEIRELLES, Hely Lopes. *Mandado de segurança, ação popular, ação civil pública, mandado de injunção, "habeas data"*. 20. ed. atual. por Arnoldo Wald com colaboração de Rodrigo Garcia da Fonseca. São Paulo: Malheiros, 1998.

MELO, Jussara Costa. Regulação do direito ao esquecimento no ciberespaço: heterogeneidade de lealdades no espaço público de postulação de interesses legítimos. *Revista de Direito, Estado e Telecomunicações*, v. 7, n. 1, p. 171-194 2015. Disponível em: http://www.ndsr.org/SEER/index.php?journal=rdet&page=article&op=view&path%5%5D=157&path%5B%5D=115. Acesso em: 12 jul. 2018.

MELO, Milena Pretters. Cidadania: subsídios teóricos para uma nova práxis. *In*: SILVA, Reinaldo Pereira e (org.). *Direitos humanos como educação para a justiça*. São Paulo: LTr, 1998.

MENDES, Gilmar Ferreira; COELHO, Inocêncio Mártires; BRANCO, Paulo Gustavo Gonet. *Curso de direito constitucional*. 4. ed. rev. e atual. São Paulo: Saraiva, 2009.

MENDES, Laura Schertel. A tutela da privacidade do consumidor na Internet. *In*: DE LUCCA, Newton; SIMÃO FILHO, Adalberto; LIMA, Cintia Rosa Ferreira de. *Direito & internet III*. São Paulo: Quartier Latin, 2015. v. I, p. 471-501.

MENESES, Ulpiano T. Bezerra de. A história, cativa da memória? Para um mapeamento da memória no campo das Ciências Sociais. *Revista do Instituto de Estudos Brasileiros*, São Paulo, n. 34, p. 9-24, 1992.

MERCADO ELETRÔNICO. Disponível em: https://blog.me.com.br. Acesso em: 24 jan. 2020.

MICHELMAN, Frank I. Relações entre democracia e liberdade de expressão: discussão de alguns argumentos. Tradução Marcelo Fensterseifer e Tiago Fensterseifer. Revisão da tradução Ingo Wolfgang Sarlet. *In*: SARLET, Ingo Wolfgang (org.). *Direitos fundamentais, informática e comunicação*: algumas aproximações. Porto Alegre: Livraria do Advogado Editora, 2007. p. 49-61.

MINISTÉRIO DA DEFESA DO BRASIL. Disponível em: https://www.defesa.gov.br. Acesso em: 24 jan. 2020.

MINOIS, Georges. *História do futuro*: dos profetas à prospectiva. Tradução Mariana Echalar. São Paulo: Unesp, 2016.

MIRANDA, Jorge. *Manual de direito constitucional*. 3. edição. Coimbra: Coimbra Editora, 1996. t. 2.

MIRANDA, Jorge. *Teoria do estado e da constituição*. Rio de Janeiro: Forense, 2002.

MOLLER, Kolja. Crítica do direito e teoria dos sistemas. *Tempo Social*, São Paulo, v. 27, n. 2, p. 129-152, dez. 2015. Disponível em: http://www.scielo.br/scielo.php?script=sci_arttext&pid=S0103-20702015000200129&lng=en&nrm=iso. Acesso em: 31 jan. 2018. http://dx.doi.org/10.1590/0103-2070201526.

MORAES, Melina Ferracini de. *O direito ao esquecimento na internet no contexto das decisões judiciais no Brasil*. 2016. 140 f. Dissertação (Mestrado em Direito Político e Econômico) – Universidade Presbiteriana Mackenzie, São Paulo, 2016. Disponível em: http://tede.mackenzie.br/jspui/bitstream/tede/2885/5/Melina%20Ferracini%20de%20Moraes.pdf. Acesso em: 12 jul. 2018.

MOROZOV, Evgeny. *Big Tech*: a ascensão dos dados e a morte da política. Tradução Claudio Marcondes. São Paulo: Ubu Editora, 2018.

MOROZOV, Evgeny; BRIA, Francesca. *A cidade inteligente*: tecnologias urbanas e democracia. Tradução Humberto do Amaral. São Paulo: Ubu Editora, 2019.

MOURNIER, Pierre. Em direção ao acesso aberto universal? Por que precisamos de bibliodiversidade em vez de uma "bala de prata". *Scielo em Perspectiva*, 14 ago. 2018. Disponível em: https://blog.scielo.org/blog/2018/08/14/em-direcao-ao-acesso-aberto-universal-por-que-precisamos-de-bibliodiversidade--em-vez-de-uma-bala-de-prata/#.Xa3y_vdv_eR. Acesso em: 21 out. 2019.

MÜLLER, Vincent C. Ethics of Artificial Intelligence and Robotics. *In*: ZALTA, Edward N. (ed.). *The Stanford Encyclopedia of Philosophy*. Winter 2020 Edition. Disponível em: https://plato.stanford.edu/archives/win2020/entries/ethics-ai/. Acesso em: 21 out. 2019.

MUSAR, Natasa Pirc. *Access to public information versus protection of personal data*: how to strike the right balance using a public interest test. Viena: NWV, 2018.

MUSSO, Pierre. A filosofia da rede. Tradução Marcos Homrich Hickmann. *In*: PARENTE, André (org.). *Tramas da rede*: novas dimensões filosóficas, estéticas e políticas de comunicação. Porto Alegre: Sulina, 2010. p. 16-37.

NAKAHIRA, Ricardo. *A eficácia horizontal dos direitos fundamentais*. 2007. 180 f. Dissertação (Mestrado em Direito Constitucional) – Pontifícia Universidade Católica, São Paulo, 2007. Disponível em: http://www.dominiopublico.gov.br/download/teste/arqs/cp041088.pdf. Acesso em: 21 ago. 2020.

NAVARRO, Ana Maria Neves de Paiva. O direito fundamental à autodeterminação informativa. *In*: XXI CONGRESO NACIONAL DO CONPEDI. Direitos Fundamentais e Democracia II. *Anais...* Florianópolis: FUNJAB, 2012. p. 410-438. Disponível em: http://www.publicadireito.com.br/artigos/?cod=86a2f353e1e6692c. Acesso em: 19 out. 2018.

NERY JR., Nelson; NERY, Rosa Maria de Andrade. *Código Civil comentado*. 3. ed. São Paulo: RT, 2005.

NETTO, Alcides Munhoz. Estado de direito e segurança nacional. *Revista da Faculdade de Direito da Universidade Federal do Paraná*, v. 19, n. 19, p. 161-183, 1978/1980. Disponível em: https://www2.senado.leg.br/bdsf/item/id/181092. Acesso em: 1.º dez. 2019.

NEW YORK TIMES. Disponível em: https://www.nytimes.com. Acesso em: 1.º dez. 2019.

NEXO JORNAL. Disponível em: https://www.nexojornal.com.br. Acesso em: 1.º dez. 2019.

NIETZSCHE, Friedrich. *Sobre verdade e mentira*. Tradução e organização de Fernando de Moraes Barros. São Paulo: Hedra, 2008.

NISSENBAUM, Helen. *Privacy in context*: technology, policy, and the integrity of social life. Stanford, EUA: Stanford University Press, 2010.

NOBRE, Luiz Felipe *et al*. Certificação digital de exames em telerradiologia: um alerta necessário. *Radiol. Bras.*, São Paulo, v. 40, n. 6, p. 415-421, dez. 2007. Disponível em: http://www.scielo.br/scielo.php?script=sci_arttext&pid=S0100-39842007000600011&lng=en&nrm=iso. Acesso em: 26 abr. 2019.

NÚCLEO DE COMPUTAÇÃO ELETRÔNICA DA UFRJ. Disponível em: http://www.nce.ufrj.br. Acesso em: 26 abr. 2019.

OEA – Comissão Interamericana de Direitos Humanos. Temas sobre liberdade de expressão, Capítulo IV. *Relatório sobre o acesso à informação na região*, abr. 2001. Disponível em: http://www.oas.org/pt/cidh/expressao/showarticle.asp?artID=493&lID=4. Acesso em: 18.09.2018.

O ESTADO DE SÃO PAULO. Disponível em: https://www.estadao.com.br/. Acesso em: 26 abr. 2019.

O GLOBO. Disponível em: https://www.oglobo.com. Acesso em: 26 abr. 2019.

OLHAR DIGITAL. Disponível em: https://www.olhardigital.com.br. Acesso em: 26 abr. 2019.

OPEN KNOWLEDGE BRASIL. Disponível em: http://www.br.okfn.org. Acesso em: 26 abr. 2019.

ONU – Organização das Nações Unidas. Disponível em: https://www.nacoesunidas.org. Acesso em: 26 abr. 2019.

ONU – Declaração do Rio de Janeiro. *Estudos Avançados*, São Paulo, v. 6, n. 15, p. 153-159, ago. 1992. Disponível em: http://www.scielo.br/scielo.php?script=sci_arttext&pid=S0103-40141992000200013&lng=en&nrm=iso. Acesso em: 24. set. 2018. http://dx.doi.org/10.1590/S0103-40141992000200013.

OPEN ROBOTICS ETHICS. Disponível em: http://www.openroboethics.org/. Acesso em: 26 abr. 2019.

PARENTONI, Leonardo Netto. O direito ao esquecimento (*right to oblivion*). *In*: DE LUCCA, Newton; SIMÃO FILHO, Adalberto; LIMA, Cintia Rosa Pereira de (coord.). *Direito & internet III*: Marco Civil da Internet (Lei n. 12.965/2014). São Paulo: Quartier Latin, 2015. t. I, p. 539-617.

PEREIRA GONÇALVES SOCIEDADE DE ADVOGADOS. Disponível em: https://www.pereiragoncalves.adv.br. Acesso em: 26 abr. 2019.

PERLINGEIRO, Ricardo. O livre acesso à informação, às inovações tecnológicas e à publicidade processual. *Revista de Processo*, v. 203, p. 149-180, jan. 2012.

PERLINGEIRO, Ricardo; DIAZ, Ivonne; LIANI, Milena. Princípios sobre o direito de acesso à informação oficial na América Latina. *Revista Investigação Constitucional*, Curitiba, v. 3, n. 2, p. 143-197, ago. 2016. Disponível em: http://www.scielo.br/scielo.php?script=sci_arttext&pid=S2359-56392016000200143&lng=en&nrm=iso. Acesso em: 26 out. 2019.

PHILOSOPHY AND THEORY OF ARTIFICIAL INTELIGENCE. Disponível em: http://www.pt-ai.org/. Acesso em: 26 abr. 2019.

PIOVESAN, Flávia. Desarquivando o Brasil. EREMIAS DELIZOICOV – Centro de documentação. *DOSSIÊ – Mortos e Desaparecidos Políticos no Brasil*, jun. 2006. Disponível em: http://www.desaparecidospoliticos.org.br/pagina.php?id=102&m=9. Acesso em: 12 nov. 2019.

PISA, Pedro. Como funciona o reconhecimento facial. *TechTudo*, 18 abr. 2012. Disponível em: https://www.techtudo.com.br/artigos/noticia/2012/04/como-funciona-o-reconhecimento-facial.html. Acesso em: 17 jan. 2020.

PONTES DE MIRANDA, Francisco Cavalcanti. *Sistema de ciência positiva do direito*. 2. ed. Rio de Janeiro: Borsoi, 1972.

PONTES DE MIRANDA, Francisco Cavalcanti. *Tratado de direito privado*. Campinas: Bookseller, 2000. v. VII.

PORTA 23. Disponível em: https://porta23.blogosfera.uol.com.br. Acesso em: 26 abr. 2019.

PRADO, Lídia Reis de Almeida. Direito, mitologia e poesia: a justiça como instrumento de vingança dos deuses. *Revista Brasileira de Filosofia*, São Paulo, ano 60, n. 237, p. 103-124, jul./dez. 2011.

PRICEWATERHOUSE and COOPERS INTERNATIONAL LIMITED. What will be the Net impact of AI and related technologies on jobs in China? set., 2018. Disponível em: https://www.pwc.com/gx/en/issues/artificial-intelligence/impact-of-ai-on-jobs-in-china.pdf. Acesso em: 20 jan. 2020.

PROST, Antoine; VINCENT, Gérard. *História da vida privada, 5*: da Primeira Guerra a nossos dias. Tradução Denise Bottmann. São Paulo: Companhia das Letras, 2009.

PÚBLICO. Disponível em: https://www.publico.pt. Acesso em: 26 abr. 2019.

REALE, Miguel. *Lições preliminares de direito*. 24. ed. São Paulo: Saraiva, 1998.

REALE, Miguel. *Teoria tridimensional do direito*. 5. ed. São Paulo: Saraiva, 2003.

REALE, Miguel. Variações sobre a dialética. 22 dez. 2003. Disponível em: http://www.miguelreale.com.br/artigos/vdialetica.htm. Acesso em: 16 dez. 2019.

REVISTA EXAME. Disponível em: http://www.exame.com.br. Acesso em: 26 abr. 2019.

REVISTA FAPESP. Disponível em: https://revistapesquisa.fapesp.br/. Acesso em: 26 abr. 2019.

REVISTA GALILEU. Disponível em: https://revistagalileu.globo.com. Acesso em: 26 abr. 2019.

RIBEIRO, Clarice Pereira de Paiva *et al*. Difusão da informação na administração pública. *Transinformação*, Campinas, v. 23, n. 2, p. 159-171, ago. 2011. Disponível em: http://www.scielo.br/scielo.php?script=sci_arttext&pid=S0103--37862011000200006&lng=en&nrm=iso. Acesso em: 12 set. 2018.

ROCKCONTENT. Disponível em: https://rockcontent.com/br. Acesso em: 11 jul. 2018.

RODOTÀ, Stefano. *A vida na sociedade da vigilância*: a privacidade hoje. Rio de Janeiro: Renovar, 2008.

RODOVALHO, Thiago. Dano moral de pessoa jurídica só pode ser observado de forma objetiva. *Revista Consultor Jurídico*, 9 jan. 2017. Disponível em:

https://www.conjur.com.br/2017-jan-09/direito-civil-atual-dano-moral-pessoa-juridica-existe-forma-objetiva. Acesso em: 29 out. 2019.

RODRIGUES, Ana Maria da Silva; OLIVEIRA, Cristina V.M. Camilo de; FREITAS, Maria Cristina Vieira de. Globalização, cultura e sociedade da informação. *Perspectivas em Ciência da Informação*, [s.l.], v. 6, n. 1, nov. 2007. Disponível em: http://portaldeperiodicos.eci.ufmg.br/index.php/pci/article/view/439/249. Acesso em: 3 set. 2018.

RODRIGUES, João Gaspar. Publicidade, transparência e abertura na administração pública. *Revista de Direito Administrativo*, Rio de Janeiro, v. 266, p. 89-123, maio/ago. 2014.

RODRIGUES JR., Otávio Luiz. Não há tendências na proteção do direito ao esquecimento. *Revista Consultor Jurídico*, 25. dez. 2013. Disponível em: https://www.conjur.com.br/2013-dez-25/direito-comparado-nao-tendencias-protecao-direito-esquecimento. Acesso em: 11 jul. 2018.

RONDINELLI, Roseli Curi. O conceito de documento arquivístico na Era Digital. Disponível em: http://sites.usp.br/arquivogeral/wp-content/uploads/sites/39/2015/01/rosely.pdf. Acesso em: 2 jul. 2018.

ROSSI, Paolo. *O passado, a memória, o esquecimento*: seis ensaios da história das ideias. Tradução Nilson Moulin. 2. reimp. São Paulo: Unesp, 2010.

RUARO, Regina Linden; RODRIGUEZ, Daniel Piñeiro; FINGER, Brunize. O direito à proteção de dados pessoais e a privacidade. *Revista da Faculdade de Direito – UFPR*, Curitiba, n. 53, n. 47, p. 45-66, 2011. Disponível em: https://revistas.ufpr.br/direito/article/view/30768. Acesso em: 5 nov. 2019.

RUEDA, Andréa Silva Rasga. Dados pessoais protegidos como direito fundamental: Desnecessidade da PEC 17/2019. *Instituto Brasileiro de Direito* (IBIJUS), 22 maio 2019. Disponível em: https://www.ibijus.com/blog/356-dados-pessoais-protegidos-como-direito-fundamental. Acesso em: 24 out. 2019.

SADEK, Maria Tereza. Nicolau Maquiavel: o cidadão sem fortuna, o intelectual de virtù. *In*: WEFFORT, Franciso (org.). *Os clássicos da política*. São Paulo: Atica, 1991.

SALAS, Javier. Por que é preciso proibir que manipulem nosso cérebro antes que isso seja possível. *Jornal El País*, 13 fev. 2020. Disponível em: https://brasil.elpais.com/ciencia/2020-02-13/por-que-e-preciso-proibir-que-manipulem-nosso-cerebro-antes-que-isso-seja-possivel.html. Acesso em: 27 ago. 2020.

SAMPAIO, Rafael Cardoso. Participação política e os potenciais democráticos da internet. *Revista Debates*, v. 4, n. 1, p. 29-53, 2010.

SANTIAGO, Fernando; TAMANAHA, Rodolfo. Caso Uber: como a tecnologia disruptiva afeta regulação no Brasil – O início da era de "modelos de negócios de comportamento". *Jota Info*, 13 abr. 2015. Disponível em: https://www.jota.info/opiniao-e-analise/artigos/uber-como-a-tecnologia-disruptiva-afeta-regulacao-no-brasil-13042015. Acesso em: 12 nov. 2018.

SANTOS, Boaventura de Sousa. *O direito dos oprimidos*. Sociologia crítica do direito. Coimbra: Almedina, 2015. v. 1.

SANTOS, Deborah Pereira Pinto dos; ALMEIDA JUNIOR, Vitor de Azevedo. O regime da (in)capacidade civil entre a autonomia e a proteção: uma releitura civil-constitucional. *CONPEDI*: direito civil-constitucional I. Coordenação Larissa Maria de Moraes Leal, Adriano Marteleto Godinho, Raquel Moraes de Lima. Florianópolis: CONPEDI, 2014. Disponível em: http://www.publicadireito.com.br/artigos/?cod=75ca239fd09eb253. Acesso em: 6 nov. 2019.

SANTOS, Leonel Ribeiro dos. "Uso polêmico da razão", ou "paz perpétua em filosofia"? Sobre o pensamento antinómico e o princípio de antagonismo em Kant. *Trans/Form/Ação*, Marília, v. 37, número especial, p. 93-116, 2014. Disponível em: http://www.scielo.br/scielo.php?script=sci_arttext&pid=S0101-31732014000400093&lng=pt&nrm=iso. Acesso em: 5 jan. 2021. https://doi.org/10.1590/S0101-3173201400ne00007.

SANTOS, Maria Celeste Cordeiro Leite dos. *Revista da Faculdade de Direito*, Universidade de São Paulo, v. 92, p. 341-380, 1.º jan. 1997.

SARLET, Ingo Wolfgang; MOLINARO, Carlos Alberto. Direito à informação e direito de acesso à informação como direitos fundamentais na Constituição brasileira. *Revista da AGU*, Brasília-DF, ano XIII, n. 42, p. 9-38, out./dez. 2014.

SARMENTO, Daniel. Liberdades comunicativas e "direito ao esquecimento" na ordem constitucional brasileira. *Revista Brasileira de Direito Civil*, v. 7, p. 190-232, jan./mar. 2016. Disponível em: https://www.ibdcivil.org.br/image/data/revista/volume7/parecerrefeito.pdf. Acesso em: 12 jul. 2018.

SCHREIBER, Anderson. Nossa ordem jurídica não admite proprietários de passado. *Revista Consultor Jurídico*, 27 jun. 2017. Disponível em: http://www.conjur.com.br/2017-jun-12/anderson-schreiber-nossas-leis-nao-admitem-proprietarios-passado. Acesso em: 12 jul. 2018.

SCHREIBER, Anderson. PEC 17/19: uma análise crítica. *Jornal Carta Forense*, 18 jul. 2019. Disponível em: http://cartaforense.com.br/conteudo/colunas/pec-1719-uma-analise-critica/18345. Acesso em: 24 out. 2019.

SILVA, Alexandre Couto; SILVA, Ricardo Villela Mafra Alves da. O *blockchain* como ferramenta de governança corporativa para a redução de custos de agência em Sociedades Anônimas. *In*: PARENTONI, Leonardo; MIRANDA, Bruno; LIMA, Henrique. *Direito, tecnologia e inovação*. Belo Horizonte: D'Plácido, 2018. p. 697-724.

SILVA, Jaime Antunes. O centro de referência das lutas políticas no Brasil (1964-1985). *Revista Acervo*, Rio de Janeiro, v. 21, n. 2, p. 14, jul./dez. 2008.

SILVA, José Afonso da. *Curso de direito constitucional positivo*. 15. ed. rev. e atual. São Paulo: Malheiros, 1998.

SILVA NETO, Amaro Moraes e. *Privacidade na internet*: um enfoque jurídico. Bauru: Edipro, 2001.

SILVA, Sérgio Luis da. Gestão do conhecimento: uma revisão crítica orientada pela abordagem da criação do conhecimento. *Ciência da Informação*, Brasília, v. 33, n. 2, p. 143-151, ago. 2004. Disponível em: http://www.scielo.br/scielo.php?script=sci_arttext&pid=S0100-19652004000200015&lng=en&nrm=iso. Acesso em: 30 set. 2019.

SILVA, Valclir Natalino da. Justiça tributária e segurança jurídica. *Revista Tributária e de Finanças Públicas*, v. 25, p. 9-24, out./dez. 1998.

SILVEIRA, Marco Antonio Karam. Lei de Acesso à Informação Pública (Lei n. 12.527/2011) – Democracia, república e transparência no Estado Constitucional. *Revista dos Tribunais*, v. 927, p. 131-155, jan. 2013. Disponível em: https://revistadostribunais.com.br/maf/app/resultList/document?&src=rl&srguid=i0ad82d9b000001660cf36befa48c6e64&docguid=I0b10f85048dd11e2a1d4010000000000&hitguid=I0b10f85048dd11e2a1d4010000000000&spos=4&epos=4&td=111&context=24&crumb-action=append&crumb-label=Documento&isDocFG=false&isFromMultiSumm=&startChunk=1&endChunk=1#. Acesso em: 24 set. 2018.

SINGER, Natasha; KROLIK, Aaron. Grindr and okcupid spread personal details, study says. *The New York Times*, 13 jan. 2020. Disponível em: https://www.nytimes.com/2020/01/13/business/grindr-apps-dating-data-tracking.html. Acesso em: 14 jan. 2020.

SINGH, Simon. *O livro dos códigos*. São Paulo: Record, 2014.

SKLOOT, Rebecca. *A vida imortal de Henrietta Lacks*. São Paulo: Companhia das Letras, 2011.

SOLOVE, Daniel J. "I've got nothing to hide" and other misunderstandings of privacy. *San Diego Law Review*, v. 44, p. 745, 2007; *GWU Law School Public Law Research Paper*, n. 289. Disponível em: https://ssrn.com/abstract=998565. Acesso em: 17 jan. 2020.

SOLOVE, Daniel J. Privacy self-management and the consent dilemma. *Harvard Law Review*, v. 126, p. 1880, 2013; *GWU Legal Studies Research Paper*, n. 2012-141; GWU Law School Public Law Research *Paper*, n. 2012-141. Disponível em: https://ssrn.com/abstract=2171018. Acesso em: 17 jan. 2020.

SOPRANA, Paula. A inteligência artificial pode desenvolver problemas mentais? *Tilt UOL*, 6 jun. 2018. Disponível em: https://tecnologia.uol.com.br/noticias/redacao/2018/06/06/a-inteligencia-artificial-pode-desenvolver-problemas--mentais-.htm. Acesso em: 19 jun. 2018.

SOUZA, Carlos Affonso. O debate sobre personalidade jurídica para robôs. *Revista da AB2L*, 31 out. 2017. Disponível em: https://www.ab2l.org.br/o-debate--sobre-personalidade-juridica-para-robos/. Acesso em: 17 maio 2019.

STALLINGS, William. *Criptografia e segurança de redes*. Tradução Daniel Vieira. Revisão Técnica Paulo Sérgio Licciardi Messeder Barreto e Rafael Misoczki. 6. ed. São Paulo: Pearson Education do Brasil, 2015.

STUENKEL, Oliver. Bem-vindos à Era da Confusão. *Jornal El País*, 6 ago. 2018. Disponível em: https://brasil.elpais.com/brasil/2018/08/06/opinion/1533562312_266402.html. Acesso em: 17 out. 2018.

SUPER INTERESSANTE. Disponível em: https://www.super.abril.com.br. Acesso em: 17 jan. 2020.

SUPERIOR TRIBUNAL DE JUSTIÇA. Disponível em: http://www.stj.jus.br. Acesso em: 17 jan. 2020.

SUPREMO TRIBUNAL FEDERAL: DIREITO AO ESQUECIMENTO. Bibliografia, legislação e jurisprudência temática. jun. 2017. Secretaria de Documentação Coordenadoria de Biblioteca. Disponível em: http://www.stf.jus.br/arquivo/cms/bibliotecaConsultaProdutoBibliotecaBibliografia/anexo/direito_ao_esquecimento.pdf. Acesso em: 12 jul. 2018.

SURVEILLANCE CAMERA MAN. Surveillance Camera Man 1-8. *YouTube*, 27 dez. 2018. Disponível em: https://youtu.be/mP5ZVPwP7bg. Acesso em: 3 jun. 2019.

TARTUCE, Flávio. Herança digital e sucessão legítima – primeiras reflexões. *Revista Digital Migalhas*, 26 set. 2018. Disponível em: https://www.migalhas.com.br/FamiliaeSucessoes/104,MI288109,41046-Heranca+digital+e+sucessao+legitima+primeiras+reflexoes. Acesso em: 20 dez. 2019.

TAVARES, Rui. Lembrar, esquecer, censurar. *Estudos Avançados*, São Paulo, v. 13, n. 37, p. 125-154, dez. 1999. Disponível em: http://www.scielo.br/scielo.php?script=sci_arttext&pid=S0103-40141999000300007&lng=en&nrm=iso. Acesso em: 25 jun. 2018. DOI http://dx.doi.org/10.1590/S0103-40141999000300007.

TAURION, Cezar. Conceitos, processos, barreiras e recomendações sobre Big Data. *IBM*, 2013. Disponível em: https://www.ibm.com/developerworks/community/blogs/ctaurion/entry/conceitos_processos_barreiras_e_recomendacoes_sobre_big_data?lang=en. Acesso em: 8 maio 2018.

TECHCRUNCH. Disponível em: https://www.techcrunch.com. Acesso em: 17 jan. 2020.

TECMUNDO. Disponível em: https://www.tecmundo.com.br. Acesso em: 17 jan. 2020.

TECNOBLOG. Disponível em: http://www.tecnoblog.net. Acesso em: 17 jan. 2020.

TEFFÉ, Chiara Spadaccini de. Proteção de dados de crianças e adolescentes. *Revista do Advogado da Associação dos Advogados de São Paulo*, ano XXXIX, n. 144, p. 54-59, nov. 2019.

TELLES JR., Goffredo. *O direito quântico*: ensaio sobre o fundamento da ordem jurídica. São Paulo: Max Limonad, 1974.

TERRA. Disponível em: http://www.terra.com.br. Acesso em: 17 jan. 2020.

THE ALAN TURING INSTITUTE. Disponível em: https://www.turing.ac.uk/. Acesso em: 17 jan. 2020.

THE CENTER FOR INTERNET SOCIETY. Disponível em: http://cyberlaw.stanford.edu/. Acesso em: 17 jan. 2020.

TI ESPECIALISTAS. Disponível em: https://www.tiespecialistas.com.br. Acesso em: 17 jan. 2020.

TODOROV, João Cláudio; MOREIRA, Márcio Borges. O conceito de motivação na psicologia. *Rev. Bras. Ter. Comport. Cogn.*, São Paulo, v. 7, n. 1, p. 119-132, jun. 2005. Disponível em: http://pepsic.bvsalud.org/scielo.php?script=sci_arttext&pid=S1517-55452005000100012&lng=pt&nrm=iso. Acesso em: 22 abr. 2019.

TOMELIN, Georghio. *O Estado jurislador*. Belo Horizonte: Fórum, 2018.

TRANSFORMAÇÃO DIGITAL. Disponível em: https://www.transformacaodigital.com. Acesso em: 17 jan. 2020.

TSF RÁDIO NOTÍCIAS. Disponível em: https://www.tsf.pt/. Acesso em: 17 jan. 2020.

TVI24. Disponível em: https://tvi24.iol.pt. Acesso em: 17 jan. 2020.

UNITED STATES DEPARTMENT OF DEFENSE. Disponível em: https://www.defense.gov/. Acesso em: 17 jan. 2020.

UNIVERSO ONLINE. Disponível em: https://www.uol.com.br. Acesso em: 17 jan. 2020.

VACCA, Giuseppe. Estado e mercado, público e privado. *Lua Nova*, São Paulo, n. 24, p. 151-164, set. 1991. Disponível em: http://www.scielo.br/scielo.php?script=sci_arttext&pid=S0102-64451991000200008&lng=en&nrm=iso. Acesso em: 31 ago. 2018.

VALOR ECONÔMICO. Disponível em: https://www.valor.com.br. Acesso em: 17 jan. 2020.

VARSI ROSPIGLIOSI, Enrique. Los actos de libre disposición del cuerpo humano. *Acta Bioeth.*, Santiago, v. 25, n. 1, p. 9-23, jun. 2019. Disponível em <https://scielo.conicyt.cl/scielo.php?script=sci_arttext&pid=S1726-569X2019000100009&lng=es&nrm=iso>. Acesso em: 14 dez. 2019. http://dx.doi.org/10.4067/S1726-569X2019000100009.

VEJA. Disponível em: https://www.veja.com.br. Acesso em: 17 jan. 2020.

VENOSA, Sílvio de Salvo. *Direito civil*: parte geral. 13. ed. São Paulo: Atlas, 2013.

VIANNA, Túlio. *Transparência pública, opacidade privada*. Rio de Janeiro: Renovar, 2007.

VICE. Disponível em: https://www.vice.com. Acesso em: 17 jan. 2020.

XENOFONTE. *Memoráveis*. Tradução Ana Elias Pinheiro. Coimbra: Imprensa da Universidade de Coimbra e Annablume, 2009.

XENOFONTE. *Econômico*. Tradução Anna Lia Amaral de Almeida Prado. São Paulo: Martins Fontes, 1999.

WACHOWICZ, Marcos. Cultura digital e Marco Civil da Internet: contradições e impedimentos jurídicos no acesso à informação. *In*: DE LUCCA, Newton; SIMÃO FILHO, Adalberto; LIMA, Cintia Rosa Ferreira de. *Direito & internet III*. São Paulo: Quartier Latin, 2015. v. I, p. 235-259.

WALDOW, Vera Regina; BORGES, Rosália Figueiró. Cuidar e humanizar: relações e significados. *Acta Paul. Enferm.*, São Paulo, v. 24, n. 3, p. 414-418, 2011. Disponível em: http://www.scielo.br/scielo.php?script=sci_arttext&pid=S0103-21002011000300017&lng=en&nrm=iso. Acesso em: 13 jan. 2020. http://dx.doi.org/10.1590/S0103-21002011000300017.

WANG, Daniel Wei Liang. Escassez de recursos, custos dos direitos e reserva do possível na jurisprudência do STF. *Rev. Direito GV*, São Paulo, v. 4, n. 2, p. 539-568, dez. 2008. Disponível em: http://www.scielo.br/scielo.php?script=sci_arttext&pid=S1808-24322008000200009&lng=en&nrm=iso. Acesso em: 29 abr. 2019. http://dx.doi.org/10.1590/S1808-24322008000200009.

WEBER, Max. *Economia e sociedade*: fundamentos da sociologia compreensiva. 4. ed. Brasília: UnB, 2004. v. I e II.

WEFFORT, Francisco (org.). *Os clássicos da política*. 14. ed. São Paulo: Ática, 2006.

WIKIPEDIA. Disponível em: https://www.wikipedi.org. Acesso em: 17 jan. 2020.

WT SOFTWARE. Disponível em: https://www.wtsoftware.com.br.

ZANATTA, Rafael A. F. A proteção de dados pessoais entre leis, códigos e programação: os limites do Marco Civil da Internet. *In*: DE LUCCA, Newton;

SIMÃO FILHO, Adalberto; LIMA, Cintia Rosa Ferreira de. *Direito & internet III*. São Paulo: Quartier Latin, 2015. v. I, p. 447-470.

ZANIOLO, Pedro Augusto. *Crimes modernos*: o impacto da tecnologia no direito. Curitiba: Juruá, 2007.

ZERO HORA ONLINE. Disponível em: https://gauchazh.clicrbs.com.br. Acesso em: 17 jan. 2020.